CAIWU WUBI SHIBIE
YU SHENJI SHIBAI FANGFAN

财务舞弊识别与审计失败防范

黄世忠 叶钦华 叶凡 徐珊 ◎ 著

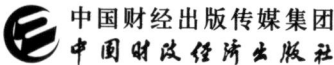

中国财经出版传媒集团
中国财政经济出版社

图书在版编目（CIP）数据

财务舞弊识别与审计失败防范 / 黄世忠等著． －－北京：中国财政经济出版社，2022.10

ISBN 978 – 7 – 5095 – 9543 – 5

Ⅰ.①财… Ⅱ.①黄… Ⅲ.①上市公司 - 会计报表 - 会计检查 - 研究 - 中国 Ⅳ.①F279.246

中国版本图书馆 CIP 数据核字（2022）第 180958 号

责任编辑：温彦君　　　　　责任校对：张　凡
封面设计：陈宇琰　　　　　责任印制：党　辉

财务舞弊识别与审计失败防范

CAIWU WUBI SHIBIE YU SHENJI SHIBAI FANGFAN

中国财政经济出版社 出版

URL：http://www.cfeph.cn

E – mail：cfeph@ cfeph.cn

（版权所有　翻印必究）

社址：北京市海淀区阜成路甲 28 号　邮政编码：100142

营销中心电话：010 – 88191522

天猫网店：中国财政经济出版社旗舰店

网址：https://zgczjjcbs.tmall.com

北京时捷印刷有限公司印刷　各地新华书店经销

成品尺寸：185mm×260mm　16 开　19.5 印张　360 000 字

2022 年 10 月第 1 版　2022 年 10 月北京第 1 次印刷

定价：88.00 元

ISBN 978 – 7 – 5095 – 9543 – 5

（图书出现印装问题，本社负责调换，电话：010 – 88190548）

本社质量投诉电话：010 – 88190744

打击盗版举报热线：010 – 88191661　QQ：2242791300

序 言

本书是厦门国家会计学院中国财务舞弊研究中心核心研究团队的阶段性研究成果。

为了利用数字科技强化财务舞弊研究和防范审计失败，厦门国家会计学院、厦门大学会计系、厦门天健咨询有限公司、深圳东方富海投资管理股份有限公司、容诚会计师事务所和深圳商集企业服务有限公司（唯你网）于2017年4月15日联合发起成立了中国财务舞弊研究中心（以下简称中心）。中心立足于产学研一体化策略，凸显"五个结合"（理论与实务相结合、财务与业务相结合、会计数据与大数据相结合、财务舞弊识别与防范相结合、理论研究与实际应用相结合）的研究特色，致力于成为权威的财务舞弊研究智库。中心的主要目标是借助最新数字科技构建财务舞弊识别模型与防范框架、发布财务舞弊指数。经过五年多的潜心研究和广泛实践，中心的理事单位厦门天健咨询有限公司开发了天健财判财务智能预警系统，该系统已在20多家证券和财政监管部门、中介机构及金融机构实践运用并取得良好效果，可实现对A股上市公司和信用债发债主体的财务报告实时监控和舞弊预警，为我国资本市场识别和防范财务舞弊提供了有效的技术支撑。中心成立以来，核心研究团队已经在《会计研究》《财务与会计》和《财会月刊》等学术刊物上发表了30多篇论文，承接了两项国家自然科学基金研究课题和三项省部级研究课题。

本书从核心研究团队发表的30多篇论文中选取了25篇，作为中心成立五年多来学术研究的成果展示。本书由三大部分组成。第一部分为财务舞弊特征分析及识别框架建构，利用天健财判财务智能预警系统及其庞大多维数据库撰写的"2010～2019年中国上市公司财务舞弊分析""严监管下的财务舞弊分析——基于2020～2021年的舞弊样本"和"2019～2021年上市公司财报可信度分析"三篇论文，对我国上市公司财务报告信息质量进行全景式画像，系统深入地分析我国上市公司的舞弊动机、舞弊手法和经济后果，而"财务舞弊识别框架构建——基于会计信息系统及大数据视角"则全面阐述构建"五维度"（财务税务维度、公司治理维度、内部控制维度、行业业务维度和数字特征维度）财务舞弊识别框架的理论依据和业务逻辑。此外，本部分还包括"上市公司财务造假的八因八策"和"金融科技巨擘的幻灭与反思——Wirecard财务舞弊案剖析"等论文，从制度安排的角度深刻揭示上市公司财务舞弊愈演愈烈的深层次原因和遏制这种势头的政策性建议，论证金融科技创新与金融监管滞后为财务舞弊提供了机会。第二部分为财务舞弊识别案例研究，包括12个财务舞弊案例分析。除了系统地剖析在资本市场引起高度关注并造成恶劣影响的康美药业、康得新和瑞幸咖啡等臭名昭著的舞弊案例外，还利用"五维度"财务舞弊识别框架对被中国证监会行政处罚的东方金钰、豫金刚石、广东榕泰、抚顺特钢、保千里、航天通信以及康尼机电（龙昕科技）等舞弊案进行复盘分析，从营业收入、货币资金、存货、应收账款、在建工程、对外投资、业绩承诺、收购兼并等角度总结这些舞弊案的特点和手法，为财务舞弊识别框架的构建提供素材和经验。第三部分为审计失败防范研究，由五篇论文组成，从伦理学和职业道德、审计委托制度、审计期望差距、审计师声誉机制等角度，深度分析审计失败的根本原因和防范审计失败的制度安排。本部分还分析了安永如何引入法证会计及时发现和处理瑞幸咖啡财务舞弊，为其他会计师事务所防范审计失败提供了有益的启示。

财务舞弊识别和审计失败防范是个老话题，但数字科技的进步和迭代赋予这个老话题新的内涵，也改变了研究的方法。过往对财务舞弊识别和审计失败防范的研究大多采用事后分析法，鲜有事前分析法。事后分析法与事前分析法相辅相成，相得益彰。事后分析法总结出的舞弊动机、舞弊手法和经验教训，为事前分析法提供了专家经验，对于构建财务舞弊识别规则引擎提供了丰富的经验和数据，也为防范审计失败提供了有益的启示。但事后分析法对于抑制财务舞弊和防范审计失败的效率和效果明显不及事前分析法，有雨后送伞之憾，既难以防止财务舞弊给投资者造成的巨大损失，也不能防止会计师事务所及其注册会计师的审计失败所带来的信誉损失和财务损失，更不利于投资者和社会公众保持对上市公司会计信息质量的信心。我们认为，在人工智能、区块链、云计算、大数据和物联网等数字科技迅猛发展和加速迭代的数字时代，财务舞弊识别和审计失败防范的研究没有理由继续停留在事后研究阶段，而应与时俱进，加快转型升级，由事后研究朝事前研究的大方向迈进。此外，传统的财务舞弊识别和审计失败防范研究视野不够开阔，思路不够宽广，研究过程中过度依赖会计审计知识和财务数据，利用行业数据和业务数据交叉验证会计审计质量的做法为数不多；利用大股东股权质押、并购业绩承诺、高管人员变动、事务所变更等公司治理维度分析上市公司舞弊动机的做法较为罕见；利用监管部门、中介机构、客户供应商隐性关联关系和新闻媒体披露出的内部控制问题评估上市公司财务舞弊的做法也不多见；利用本福特法则（Benford's Law）判断上市公司数字特征是否存在异常的做法更是凤毛麟角。而根据我们的经验，这些恰恰是发现财务舞弊和防范审计失败的关键所在。我们基于

"五维度"财务舞弊识别模型所涵盖1000多家上市公司的大样本研究表明,行业业务、公司治理、内部控制和数字特征等维度的识别变量在发现财务异常方面的贡献率超过70%,远超财务税务维度的贡献率。数字科技日新月异,便捷高效,完全能够为财务舞弊和审计失败研究赋能,焉有不用之理?将数字科技特别是人工智能和大数据嵌入财务舞弊识别框架,可以使监管部门和注册会计师以前所未有的效率发现财务舞弊,既是监管部门震慑财务造假公司的重要砝码,也是注册会计师弥合审计期望差距的根本之道。所有这些新思维,在本书中均得到较好的体现,这是本书的主要特色,也是驱使我们过去五年持之以恒、孜孜不倦探索构建财务舞弊识别框架防范审计失败的不竭动力。

上市公司财务舞弊屡禁不止,已然成为资本市场的沉疴痼疾。究其原因,在于舞弊预期收益与舞弊预期成本严重失衡。不考虑税收因素,舞弊预期收益 = FNI × PER,即虚假净利润(Fictitious Net Income,FNI)乘以市盈率(Price Earnings Ratio,PER),也就是虚假净利润带来的股票市值增值,舞弊预期成本 = P × P,即舞弊被发现的概率(Probability)乘以舞弊被发现的处罚金额(Penalty),也就是舞弊成本的期望值。一方面,我国股票市场投机炒作氛围比较浓厚,市盈率高企,虚增利润的财富乘数效应巨大。加上做空机制有待完善,导致舞弊预期收益居高不下。另一方面,我国监管部门和会计师事务所发现财务舞弊的概率较低,《中华人民共和国证券法》(2019年修订)实施之前对发生财务舞弊的上市公司的顶格处罚只有区区60万元,导致舞弊预期成本微不足道,舞弊预期收益与舞弊预期成本之间的巨大反差,使财务舞弊一本万利。《中华人民共和国证券法》(2019年修订)实施后,对财务舞弊上市公司的处罚大幅提高,但由于发现财务舞弊的概率不高,导致财务舞弊的预期成本还非常低,并没有从根本上扭转财务舞弊预期收益远大于财务舞弊预期成本的局面。长此以往,上市公司财务舞弊愈演愈烈的现象将难以有效遏制。我们认为,利用数字科技构建财务舞弊识别模型,大幅提高发现财务舞弊的概率,并对财务舞弊负主要责任的大股东和董监高以及配合造假的供应商、客户、关联方和金融机构追究刑事和民事责任,才能改变舞弊收益与舞弊成本失衡的天平,才能还资本市场河清海晏,才能为注册会计师防范审计失败提供必要的技术基础和制度安排。

希望本书的出版能够起到抛砖引玉的作用,催生学术界和实务界财务舞弊识别和审计失败防范研究范式和方法论的转变,促使这个领域的研究更加契合数字经济时代的创新氛围,为抑制财务舞弊和防范审计失败、提升财务报告信息质量、提高资本市场资源配置效率添砖加瓦。

本书的出版得到国家自然科学基金项目"基于利益相关者视角的财务舞弊识别及

应用"（项目编号72172135）、国家自然科学基金项目"制度变迁、审计团队流动的经济后果：基于执业风险变化视角"（项目编号72102204）、中宣部文化名家暨国家"万人计划"研究项目"财务舞弊识别与方法"、福建省哲学社会科学领军人才研究项目"财务舞弊研究"以及财政部与共建高校联合研究课题"注册会计师有效甄别财务舞弊、提高审计质量的路径与方法研究"的资助。本书的出版还得到厦门天健财智科技有限公司和中国财政经济出版社的鼎力支持，谨致以诚挚的谢意。

黄世忠　徐　珊
2022 年 8 月

目 录

第一部分 财务舞弊特征分析及识别框架建构

2010～2019 年中国上市公司财务舞弊分析 …………………………（ 4 ）
    一、样本选择和分析方法 …………………………………………（ 5 ）
    二、财务舞弊基本特征分析 ………………………………………（ 5 ）
    三、财务舞弊类型与手法分析 ……………………………………（ 12 ）
    四、财务舞弊异常识别特征分析 …………………………………（ 16 ）
    五、三个值得深思的问题 …………………………………………（ 18 ）

严监管下的财务舞弊分析
    ——基于 2020～2021 年的舞弊样本 ……………………………（ 22 ）
    一、财务舞弊监管新动态 …………………………………………（ 23 ）
    二、财务舞弊公司新特征 …………………………………………（ 26 ）
    三、结论与启示 ……………………………………………………（ 31 ）

2019～2021 年上市公司财报可信度分析 ……………………………（ 34 ）
    一、智能预警系统的构建逻辑和预警效果 ………………………（ 35 ）
    二、上市公司财报可信度画像 ……………………………………（ 39 ）
    三、总结与展望 ……………………………………………………（ 47 ）

上市公司财务造假的八因八策 ………………………………………（ 49 ）
    一、问题的提出 ……………………………………………………（ 49 ）
    二、财务造假的八大原因 …………………………………………（ 51 ）
    三、标本兼治的八大对策 …………………………………………（ 59 ）

金融科技巨擘的幻灭与反思
    ——Wirecard 财务舞弊案剖析 …………………………………（ 64 ）
    一、出身低微 逆袭上位 …………………………………………（ 64 ）
    二、征兆频现 防线尽失 …………………………………………（ 67 ）

三、影响恶劣 教训深刻 …………………………………（70）

财务舞弊识别框架构建
　　——基于会计信息系统论及大数据视角 ……………………（79）
　　一、引言 ……………………………………………………（79）
　　二、文献综述 ………………………………………………（82）
　　三、财务舞弊识别框架的理论基础 ………………………（83）
　　四、财务舞弊识别框架的构建 ……………………………（86）
　　五、财务舞弊识别框架的应用尝试 ………………………（94）
　　六、大数据视角的研究与应用方向 ………………………（96）
　　七、总结与讨论 ……………………………………………（97）

收入舞弊识别 IPO 核查视角 …………………………………（101）
　　一、IPO 企业财务舞弊的基本套路 ………………………（101）
　　二、财务舞弊识别的"财务逻辑" …………………………（103）
　　三、财务舞弊识别的"业务逻辑" …………………………（104）

反舞弊　真英雄
　　——Briloff 效应及其启示 …………………………………（107）
　　一、打假斗士的传奇人生 …………………………………（107）
　　二、资本市场的 Briloff 效应 ………………………………（108）
　　三、Briloff 效应的五大启示 ………………………………（109）

第二部分　财务舞弊识别案例研究

八问康美药业
　　——康美药业财务造假问题延伸分析 ……………………（115）
　　一问：公司治理有多混乱？ ………………………………（116）
　　二问：银行是否配合造假？ ………………………………（117）
　　三问：调增存货是否真实？ ………………………………（117）
　　四问：多交税款能否退回？ ………………………………（118）
　　五问：非法得利如何处理？ ………………………………（119）
　　六问：财务造假始于何年？ ………………………………（119）
　　七问：如何赔偿股东损失？ ………………………………（119）
　　八问：事务所该不该轮换？ ………………………………（120）

存货跌价抑或舞弊掩盖？
——康美药业2020年年报的五大疑惑 (123)
- 疑惑1：存货调增依据何在？ (124)
- 疑惑2：三大迹象说明什么？ (124)
- 疑惑3：2019年年报错失什么？ (127)
- 疑惑4：计提理由是否充分？ (127)
- 疑惑5：存货审计是否恰当？ (128)

存货舞弊的识别与应对
——基于康美药业的案例分析 (130)
- 一、源起货币资金之"虚" (131)
- 二、从货币资金之"虚"到存货之"谜" (132)
- 三、存货之"析" (134)
- 四、启示与建议 (137)

数字化技术下的财务舞弊识别与应对
——基于康得新的案例分析 (140)
- 一、公司背景与财务舞弊行为分析 (141)
- 二、基于数字化技术的财务舞弊识别效果与效率分析 (142)
- 三、启示与建议 (145)

瑞幸咖啡财务舞弊案例分析 (147)
- 一、经营规模扩张之"快"与财务舞弊实施之"早" (147)
- 二、快速扩张下的财务舞弊识别之"析" (151)
- 三、启示与建议 (163)

收入舞弊的识别与应对
——基于东方金钰交易造假的案例分析 (166)
- 一、翡翠帝国之"殇" (167)
- 二、虚构交易之"析" (168)
- 三、启示与建议 (173)

货币资金舞弊的识别与应对
——基于豫金刚石的案例分析 (176)
- 一、货币资金之"问" (177)
- 二、货币资金之"谜" (178)
- 三、货币资金之"析" (180)

四、启示与建议 …………………………………………………… (184)

应收账款舞弊的识别与应对
　　——基于广东榕泰的案例分析 ………………………………… (187)
　　一、新《证券法》处罚之"首" ………………………………… (188)
　　二、应收账款之"藏"与"用" ………………………………… (189)
　　三、启示与建议 …………………………………………………… (194)

在建工程舞弊的识别与应对
　　——基于抚顺特钢的案例分析 …………………………………… (197)
　　一、财务舞弊持续之"长" ……………………………………… (198)
　　二、在建工程异常之"源" ……………………………………… (199)
　　三、启示与建议 …………………………………………………… (204)

投资舞弊的识别与应对
　　——基于保千里的案例分析 ……………………………………… (207)
　　一、保千里受罚之"频" ………………………………………… (208)
　　二、股权投资行为之"析" ……………………………………… (209)
　　三、启示与建议 …………………………………………………… (214)

业绩承诺舞弊的识别与应对
　　——基于航天通信的案例分析 …………………………………… (216)
　　一、财务舞弊频发之"憾" ……………………………………… (217)
　　二、业绩承诺完成之"准" ……………………………………… (218)
　　三、启示与建议 …………………………………………………… (223)

并购舞弊的识别与应对
　　——基于康尼机电并购龙昕科技的案例分析 …………………… (227)
　　一、从高价并购到"断臂求生" ………………………………… (228)
　　二、并购前后财务舞弊识别之"析" …………………………… (229)
　　三、启示与建议 …………………………………………………… (234)

第三部分　审计失败防范研究

回归本源　守住底线
　　——审计失败的伦理学解释 ……………………………………… (239)
　　一、问题的提出 …………………………………………………… (239)

二、注册会计师职业属性的再认识 ……………………………………（240）
三、注册会计师伦理道德的再解析 ……………………………………（243）

审计委托制度的弊端与改革 ……………………………………………（250）
一、现行审计委托制度弊端凸显 ………………………………………（251）
二、审计委托改革设想利弊分析 ………………………………………（254）
三、审计委托制度改革路径选择 ………………………………………（259）

审计期望差距的成因与弥合 ……………………………………………（263）
一、审计期望差距的涵义 ………………………………………………（263）
二、审计期望差距的成因 ………………………………………………（265）
三、审计期望差距的弥合 ………………………………………………（268）

安永在瑞幸咖啡财务舞弊案中是揭弊者还是过失者？ ………………（278）
一、安永在揭露财务舞弊中功不可没 …………………………………（279）
二、安永的审计责任问题辨析 …………………………………………（281）

审计师规模与审计质量
——声誉视角 ……………………………………………………………（284）
一、问题的提出 …………………………………………………………（284）
二、规模与质量：对 DeAngelo（1981b）的再认识 …………………（285）
三、案例描述 ……………………………………………………………（287）
四、声誉受损与审计师变更 ……………………………………………（289）
五、审计师声誉：事务所、团队还是个人？ …………………………（292）
六、讨论与结论 …………………………………………………………（295）

第一部分
财务舞弊特征分析及识别框架建构

党的十九大首次提出了我国经济由高速增长阶段转向高质量发展的新阶段。金融是现代经济的核心,如何进一步发挥好资本市场功能,服务经济高质量发展,是建设中国特色现代资本市场必须回答好的新课题。从宏观的角度看,高质量发展需要高质量的会计信息供给,会计信息是资本市场资源配置的基础,高质量的会计信息可以提升资源配置效率,而低质量的会计信息往往导致资源配置低效甚至无效。从微观的角度看,会计信息直接关系到经济利益在股东和其他利益相关方之间的分配。高质量的会计信息有助于在各利益相关方之间进行公平的利益分配,而低质量的会计信息特别是虚假的会计信息则会破坏利益的公平分配,导致股东、债权人和其他利益相关方的合法权益被不当侵害。

财务舞弊是一个世界性的、危害巨大的问题(ACFE,2022)。我国资本市场建立以来,财务舞弊就与会计信息披露相生相伴、屡禁不止,成为阻碍资本市场健康发展的一大"毒瘤"。近年来我国资本市场再次进入财务舞弊高发期,"两康"等重大舞弊事件产生了十分恶劣的社会影响,给中小投资者和债权人等利益相关方造成严重的经济损失,严重破坏了我国上市公司的整体诚信。2019年修订通过的《中华人民共和国证券法》(以下简称新《证券法》)自2020年开始实施、《国务院关于进一步提高上市公司质量的意见》(国发〔2020〕14号)和《国务院办公厅关于进一步规范财务审计秩序 促进注册会计师行业健康发展的意见》(国办发〔2021〕30号)等陆续发布、康美药业集体诉讼等事件也彰显了严监管的氛围越来越浓厚。随着经济环境的变化和商业模式的创新,上市公司财务舞弊手法愈发隐秘、识别难度日趋加大。相应地,现有学术研究围绕财务数据构建的会计信息质量指标的有效性面临新的挑战,实务界因舞弊而引发审计失败的案例日益增多。因此,我们基于新的历史时期,从理论分析、实践应用、案例研究等多个角度讨论财务舞弊识别的新视角、新方法,以提高资本市场的财务舞弊识别能力。同时,新《证券法》实施后更严厉的处罚规定有望从根本上改变舞弊收益长期高于舞弊成本的格局。"双管齐下"才能够对上市公司财务舞弊形成强大震慑力,营造不敢舞弊和不想舞弊的氛围,资本市场财务舞弊愈演愈烈的态势才能得到有效抑制。

本部分一方面从历史的角度对已经发生的财务舞弊进行回顾分析,包括规律性的财务舞弊特征、解决财务舞弊的八因八策、业财勾稽逻辑及 Briloff 效应启示等内容。另一方面,本部分从未来的角度讨论财务舞弊事前识别的对策及实施路径,基于会计信息系统论构建一个有助于事前识别乃至预测财务舞弊的研究框架,讨论如何借助大数据技术,选择恰当的变量构建财务舞弊识别与预测模型,并落地为智能预警系统,从而实现舞弊事前智能识别,大幅提高发现舞弊的效率和效果。

本部分可分为三个子部分:(1)第一篇和第二篇论文是对我国上市公司过往十余年财务舞弊现状的整体描述,包括舞弊公司的行业、地区、规模分布和舞弊类型、手法、识别特征分析,从中可以发现财务舞弊动机愈发多样、交易造假类舞弊愈发增多、非财务异常识别特征愈发重要等趋势。这两篇论文的样本期间以 2020 年开始实施的新《证券法》作为分界线,第一篇论文描述 2010 年至 2019 年的情况,第二篇论文描述 2020 年至 2021 年的情况,以体现新的严监管环境带来的变化。第三篇论文基于"五维度"财务舞弊识别框架,结合理论方法、专家经验、数字化技术,构建了切实可用、效果良好、快速输出的反映财务舞弊可能性的财报可信度指标,并基于该指标评估我国上市公司 2019 年至 2021 年的会计信息质量状况。(2)第四篇和第五篇论文从制度和审计层面分析财务舞弊的主要成因和治理对策。第四篇论文综合讨论了我国上市公司财务舞弊的根本原因,即经济周期下行、治理机制失效、成本收益失衡、准则导向偏差、委托制度僵化、审计范围受限、规模扩张过快、查弊防弊不力,以及可行对策,即修改量刑标准、加大经济处罚、完善公司治理、平衡准则导向、改革委托制度、扩大审计权限、淡化规模标准、强化舞弊识别。第五篇论文为德国线上支付巨擘 Wirecard 公司的案例分析。这一案例甚至被称为"欧洲版的安然事件",足见其影响之大,这个案例也暴露了金融科技等新经济企业超常规跨越式发展与监管滞后隐含的舞弊风险。论文从行业属性、金融监管、通同舞弊、新闻监督、举报作用、治理缺陷、做空力量、会计监督、审计责任和舞弊防范十个方面,系统反思这起财务舞弊案的深刻教训。(3)第六篇至第八篇论文提出财务舞弊识别的方法、框架与启示。第六篇论文讨论"五维度"财务舞弊识别框架的理论基础、构建过程、应用过程等内容,其中五个维度是指财务税务维度、行业业务维度、公司治理维度、内部控制维度、数字特征维度。第七篇论文介绍在 IPO 背景下的收入舞弊识别方法,指出观察财务逻辑和业务逻辑是否相匹配是识别舞弊的可行视角。第八篇论文在回顾 Briloff 教授的传奇人生和工作经历的同时，指出 Briloff 教授在舞弊识别方法、职业道德建设等方面为我们留下的启示。

综上，本部分既有数据统计和描述，又有理论和实践方法，同时展示了落地工具，希望能够在三个方面对读者有所助益：（1）从财务舞弊研究的微观视角，了解并熟悉我国上市公司财务舞弊的新手法及新特征，有助于学界与业界对解决财务舞弊问题所需要面对的隐蔽性、滞后性及异质性三大难点有更清晰的认识；（2）从财务舞弊研究的宏观视角，了解并熟悉外部经济周期、制度背景、企业会计准则导向等因素与财务舞弊的相关因果关系，有助于让读者更全面、更深刻理解财务舞弊的根本原因及解决之道；（3）从财务舞弊事前识别及防范视角，基于财务、非财务等多维数据、联动分析视角，创新性地提出能够实时预警的"财报可信度"指标，这在一定程度上可作为测度上市公司会计信息质量的一个指数或量化指标，从而为读者提供一个观察、判断上市公司会计信息质量的新视角和新方法。

本部分的研究表明，进入数字经济时代，财务舞弊和审计失败的研究不应继续停留在事后研究阶段，而应借助人工智能、区块链、云计算、大数据、物联网等数字技术的赋能，由事后研究迈向事前研究，千方百计构建智能财务舞弊预警系统，为震慑舞弊公司和防范审计失败提供技术基础。

2010～2019年中国上市公司财务舞弊分析

黄世忠　叶钦华　徐珊　叶凡

> **【摘要】** 本文以2010年至2019年因财务舞弊被中国证监会处罚的113家A股上市公司为样本，首先对财务舞弊样本公司的行业分布、地区分布、经营规模、舞弊金额、舞弊时间、审计意见等特征进行描述和分析，以了解财务舞弊样本公司的外部特征。其次，本文针对财务舞弊样本公司的舞弊类型、舞弊手法特征进行研究，以了解财务舞弊的主要手法及操作路径。再次，本文分析了财务舞弊样本公司的财务和非财务异常识别特征，以期为构建财务舞弊识别模型提供借鉴和启示。最后，本文探讨了与遏制财务舞弊息息相关的三个关键问题。
>
> **【关键词】** 财务舞弊　舞弊特征　舞弊手法　舞弊识别

2019年康得新和康美药业等臭名昭著的财务舞弊案余波未了，2020年初又惊爆震惊中外的瑞幸咖啡财务造假案。财务舞弊与利益博弈相伴而生，形影相随。只要财务舞弊预期收益（虚假净利润与市盈率的乘积）大于财务舞弊预期成本（舞弊惩处成本与舞弊被发现概率的乘积），舞弊与反舞弊的博弈就不会消停。2020年3月1日开始实施的新《证券法》虽然大幅提高了舞弊惩处成本，在一定程度上增大了财务舞弊的预期成本，但与财务舞弊的巨大预期收益相比，仍然不成比例。在加大对财务舞弊惩处力度的同时，大幅提高发现财务舞弊的概率，才可进一步增加财务舞弊的预期成本，并对上市公司的大股东和管理层形成强大的震慑。

我们认为，要大幅提高发现财务舞弊的概率，应从历史和未来的角度同时进行。历史的角度是指对已经发生的财务舞弊进行回顾分析，寻找规律性的财务舞弊特征。未来的角度是指以财务舞弊特征分析为基础，借助大数据技术，选择恰当的变量构建财务舞弊识别与预测模型。基于这样的考虑，本文对我国上市公司过去10年财务舞弊的特征进行分析，以期为后续构建财务舞弊识别和预测模型提供启示和借鉴。本文选取和整理了 2010 年至 2019 年因财务舞弊被中国证监会处罚①的 113 家 A 股上市公司的相关资料，对财务舞弊的特征、类型、手法等方面进行分类统计和分析，提炼与财务舞弊识别相关的财务特征与非财务特征。

一、样本选择和分析方法

本文的财务舞弊样本公司主要来源于证监会的处罚公告，具体的数据来源于 WIND 数据库。样本选择系从 WIND 数据库中导出 2010 年至 2019 年 A 股上市公司违规事件，并针对"违规类型"和"具体违规行为"字段进行手工处理，筛选出符合"财务舞弊"定义的上市公司 104 家，其中有 3 家上市公司（金亚科技、勤上光电、中科云网）存在重复舞弊的情况。本文还从证监会等公开网站中收集涉及财务舞弊行为的 9 家拟上市公司，这 9 家公司因为财务舞弊最终未能成功上市。在分析方法上，本文主要借鉴了 COSO《舞弊财务报告：1998～2007》的分析框架，也借鉴了美国注册舞弊审查师协会（ACFE）《2018 年职业舞弊与贪污全球报告》的研究思路。

二、财务舞弊基本特征分析

以下对 2010 年至 2019 年 113 家样本公司的财务舞弊基本特征进行描述性统计和概要性分析，这些特征对于注册会计师识别财务舞弊和防范审计风险具有重要的启示意义。

（一）行业分布特征

表 1 列示了样本公司的行业分布情况。从表中可以看出，制造业、农林牧渔业的上市公司涉及财务舞弊的较多，分别达到 67 家和 14 家；结合相对数来看，农林牧渔业舞弊家数较多（14 家）且占行业公司总数的比例较高（9.79%）；在制造业中，二级行业"化学原料和化学制品制造业"的舞弊家数（9 家）、在制造业二级行业中占比最高（3.63%）；二级行业"医药制造业"的舞弊家数（8 家）紧随其后、行业占比 3.46%。

表 1　　　　　　　　　　　　行业分布特征

证监会行业类别	舞弊家数	A 股公司总数*	舞弊公司占比
制造业——设备制造业	23	810	2.84%

---

① 样本上市公司包括 2019 年被中国证监会立案或明确认定为财务舞弊，但 2020 年才下发处罚结果的个别样本，如康得新、保千里等。

续表

证监会行业类别	舞弊家数	A股公司总数*	舞弊公司占比
制造业——一般制造业	19	795	2.39%
制造业——化学原料和化学制品制造业	9	248	3.63%
制造业——医药制造业	8	231	3.46%
制造业——电气机械和器材制造业	8	241	3.32%
农业/林业/牧业/渔业	14	143	9.79%
信息传输、软件和信息技术服务业	7	311	2.25%
租赁和商务服务业	4	56	7.14%
建筑业	4	94	4.26%
交通运输、仓储和邮政业	3	104	2.88%
电力、热力、燃气及水生产和供应业	3	112	2.68%
房地产业	3	122	2.46%
批发和零售业	3	167	1.80%
采矿业	2	77	2.60%
住宿和餐饮业	1	9	11.11%
综合	1	22	4.55%
文化、体育和娱乐业	1	59	1.69%
合计	113	3601	3.14%

注：* A股上市公司家数选取2020年5月数据口径。

绝大多数样本公司的财务舞弊均涉及虚增营业收入和税后利润。根据复式簿记原理，虚增营业收入和税后利润通常会虚增资产。虚增的资产如存货、在建工程等在一些行业难以核实，不易被发现，为财务舞弊提供了机会。獐子岛、万福生科、绿大地、雏鹰农牧、振隆特产、大康农业等农业上市公司，康美药业、尔康制药、辅仁药业等医药制造业以及丹东化纤、*ST圣莱、辉丰股份、康达新材等化学原料和化学制品制造业上市公司就属于这种情况。从审计风险防范的角度看，难以核实的存货和在建工程为特定行业的上市公司虚增经营业绩提供了绝佳的掩饰机会，注册会计师对这类上市公司应当保持高度的职业怀疑，将存货和在建工程作为审计重点。

（二）地区分布特征

表2列示了样本公司的地区分布。总体而言，欠发达和中等发达地区[1]、市场化

---

[1] 董艳梅（2013）按经济发展、社会结构和生活质量三类13个指标，采用聚类分析法，将我国31个省、市、自治区划分为9个发达地区（北京、天津、辽宁、上海、江苏、浙江、福建、山东、广东）、10个中等发达地区（河北、山西、吉林、黑龙江、河南、湖北、湖南、重庆、四川、陕西）和12个欠发达地区（内蒙古、安徽、江西、广西、海南、贵州、云南、西藏、甘肃、青海、宁夏、新疆）。

程度[①]较低地区的上市公司发生财务舞弊的占比明显高于经济发达地区的上市公司。在舞弊占比中位数（3.77%）以上的14个省份中，有12个省份处于欠发达和中等发达地区，有13个省份处于市场化程度较低地区。

过去10年样本公司的地区分布显示，财务舞弊与经济发达和市场化程度存在反比关系。总体而言，经济越不发达、市场化程度越低的地区，其上市公司要达到全国"一刀切"的监管标准难度越大。这些地区的一些上市公司为了新股发行、再融资或维持上市资格，不惜铤而走险，诉诸财务舞弊。样本公司的地区分布特征给注册会计师的启示是：经济发达程度和市场化程度影响着上市公司的经营风险和财务风险，理应成为审计风险评估的重要因素。

表2　　　　　　　　　　地区分布特征

省份/地区	舞弊家数	A股公司总数*	舞弊公司占比	省份/地区	舞弊家数	A股公司总数*	舞弊公司占比
广西	5	38	13.16%	山东	8	212	3.77%
青海	1	12	8.33%	贵州	1	30	3.33%
山西	3	37	8.11%	上海	10	307	3.26%
黑龙江	3	38	7.89%	海南	1	31	3.23%
宁夏	1	14	7.14%	甘肃	1	33	3.03%
辽宁	5	74	6.76%	安徽	3	110	2.73%
湖南	7	110	6.36%	四川	3	130	2.31%
云南	2	36	5.56%	江苏	9	440	2.05%
河北	3	57	5.26%	浙江	9	468	1.92%
河南	4	83	4.82%	陕西	1	55	1.82%
吉林	2	43	4.65%	新疆	1	56	1.79%
湖北	5	109	4.59%	天津	1	56	1.79%
福建	6	141	4.26%	广东	11	632	1.74%
内蒙古	1	25	4.00%	北京	4	355	1.13%
重庆	2	53	3.77%	合计	113	3785	2.99%

注：* A股上市公司家数选取2020年5月数据口径。

（三）经营规模特征

我们选取样本公司舞弊发生年度的前一年度财务报表数据对经营规模进行统计分

---

① 王小鲁等（2019）在《中国分省份市场化指数报告（2018）》中，按照市场与政府的关系、非国有经济的发展、产品市场的发育程度、要素市场的发育程度、市场中介组织的发育程度和法治环境五个方面的指标体系，对31个省、市、自治区的市场化程度进行划分，市场化总指数评分在9分以上的只有7个地区，分别是浙江（9.97分）、上海（9.93分）、广东（9.86分）、天津（9.78分）、江苏（9.26分）、福建（9.15分）、北京（9.14分）。这7个市场化程度最高的地区与上述经济发达地区的划分结果高度重叠，只有山东（7.94分）和辽宁（6.75分）例外。

析，结果如表 3 所示。样本公司的营业收入规模在 10 亿元以下的居多，占比 60.75%；净利润规模在 5000 万元以下（含亏损）的上市公司占比为 51.40%，5000 万元至 1 亿元净利润的上市公司占比为 21.50%，1 亿元以上净利润的上市公司占比亦高达 27.10%。

样本公司的经营规模特征显示，财务舞弊与经营规模成反比关系。经营规模越小，内部控制越不健全，不相容职务越难分离，大股东与经营者高度重叠，逾越内部控制的可能性越高。此外，经营规模越小，公司治理体系和治理能力越薄弱，权力结构、权力分配、权力制衡、利益协调等治理行为，往往是形式多于实质。内部控制缺陷和公司治理不健全，无疑为上下串通、内外勾结等财务舞弊合谋提供了更多的机会。样本公司经营规模特征的启示是：经营规模较小的上市公司，其审计重大错报风险反而更高，注册会计师对这类上市公司的审计，不应过分倚重基于内部控制评价的分析性复核程序，而应实施更多的实质性测试程序。

表 3 经营规模特征

营业收入			净利润		
区间	舞弊家数	占比	区间	舞弊家数	占比
1 亿元以下	9	8.41%	亏损	20	18.69%
1 亿~10 亿元	56	52.34%	0~3000 万元	29	27.10%
10 亿~20 亿元	13	12.15%	3000 万~5000 万元	6	5.61%
20 亿~50 亿元	16	14.95%	5000 万~1 亿元	23	21.50%
>50 亿元	13	12.15%	>1 亿元	29	27.10%
合计	107*	100.00%	合计	107*	100.00%

注：* 本表仅统计发生财务舞弊的已上市公司 104 家，因存在 3 家重复舞弊，共涉及 107 个样本。

（四）舞弊金额特征

表 4 列示了样本公司的财务舞弊金额特征。舞弊金额在 5000 万元以上的上市公司占比为 68.14%，其中舞弊金额在 1 亿元以上的上市公司占比为 51.33%，个别公司如康得新、康美药业等的舞弊金额甚至高达数百亿元，造成了极其恶劣的社会影响。

表 4 舞弊金额特征

舞弊金额*	舞弊家数	占比
≥5 亿元	30	26.55%
1 亿~5 亿元	28	24.78%

续表

舞弊金额*	舞弊家数	占比
5000万~1亿元	19	16.81%
3000万~5000万元	8	7.08%
≤3000万元	18	15.93%
未披露	10	8.85%
合计	113	100.00%

注：* 同一家公司的财务舞弊可能影响多个会计科目，如该舞弊行为既影响利润表又影响资产负债表，本文仅统计利润表科目影响数。

我们认为，舞弊金额超过1亿元以上的比例之所以如此之高，与证券法过去的处罚力度不合理有关。新《证券法》实施前，不论财务舞弊金额是大是小，对上市公司的最高罚款以60万元为限，客观上助长了上市公司做大舞弊规模的心态。新《证券法》对上市公司财务造假的最高处罚从60万元提高到1000万元，虽然幅度不小，但与财务舞弊带来的预期收益不成比例，仍有改进空间。样本公司舞弊金额特征的一个重要启示是：处罚不力容易助长上市公司做大舞弊规模。将财务舞弊金额与处罚力度相挂钩，按舞弊金额的一定比例确定罚款金额，或许是今后修改证券法值得考虑的一个方向。

（五）舞弊时间特征

表5列示了样本公司舞弊发生的年度分布情况。除了最近几年的财务舞弊可能尚未被发现（由表7可知一家公司从舞弊发生到被监管处罚的间隔周期一般需要3年以上）外，2011年之后，财务舞弊发生家数呈较大增长趋势，累计占比为68.30%，这可能与2011年以来经济处于下行周期导致上市公司业绩压力上升有关。表6列示了样本公司因舞弊被处罚的年度分布情况，2018年之后，监管部门的处罚力度呈明显加大的趋势，2018年至2019年度累计处罚49家上市公司，占比43.36%。

样本公司舞弊时间特征至少有三个启示：一是审计风险的评估必须密切关注经济周期变化对财务舞弊的影响。二是应秉持逆周期监管的原则，越是处于经济下行周期，证券监管部门越应加大对上市公司财务信息披露的监管力度。三是注册会计师应保持"回头看"的习惯，通过在后续审计年度获取的审计证据，针对并购对赌失败、"洗大澡"和"业绩变脸"等异常重大事项，倒查上市公司以前年度是否存在财务舞弊行为。对于注册会计师通过倒查发现上市公司以前年度财务舞弊，监管部门应予以鼓励并适当免责。

表5　　　　　　　　　舞弊发生年度分布特征

舞弊发生年度	舞弊家数*	占比	舞弊发生年度	舞弊家数	占比
1999	1	0.33%	2010	16	5.23%
2000	1	0.33%	2011	25	8.17%
2001	3	0.98%	2012	30	9.80%
2002	3	0.98%	2013	27	8.82%
2003	7	2.29%	2014	28	9.15%
2004	11	3.59%	2015	31	10.13%
2005	9	2.94%	2016	31	10.13%
2006	10	3.27%	2017	21	6.86%
2007	11	3.59%	2018	13	4.25%
2008	11	3.59%	2019	3	0.98%
2009	14	4.58%	合计	306	100.00%

注：*同一家公司可能在多个年度发生财务舞弊。

表6　　　　　　　　　舞弊处罚年度分布特征

舞弊处罚年度	舞弊家数	占比
2010	7	6.19%
2011	6	5.31%
2012	0	0.00%
2013	11	9.73%
2014	11	9.73%
2015	8	7.08%
2016	13	11.50%
2017	8	7.08%
2018	19	16.81%
2019	30	26.55%
合计	113	100.00%

表7　　　　　　　　舞弊从发生到处罚间隔时间分布特征

舞弊识别周期	舞弊家数	占比
2年以内	14	12.39%
2~3年	17	15.04%
3~5年	49	43.36%
5年以上	33	29.20%
合计	113	100.00%

（六）审计意见特征

如表8所示，舞弊发生当年，注册会计师发现财务舞弊的表现欠佳。注册会计师在上市公司实施财务舞弊当年出具的标准无保留审计意见的比例不降反升，从财务舞弊发生前一年的82.30%上升至财务舞弊发生当年的84.96%，仅有3家上市公司在财务舞弊发生当年被出具了无法表示意见的审计报告。

注册会计师遭遇的这种尴尬与COSO《舞弊财务报告：1998~2007》的发现非常相似。国内外大量研究表明，包括上市公司财务舞弊在内的各类舞弊，绝大部分既不是被注册会计师发现的，也不是被监管部门发现的，而是内外部举报发现的。这或许是美国证监会（SEC）之所以重奖举报人的原因。为了打击财务舞弊等证券犯罪，SEC于2011年启动了"吹哨人计划"（Whistleblower Program），对及时提供有效证据帮助SEC查处证券犯罪的举报人，按处罚金额的10%~30%给予重奖。"吹哨人计划"实施至今，SEC已经向83名举报人颁发了超过5亿美元的奖励，仅2020年5月和6月就对两位举报人分别奖励了200万美元和5000万美元。新《证券法》尽管也鼓励举报，但最高奖励金额只有30万元，奖励力度显然不够，SEC的"吹哨人计划"不乏借鉴意义。

样本公司审计意见特征的启示意义在于：投资者与注册会计师之间的审计期望鸿沟短期内难以消弭。注册会计师一再重申审计不是为了发现财务舞弊的做法于事无补，唯有搭建反舞弊团队，加大法务会计（Forensic Accounting）培训，利用大数据等最新数字化技术建立财务舞弊识别模型，大幅提高财务舞弊发现能力，才是提高审计质量，防范审计风险，取信于资本市场的根本出路。

表8　　　　　　　　　　　　　　　　审计意见特征

审计意见*	舞弊发生前一年家数	占比	舞弊发生当年家数	占比
标准无保留审计意见	93	82.30%	96	84.96%
带强调事项段的无保留意见	10	8.85%	8	7.08%
保留意见	4	3.54%	5	4.42%
无法表示意见	0	0.00%	3	2.65%
未知（注）	6	5.31%	1	0.88%
合计	113	100.00%	113	100.00%

注：*财务舞弊公司中有6家为IPO申报期第一年发生舞弊，这6家公司由于年份较早，未能收集到审计意见信息。另外，2019年度有1家上市公司东旭光电至2020年6月尚未出具审计报告。

三、财务舞弊类型与手法分析

以下分析 2010 年至 2019 年样本公司财务舞弊的主要类型和涉及的会计科目,剖析财务舞弊惯用手法,指出内部假账真做和外部配合造假给注册会计师审计带来的严峻挑战。

(一)舞弊项目/类型特征

从表 9 可以看出,财务舞弊主要集中在对利润表的粉饰和操纵上,其中收入舞弊成为财务舞弊的"重灾区",占比高达 68.14%,这与 COSO《舞弊财务报告:1998~2007》的发现如出一辙,在此期间,涉及收入舞弊的美国上市公司占全部样本公司的 60% 以上。费用舞弊和成本舞弊成为财务舞弊的第二和第四大类型,占比分别为 22.12% 和 15.04%。特别令人关注的是,资产负债表上的货币资金舞弊已然成为财务舞弊的第三大类型,占比高达 21.24%。

我们还注意到,上市公司往往通过多种舞弊类型操纵经营业绩,113 家样本公司涵盖了 175 个舞弊类型。除了常规的收入、成本费用舞弊之外,货币资金、资产减值、投资收益、营业外收支等项目亦日益成为管理层操纵业绩的对象。

上述四大类型的财务舞弊表面上看相互独立,实际上相互关联。首先,收入舞弊与成本费用舞弊,都是为了夸大经营业绩从而达到新股发行、再融资或者维持上市资格等目的。其次,为了保持勾稽关系,避免露出破绽,上市公司在操纵收入的同时通常会对费用和成本项目进行调整。最后,虚增的收入、费用和成本需要通过虚假的资金流加以掩饰,虚构银行流水、银行对账单和银行询证回函成为应对注册会计师和监管部门检查的"必修课"。在巨额经济利益的驱动下,卢卡·帕乔利发明的复式簿记所蕴含的报表项目之间的严谨勾稽关系看来只能加大造假的难度和成本,而阻挡不了造假者的决心和行动。

表 9　　　　　　　　　　　　　　舞弊类型分布

舞弊类型	舞弊家数	占比*
收入舞弊	77	68.14%
费用舞弊	25	22.12%
货币资金舞弊	24	21.24%
成本舞弊	17	15.04%
资产减值舞弊	13	11.50%

续表

舞弊类型	舞弊家数	占比*
营业外收支舞弊	10	8.85%
投资收益舞弊	7	6.19%
其他舞弊	2	1.77%

注:*舞弊科目以影响主要会计科目为统计口径,如收入舞弊的同时引起成本及其他资产科目变动,本文仅统计收入科目。一家公司可能涉及多种舞弊类型,如同时进行收入虚增和费用虚减,二者之间相互独立,则分别作为舞弊类型统计,故上表中占比合计数不为100.00%。

(二) 收入舞弊手法特征

我们将收入舞弊区分为会计操纵和交易造假两种类型。会计操纵类主要表现为上市公司管理层通过选择对自身更有利的会计判断,以达到操纵业绩的目标,最常见的就是提前确认收入。交易造假类主要表现为上市公司管理层虚构交易以达到虚增收入的目标,最常见的是通过关联方客户或者隐性关联方,串通合谋虚构业务和收入。如表10所示,样本公司的收入舞弊以交易造假类为甚,占比高达69.60%。

收入舞弊已然成为上市公司财务舞弊的沉疴痼疾,但交易造假类的收入舞弊占比如此之高,表明上市公司的财务舞弊已经从简单粗暴的账目造假进化到不惜代价的假账真做。这既加大了注册会计师的审计风险,也意味着社会诚信环境的恶化。因为交易造假类的收入舞弊背后必定有一大批客户、供应商、关联方和金融机构配合造假、通同舞弊。在这样恶劣的诚信环境下,注册会计师焉能防止审计失败?

发现交易造假类收入舞弊的最有效方法是将审计范围延伸至客户、供应商、关联方和金融机构,这也是监管部门屡试屡验的做法。遗憾的是,法律法规并没有赋予素有"市场经济卫士"之誉的注册会计师审计外调权,注册会计师只能被动地询问或函询,效果如何完全取决于对方的诚实正直,而最近众多的审计失败案例证明这种诚实正直往往靠不住。

表10 收入舞弊具体手法

收入舞弊具体手法	舞弊次数	占比
第一类:会计操纵类		
会计操纵:提前确认收入	28	22.40%
会计操纵:净额法按总额法确认收入	3	2.40%
会计操纵:期后销售退回未调减收入	2	1.60%
会计操纵:确认已停工或合同取消项目的收入	2	1.60%

续表

收入舞弊具体手法	舞弊次数	占比
会计操纵：确认预计无法回款的客户收入	1	0.80%
会计操纵：通过内部关联交易虚增利润	1	0.80%
会计操纵：会计政策操纵虚增收入（BT项目未按公允价值计量）	1	0.80%
第二类：交易造假类		
关联方/隐性关联方客户协助虚构业务及收入	37	29.60%
虚构非关联方协助完成收入造假	25	20.00%
真实非关联方协助虚构业务及收入	16	12.80%
人为调高合同单价虚增收入	7	5.60%
其他	2	1.60%
合计	125*	100.00%

注：*同一家公司的收入舞弊可能采用多种手法，因此涉及公司77家、舞弊手法合计为125种。

（三）费用舞弊手法特征

如表11所示，费用舞弊的主要手法为费用体外化、跨期调节及往来挂账等。在费用舞弊手法中，最具隐秘性的当属费用体外化，但能否逃避注册会计师的审计，关键在于能否得到供应商、关联方和金融机构等外部配合。只要这些外部相关方积极配合造假，在缺乏外调权的情况下，即使分析性复核工作做得再到位，注册会计师要发现这类费用舞弊，特别是要获取充足的审计证据往往困难重重。

表11 费用舞弊具体手法

费用舞弊具体手法	舞弊次数	占比
费用计提不完整或体外支付	21	63.64%
费用调整至往来挂账	5	15.15%
费用跨期调节	3	9.09%
研发支出资本化的调节	2	6.06%
利息支出资本化的调节	1	3.03%
伪造银行利息收入、配合资金造假	1	3.03%
合计	33*	100.00%

注：*同一家公司的费用舞弊可能采用多种手法，因此涉及公司25家、舞弊手法合计为33种。

（四）货币资金舞弊手法特征

如表12所示，货币资金舞弊的第一大类为关联方占用（如康得新通过集团共管账户方式实现资金体外化），占比高达47.22%，第二大类为掩盖收入舞弊行为而虚构货币资金（如康美药业伪造银行回单），占比高达 33.33%。

货币资金舞弊通常需要银行配合，在康得新和康美药业等舞弊案中，可以发现少数金融机构配合上市公司向注册会计师提供了虚假银行流水、对账单、询证函等恶劣现象。金融机构配合上市公司造假的问题应予以重视和整治①，否则会计信息质量无从保证，审计失败在所难免。

表 12 货币资金舞弊具体手法

货币资金舞弊具体手法	舞弊次数	占比
关联方占用：虚构采购、工程、第三方资金拆借等交易	9	25.00%
关联方担保：为关联方贷款提供隐性担保、资金受限	7	19.44%
虚假货币资金：伪造银行回单	7	19.44%
虚假货币资金：资金转出未入账	5	13.89%
关联方占用：伪造对外投资	3	8.33%
关联方占用：虚构关联方借款	2	5.56%
关联方占用：通过集团共管账户方式资金体外化	1	2.78%
关联方占用：通过集团内财务公司调配资金	1	2.78%
关联方占用：银行汇票、银行借款未入账、资金体外化	1	2.78%
合计	36*	100.00%

注：* 同一家公司的货币资金舞弊可能采用多种手法，因此涉及公司 24 家、舞弊手法合计为 36 种。

（五）成本舞弊手法特征

表 13 列示了样本公司的成本舞弊手法。从表中可以看出，成本舞弊手法较为单一，但具有一定的行业特殊性。例如，农林牧渔业类上市公司的存货投入产出率较难验证，人为调减当期营业成本的概率较高。又如，设备制造业、信息技术服务业等采用完工百分比法的上市公司，由于高度依赖对完工进度的估计，发生成本舞弊的概率亦较高。

成本舞弊手法并不复杂，都属于会计操纵类舞弊，较易被发现。注册会计师一旦发现这类舞弊，应当由此及彼，扩大审计范围，实施追加程序，以评估上市公司是否存在更大范围、更加隐蔽的财务舞弊。

---

① 康美药业和康德新舞弊案的核心都是巨额货币资金造假，也涉及商业银行出具不实询证回函或提供虚假银行流水记录，导致注册会计师发生重大审计失败。为了抑制商业银行为上市公司财务舞弊提供方便，2020 年 8 月，财政部办公厅和银保监会办公厅联合发布了《关于进一步规范银行函证及回函工作的通知》，可望对商业银行配合上市公司进行货币资金造假进行有效遏制。

表 13　　　　　　　　　　　成本舞弊具体手法

成本舞弊具体手法	舞弊次数	占比
会计操纵：人为调整当期应结转的营业成本	16	88.89%
会计操纵：营业成本调整至往来挂账	2	11.11%
合计	18*	100.00%

注：* 同一家公司的成本舞弊可能采用多种手法，因此涉及公司17家、舞弊手法合计为18种。

（六）减值舞弊手法特征

表14列示了样本公司的减值舞弊手法。从表中可以看出，上市公司实施减值舞弊主要是为了少计提资产的减值准备，常见手法为蓄意忽略减值迹象或者虚构回款冲减往来款等。

值得注意的是，在减值依据不足的情况下，多提减值准备与少提减值准备一样都属于舞弊行为。特别是舞弊发生以后年度，上市公司通过计提巨额减值准备"洗大澡"，往往是为了"消化"以前年度虚构收入和利润而形成的不实资产。注册会计师对此类减值应保持高度的职业怀疑态度，通过减值准备涉及的资产项目倒查以前年度与之相关的收入和利润项目是否存在舞弊行为。

表 14　　　　　　　　　　　减值舞弊具体手法

减值舞弊具体手法	舞弊次数	占比
会计操纵：存在减值迹象未计提减值准备	8	40.00%
交易造假：虚构回款冲减往来款，少计提坏账准备	6	30.00%
会计操纵：人为调减应收账款账龄，少计提减值准备	2	10.00%
会计操纵：人为调节往来科目，推迟计提坏账准备	2	10.00%
会计操纵：减值依据不足却计提减值准备	1	5.00%
会计操纵：未追溯调整前期存货跌价准备	1	5.00%
合计	20*	100.00%

注：* 同一家公司的减值舞弊可能采用多种手法，因此涉及公司13家、舞弊手法合计为20种。

四、财务舞弊异常识别特征分析

我们基于财务报表分析及财务舞弊识别视角，对样本公司的财务异常特征和非财务异常特征进行统计分析。如表15所示，在财务报表异常特征中，收入、毛利率、货币资金、存货等项目和相关指标的异常出现次数最多。在非财务报表异常特征中，前五大客户出现关联方/隐性关联方，主要客户、供应商变动频繁，控股股东股权高质押等非财务特征出现次数最多。

我们进一步关注到,上述财务与非财务异常特征之间并不是相互独立的关系,往往以组合形式出现在同一个财务舞弊公司中,该组合特征为财务舞弊识别提供了启示。例如,在出现较多的收入增长率和毛利率联动异常的类型中,有一种情况是上市公司收入增长率异于行业趋势(如行业处于周期性低谷,但一些公司的收入反而大幅增加)。此时,可以结合其他非财务报表特征进行组合分析,以识别财务舞弊,如核查其新增重要客户和供应商是否为关联方或者隐性关联方,是否通过会计操纵改变收入确认方法,收入增长是否伴随着预付账款的异常增加等。

财务舞弊的研究表明,毛利率异常是识别财务舞弊的有效特征。以康美药业为例,其2018年的毛利率高达31.91%,远高于同行业12.66%的平均毛利率,2019年财务舞弊丑闻曝光后重编财务报表,毛利率锐降至13.19%,接近于同行业12.16%的平均毛利率。但将上市公司的毛利率与行业基准对比分析时,应关注可能对可比性造成干扰的三个问题:一是行业分类名不符实的问题,新经济企业尤其如此(黄世忠,2020);二是合并报表将毛利率迥异的不同子公司或业务予以合并导致的可比性缺失问题;三是收入确认方法(如总额法和净额法)差异导致的不可比问题。

表15　　　　　　　　　　财务舞弊异常识别特征

异常识别特征	出现次数
一、财务报表异常特征	
收入增长率和毛利率联动异常	37
毛利率和存货联动异常	26
存货周转天数指标异常	21
营业收入和预付账款联动异常	18
货币资金和利息收入联动异常(存贷双高)	13
二、非财务报表异常特征	
前五大客户出现关联或隐性关联方	37
主要客户、供应商变动频繁	33
控股股东股权高质押	30
收入确认不符合会计准则或背离行业惯例	28
核心高管频繁变动	17

值得特别说明的是,货币资金和利息收入联动异常,往往伴随着上市公司存贷双高现象。存贷双高有悖于正常的商业逻辑,是财务舞弊异常的有效识别特征,可惜此类识别特征并没有引起注册会计师应有的关注,从而错失了发现上市公司财务舞弊的

机会。表 16 列示了康得新和康美药业典型的存贷双高现象。

表 16　　　　　　　　　康德新和康美药业存贷双高　　　　　　　单位：亿元

年度	康得新				康美药业			
	货币资金	有息负债	利息收入	资金收益率	货币资金	有息负债	利息收入	存款收益率
2010	6.64	1.80	0.01	0.15%	27.60	28.55	0.15	0.54%
2011	6.84	6.58	0.03	0.44%	63.23	49.94	0.66	1.05%
2012	34.46	24.25	0.12	0.35%	61.06	56.11	0.50	0.82%
2013	26.75	34.17	0.18	0.67%	84.97	76.63	0.59	0.69%
2014	41.93	49.47	0.18	0.43%	99.85	71.21	0.63	0.63%
2015	100.96	64.95	0.26	0.26%	158.18	150.12	1.65	1.04%
2016	153.89	69.33	0.89	0.90%	273.25	206.41	1.81	0.66%
2017	185.04	116.35	1.67	0.90%	341.57	271.77	2.69	0.79%
2018	153.16	108.00	2.20	1.44%	18.35*	357.90	0.18	0.98%
2019	139.52	95.72	0.39	0.28%	5.02	329.34	0.01	0.20%

注：*2018 年 6 月 30 日康美药业的货币资金余额为 399 亿元，有息负债余额 347 亿元，2019 年财务舞弊曝光后，对 2018 年年底子虚乌有的 299.44 亿元银行存款进行追溯调整，导致货币资金余额锐减。

五、三个值得深思的问题

2010 年至 2019 年样本公司的财务舞弊给我们留下三个值得深思的问题，这三个问题不解决，上市公司的财务舞弊将难以得到有效抑制。

（一）配合营业收入造假问题

过去 10 年，虚构营业收入的交易造假类财务舞弊呈上升趋势，占全部收入舞弊的 69.60%。交易造假类财务舞弊除了通过关联方/隐性关联方配合外，也需要客户和供应商的配合。对于营业收入和营业成本的真实性，注册会计师除了查阅销售合同和现金流量外，一般还通过函证的方式，审查与关联方、客户和供应商的大额往来款以及应收应付账款余额。在没有审计外调权的情况下，函证是注册会计师查实营业收入和营业成本的最重要审计程序之一。函证这种审计程序的有效性，显然与关联方、客户和供应商的诚信有关。很多交易造假类收入舞弊之所以得逞，与关联方、客户和供应商配合造假不无关系，表明通同舞弊已不是个别现象。

注册会计师对上市公司的审计具有法定审计的性质，对于维护市场经济秩序意义重大。关联方、客户和供应商配合上市公司造假不仅是道德和诚信问题，而且是干扰注册会计师履行法定义务的犯罪行为。但迄今为止，极少有配合造假的关联方、客户和供应商受到法律的惩处。为此,建议通过修改或释法的方式,将关联方、客户和供应商配合上市公司造假的行为界定为破坏市场经济秩序罪。此外,应考虑赋予注册会计师必要的审计外调权,使其能够根据需要将审计范围延伸至上市公司的重要关联方、客户和供应商。

(二)配合货币资金造假问题

货币资金本应是最容易查实的项目,但近年来一些上市公司影响极其恶劣的财务舞弊和与之相关的审计失败案例表明,货币资金已然成为舞弊频发的高风险领域。康美药业虚构近300亿元的银行存款,康得新122亿元的银行存款神秘消失等匪夷所思的财务舞弊案例,如果没有银行积极配合造假、蓄意提供虚假的银行对账单、银行询证函等资信证明,上市公司的造假是不可能得逞的,注册会计师也不至于遭受如此重大的审计失败。就康美药业和康得新的财务舞弊案而言,注册会计师与投资者、债权人一样都是金融机构配合上市公司造假的受害者。

根据《中国人民银行办公厅关于银行现金借款单、对账单、银行询证函性质认定事宜的复函》(厅便函〔2003〕8号)和《中国人民银行关于银行询证函性质认定相关情况的复函》(银函〔2018〕26号)的规定,银行询证函属于刑法意义上的资信证明。《中华人民共和国刑法》第188条规定:"银行或者其他金融机构的工作人员违反规定,为他人出具信用证或其他保函、票据、存单、资信证明,情节严重的,处五年以下徒刑或者拘役;情节特别严重的,处五年以上有期徒刑。"可见,金融机构蓄意向注册会计师提供虚假询证函,触犯刑法,属于违法出具金融票证罪,应当依法承担刑事责任。

2020年5月,齐商银行恒台支行向德勤、瑞华提供虚假询证函,涉案金额8.6亿元,支行行长寇海英被判刑一年六个月,缓刑两年,支行办公室主任成磊免予刑事处罚(中国裁判文书网,2020)。与此案相关的向德勤和瑞华出具5亿元不实询证函的另一家银行是交通银行青岛分行市北第一支行,支行行长戚静被山东省恒台县人民法院判处一年徒刑,运营部主任费璟波免予刑事处罚(中国裁判文书网,2018)。这是两个备受关注的判例,值得充分肯定。康得新和康美药业财务舞弊案的背后也有金融机构配合造假,涉案金额数百亿元,比上述两个案件更加恶劣,造成极坏的社会影响,但愿相关法院能够秉持与山东省淄博市中级人民法院和山东省恒台县人民法院相一致的做法,依照刑法严厉惩处涉案的金融机构和相关责任人,以此作为遏制金融机构配合上市公司财务造假的突破口和切入点,还注册会计师一个清明的执业环境。反之,如果不严肃追究配合康美药业和康得新造假的金融机构的法律责任,则独立审计危矣!

(三) 财务舞弊发现能力问题

中国注册会计师审计准则第 1101 号明确指出，注册会计师应当按照审计准则的规定，对财务报表整体是否不存在由于舞弊或错误而导致的重大错报获取合理保证，以作为发表审计意见的基础。这里所说的合理保证，尽管不是绝对保证，但也属于高水平保证。如果上市公司因为财务舞弊导致财务报表出现重大错报，而注册会计师仍然发表标准无保留审计意见，则明显违反审计准则关于获取合理保证的规定，就要承担相应的审计责任。从这个意义上说，注册会计师继续纠缠于独立审计是否有责任发现财务舞弊已经毫无意义了，千方百计提高发现财务舞弊的能力才是弥合审计期望鸿沟的正道。

如前所述，过去 10 年注册会计师在发现财务舞弊方面的表现不彰，这既与社会诚信不高、执业环境恶劣有关，也与会计师事务所自身存在的缺陷有关。这些缺陷主要包括没有配备反舞弊团队，注册会计师缺乏法务会计（Forensic Accounting）训练、缺乏交叉验证必备的专业数据库、未能利用大数据等信息技术构建财务舞弊识别模型等。为上市公司提供审计鉴证服务的会计师事务所，规模较大，人才济济，只要给予应有的重视，加大反舞弊投入，完全有条件弥补上述缺陷。人工智能、区块链、云计算、大数据、物联网等数字化技术迫使很多传统行业转型升级，独立审计这个古老行业也不例外，同样面临着转型升级的问题。如果不利用数字技术进步为审计赋能，并从根本上提高财务舞弊发现能力，独立审计就有可能被历史无情淘汰。

（原载于《财会月刊》2020 年第 14 期，略有修订）

参考文献

董艳梅.2013.中央转移支付对欠发达地区的财力均等化效应研究［J］.理论经济与经济管理，10：61~69.

黄世忠.2020.新经济时代财务分析的可比性问题研究——以腾讯为例［J］.财会月刊，13：3~7.

王小鲁，樊纲，胡李鹏.2019.中国分省份市场化指数报告（2018）［M］.社会科学文献出版社.

中国裁判文书网.2020.寇海英、成磊违规出具金融票证二审刑事裁定书. www.wenshu.court.gov.cn.

中国裁判文书网.2018.戚静、赵声违法发放贷款、违规出具金融票证一审刑事判决书. www.wenshu.court.gov.cn.

中国证券监督管理委员会. 行政处罚决定书. www.csrc.gov.cn.

ACFE. 2018. Report to The Nations：2018 Global Study on Occupational Fraud and Abuse. www.acfe.org.

COSO. 2010. Fraudulent Financial Reporting：An Analysis of U.S. Public Companies. www.coso.org.

严监管下的财务舞弊分析

——基于2020~2021年的舞弊样本

叶钦华　黄世忠　叶凡　徐珊

> 【摘要】本文基于2020~2021年我国A股上市公司的财务舞弊样本，分析新《证券法》实施以来上市公司财务舞弊的新动态和新特征。研究发现，新《证券法》实施以来，在"零容忍"的严监管环境下，监管部门对上市公司财务舞弊查处的力度和时效显著提高；注册会计师发现财务舞弊的能力有所提升；财务舞弊呈现从单纯的利润表操纵向利润表与资产负债表联动操纵的趋势；"信息传输、软件和信息技术服务业"和"文化、体育和娱乐业"成为财务舞弊高发行业；财务舞弊公司的非财务异常特征显著高于财务异常特征。
>
> 【关键词】新《证券法》　监管环境　财务舞弊　处罚　审计意见　识别特征

资本市场是个巨大的利益场，监管与反监管、舞弊与反舞弊反复博弈，财务造假与审计失败周期性发生。受新冠疫情、经济周期下行、经济结构调整、商业模式创新等市场环境的叠加影响，近年来我国资本市场再次进入财务舞弊高发期。如何防范和识别财务舞弊成为业界和学界高度关注的热点问题。财务舞弊事件高发背后的问题复杂多样（黄世忠，2019），既有企业的利益驱动和中介机构胜任能力和职业道德缺失之过，也有制度设计、处罚失当和行业监管不足之失。

2020年3月1日新《证券法》正式生效，其中提出了股票发行注册制改革，并对提高财务舞弊违法成本、加大投资者保护等做了全面规定，标志着"中国资本市场发展进入了一个新的历史阶段"①。在新《证券法》正式实施和"零容忍"的严监管背景下，A 股市场财务舞弊处罚家数、处罚周期及处罚金额有哪些新动态？财务舞弊类型、舞弊手法又有哪些新变化？注册会计师在严监管环境下，是否提高了识别财务舞弊的能力？财务舞弊公司有哪些新的异常识别特征？基于对这些问题的思考，本文在黄世忠等（2020）对 2010～2019 年度财务舞弊公司特征分析研究基础上，进一步选取和整理了 2020 年至 2021 年因财务舞弊被中国证监会处罚的 66 家上市公司的相关资料②，对财务舞弊新的手法、审计意见与监管新趋势等数据进行统计和分析，以期对新《证券法》的实施效果有个初步的了解。

一、财务舞弊监管新动态

本文首先从处罚力度、处罚时效、处罚金额、审计意见等角度，透视新《证券法》实施以来针对财务舞弊的监管动态。

（一）处罚家数分析

表 1 列示了 2010 年至 2021 年样本公司舞弊被处罚年度分布情况。2018 年之后，监管部门的处罚力度呈明显加大趋势，特别是新《证券法》实施后的 2020 年和 2021 年累计处罚的上市公司多达 66 家，与 2010～2019 年处罚的 113 家相比，处罚力度大幅上升。处罚家数占所有上市公司的比例，与 2010～2019 年相比，也有明显提高，凸显了新《证券法》实施后"零容忍"的严监管政策导向。

表 1　　　　　　　　　　舞弊处罚年度分布*

处罚年度	处罚家数	比例	处罚年度	处罚家数	比例
2010	7	3.91%	2017	8	4.47%
2011	6	3.35%	2018	19	10.61%
2013	11	6.15%	2019	30	16.76%
2014	11	6.15%	2020	24	13.41%
2015	8	4.47%	2021	42	23.46%
2016	13	7.26%	合计	179	100.00%

注：* 我们查阅了相关基础案例库数据，证监会在 2012 年没有下达涉及重大财务舞弊的处罚决定书。

---

① 摘自：证监会主席易会满接受新华社记者专访，https://baijiahao.baidu.com/s?id=1656252885605040062&wfr=spider&for=pc。

② 财务舞弊样本公司主要来源于证监会的处罚公告，具体的数据来源于 WIND 数据库。样本选择系从 WIND 数据库中导出 2020 年至 2021 年 A 股上市公司违规事件，并针对"违规类型"和"具体违规行为"字段进行手工处理，筛选出符合"财务舞弊"的上市公司 66 家，其中有 3 家上市公司（皇台酒业、ST 银河及中创环保）存在重复舞弊的情况。

（二）处罚周期分布

表2列示了样本公司舞弊发生至受处罚的间隔时间，从表中可以发现，一家公司从舞弊发生到被监管处罚一般存在3年以上的滞后性。但是新《证券法》实施后，三年以内识别财务舞弊的样本公司从36.31%提高至51.52%，这是明显的进步，表明对财务舞弊的查处更加及时。财务舞弊查处时效性的高低，关系到对舞弊公司的震慑力。其他条件保持相同，舞弊查处时效性越高，对舞弊的震慑力越大。

表2　　　　　　　　　　　舞弊从发生至受处罚间隔时间

舞弊识别周期	2020~2021年舞弊样本		2010~2019年舞弊样本	
	家数	比例	家数	比例
1年以内	8	12.12%	12	6.70%
1~2年	11	16.67%	21	11.73%
2~3年	15	22.73%	32	17.88%
3~5年	24	36.36%	73	40.78%
5年以上	8	12.12%	41	22.91%
合计	66	100.00%	179	100.00%
3年以内	34	51.52%	65	36.31%
3年以上	32	48.48%	114	63.69%

（三）处罚金额分析

表3列示了样本公司受到监管部门行政处罚①的金额分布。在涉及行政罚款的45家舞弊样本公司中，43家样本公司处罚金额均超过旧《证券法》顶格罚款60万元，其中：19家样本公司处罚金额在500万~1000万元区间，9家样本公司处罚金额超过1000万元。

此外，我们关注到，2021年度样本公司处罚金额明显大于2020年度，其中：2021年29家舞弊公司共处罚款2.52亿元，平均处罚金额870万元（如ST宜生被处罚金额高达3885万元）；2020年16家舞弊公司共处罚款3281万元，平均处罚金额为205万元。尽管新《证券法》对财务舞弊的处罚金额明显加大，但与财务舞弊的预期收益相比仍然不够高。在这种情况下，监管部门应当更加积极引进民事诉讼机制，从根本上扭转舞弊预期收益大于舞弊预期成本的局面，才能更加有效地抑制上市公司的

---

① 新《证券法》实施后，除了大幅提高对财务舞弊的行政处罚金额之外，还引入了中国特色的代表人诉讼机制，大幅提高了舞弊处罚金额。此外，2020年12月发布的《中华人民共和国刑法修正案（十一）》亦大幅提高了舞弊相关的刑事罚金。本文此处仅统计因舞弊受到监管部门行政处罚的金额分布。

财务舞弊，更好地保护投资者权益。从经济学的角度看，财务舞弊是舞弊者对舞弊预期收益和舞弊预期成本的权衡和博弈，如果舞弊者认为舞弊预期收益远大于舞弊预期成本，就可能铤而走险，诉诸舞弊。新《证券法》对处罚金额不可能无限度提高，通过民事诉讼提高舞弊赔偿金额，更为可取和现实。

表3 舞弊公司处罚金额分布

处罚金额	2020年度家数	2021年度家数	2020~2021年家数合计	比例
2000万~5000万元	0	4	4	6.06%
1000万~2000万元	0	5	5	7.58%
500万~1000万元	7	12	19	28.79%
100万~200万元	8	5	13	19.70%
60万~100万元	0	2	2	3.03%
0~60万元	1	1	2	3.03%
未处罚	9	12	21	31.82%
合计	25	41	66	100.00%

注：未处罚样本公司一般是只受到纪律处分、通报批评、警示函等行政处罚。

（四）审计意见分布

如表4所示，外部审计在识别财务舞弊方面发挥的作用有所提升。对比表4和表5可知，注册会计师对舞弊公司发表的非标审计意见占比由舞弊发生前一年的12.12%大幅提升至舞弊发生当年的22.73%，一举扭转了2010~2019年期间非标审计意见占比（从舞弊发生前一年的17.7%降至舞弊发生当年的15.04%）不升反降的尴尬局面，表明作为上市公司会计信息质量"看门人"的注册会计师在严监管的背景下对财务舞弊的专业怀疑态度有所上升，在新《证券法》实施后两年，敢说"不"的能力有所提升。尽管如此，舞弊发生当年注册会计师发表的22.73%的非标审计意见比例仍然偏低，说明注册会计师发现财务舞弊的能力仍有待提高。

表4 2020~2021年度舞弊样本审计意见分布

审计意见	舞弊前一年家数	比例	舞弊当年家数	比例
标准无保留审计意见	58.00	87.88%	51.00	77.27%
带强调事项段的无保留意见	3.00	4.55%	4.00	6.06%
保留意见	5.00	7.58%	7.00	10.61%
无法表示意见	0	0	4.00	6.06%
合计	66.00	100.00%	66.00	100.00%

表5　　　　　　　　　2010~2019年度舞弊样本审计意见分布

审计意见	舞弊前一年家数	比例	舞弊当年家数	比例
标准无保留审计意见	93.00	82.30%	96.00	84.96%
带强调事项段的无保留意见	10.00	8.85%	8.00	7.08%
保留意见	4.00	3.54%	5.00	4.42%
无法表示意见	0	0	3.00	2.65%
未知	6.00	5.31%	1.00	0.88%
合计	113.00	100.00%	113.00	100.00%

注：未知指的是舞弊公司中有6家为IPO申报期第一年发生舞弊，这6家公司由于年份较早、未能收集到审计意见信息。

二、财务舞弊公司新特征

新《证券法》实施后，在财务舞弊的监管出现新动态的同时，上市公司财务舞弊也呈现了一些新特征，值得监管部门和注册会计师持续关注。

（一）舞弊行业分布

如表6所示，在过往12年（2010~2021年）的舞弊样本公司中，制造业、农林牧渔业及信息传输、软件和信息技术服务业的上市公司涉及财务舞弊的较多，分别达到110家、16家和15家。结合相对数来看，在舞弊家数达10家以上的（子）行业中，农林牧渔业舞弊家数较多（16家）且行业占比最高（9.58%），制造业二级行业"医药制造业""化学原料和化学制品制造业"的舞弊家数行业占比最高（分别为4.56%和4.25%），"信息传输、软件和信息技术服务业"紧随其后（4.05%）。

表6　　　　　　　　　　舞弊样本行业分布

证监会行业类别	2010~2019年家数	2020~2021年家数	2010~2021年		
			舞弊家数	上市公司数	占上市公司的比例
制造业——设备制造业	23	17	40	1182	3.38%
制造业——一般制造业	19	14	33	802	4.11%
农业/林业/牧业/渔业	14	2	16	167	9.58%
信息传输、软件和信息技术服务业	7	8	15	370	4.05%
制造业——化学原料和化学制品制造业	9	4	13	306	4.25%
制造业——医药制造业	8	5	13	285	4.56%

续表

证监会行业类别	2010~2019年家数	2020~2021年家数	2010~2021年		
			舞弊家数	上市公司数	占上市公司的比例
制造业——电气机械和器材制造业	8	3	11	292	3.77%
批发和零售业	3	3	6	186	3.23%
租赁和商务服务业	4	1	5	65	7.69%
建筑业	4	1	5	108	4.63%
文化、体育和娱乐业	1	4	5	62	8.06%
电力、热力、燃气及水生产和供应业	3	1	4	128	3.13%
采矿业	2	2	4	78	5.13%
交通运输、仓储和邮政业	3	0	3	108	2.78%
房地产业	3	0	3	116	2.59%
住宿和餐饮业	1	0	1	9	11.11%
综合	1	0	1	13	7.69%
科学研究和技术服务业	0	1	1	85	1.18%
总计	113	66	179	4362	3.14%

注：A股上市公司家数选取2021年12月数据口径。

从新《证券法》实施后的2020~2021年度看，一个新的特征是"信息传输、软件和信息技术服务业"与"文化、体育和娱乐业"的舞弊公司数量和比例大幅上升，成为财务舞弊高发行业，其中：信息传输、软件和信息技术服务业可能与并购游戏等轻资产公司带来巨额商誉爆雷压力相关，例如任子行（300311）；文化、体育和娱乐业可能与疫情影响下带来的业绩下滑或业绩对赌压力等相关，例如华谊兄弟（300027）。

（二）舞弊类型分布

从表7可以看出，过往12年（2010~2021年）财务舞弊主要集中在对利润表的粉饰和操纵上，其中：收入舞弊成为财务舞弊的"重灾区"，占比为64.25%；费用和成本舞弊成为第三和第五大舞弊类型，占比分别为17.88%和11.17%。特别令人关注的是，资产负债表上的货币资金舞弊和资产减值舞弊已然成为第二和第四大舞弊类型，占比分别高达25.70%和16.20%。

进一步分析可以发现，2020~2021年财务舞弊类型呈现了从利润表操纵往利润表与资产负债表联动操纵的变动趋势，特别是货币资金舞弊与资产减值舞弊分别高达

33.33%和24.24%，仅次于收入舞弊。已有研究表明，财务舞弊一般是以调节利润表收入、毛利率项目为抓手，相应会在资产负债表中会留下诸多痕迹，并且这些痕迹的"消化"过程可能在跨年度、不同时点下呈现出不同的特征（叶钦华等，2022）。因此，一家公司在实施财务舞弊之后，为了"消化"虚增利润表所带来的资产类科目的"异常"，一般会选取合适时机"洗大澡"或通过"科目调节"转移异常，以应对注册会计师和监管部门对异常资产科目的重点关注。

可见，在新《证券法》实施后的近两年中，一方面，监管部门与审计机构大幅提高查处财务舞弊的力度，主动识别舞弊公司在资产类科目存在的减值舞弊特征；另一方面，上市公司亦持续"升级"造假手法，例如，与真实客户供应商等串通舞弊、借助货币资金完成业务流与资金流的"闭环"，以降低资产类科目的异常特征、掩盖财务舞弊的真实面目。

表7　　　　　　　　舞弊类型分布

舞弊类型	2010~2019年		2020~2021年		2010~2021年	
	家数	比例	家数	比例	家数	比例
收入舞弊	77	68.14%	38	57.58%	115	64.25%
费用舞弊	25	22.12%	7	10.61%	32	17.88%
货币资金舞弊	24	21.24%	22	33.33%	46	25.70%
成本舞弊	17	15.04%	3	4.55%	20	11.17%
资产减值舞弊	13	11.50%	16	24.24%	29	16.20%
营业外收支舞弊	10	8.85%	2	3.03%	12	6.70%
投资收益舞弊	7	6.19%	5	7.58%	12	6.70%
其他舞弊	2	1.77%	4	6.06%	6	3.35%
合计	175	100%	97	100%	272	100%

注：舞弊项目以影响主要会计科目为统计口径，如收入舞弊的同时引起成本及其他资产科目变动，本文仅统计收入科目。一家公司可能涉及多种舞弊类型，如同时进行收入虚增和费用虚减，二者之间相互独立，则分别作为舞弊项目统计。

（三）收入舞弊手法分析

我们将收入舞弊区分为会计操纵类和交易造假类两种类型进行进一步分析。其中，会计操纵类主要表现为上市公司管理层通过选择对自身更有利的会计判断，以达到操纵业绩的目标，最常见的就是提前确认收入。交易造假类主要表现为上市公司管理层虚构交易以达到虚增收入的目标，最常见的是通过客户或者隐性关联方串通合谋虚构业务和收入。如表8所示，收入舞弊以交易造假类为甚，占比高达70%。

从具体实施手法分布的分析可以发现，近两年来交易造假类收入舞弊的实施手法呈愈发隐蔽的趋势，协助实施财务舞弊的"帮凶"从关联方、隐性关联方往真实客户和供应商配合造假转换，即从"无中生有"走向"真真假假"。例如，长园集团（600525）虚构与海外真实客户销售业务，并与海外客户签订"阴阳合同"、备忘录、承诺函或声明，表示只是协助免税清关，不存在付款义务等。该变化将大幅增加注册会计师及监管部门识别舞弊的难度。对此，我们建议在修改《会计法》或《注册会计师法》时，从法律上明确配合上市公司财务舞弊的供应商、客户和金融机构的民事和刑事责任，为注册会计师发现财务舞弊营造更好的审计环境。

表8　　　　　　　　　　收入舞弊具体手法

收入舞弊具体手法	舞弊家数		
	2010~2019年	2020~2021年	2010~2021年
第一类：会计操纵类	38	11	49
会计操纵：提前确认收入	28	6	34
会计操纵：净额法按总额法确认收入	3	2	5
会计操纵：期后销售退回未调减收入	2	0	2
会计操纵：确认已停工或合同取消项目的收入	2	1	3
会计操纵：通过内部关联交易虚增利润	1	1	2
会计操纵：确认预计无法回款的客户收入	1	0	1
会计操纵：会计政策操纵虚增收入（BT项目未按公允价值计量）	1	0	1
会计操纵：将以前年度计提费用转为当年收入确认	0	1	1
第二类：交易造假类	87	30	117
关联方/隐性关联方客户协助虚构业务及收入	37	9	46
虚构非关联方协助完成收入造假	25	4	29
真实非关联方协助虚构业务及收入	16	17	33
人为调高合同单价虚增收入	7	0	7
其他	2	0	2
合计	125	41	166

注：同一家公司的收入舞弊可能采用多种手法。

（四）财务舞弊识别特征

我们基于"五维度"财务舞弊识别框架（叶钦华等，2022），利用公开披露数据，对66家样本公司从舞弊发生当年至监管处罚前一年的财务异常特征和非财务异常特征进行小样本的统计分析，共涉及253个公司年度样本，即一家公司可能涉及多个年度。

如表 9 所示，一个明显的特征就是舞弊公司的非财务异常特征出现次数（885 次）是财务异常特征（239 次）的 3.7 倍之多。

在财务异常特征中，涉及会计估计的资产减值及研发支出类项目出现异常的次数最多，与收入舞弊相关的收入、毛利率、货币资金、存货等项目和指标联动异常特征出现次数次之。

在非财务异常特征中，控股股东股权高质押等行为异常、前五大客户/供应商出现关联方/隐性关联方、前五大客户/供应商规模特征异常、上市公司频繁收到非处罚类监管问询等异常特征出现次数最多。

表 9　　　　　　　　　　舞弊公司异常识别特征

序号	异常识别特征	出现次数
	非财务异常特征合计	885
1	股东行为异常——股权高质押或股权冻结	198
2	监管预警异常——公司频繁收到非处罚类监管问询	153
3	交易对象异常——客户规模特征与交易金额相背离	92
4	高管行为异常——公司核心高管身兼多职	77
5	交易对象异常——客户供应商变动频繁	76
6	司法预警异常——公司涉及重大诉讼或被纳入失信人	64
7	交易对象异常——供应商规则特征与交易金额相背离	64
8	并购行为异常——报告期内存在高商誉且被并购方业绩对赌精准达标	56
9	业务特征异常——人均产值不符合行业惯例	55
10	交易对象异常——客户供应商存在隐性关联关系	50
	财务异常特征合计	239
1	减值异常——报告期涉及减值准备计提过高的"洗大澡"迹象	59
2	减值异常——应收款项涉及坏账准备计提不足迹象	36
3	毛利率异常——毛利率与存货期末余额联动异常	35
4	收入异常——收入与应收款项余额联动异常	21
5	研发支出异常——研发费用资本化比例远高于行业惯例	19
6	收入异常——收入与预付款项余额联动异常	18
7	货币资金异常——存贷双高且利息收益率异常	18
8	收入异常——收入与长期资产余额联动异常	13
9	毛利率异常——毛利率与预付款项余额联动异常	11
10	收入异常——收入与应收款项/存货联动异常	9
	所有异常特征合计	1124

三、结论与启示

以上分析表明,新《证券法》出台后,监管部门实行"零容忍"严监管政策和注册会计师执业时保持更高审慎性,在发现和处罚上市公司财务舞弊方面取得了一些引人注目的进展和成效,财务舞弊愈演愈烈的势头有望得到遏制。

(一) 制度出台后打击舞弊效果显现

新《证券法》及其配套法规颁布与实施后,监管部门打击财务舞弊的力度前所未有,近两年处罚家数大幅增加。虽然财务舞弊被发现仍存在"滞后期",但处罚周期大幅缩短,三年以内发现财务舞弊的样本公司从36.31%提高至51.52%。处罚金额大幅提高,例如,作为首例适用新《证券法》的案例,广东榕泰(600589)被处以300万元罚款,董事长被处以330万元罚款,财务总监、董秘和多位监事、董事、独立董事被处以20万元至160万元不等的罚款,累计罚款1450万元,远高于旧《证券法》下对康美药业案件的累计595万元的顶格处罚,而且广东榕泰还将面临投资者的民事索赔诉讼。外部审计在发现财务舞弊方面的能力尽管还有待提升,但注册会计师在上市公司实施舞弊当年发表非标审计意见的比例从15.04%提升至22.73%,扭转了2010~2019年实施舞弊当年非标审计意见占比不升的局面,表明发现财务舞弊的能力有所提升,审计期望鸿沟有所缩小。

(二) 财务舞弊识别须密切关注行业特性

财务舞弊发生的频率与行业特性有关,制造业和农、林、牧、渔业的上市公司,由于存货与在建工程等资产难以核实,购销环节较为复杂,依然是财务舞弊高发区。此外,信息传输、软件和信息技术服务业等轻资产行业更易产生巨额商誉舞弊风险,文化、体育和娱乐业等受疫情影响的典型行业更易因业绩下滑引发舞弊动机。注册会计师和监管部门对这类新出现的财务舞弊高发行业的上市公司应当保持高度关注和警惕。为此,注册会计师应当深入了解企业所在行业的以下方面:(1) 商业模式,包括其获取营业收入和现金流量的主要方式,价值链中特别是购销环节涉及的主要上下游企业;(2) 财务结构,特别是资产负债和成本费用结构;(3) 会计惯例,特别是收入确认方法;(4) 经营情况,特别应关注企业的营业收入增幅、毛利率、销售利润率、产销率等是否明显与行业存在背离现象;(5) 风险领域,对于企业的赊购和赊销政策,结算方式和结算周期明显有别于行业惯例,库存水平和存货周转率明显高于行业平均水平,或资产减值计提比例明显低于行业平均水平的现象,必须保持高度的职业怀疑态度,必要时追加审计程序或者扩大审计范围。

(三) 财务舞弊手法呈联动化、隐蔽化趋势

财务舞弊类型呈现链条拉长的趋势，从利润表操纵往利润表与资产负债表联动操纵的方向发展，特别是货币资金舞弊与减值舞弊分别高达33.33%和24.24%，仅次于收入舞弊。可见，将利润表科目与资产负债表科目进行联动指标核查的方法值得尝试，涉及资产类科目"洗大澡"或"存贷双高"等异常特征年度尤其如此。

同时，操纵收入仍是上市公司惯用的伎俩，实施财务舞弊的"帮凶"从关联方、隐性关联方向真实客户和供应商配合造假转换，即从"无中生有"走向"真真假假"，收入舞弊手法与路径愈发隐蔽。该变化将大幅增加监管部门与注册会计师识别财务舞弊的难度，有必要明确和追究配合造假者的民事和刑事责任。针对这种新变化，注册会计师除了重点核实隐性关联方之外，还应重点核查已有客户和供应商的交易规模与资金流，才能有效发现并遏制愈演愈烈且愈加隐蔽的收入操纵。

(四) 非财务信息充分利用确有必要

现有企业财务舞弊识别模型主要基于企业披露的财务信息，而对非财务信息利用不足（叶康涛和刘金萍，2021）。从本文分析可知，非财务异常特征对识别财务舞弊的作用已大幅超过财务异常特征，特别是大股东行为、高管行为、客户供应商等方面的异常特征。可见，仅仅依靠财务信息难以识别财务舞弊，监管机构应加大上市公司的信息披露力度和范围，特别是与财务信息紧密相关的非财务信息披露，如强制披露前五大客户、供应商名单等。注册会计师亦须加大对非财务信息的关注、获取与利用，提高识别财务舞弊相关审计程序的不可预见性，增大上市公司应对注册会计师舞弊审计的难度。

(五) 智能反舞弊迫在眉睫

利用智能技术识别财务舞弊行为，需要合适模型及足够数据的支撑，而这一点又有赖于近期计算机科学在大数据领域的高速发展（叶钦华等，2022）。在实务工作中，财务数据相对容易获取或处理，例如，上市公司财务报表及附注的表格信息。而与大股东行为、高管行为、客户、供应商异常特征相关的非财务信息来源较广，如行业研究网站、工商信息网站、裁判文书网站等，且基本为非结构化信息。基于大数据技术及计算机技术的结合，我们才能采集、存储和处理大量非结构化数据，让模型可以基于多源、多维数据进行高效分析。例如，针对游戏或平台类互联网企业的个人客户充值IP地址分布、时间分布的大数据分析，该类反舞弊程序如仅仅依赖传统人工审计模式，往往效果不佳或者"有心无力"。

根据我们的了解，国内会计师事务所在行业数据库购置、舞弊识别模型构建以及

数字化审计人才队伍培养方面都较为薄弱。从上文分析可知，常规的外部审计在发现财务舞弊方面虽有进步，但总体成效仍然有限，在样本公司中尚有77.27%舞弊公司在当年未能被注册会计师所揭发。这说明构建财务与业务相结合、会计数据与大数据相结合的财务舞弊识别模型，开发智能反舞弊工具确有必要。

（原载于《财会月刊》2022年第13期，略有修订）

参考文献

黄世忠.2019.上市公司财务造假的八因八策［J］.财务与会计，16：4~11.

黄世忠，叶钦华，徐珊，叶凡.2020.2010~2019年中国上市公司财务舞弊分析［J］.财会月刊，14：153~160.

叶康涛，刘金萍.2021.非财务信息与企业财务舞弊行为识别［J］.会计研究，9：35~47.

叶钦华，叶凡，黄世忠.2022.财务舞弊识别框架构建——基于会计信息系统论及大数据视角［J］.会计研究，3：3~16.

2019~2021年上市公司财报可信度分析

叶钦华　黄世忠　徐珊　叶凡

> **【摘要】** 财务舞弊研究中最难以实现但又最具有价值的当属事前识别问题。本文基于"五维度"财务舞弊识别框架，构建财报可信度评价指标，利用天健财判财务智能预警系统和数据库进行数据搜集和处理，分析2019~2021年我国上市公司（剔除金融业的A股上市公司）和信用债发债主体发生财务舞弊的可能性。本文首先介绍智能预警系统的构建逻辑和预警效果。其次，分析上市公司总体财报可信度，并从交易所板块、行业、地区和审计分布等角度进行分类"画像"。最后进行总结和展望。
>
> **【关键词】** 财务舞弊识别　财报可信度　智能预警系统　大数据　人工智能

我国资本市场近年来再次进入财务舞弊高发期，防范财务舞弊最有效的手段之一是利用智能技术事前识别舞弊。厦门国家会计学院中国财务舞弊研究中心[①]的研究表明，要大幅提高发现财务舞弊的能力，应同时从历史和未来的角度进行。历史的角度是指对已经发生的财务舞弊进行回顾分析，寻找规律性的财务舞弊特征，未来的角度是指以财务舞弊特征分析为基础，借助大数据技术，选择恰当的变量构建财务舞弊识别与预测模型（黄世忠等，2020）。本文基于"五维度"财务舞弊识别框架（叶钦华等，2022），讨论如何结合大数据技术构建智能预警系统，评估我国上市公司2019~2021年的财报可信度。

---

① 厦门国家会计学院中国财务舞弊研究中心于2017年4月由厦门国家会计学院联合厦门大学会计系、厦门天健咨询有限公司、深圳东方富海投资管理股份有限公司、容诚会计师事务所和深圳商集企业服务有限公司（唯你网）共同设立，旨在打造产学研一体化的财务舞弊研究平台，主要目标是构建财务舞弊智能预警系统和编制财务舞弊指数。

一、智能预警系统的构建逻辑和预警效果

本部分介绍上市公司财报可信度智能预警系统的构建逻辑和预警效果，为第二部分的分析提供背景资料。

（一）构建逻辑和指标维度

近年来，财务舞弊呈手法隐蔽性、动机多元化、识别滞后性等新特征与新动态，要实现事前智能预警舞弊需要实现专家经验理论化、多源数据标准化、预警模型系统化等核心技术突破并完成预警系统编程和落地工作。经过五年多产学研一体化探讨与实践，厦门国家会计学院中国财务舞弊研究中心的理事单位厦门天健财智科技有限公司将该中心的理论研究成果转化为财务舞弊事前识别实践工具——天健财判财务智能预警系统（以下简称"天健财判系统"）。该预警系统综合利用计算机视觉（OCR）、自然语言理解（NLP）、大数据及云计算等信息技术手段，结合学者与专家的财会专业技术，从财务税务、公司治理、内部控制、行业业务和数字特征五个维度，搭建了"用户前台—模型中台—数据后台"的系统架构，实现对上市公司财务舞弊可能性的智能评价与实时预警。该系统建立了基于大数据和专家打分系统的财报可信度指标，对上市公司或信用债发债主体的财务舞弊风险进行评价，具体包括低、中、高三类评价结果，若财报可信度为低，则财务舞弊风险较高。财报可信度指标体系（如表1所示）的具体建立过程如下（叶钦华等，2022）：（1）基于前述"五维度"识别框架，与专家讨论并选择适用于上市公司场景的舞弊识别信号，选择时主要考虑规则的适用性、数据可获取性、数据量化效率等；（2）结合上市公司过往10年财务报表数据特征及专家实务经验，对识别信号进行定义与赋值；（3）对可度量的舞弊识别信号进行分类与组合，组合时主要参考小样本案例描述及专家实务经验归纳的财务舞弊类型和不同财务舞弊手法等；（4）结合专家实务经验对不同识别变量给予舞弊识别关联度排序及折扣系数设定；（5）计算每一家公司当年度的财报可信度得分，并将打分结果较低一个区间的样本划分为舞弊可能性较高的公司。

目前，该智能预警系统对A股上市公司和信用债发债主体财报可信度评价的"回测+实测"时长已达5年，并基于专家经验驱动、多维数据驱动实现财务舞弊预警的动态更新与持续迭代。同时，该智能预警系统还能够对高舞弊风险公司给出具体的舞弊异常特征、舞弊手法、舞弊动机等提示，从而提供细化线索或风险信号。

表 1　　　　　　　　　　　　财报可信度指标体系

五维度	舞弊识别信号类别	联动指标/组合规则数量
财务税务维度	营业收入异常	36
	毛利率异常	15
	减值计提异常	15
	货币资金异常	8
	其他科目异常	22
公司治理维度	舞弊动机异常	16
	审计司法预警异常	15
	并购投资行为异常	10
	公司行为异常	38
内部控制维度	交易对象异常	60
	监管预警异常	10
	信息披露异常	5
	媒体预警异常	10
行业业务维度	行业特征异常	15
	业务特征异常	10
数字特征维度	财务数字分布异常	9
	业务数字分布异常	12
合计		306

注：财报可信度指标体系涵盖"五维度"识别框架下所寻找、度量的舞弊识别信号，受舞弊手法迭代、数据挖掘技术进步等因素影响，后续指标与组合规则数量可能有所增补。

（二）事前预警效果分析

本文的财报可信度指标以能否比监管机构更早识别上市公司的财务舞弊作为模型效果的检验标准。因此，本文利用对监管处罚的财务舞弊公司或市场爆雷（指债券违约或业绩变脸）公司的复盘，统计该智能预警系统的事前预警内容及事前预警周期，以评估财报可信度指标的有效性。本文样本包括 2020 年至 2022 年 8 月被中国证监会公开处罚及资本市场已爆雷但尚未处罚的案例，共包括 28 家公司①，具体分为表 2 所示的三组。检验期间涵盖样本公司违规发生年度或爆雷发生年度的前一年至证监会处罚前一年。若该期间内，财报可信度评价为低得分，则表示提前指出可能存在财务舞

---

① 样本公司含 2021 年 9 月 17 日《证监会依法严厉打击债券市场违法违规行为》中提及的 7 家典型债券市场违规发债企业，2021 年 7 月 23 日《证监会通报首批适用新〈证券法〉财务造假案件处罚情况》中提及的 3 家典型财务舞弊上市公司，2021 年 4 月 16 日《证监会通报 2020 年以来上市公司财务造假案件办理情况》中提及的 7 家典型财务舞弊上市公司，以及 2021 年爆雷的星星科技和上海电气案件涉及的公司等 13 家上市公司（这 13 家公司中，目前已有 8 家被行政处罚、立案调查或交易所监管警示），去除重复后共计 28 家。

弊,即为"命中",否则为"漏中"。

表2　　　　　　　　　　　　样本公司说明

样本标签	标签说明	样本家数
发债企业债券违约	《证监会依法严厉打击债券市场违法违规行为》中提及的2019年以来证监会查处的典型债券市场违规发债企业	7
上市公司财务舞弊	《证监会通报首批适用新〈证券法〉财务造假案件处罚情况》《证监会通报2020年以来上市公司财务造假案件办理情况》	8
上市公司业绩爆雷	星星科技、上海电气案件相关公司	13
合计		28

表3~表5列示了检验结果,可以发现,28家样本公司的"命中"家数为27家,命中率为96.43%(27/28),且提前预警周期最短2个月、最长7年,均值为2.3年。此外,"命中"的27家样本公司中仅有3家被注册会计师出具非标审计意见,其余24家均为标准无保留审计意见。可见,本文财报可信度预警系统对财务舞弊和业绩爆雷公司的事前识别效果较好,具有较强的预警性。

表3　　　　7家债券违约发债企业中的6家被预警系统评为低财报可信度

公司简称	违规类型	违规年度	处罚年度	系统最早预警年度	系统提前预警周期	预警年度审计意见
胜通集团	收入舞弊	2013~2017年	2021年	2016年	4年	标准无保留意见
永煤控股	资金舞弊	2017~2020年	2021年	2018年	2年	标准无保留意见
富贵鸟	资金舞弊	2015~2016年	2020年	2016年	3年	标准无保留意见
华晨集团	投资收益舞弊	2017~2018年	2021年	2016年	4年	标准无保留意见
远高实业	破产未披露	2020年	2020年	2019年	8个月	标准无保留意见
神雾集团	资金舞弊	2017~2018年	2019年	2016年	2年	标准无保留意见
五洋建设	减值舞弊	2012~2014年	2018年	不适用	不适用	标准无保留意见

注:五洋建设舞弊手法为应收账款与应付账款对抵以减少坏账准备计提金额的会计操纵类舞弊,系统预警结果为:自2014年度起财报可信度为"中"(未达到"低"),并预警其应收款项坏账准备计提比例远低于行业均值、存在坏账准备计提不足等异常迹象。

表4　　　8家财务舞弊上市公司全部被预警系统评为低财报可信度

股票代码	公司简称	舞弊类型	舞弊年度	处罚年度	系统最早预警年度	系统提前预警周期	预警年度审计意见
600677.SH	*ST航通	收入舞弊	2016~2018年	2021年	2016年	4年	保留意见

续表

股票代码	公司简称	舞弊类型	舞弊年度	处罚年度	系统最早预警年度	系统提前预警周期	预警年度审计意见
002052.SZ	ST 同洲	减值舞弊、费用舞弊、收入舞弊	2014~2016 年	2021 年	2013 年	7 年	标准无保留意见
600589.SH	ST 榕泰	收入舞弊	2018~2019 年	2021 年	2018 年	2 年	标准无保留意见
600978.SH	*ST 宜生	收入舞弊	2016~2019 年	2021 年	2019 年	1 年	无法表示意见
002411.SZ	延安必康	资金舞弊	2015~2018 年	2020 年	2015 年	4 年	标准无保留意见
300152.SZ	科融环境	收入舞弊	2017 年	2020 年	2016 年	3 年	标准无保留意见
300064.SZ	*ST 金刚	收入舞弊	2016~2019 年	2021 年	2016 年	4 年	标准无保留意见
300526.SZ	中潜股份	收入舞弊	2019 年	2021 年	2020 年	1 年	保留意见

表 5　　13 家业绩爆雷上市公司全部被预警系统评为低财报可信度

股票代码	公司简称	公司标签	爆雷日期	爆雷事件	系统最早预警年度	系统提前预警周期	预警年度审计意见
300256.SZ	星星科技	业绩爆雷	2021-08-21	公司发布前期差错更正公告	2017 年	3 年	标准无保留意见
601727.SH	上海电气	上海电气案件	2021-05-30	公司发布重大风险提示公告	2020 年	2 个月	标准无保留意见
600522.SH	中天科技	上海电气案件	2021-07-21	公司发布重大风险提示公告	2020 年	3 个月	标准无保留意见
600260.SH	凯乐科技	上海电气案件	2018-08-03	媒体质疑	2017 年	6 个月	标准无保留意见
002089.SZ	ST 新海	上海电气案件	2019-04-30	非标财报审计意见	2017 年	1 年	标准无保留意见
002383.SZ	合众思壮	上海电气案件	2020-05-29	非标财报审计意见	2017 年	2 年	标准无保留意见
600981.SH	汇鸿集团	上海电气案件	2021-07-24	公司发布重大风险提示公告	2017 年	3.5 年	标准无保留意见
002309.SZ	中利集团	上海电气案件	2021-04-28	非标财报审计意见	2017 年	3 年	标准无保留意见
603803.SH	瑞斯康达	上海电气案件	2021-06-02	公司发布子公司涉及重大诉讼公告	2019 年	1 年	标准无保留意见
300600.SZ	国瑞科技	上海电气案件	2021-07-16	公司发布重大风险提示公告	2017 年	3.5 年	标准无保留意见
688555.SH	泽达易盛	上海电气案件	2021-07-25	媒体质疑	2021 年一季度	3 个月	标准无保留意见
000687.SZ	*ST 华讯	上海电气案件	2020-06-15	非标财报审计意见	2017 年	2 年	标准无保留意见
002211.SZ	宏达新材	上海电气案件	2021-06-01	公司发布经营业务风险	2017 年	3 年	标准无保留意见

二、上市公司财报可信度画像

不论是学术研究还是实务分析,都期望有一个简单实用的指数,能够衡量难以直接观察到的现象,迅速判断企业的会计信息质量好坏,特别是针对财务舞弊(叶钦华等,2022)。如前所述,天健财判系统构建的财报可信度指标体系在一定程度上可作为测度上市公司会计信息质量的一个指数或量化指标。基于此,本部分从交易所板块、行业、地区和审计分布等角度,分析2019～2021年不含金融业的A股上市公司财务可信度的分布特征,进而对上市公司整体的会计信息质量进行评估。

(一) 总体财报可信度分布

表6列示了上市公司财报可信度高、中、低分布情况,从表中可以看出,过往3年财报可信度为低的上市公司占比从32.54%下降至27.64%,该数据表明上市公司整体会计信息质量呈小幅提升态势。究其原因,2020年之后,一方面随着IPO注册制在科创板、创业板的试点实施,高质量的新上市公司持续加入A股,另一方面监管部门加大财务舞弊处罚力度,通过退市新规等"清理"了一批低质量上市公司,"双管齐下"使得上市公司会计信息质量逐步提升。

表6　　2019～2021年上市公司财报可信度评价分布情况

财报可信度	2021年年报		2020年年报		2019年年报	
	家数	占比	家数	占比	家数	占比
低	1304	27.64%	1377	30.13%	1324	32.54%
中	2484	52.66%	2376	51.99%	1964	48.27%
高	929	19.69%	817	17.88%	781	19.19%
合计	4717	100.00%	4570	100.00%	4069	100.00%

表7　　2019～2021年中证800财报可信度评价分布情况

财报可信度	2021年年报		2020年年报		2019年年报	
	家数	占比	家数	占比	家数	占比
低	122	17.28%	148	21.02%	178	25.11%
中	402	56.94%	383	54.40%	339	47.81%
高	182	25.78%	173	24.57%	192	27.08%
合计	706	100.00%	704	100.00%	709	100.00%

注:中证800以当年12月中证指数公布的指数成分股为准,剔除金融行业上市公司。

表 8 2019～2021 年沪深 300 财报可信度评价分布情况

财报可信度	2021 年年报		2020 年年报		2019 年年报	
	家数	占比	家数	占比	家数	占比
低	39	15.85%	31	13.25%	40	16.88%
中	144	58.54%	140	59.83%	119	50.21%
高	63	25.61%	63	26.92%	78	32.91%
合计	246	100.00%	234	100.00%	237	100.00%

注：沪深 300 以当年 12 月上交所和深交所公布的指数成分股为准，剔除金融行业上市公司。

进一步地，表 7 和表 8 分析了中证 800 和沪深 300 指数成分股的财报可信度情况。中证 800 和沪深 300 指数成分股中低财报可信度的上市公司占比分别为 17.28% 和 15.85%，远低于全 A 股的 27.64%，这表明中证 800 和沪深 300 指数成分股会计信息质量总体水平较高。但是，仍有小部分指数成分股可能存在财务舞弊风险，指数成分股公司市值高、交易量大、机构持股多，值得监管部门、注册会计师及投资者重点关注。

（二）交易所和板块分布

表 9 分板块列示了上市公司财报可信度情况，从表中可以看出，科创板低财报可信度的公司占比为 21.53%，显著低于主板、创业板及北交所上市公司，这在一定程度上也体现了注册制下"问出一家好公司"的初衷。此外，北交所低财报可信度的上市公司占比高达 35%，可能原因是北交所上市公司发展阶段较早、新三板直接转板发行（新三板信息披露监管相对较松），需要予以重点关注。

表 9 2019～2021 年交易所各板块财报可信度评价分布情况

上市板块	财报可信度	2021 年年报		2020 年年报		2019 年年报	
		家数	占比	家数	占比	家数	占比
主板	低	853	28.13%	892	29.48%	962	32.90%
	中	1536	50.66%	1526	50.43%	1372	46.92%
	高	643	21.21%	608	20.09%	590	20.18%
	小计	3032	100.00%	3026	100.00%	2924	100.00%
创业板	低	323	28.01%	366	33.70%	307	34.49%
	中	622	53.95%	556	51.20%	414	46.52%
	高	208	18.04%	164	15.10%	169	18.99%
	小计	1153	100.00%	1086	100.00%	890	100.00%

续表

上市板块	财报可信度	2021年年报		2020年年报		2019年年报	
		家数	占比	家数	占比	家数	占比
科创板	低	93	21.53%	85	22.55%	46	21.40%
	中	275	63.66%	249	66.05%	150	69.77%
	高	64	14.81%	43	11.41%	19	8.84%
	小计	432	100.00%	377	100.00%	215	100.00%
北交所	低	35	35.00%	34	41.98%	9	22.50%
	中	51	51.00%	45	55.56%	28	70.00%
	高	14	14.00%	2	2.47%	3	7.50%
	小计	100	100.00%	81	100.00%	40	100.00%
合计	低	1304	27.64%	1377	30.13%	1324	32.54%
	中	2484	52.66%	2376	51.99%	1964	48.27%
	高	929	19.69%	817	17.88%	781	19.19%
	小计	4717	100.00%	4570	100.00%	4069	100.00%

(三) 行业分布

表10列示了2021年度上市公司数量超过100家的行业财报可信度的具体分布情况，从表中可以看出，财报可信度的高、中、低分布在不同行业间差异较大。例如，受政策监管影响较大的房地产业、建筑业等行业，低财报可信度的上市公司占比明显高于全部A股上市公司的平均水平，这在一定程度上也表明会计行为受行业景气度、宏观经济周期等外部因素影响较大。

可见，"退潮时才知道谁在裸泳"，行业业务维度对财务舞弊预警至关重要，行业分类、主营业务划分准确性对财报可信度指标体系的构建影响重大，如行业处于低谷、业绩下滑可能引发强舞弊动机、低税率行业降低了舞弊成本却相应提高了舞弊概率等。

表10　2021年度主要行业上市公司财报可信度评价分布情况

主要行业	公司家数	财报可信度——2021年度					
		低	占比	中	占比	高	占比
交通运输、仓储和邮政业	109	15	13.76%	70	64.22%	24	22.02%
制造业——橡胶和塑料制品业	114	19	16.67%	62	54.39%	33	28.95%
制造业——汽车制造业	165	32	19.39%	98	59.39%	35	21.21%
制造业——计算机、通信和其他电子设备制造业	510	101	19.80%	293	57.45%	116	22.75%
制造业——医药制造业	305	73	23.93%	157	51.48%	75	24.59%

续表

主要行业	公司家数	财报可信度——2021年度					
		低	占比	中	占比	高	占比
制造业——非金属矿物制品业	109	28	25.69%	58	53.21%	23	21.10%
制造业——化学原料和化学制品制造业	317	82	25.87%	176	55.52%	59	18.61%
制造业——通用设备制造业	179	50	27.93%	93	51.96%	36	20.11%
制造业——电气机械和器材制造业	306	88	28.76%	162	52.94%	56	18.30%
批发和零售业	189	57	30.16%	94	49.74%	38	20.11%
制造业——专用设备制造业	333	103	30.93%	157	47.15%	73	21.92%
信息传输、软件和信息技术服务业	400	127	31.75%	217	54.25%	56	14.00%
电力、热力、燃气及水生产和供应业	130	44	33.85%	72	55.38%	14	10.77%
房地产业	116	50	43.10%	54	46.55%	12	10.34%
建筑业	109	50	45.87%	49	44.95%	10	9.17%
全A股下的平均水平	4717	1304	27.64%	2484	52.66%	929	19.69%

注：本数据仅覆盖公司家数超过100家的主要行业。

（四）地区分布

表11列示了2021年度各辖区（即证监会设立派出监管机构的省、市、地区）上市公司的财报可信度情况，从表中可以看出：宁波、贵州、青岛、安徽及上海辖区"低财报可信度"上市公司占比较低，表明该辖区上市公司会计信息质量相对较高；反之，新疆、黑龙江、山西、宁夏及海南辖区"低财报可信度"上市公司占比较高，值得重点关注。这一分布特征一定程度上也与地区经济发展水平相近。

表11　　　　2021年度不同辖区上市公司财报可信度评价分布情况

辖区	公司家数	财报可信度——2021年度					
		低	占比	中	占比	高	占比
宁波	109	18	16.51%	60	55.05%	31	28.44%
贵州	33	6	18.18%	22	66.67%	5	15.15%
青岛	55	11	20.00%	25	45.45%	19	34.55%
安徽	150	32	21.33%	82	54.67%	36	24.00%
上海	382	84	21.99%	215	56.28%	83	21.73%
浙江	503	115	22.86%	269	53.48%	119	23.66%
江苏	588	145	24.66%	328	55.78%	115	19.56%
重庆	62	16	25.81%	39	62.90%	7	11.29%
北京	418	108	25.84%	239	57.18%	71	16.99%

续表

辖区	公司家数	财报可信度——2021年度					
		低	占比	中	占比	高	占比
深圳	373	97	26.01%	188	50.40%	88	23.59%
厦门	61	16	26.23%	29	47.54%	16	26.23%
广东	404	106	26.24%	213	52.72%	85	21.04%
河南	96	26	27.08%	59	61.46%	11	11.46%
山东	215	59	27.44%	113	52.56%	43	20.00%
福建	100	29	29.00%	48	48.00%	23	23.00%
湖北	130	38	29.23%	66	50.77%	26	20.00%
西藏	20	6	30.00%	10	50.00%	4	20.00%
江西	69	21	30.43%	41	59.42%	7	10.14%
河北	68	21	30.88%	33	48.53%	14	20.59%
陕西	67	21	31.34%	37	55.22%	9	13.43%
湖南	130	42	32.31%	58	44.62%	30	23.08%
四川	162	53	32.72%	80	49.38%	29	17.90%
天津	66	22	33.33%	39	59.09%	5	7.58%
内蒙古	26	9	34.62%	14	53.85%	3	11.54%
云南	39	14	35.90%	22	56.41%	3	7.69%
大连	31	12	38.71%	16	51.61%	3	9.68%
甘肃	35	14	40.00%	15	42.86%	6	17.14%
辽宁	52	22	42.31%	22	42.31%	8	15.38%
广西	38	17	44.74%	15	39.47%	6	15.79%
青海	11	5	45.45%	5	45.45%	1	9.09%
吉林	48	23	47.92%	19	39.58%	6	12.50%
新疆	54	27	50.00%	20	37.04%	7	12.96%
黑龙江	35	18	51.43%	13	37.14%	4	11.43%
山西	40	21	52.50%	15	37.50%	4	10.00%
宁夏	15	9	60.00%	6	40.00%	0	0.00%
海南	32	21	65.63%	9	28.13%	2	6.25%
合计	4717	1304	27.64%	2484	52.66%	929	19.69%

(五) 审计分布

表12列示了2021年度拥有上市公司客户最多的前十家会计师事务所所审计公司的财报可信度情况。从表中可以看出，除大信所、大华所及中审众环所"低财报可信度"上市公司占比高于全部A股上市公司的平均水平之外，其余7家会计师事务所"低财报可信度"上市公司占比均低于全部A股上市公司的均值，特别是天职国际所、

容诚所及立信所的客户财报可信度较好。

表12　　2021年度按会计师事务所分类的上市公司财报可信度评价分布情况

审计机构	审计家数	财报可信度——2021年度					
		低	占比	中	占比	高	占比
天职国际会计师事务所	220	41	18.64%	132	60.00%	47	21.36%
容诚会计师事务所	323	64	19.81%	195	60.37%	64	19.81%
立信会计师事务所	634	129	20.35%	355	55.99%	150	23.66%
中汇会计师事务所	135	28	20.74%	86	63.70%	21	15.56%
致同会计师事务所	229	51	22.27%	132	57.64%	46	20.09%
天健会计师事务所	604	139	23.01%	323	53.48%	142	23.51%
信永中和会计师事务所	352	89	25.28%	193	54.83%	70	19.89%
大信会计师事务所	191	62	32.46%	97	50.79%	32	16.75%
大华会计师事务所	443	145	32.73%	219	49.44%	79	17.83%
中审众环会计师事务所	179	61	34.08%	85	47.49%	33	18.44%
全A股下的平均水平	4717	1304	27.64%	2484	52.66%	929	19.69%

（六）低财报可信度样本分析

2021年度低财报可信度的上市公司共有1304家，比2020年度减少73家。下文将从"五维度"预警分布、市值分布、行业分布、地区分布和审计分布等角度对样本公司进行进一步分析，指出该样本公司可能在哪些方面存在财务舞弊风险。

1."五维度"预警分布

表13列示了2020~2021年度低财报可信度上市公司所触发的五维度异常特征，其中：财务税务维度所触发异常特征占比为27%左右，相比之下，其他四个维度所触发异常特征占比高达70%以上。可见，非财务信息的充分利用对财务舞弊模型预警作用重大，这也说明引入数字化技术来实现舞弊智能预警确有必要。

表13　　低财报可信度上市公司的五维度异常特征分布情况

五维度	2021年年报		2020年年报	
	异常家数	占比	异常家数	占比
财务税务维度	1135	27.06%	1210	26.60%
行业业务维度	376	8.97%	376	8.27%
公司治理维度	813	19.38%	888	19.52%
内部控制维度	1115	26.59%	1239	27.24%
数字特征维度	755	18.00%	836	18.38%
合计	4194	100.00%	4549	100.00%

2. 市值分布

表14列示了2020～2021年度低财报可信度上市公司的市值分布情况,其中:市值100亿元以上的上市公司在2021年度为350家,占比26.84%,比2020年度增加53家。可见,财务舞弊动机越来越多元化,上市公司实施财务舞弊并非仅仅为了保壳、规避ST,更多高市值上市公司实施财务舞弊可能是出于并购对赌或配合大股东减持的市值管理等动机。这些高市值上市公司的行为应引起监管部门与投资者的关注,因为市值越大,后续引发的经济后果也可能越为重大。例如,康美药业在证监会立案调查前的2018年第三季度末市值高达千亿元,1～3季度报告的营业收入高达254.28亿元、净利润为38.31亿元,看似业绩良好的白马股,实际上背后是300亿元财务舞弊所支撑的"虚假繁荣"。财务舞弊丑闻曝光后,康美药业的市值大跌,给股东造成的损失超过700亿元。

表14 低财报可信度上市公司的市值分布情况

市值分布	2021年度		2020年度	
	家数	占比	家数	占比
50亿元以下	641	49.16%	770	55.92%
50亿～100亿元	313	24.00%	310	22.51%
100亿～500亿元	304	23.31%	265	19.24%
500亿～1000亿元	30	2.30%	21	1.53%
1000亿元以上	16	1.23%	11	0.80%
合计	1304	100.00%	1377	100.00%

注:市值以当年12月31日的总市值为基础,若为12月31日后新上市的公司,则以首发当日市值为基础。

3. 行业分布

表15列示了2020～2021年度低财报可信度上市公司占比最高的5个行业的具体情况,其中"农、林、牧、渔业"稳居第1名。已有研究表明,财务舞弊发生的频率与行业特性有关,制造业和农、林、牧、渔业上市公司的存货与在建工程等资产难以核实,购销环节较为复杂,导致这两个行业成为财务舞弊高发区(黄世忠等,2020)。此外,受行业景气度及政策等外部因素影响,建筑业、房地产业中低财报可信度上市公司的占比也不断提升,值得监管部门和注册会计师的关注与警惕。

表 15　　　　　低财报可信度上市公司占比最高的 5 个行业情况

证监会行业	2021 年度公司家数	财报可信度——2021 年度		财报可信度——2020 年度		排名变动
		低	占比	低	占比	
农、林、牧、渔业	47	24	51.06%	23	50.00%	0
建筑业	109	50	45.87%	45	41.28%	+3
水利、环境和公共设施管理业	93	42	45.16%	39	44.83%	−1
房地产业	116	50	43.10%	46	38.02%	+5
租赁和商务服务业	68	26	38.24%	26	41.27%	0

注：以证监会行业分类为基础，仅分析公司家数超过 40 家的行业；排名变动指同比 2020 年度排名增减变动情况，正数为排名提升、负数为排名下降，下同。

4. 地区分布

表 16 列示了 2020～2021 年度低财报可信度上市公司占比最高的 5 个辖区的具体情况。已有研究表明，财务舞弊与经济发达程度存在反比关系（黄世忠等，2020），本表数据支持了这一结论。

表 16　　　　　低财报可信度上市公司占比最高的 5 个辖区情况

辖区	2021 年度公司家数	财报可信度——2021 年度		财报可信度——2020 年度		排名变动
		低	占比	低	占比	
海南	32	21	65.63%	18	56.25%	+3
宁夏	15	9	60.00%	9	56.25%	+3
山西	40	21	52.50%	20	50.00%	+5
黑龙江	35	18	51.43%	21	56.76%	−2
新疆	54	27	50.00%	29	51.79%	+2

5. 审计分布

表 17 列示了 2020～2021 年度低财报可信度上市公司占比最高的会计事务所的具体分布情况，从表中可以看到，前 5 名均不是头部事务所，高风险上市公司往中小事务所聚集。中国证监会会计部发布的《2020 年度证券审计市场分析报告》指出，严监管下证券违法违规成本大幅提高，导致头部证券所主动辞任高风险上市公司，调整审计客户结构。表 17 的数据在一定程度上支持了这一结论。

表 17　　低财报可信度上市公司占比最高的 5 个会计师事务所情况

审计机构	2021 年度审计家数	财报可信度——2021 年度		财报可信度——2020 年度		排名变动
		低	占比	低	占比	
中兴财光华会计师事务所	74	57	77.03%	56	81.16%	0
亚太（集团）会计师事务所	54	36	66.67%	34	66.67%	+1
中审亚太会计师事务所	35	23	65.71%	17	65.38%	+1
中准会计师事务所	16	10	62.50%	14	73.68%	−2
希格玛会计师事务所	35	20	57.14%	14	46.67%	+3

三、总结与展望

综上所述，本文构建智能预警系统得出的财报可信度结果能够较好地实现财务舞弊事前预警，对 2019～2021 年样本的分析表明，不同板块、行业、地区等上市公司的财务舞弊风险、会计信息质量存在差异。本文构建的财报可信度指标与传统财报分析相结合可能是更为全面、有效评价企业会计信息质量的一种新方法。本文基于天健财判财务智能预警系统获取数据、实现财报可信度的落地分析，该系统已在 20 多家监管机构、中介机构及金融机构实践运用并取得良好效果，可实现对 A 股上市公司和信用债发债主体的数据处理、实时监控与舞弊预警功能，可望为资本市场识别和防范财务舞弊提供有效的技术支持。

展望未来，利用数字技术手段大幅提高发现财务舞弊的概率，辅以新《证券法》更严厉的处罚规定，将对上市公司财务舞弊形成强大震慑力，有望从根本上改变舞弊收益长期高于舞弊成本的格局，营造不敢舞弊和不想舞弊的氛围，资本市场财务舞弊愈演愈烈的态势可望得到抑制。可以预计，随着人工智能、区块链、云计算、大数据和物联网等数字技术加速发展和迭代，将数字技术嵌入财务舞弊查处和识别的前景可期，财务舞弊将由事后查处向事前识别方向发展，以数字技术为基础建构的财务舞弊智能预警系统将从客观上提高上市公司财报的可信度。智能预警系统将在以下场景发挥较大作用：一是辅助监管机构对辖区上市公司和发债企业的科技监管；二是作为会计师事务所、券商等资本市场中介机构在上市公司和 IPO 审计场景的质控辅助工具，特别是财务舞弊风险预警与应对；三是辅助银行理财子公司、基金等资管机构在股债场景的信用评价与风险预警，作为量化基金策略因子辅助量化投资等。

财务舞弊并非突然而至的"黑天鹅"事件，而是常常被忽视的"灰犀牛"事件。采用新方法（财务数据与行业业务等非财务数据的交叉验证）、结合新技术（大数据和人工智能等科技），实现财务舞弊智能识别，进行实时监控和事前预警，财务舞弊可望更多地被预见和预防。智能预警系统可帮助监管部门、中介机构、投资者等利益相关者及时、有效发现上市公司及信用债发债主体可能存在的舞弊风险信号，并据此进一步追踪挖掘相关线索，做到及时预警、有效排雷等科技监测机制，为资本市场健康发展保驾护航。

（原载于《财会月刊》2022 年第 17 期，略有修订）

参考文献

黄世忠，叶钦华，徐珊，叶凡 . 2020. 2010 ~ 2019 年中国上市公司财务舞弊分析[J]. 财会月刊，14：153 ~ 160.

叶钦华，叶凡，黄世忠 . 2022. 财务舞弊识别框架构建——基于会计信息系统论及大数据视角[J]. 会计研究，3：3 ~ 16.

上市公司财务造假的八因八策

黄世忠

> 【摘要】本文从经济周期下行、治理机制失效、成本收益失衡、准则导向偏差、委托制度僵化、审计范围受限、规模扩张过快、查弊防弊不力八个方面，分析了我国上市公司财务造假屡禁不止、愈演愈烈的深层次原因，并从标本兼治的角度，提出修改量刑标准、加大经济处罚、完善公司治理、平衡准则导向、改革委托制度、扩大审计权限、淡化规模标准、强化舞弊识别八项对策建议。
>
> 【关键词】上市公司　财务造假　舞弊识别　审计失败

一、问题的提出

国内外财务舞弊史告诉我们，只要经济利益诱惑足够大，监管等制度安排又有机可乘，就会有上市公司不惜以身试法，力图通过财务造假博取不当得利。从英国的南海泡沫事件，到安然财务丑闻，再到银广夏舞弊，直至最近的康得新和康美药业恶性造假，都雄辩地说明造假与反造假的博弈周而复始，生生不息。上市公司财务造假见怪不怪；怪的是我国上市公司的财务造假不仅屡禁不止，而且愈演愈烈；怪的是我国上市公司的造假规模不断刷新纪录，造假手段之恶劣不断刷新我们对邪恶的认知。康得新和康美药业的财务造假案，使臭名昭著的安然和世界通信相形见绌。康得新近乎疯狂的财务造假，令安然通过错综复杂的交易设计显得多余，康美药业恬不知耻的"会计差错"更正，让世界通信利用没有技术含量的手法作假（黄世忠等，2003）找到了一丝慰藉。

康得新账上122亿元银行存款被北京银行告知余额属实但可用资金为零，至今还在为这笔巨额存款存在与否和归属与北京银行争论不休。更为恶劣的是，康得新在

2015年至2018年期间,通过子虚乌有的业务,凭空虚增了119.21亿元利润总额,占其对外披露利润总额的165.50%,如表1所示。

表1　　　　　　　康得新2015年至2018年财务造假规模和幅度　　　　金额单位:亿元

项目	2015年	2016年	2017年	2018年	合计
虚构的利润总额	23.81	30.89	39.74	24.77	119.21
对外披露利润总额	16.46	23.02	29.12	3.43	72.03
虚构利润占比	144.65%	134.19%	136.47%	722.16%	165.50%

资料来源:康得新年报、中国证监会行政处罚及市场禁入事先告知书。

如果说康得新的财务造假堪称简单粗暴,那么康美药业的财务造假可谓恬不知耻。2019年4月30日,康美药业发布了所谓的"前期会计差错更正",货币资金由原来的341.51亿元调减为42.07亿元,"差错"金额高达299.44亿元!这项近300亿元银行存款的"会计差错",如果不是空前绝后,就一定是史无前例。与此项"会计差错"一并更正的是5个资产负债表项目和6个利润表项目,仅2017年就调减了88.98亿元的营业收入,占当年营业收入总额的50.62%,调减税后利润19.51亿元,占当年税后利润总额的90.99%。

针对这项金额如此之大,涉及项目如此复杂,业绩影响如此严重,跨越如此之多年度的"会计差错",康美药业的董事长居然大言不惭地声明:这不是财务造假,只是财务差错。如果这种蓄意的"差错"不是舞弊,世界上就没有舞弊可言了。以会计差错这种低劣的遮羞布掩盖财务造假的托辞,连没有会计背景的投资者都不相信,唯独本应扮演资本市场"守门人"的正中珠江会计师事务所竟然相信了,且在监管部门和公众一片质疑声中未对康美药业的"会计差错"说法提出异议。正中珠江不仅没有撤回过去出具的不当审计报告,指出康美药业的财务报告因造假而不可信,反而在众目睽睽之下附和康美药业的说法。正中珠江在康美药业财务造假丑闻曝光后,应对失当,令人汗颜,折射出的是其缺乏对专业的敬畏,暴露出的是其独立性的缺失。正中珠江颇有名气,其专业水平不至于如此低劣,比较合理的解释是外部压力所致,甚至不排除相关银行通同康美药业舞弊的可能性。屈服于外界压力而丧失独立性和专业精神,固然是正中珠江的耻辱,但何尝不是注册会计师行业的悲哀。

以"两康"为代表的一系列财务造假案,已然成为资本市场的一大公害,涉及众多知名上市公司,牵连不少大型会计师事务所,严重侵犯了中小股东的正当权益,再次把上市公司的会计信息质量和会计师事务所的执业质量推向风口浪尖,迫使我们苦苦反思财务造假的深层次原因,寻找遏制财务造假的对策。

二、财务造假的八大原因

我国上市公司的财务造假不仅屡禁不止,而且呈愈演愈烈的趋势,背后的深层次原因值得深究,既要从外部寻找原因,也要从内部探究缘由。笔者认为,造成我国上市公司财务造假愈演愈烈的原因可以归纳为以下八个方面,这八个方面既有制度安排不合理的成分,也有会计审计不完善的诱因,它们之间相互作用,产生叠加影响。

(一)经济周期下行,财务造假水落石出

近年来,由于产能过剩、库存积压、杠杆高企、成本攀升,我国告别了高速增长的经济周期,开始步入了具有增速放缓,下行压力加大等特点的新经济周期。作为市场化程度最高的经济主体,上市公司首先感受到经济下行传导出的巨大压力。从财务造假的角度看,这种压力主要表现在三个方面。

一是掩盖财务造假的难度加大,诚如巴菲特所言,只有退潮时才能看清谁在裸泳。按照复式簿记的原理,财务造假在经济上行周期易于掩盖,在经济下行周期则容易暴露,水落石出。一般而言,经济下行周期暴露出的舞弊公司多于经济上行周期。由于从实施舞弊到被发现舞弊通常有 3 年至 5 年的滞后期,因此某一年度暴露的财务舞弊不见得是在当年发生的,因此研究财务舞弊暴露与经济周期的关系,应当以暴露年度而不是发生年度为准。

二是保壳和再融资压力增大,财务造假的动机更加强烈。经济越低迷,经营业绩越差强人意,但上市门槛和再融资条件却一成不变。尽管经常被诟病,但证券监管部门还是墨守成规,极少在经济下行周期降低上市门槛和再融资标准,结果导致一些对经济周期比较敏感的上市公司不得不诉诸财务造假,以勉强维持上市资格,或争取到再融资资格。

三是转型升级压力剧增,迫使一些上市公司走上财务造假不归路。近年来,数字化技术加速迭代,商业模式创新日新月异,产品生命周期不断缩短。外部环境的巨变,竞争格局的颠覆,使传统行业的上市公司面临着巨大的转型升级压力,一些转型升级受阻或失败的上市公司铤而走险,借助财务造假,期望熬过阵痛期。2007 年至 2018 年 6 月 87 家上市公司财务舞弊样本的行业分布表明,制造业和农、林、牧、渔业高达 62 家,占舞弊样本的 71.26%(黄世忠等,2019),这两个行业既是转型升级最艰难的行业,也是财务造假频发的重灾区。此外,一些上市公司为了转型升级,不惜代价收购兼并,形成巨额商誉,加上通过对赌协议做出业绩承诺,或通过股权质押融资,最终诱发了业绩"爆雷"潮和财务造假潮。

(二) 治理机制失效，财务造假畅通无阻

高质量的会计信息有赖于健全的公司治理机制保驾护航。国内外的大量研究表明，财务造假与不健全的公司治理机制如影随形，相伴而生，凡是发生财务造假的上市公司，其治理机制一定存在重大缺陷。上市公司财务造假屡禁不止且愈演愈烈，说明我国公司治理机制仍存在着诸多不容忽视的缺陷。笔者认为，权力结构、权力分配、权力制衡、利益协调是公司治理的基本要义，只要这四个方面的治理机制失效，财务造假必定大行其道，畅通无阻。

在权力结构和权力分配方面，确保会计信息质量①的权力主体和责任主体是上市公司的董事会和管理层，监事会对会计信息质量拥有监督权力并承担监督不力的责任。这种对会计信息质量的权力划分和责任归属貌似合理，其实不然，因为权力结构有显性与隐性之分，在我国上市公司中，普遍存在着隐性权力大于显性权力的现象。证监会披露的大量行政处罚和禁入公告显示，实际控制人通过操控董事会、管理层和监事会，往往是上市公司财务造假的主要策划者、受益人和责任人，"真正有犯罪动机的只有企业实际控制人"（胡文强，2019）。实际控制人对会计信息质量握有实质性的权力，但却不承担相应的责任，董事会和管理层只拥有形式上的权力，其成员通常也不是财务造假的主要受益者，却要承担造假的主体责任。这种权力与责任不匹配、回报与风险不对称的制度安排，无疑是滋生财务造假的温床。

在权力制衡和利益协调方面，董事会扮演着确保管理层提供真实可靠会计信息的制衡角色，监事会则扮演着对董事会和管理层进行制衡的角色，但这种制衡关系具有形式重于实质的浓厚色彩，柔性成分多于刚性成分。董事会一般通过其下属的审计委员会对管理层提供的财务报告进行质量监督，但审计委员会由于规模较少（通常3~5人），且非执行董事居多，加上会计专业性极高，监督往往流于形式。从理论上讲，审计委员会在评估管理层提供的会计信息是否真实、可靠和完整时，可以利用外部审计和内部审计的工作，以弥补其资源和能力不足，但如果过度依赖外部审计和内部审计的工作，审计委员会就会逐渐失去其独立存在的价值。此外，财务造假打破了上市公司利益格局的均衡，使实际控制人为了自己的私利而侵害中小股东和债权人的合法权益。董事会、监事会和管理层如何有效防止实际控制人利用财务造假或其他方式攫取私利而侵犯中小股东和债权人的利益，是公司治理实践中的一个棘手问题，因为不

---

① 《会计法》（2017年修订版）对会计信息质量的要求是真实、完整，《企业会计准则——基本准则》则把真实可靠、内容完整作为会计信息质量的要求。国际财务报告准则理事会2017年发布的最新概念框架，将相关性（Relevance）和如实表述（Faithful Representation）作为会计信息的主要质量特征。

少上市公司的董事会、监事会和管理层，在很多情况下是听命于实际控制人的，真正独立于实际控制人的寥寥无几。上市公司财务造假频发，在很大程度上说明我国从西方借鉴来的公司治理制度形似而神不至，本应有助于防止实际控制人攫取上市公司和其他攸关方利益的检查和制衡机制（其中包括独立董事制度）并没有取得预期的效果。

（三）成本收益失衡，财务造假前赴后继

图1列示了2007年至2018年的行政处罚决定和市场禁入情况。

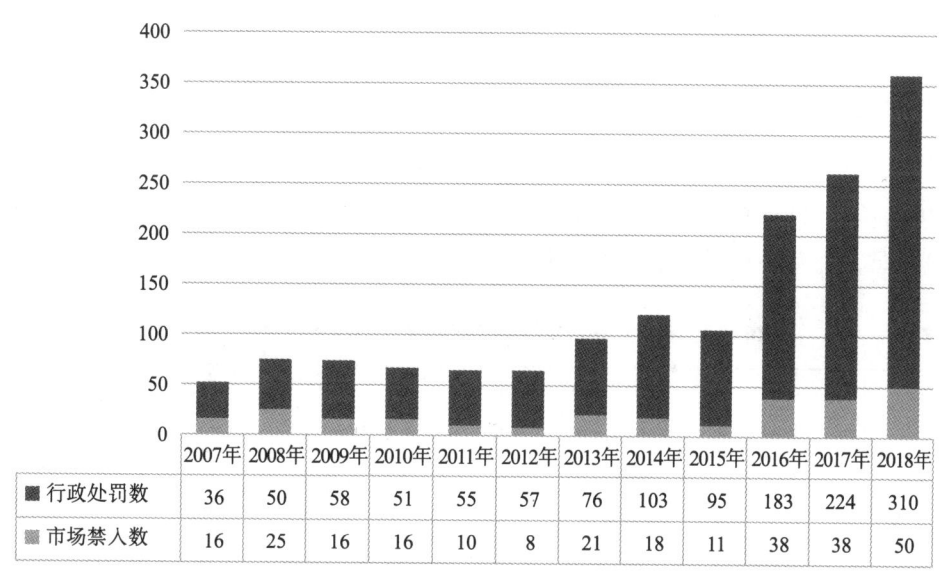

图1 中国证监会2007~2018年行政处罚和市场禁入情况

资料来源：中国证监会。

从图1可以看出，上市公司、证券公司、投资机构、会计师事务所等证券市场主体及其从业人员在过去12年内受到中国证监会行政处罚或被市场禁入呈快速上升态势，2016~2018年尤其明显。这一方面说明中国证监会加大了监管力度，另一方面也说明信息披露违法、市场操纵、内幕交易和中介机构违法违规行为屡禁不止、愈演愈烈。在监管力度不断加大的情况下，是什么原因驱使上市公司奋不顾身、前赴后继地从事财务造假？笔者认为，财务造假的成本收益不成比例，造假的预期收益远大于预期成本，已然成为上市公司财务造假的永动机。

我国证券市场投机炒作氛围浓厚，市盈率高企，虚增利润的财富乘数效应巨大，财务造假一本万利。上市公司的财务造假，其预期收益可用下列公式表示：EBFF = FNI × PER − Tax，其中，EBFF表示财务造假预期收益（Expected Benefit of Financial

Fraud)，FNI 表示虚构的税后利润（Fictitious Net Income，FNI），PER 表示市盈率（Price Earnings Ratio，PER），Tax 表示因虚构净收益而增加的税收支出，包括流转税和所得税。假设一家市盈率为 30 倍的 KK 公司，通过虚构 5 亿元的销售业务虚增了 5000 万元的税后利润，并因此增加了 9750 万元的税收支出（包括 8500 万元无法抵扣的增值税和 1250 万元的所得税），则其财务造假的预期收益可高达 14.025 亿元，5000 万元虚假利润给上市公司带来的财富乘数效应高达 28.05 倍。

上市公司的财务造假，其预期成本的计算公式为：ECFF = P1 × P2，其中，ECFF 表示财务造假的预期成本（Expected Cost of Financial Fraud），P1 表示财务造假被发现后可能遭受的顶格处罚（Penalty），P2 表示财务造假被发现的概率（Probability）。假设 KK 公司预期财务造假被发现的概率为 1，并被顶格处罚，则其财务造假的预期成本只有 60 万元，因为按照原《证券法》的规定，对上市公司财务造假最大的处罚金额就是 60 万元。康得新虚增 199 亿元的利润，竟然只被处以 60 万元的罚款，这种不痛不痒的处罚，焉有不助长造假气焰之理？

表 2　　　　2016 年至 2019 年 6 月被行政处罚的会计师事务所罚没一览表　　　　单位：万元

行政处罚日期	会计师事务所	所审计的上市公司	对会计师事务所的罚没金额		
			没收业务收入	处以罚款	合计
2016.2.5	利安达	赛迪传媒	35	35	70
2016.7.20	立信	大智慧	70	210	280
2016.7.27	北京兴华	欣泰电气	322	967	1289
2016.8.31	利安达	金森林	205	205	410
2017.1.6	立信	步森股份	45	45	90
2017.5.23	瑞华	亚太实业	39	78	117
2017.8.16	中兴华	博元投资	150	450	600
2017.9.20	利安达	九好集团（鞍重股份）	150	750	900
2017.11.20	信永中和	登立股份	32	188	220
2018.7.31	大华	佳电股份	150	450	600
2018.8.6	立信	金亚科技	90	270	360
2018.12.6	中天运	粤传媒	66	198	264
2018.12.20	立信	武汉国药	95	95	190
2018.12.29	瑞华	华泽钴镍	130	390	520
2019.1.22	大信	五洋建设	60	180	240
2019.5.24	众华	雅百特	66	174	240
合计			1705	4685	6390

资料来源：中国证监会 2016 年至 2019 年 5 月 30 日行政处罚决定书。

我国对财务造假的处罚规定失当，不仅体现在对上市公司的经济处罚力度太小，还体现在以下三个方面：一是刑事责任追究不力，以罚代刑的现象十分突出；二是处罚主体错位，将上市公司而不是实际控制人作为处罚主体，造成本来就因财务造假遭受重大损失的中小股东受到二次伤害；三是主次颠倒，对会计师事务所的经济处罚重于上市公司，如表2所示。从表2可以看出，中国证监会在这16起行政处罚决定中，除了没收会计师事务所1705万元的业务收入外，还处以4685万元的罚款，是对这16家上市公司罚款960万元的4.88倍。这些会计师事务所被处罚，主要是因为审计执业存在疏漏之处，并非与上市公司串通舞弊。退一步说，即使是串通舞弊，充其量也只是从犯，而不是主犯，对从犯的处罚重于主犯，这样的法律逻辑真是匪夷所思，荒唐透顶！

（四）准则导向偏差，财务造假有机可乘

历史经验表明，在金融危机和财务丑闻爆发后进行的重大改革，往往矫枉过正，会计准则的改革也不例外。2001年至2003年期间发生的安然和世界通信等财务造假案，不仅改变了会计审计的发展进程，而且导致会计准则的导向发生嬗变，美国财务会计准则委员会（FASB）热衷的规则导向，逐步被国际会计准则理事会（IASB）所推崇的原则导向所取代。从2007年起，我国的会计准则开始与国际财务报告准则（IFRS）实现动态的实质性趋同，上市公司采用的"企业会计准则"变得越来越原则导向，围绕"企业会计准则"发布的解释公告和应用指南越来越少，会计处理的依据和审计工作的指引日益模糊。

与规则导向不同，原则导向需要会计人员和注册会计师更多地发挥专业判断，客观上为上市公司的财务造假提供了可乘之机，也弱化了注册会计师处理与上市公司会计分歧的博弈能力。此外，公允价值会计的大量运用，金融资产前瞻性减值模式的日益推广，基于合同要素的新收入准则的颁布实施，商誉的会计处理由定期摊销改为减值测试，均在不同程度上导致会计变得越来越像估计，上市公司在会计处理上随心所欲的估计判断时有发生，留下的审计轨迹越来越少，对注册会计师的专业素质和执业质量提出日益严峻的挑战。简言之，准则制定日益原则导向化，会计处理日益估计化，加大了审计难度，为上市公司创造了更多的造假机会，助长了财务造假的嚣张气焰。舞弊三角论告诉我们，当动机、机会和辩解理由同时存在时，财务造假一定会肆无忌惮。

（五）委托制度僵化，独立审计名不符实

独立性是注册会计师的灵魂，是确保审计质量的基石。国内外众多审计失败案例表明，很多财务造假之所以没有被曝光和揭露，并非注册会计师缺乏专业胜任能力，而是独立性缺失使然。绿大地和勤上光电等审计失败案例，都可以从独立性方面找到病根。独立性离不开职业道德的熏陶和职业素质的涵养，更离不开审计委托制度科学合理的顶层设计。安然丑闻和银广夏事件之后，国内外都在苦苦探索有助于提升独立性的审计委托制度，可惜无功而返，现行的审计委托制度虽然被广为诟病，但却依然故我，僵而不死，迄今还看不到丝毫的改革曙光。

在我国上市公司目前的审计委托制度下，独立董事虽可发表赞同或反对意见，但审计委托的决定权属于股东大会。审计委托方案通常由董事会或管理层提出，股东大会一般都会表决通过，鲜有另提委托方案的情形。可见，股东大会在审计委托方面的决定权流于形式，聘任会计师事务所的真正权力掌握在受实际控制人操控的董事会或管理层手上。必须说明的是，即使审计委托方案由董事会提出，但在选聘过程中，管理层一般都会深度介入，影响甚至左右着审计委托方案的形成和提出。管理层直接负责财务报告的编制和提供，没有获得管理层的首肯，会计师事务所难以顺利获聘，即使获聘，审计过程中也必定会遇到管理层的巨大阻力甚至刁难。可见，在我国目前的公司治理环境下，上市公司的审计委托，实行的是实际控制人领导下的管理层负责制。

这种奇特的审计委托制度，造成管理层同时扮演着审计委托者和被审计对象的双重角色，由被审计者委托审计者的角色分裂和角色冲突，使会计师事务所处于十分尴尬的境地，在生存重压下甚至可能滋生"拿人钱财，替人消灾"的心态。长此以往，独立审计将名不符实，防范财务造假的最后一道防线将彻底崩溃，荡然无存。

（六）审计范围受限，内外勾结逍遥法外

国内外的研究表明，操纵收入是上市公司财务造假的惯用手法。康得新、康美药业和獐子岛等造假案，无一例外都涉及收入操纵。我们的研究显示，在 2007 年至 2018 年 6 月的 87 个财务造假案例中，有 57 个案例涉及收入造假，占比高达 66%（黄世忠等，2019）。收入造假可进一步区分为会计造假和交易造假两类。表 3 列示了上述 87 个财务造假案中上市公司采用的收入操纵具体手法。从表中可以算出，在 103 种收入操纵手法中，交易造假型的收入操纵手法占比高达 75%，说明上市公司财务造假也在"转型升级"，由过去简单粗暴的会计造假，转向更具隐蔽性的交易造假。此外，从康得新和康美药业等造假案可以看出，交易造假型的收入操纵已经形成造假链条的闭环，上市公司与供应商、客户、金融机构①等外部主体相互勾结，里应外合，物流、资金流和凭证流环环相扣，交互印证，以逃避监管部门的稽查和注册会计师的审计。

表3　　　　　　　　　　87个舞弊案例收入造假的具体手法

会计造假型收入操纵手法	家数	交易造假型收入操纵手法	家数
提前确认收入	21	通过关联方/隐性关联方/客户造假	34
垫资模式按总额法确认收入	1	通过真实非关联方虚构业务造假	22
操纵会计政策虚增收入	1	虚构非关联方造假	11
期后退回未调减收入	1	调高合同单价虚增收入	7
提前并表虚增收入	1	变更销售模式虚增收入	2
通过关联交易虚增收入	1	通过过票业务虚构业务造假	1
合计	26	合计	77

资料来源：黄世忠、叶钦华、徐珊，上市公司财务舞弊特征分析——基于2007年至2018年6月30日的财务舞弊样本。

相关法律法规并没有赋予注册会计师"外调权"，对上市公司的审计范围经常受到限制。监管部门之所以能够发现一些大案要案，并不是其审计水平高于注册会计师，关键在于他们拥有注册会计师所没有的"外调权"，具有几乎不受限制的审计范围延伸权。就交易造假型的收入操纵而言，上市公司往往与其客户、供应商、隐性关联方和银行通同舞弊，由于注册会计师缺乏"外调权"，没有办法将审计范围延伸到这些协助造假的外部主体，往往导致审计失败。审计范围受限，使内外勾结的交易造假型舞弊案得以逍遥法外，助长了里应外合的财务造假。

（七）规模扩张过快，审计机构外强中干

做大做强是会计师事务所孜孜以求的目标。做大做强不仅可以扩大社会影响，提升品牌知名度，吸引更多优秀人才加盟，而且可以获取规模效应，细化内部专业分工，承接更多优质审计客户。与企业一样，做大做强既可依靠内涵发展，亦可借助外延并购，前一种方式稳扎稳打，风险虽小，但见效缓慢，后一种方式狂飙突进，风险虽大，但立竿见影。

过去十多年来，我国会计师事务所非常热衷于收购兼并这种外延式发展方式，规模扩张十分迅猛，事务所名号频繁更换。从表面上看，会计师事务所的并购似乎是自发的市场行为，但实质上是迎合监管偏好所致。行政主管部门在制定大型国有企业、

---

① 康得新、康美药业等财务造假案暴露出的金融机构协助上市公司在银行函证和流水记录方面造假的现象，应引起主管部门和监管部门的足够重视。如果任由金融机构出具虚假的对账单和银行回函，注册会计师的审计将成为摆设，处罚再多的注册会计师和会计师事务所都将无济于事。

金融机构和上市公司的审计委托制度时,往往设置很多显性或隐性规模门槛(人员数量和业务收入必须达标),明显偏好"大块头",舍弃"小个儿"。会计师事务所为了获得各种各样的执业资格以争夺更多上市公司、国有企业和金融机构等优质客户,不可能按部就班走内涵式发展之路,收购兼并成了不二选择。会计师事务所过分注重外延式的合并,但合并后却疏于内部整合(如事务所文化整合、风险偏好整合、质量控制整合等),导致在同一品牌、同一名号下分灶吃饭、各自为政的现象十分突出。规模扩张过快,内部整合滞后,致使不少会计师事务所外强中干,大而不强,审计失败频发。笔者分析了中国证监会过去十年的行政处罚决定,发现被处罚的"大所"林立,但这些"大所"之所以被处罚,更多是被其失控的分所拖累,总所被处罚的概率明显小于分所。

(八) 查弊防弊不力,审计效果事倍功半

审计期望差距是指审计服务产品(如审计报告)使用者对注册会计师职能的认知与注册会计师实际可以实现的职能间的差距(季丰,2014)。最大的审计期望差距是社会公众和监管部门认为注册会计师既有责任也有能力发现上市公司的财务造假,而审计准则虽然要求注册会计师充分关注财务造假引起的重大错报漏报,但注册会计师的审计是为了对财务报表整体的公允性发表意见,而不是专门为了发现财务造假。审计实务界和学术界多年来不断提醒社会公众和监管部门不要对注册会计师的审计期许过高,遗憾的是审计期望差距不仅没有缩小,反而呈扩大之势。客观地说,注册会计师在遏制上市公司财务造假方面已经做出巨大努力,也取得不俗成绩,但"限于为客户保密以及市场上一些潜在压力,注册会计师在审计工作中发现的大量舞弊和差错,外界不得而知"(季丰,2019)。笔者认为,面对审计期望差距日益扩大的局面,注册会计师一再为自己未能发现财务造假百般辩解,于事无补,并非上策。唯有正视发现手段落后、发现能力不足的问题,同时从审计程序和审计技术入手提升发现财务造假的能力和实效,才能逐步缩小审计期望差距。

或许是由于长期坚持审计不是为了发现财务造假的缘故,会计师事务所在发现财务造假方面进步缓慢,成效不足,审计效果事倍功半。主要体现在以下四个方面:一是防范财务造假的追加程序有限,打勾打叉式(Check the Box)的审计程式降低了发现财务造假的几率;二是防范财务造假的资源配置不足,即使是大型会计师事务所也极少配备法务会计(Forensic Accounting)团队,注册会计师在反舞弊方面缺乏必要的专业支持;三是发现财务造假的技术手段落后,未能借助最新数字化技术进步为审计质量的提升赋能;四是防范财务造假的工作措施不力,未能充分利用国内外在财务舞弊模型研究方面取得的最新成果。

三、标本兼治的八大对策

抑制上市公司财务造假，既要治标，更要治本。只有标本兼治，双向发力，形成合力，才能从根本上铲除上市公司财务造假屡禁不止，愈演愈烈的土壤。以下提出八个标本兼治的对策建议，这些对策的组合运用，可望产生叠加效应，有助于扭转上市公司会计信息质量日趋恶化的局面。

（一）修改量刑标准，坚持严刑峻法

当道德不能约束上市公司的财务造假时，唯有严刑峻法，对造假者绳之以法，才能形成强大的震慑力。在这方面，外有萨班斯—奥克斯利法案（SOX）可供借鉴，内有酒驾入刑之良法提供启示。首先，建议借鉴 SOX 的做法，大幅提高财务造假者的刑期。安然事件曝光后，其董事长 Kenneth Lay 因去世未被追究刑事责任，其首席执行官 Jeffery Skilling 和首席财务官 Andrew Fastow 在 2003 年分别获刑 24 年和 6 年，世界通信董事长兼首席执行官 Bernard Ebbers 除被没收全部个人财产（超过 5000 万美元）外，在 2005 年被判处 25 徒刑①，首席财务官 Scott D. Sullivan 被没收 500 万美元和一栋别墅，并处 5 年徒刑。其次，应区分上市公司财务造假的主犯和从犯，对于以实际控制人为代表的主犯，在量刑方面应当从严、从快、从重，对于从犯虽可从轻追责，但绝对不可放纵，而应当借鉴酒驾入刑的做法，凡是参与财务造假的都必须入刑，而不论财务造假是否造成严重的社会后果。再次，应严惩造假帮凶，斩断舞弊链条，对于协助上市公司财务造假的供应商、客户和金融机构等帮凶，也应当追究其法律责任。最后，对于注册会计师，除非有证据证明其与上市公司通同舞弊（在此情况下按从犯或帮凶惩处），否则应当采用禁入和罚款的方式进行处理，对于会计师事务所则应当秉承"重师轻所"的原则，切忌株连，伤及无辜。

（二）加大经济处罚，杜绝监管套利

上市公司财务造假，目的在于图利，但旧《证券法》对财务造假的 60 万元顶格处罚，不痛不痒，贻笑大方。为了扭转上市公司财务造假预期收益与预期成本严重失衡的局面，杜绝监管套利，建议按照下列方式进行经济处罚：

处罚金额 = 虚增利润 × 造假至被发现期间平均市盈率 × 实际控制人持股比例

---

① 因财务造假而锒铛入狱的世界通信公司（WorldCom）前 CEO 伯纳得·埃伯斯（Bernard Ebbers）于 2019 年 12 月因病在服完 25 年刑期中的 13 年后被提前释放，2020 年 2 月 2 日去世，企业界的"一代枭雄"就此陨落。在美国财务造假的代价之大由此可见一斑。

值得说明的是,按上述方式确定的处罚金额,不应由上市公司支付,而应由实际控制人支付,以免造成中小股东为实际控制人财务造假买单的局面。此外,这类罚款最好由第三方托管,主要用于赔偿财务造假给中小股东造成的经济损失。

鉴于绝大多数的财务造假不是通过审计和监管而是通过举报发现的,在加大经济处罚力度的同时,可借鉴美国证监会(SEC)的"吹哨人计划",积极探索建立财务造假有偿举报制度,举报奖金优先从罚款中支付。

(三)完善治理机制,强化检查制衡

为了遏制上市公司的财务造假,确保会计信息真实可靠,可以从以下三个方面寻找完善公司治理机制的突破口。一是实行举证倒置制度,除非实际控制人有确凿证据证明其不是上市公司财务造假的主要责任人,否则就应当承担财务造假的主要法律责任和民事赔偿责任,唯有如此,才能从根本上改变实际控制人握有会计信息质量控制权却不担责的不合理权力结构安排。二是强化审计委员会防范财务造假的职能,可采取的措施包括:扩大审计委员会的规模(5~7人),为其配备专职助理人员;提升审计委员会的独立性,委员全部由独立非执行董事担任,且一半以上应具有会计审计背景;改变内部审计的管理体制,内部审计部门由审计委员会直接管辖,向审计委员会负责;完善外部审计的报告机制,注册会计师与管理层的所有审计沟通事项记录,均必须抄报审计委员会,不得隐瞒,注册会计师应就会计处理分歧、审计范围受限、财务造假行为,单独向审计委员会报告。三是建立防止实际控制人攫取上市公司利益的机制,董事会、监事会和管理层如果未能及时向监管部门报告实际控制人的侵权(如利益输送)和不法(如施加财务造假压力)行为,将被追究法律和民事责任。

(四)平衡准则导向,压缩操纵空间

会计准则过度原则导向,为上市公司财务造假提供了巨大的操纵空间,但会计准则再回到规则导向也不现实,比较切实可行的做法是,在原则导向的基础上辅以更多的解释和指引。一是准则制定部门围绕容易被上市公司操纵的领域做出更多的解释,提供更多的指引,可优先考虑发布解释公告的领域包括:互联网等新经济新业态的收入确认;金融资产、固定资产、无形资产和商誉的减值计提;对非上市公司权益投资的公允价值计量;控制和重大影响的确定等。二是对需要大量估计和判断的会计处理强化披露力度,要求上市公司详细披露估计和判断的依据和证据,并由注册会计师和审计委员会对此发表专业意见。三是建立应急问题任务小组(EITF),由财政部门和证券监管部门牵头组织,吸纳业界和学界的专家学者参与,为注册会计师和上市公司存有分歧的重大紧急会计问题提供专家意见,弥补原则导向的不足。

(五) 改革委托制度，确保审计独立

如前所述，上司公司落后僵化的审计委托制度，难以确保会计信息质量和审计工作质量。审计委托制度的改革，关键在于提高会计师事务所的独立性，目的是使独立审计名符其实。安然和银广夏财务丑闻后，学术界围绕审计委托制度的改革探索不断，富有创意的建议层出不穷，既有保险公司委托的提议，也有监管部门委托的建议。前者主张由上市公司向保险公司购买"财务报表险"，再由保险公司聘请会计师事务所对上市公司进行审计，以终结上市公司直接委托会计师事务所的做法（Ronen，2002），后者主张由证券监管部门或证券交易所统一向上市公司收取审计费用，再由它们直接聘请会计师事务所对上市公司进行审计（黄世忠，2003）。这两种做法对于提高注册会计师的独立性均可起到立竿见影的作用，但需要对现行审计委托制度进行伤筋动骨的再造，阻力较大，难以落地。另一种更具可操作性的渐进式改革是剥夺实际控制人和管理层的审计委托权力，改由全部由独立董事组成的审计委员负责会计师事务所的选聘和委托工作，其提出的审计委托方案提交股东大会表决时，代表实际控制人利益的大股东应放弃表决权。这种做法将审计委员会作为会计师事务所与被审计对象之间的"缓冲器"，有助于提升注册会计师的独立性，可为遏制上市公司的财务造假奠定更为扎实的制度基础。在赋予审计委员会委托权的同时，监管部门应加大对审计委员会的监督力度，防止其寻租。

(六) 扩大审计权限，遏制交易造假

针对上市公司财务造假日益呈现内外勾结和舞弊链条闭环的趋势，立法和监管部门应尽量扩大注册会计师的审计权限，赋予其延伸审计的"外调权"。赋予注册会计师"外调权"，不仅可以更加有效地遏制交易造假型等收入操纵，也有利于抑制日益增多的金融机构协助上市公司虚构银行存款的恶劣行径。此外，财政主管部门和证券监管部门应当为注册会计师营造更好的审计环境，协调工商行政管理部门为注册会计师核查关联关系、主要客户和供应商等提供便利，协调金融机构为注册会计师核实银行存款的真实性提供支持。赋予注册会计师"外调权"，难免会增加审计成本，甚至可能侵犯上市公司及其关系人的"隐私权"，但只要能够使投资者和债权人免受财务造假的祸害，付出再大的代价都是值得的。

(七) 淡化规模标准，倡导质量优先

"唯大"不"唯质"的监管导向，助长了会计师事务所盲目扩张规模，在整合不力、管理松散的情况下极易引发审计失败。主管部门和监管部门在责成会计师事务所重视内部整合和加强质量控制的同时，应当改变监管导向，在制定上市公司审计资格、

国有企业和金融机构审计委托政策时，尽可能淡化规模标准，倡导质量优先原则，以会计师事务所的执业质量记录作为主要标准，而不应继续强调人员数量和业务收入等传统标准。此外，建议注册会计师行业协会停止发布业务收入前100家会计师事务所信息，改为发布100强会计师事务所信息，综合考核执业质量、业务收入和人员数量等因素，并在评价体系中大幅提高执业质量所占的权重。注册会计师行业已经建立了比较健全的审计报备制度，要求会计师事务所报送审计调整表，审计调整是衡量执业质量的最重要依据之一。将审计调整与行政处罚的因素综合考虑，评价会计师事务所的执业质量并非难事。

（八）强化舞弊识别，防止审计失败

提高注册会计师识别财务舞弊的能力，不仅有助于防止审计失败，从技术层面对上市公司的财务造假形成震慑，营造"不敢假"的氛围，也有助于缩小注册会计师与社会公众之间的审计期望差距。有条件的会计师事务所应当配备"法务会计"团队，为注册会计师提供反舞弊的专业支持。此外，大型会计师事务所还应当充分利用人工智能、区块链、云计算和大数据等数字化技术进步的成果，与咨询机构、IT公司和专家学者通力合作，开发财务舞弊识别软件系统。笔者所在单位与厦门大学会计系、厦门天健咨询有限公司、深圳东方富海投资管理股份有限公司、容诚会计师事务所和深圳商集企业服务有限公司（唯你网）联合组建的中国财务舞弊研究中心，秉承产学研一体化的原则，经过两年多的不懈努力，开发出了以行业业务、财务税务、公司治理、内部控制和数字特征五个维度为基础的天健财判财务智能预警系统，在识别上市公司和发债企业的财务报告异常、评价其财务可信度和财务健康度方面取得了重大突破，经过逐步完善，有望成为监管部门、金融机构、投行机构和会计师事务所抑制上市公司财务造假的利器。国内外类似反财务舞弊的系统和软件不在少数，会计师事务所应该以此为契机，借助信息技术的赋能，着力提升识别上市公司财务造假的能力。

（原载于《财务与会计》2019年第16期，略有修订。本文发表时康得新仍就账上巨额存款存在与否和归属与北京银行争论不休。2020年，证监会对康得新资金被归集到康得集团等问题进行了处罚，银保监会、北京银保监局对北京银行现金管理业务不审慎、出具与事实不符的单位定期存款开户证实书等问题进行了处罚）

参考文献

胡文强．上司公司财务造假层出不穷：真正有犯罪动机的只有实际控制人．董事会杂志（微信公众号），2019.6.15.

黄世忠.2004.收入操纵的九大陷阱及其防范对策（上、中、下）[J].中国注册会计师，1~3.

黄世忠，李树华，叶丰滢，张胜芳.2003.会计数字游戏：美国十大财务舞弊案例剖析[M].北京：中国财政经济出版社：22~63.

黄世忠，叶钦华，徐珊.2019.上市公司财务舞弊特征分析——基于2007年至2018年6月期间的财务舞弊样本[J].财务与会计，10：24~28.

季丰.注册会计师不能承受之重——再议审计差距.季丰的会计师驿站（微信公众号）.2014.2.21.

季丰.重读旧文：从"注册会计师不能承受之重"到"注册会计师无法治愈之伤".季丰的会计师驿站（微信公众号），2019.7.15.

Ronen, J. 2002. Policy Reforms in the Aftermath of Accounting Scandals [J]. Journal of Accounting and Public Policy, 21：29~34.

金融科技巨擘的幻灭与反思

——Wirecard 财务舞弊案剖析

黄世忠

> 【摘要】本文首先介绍德国线上支付巨擘 Wirecard 的崛起和幻灭。其次,分析在舞弊征兆频现的情况下各道防线未能发挥应有的防范作用。最后,从行业属性、金融监管、通同舞弊、新闻监督、举报作用、治理缺陷、做空力量、会计监督、审计责任和舞弊防范十个方面,系统反思这起财务舞弊案的深刻教训。
>
> 【关键词】金融科技　线上支付　财务舞弊　审计失败

2020 年 6 月 25 日,有"欧洲支付宝"和"欧洲最大金融科技公司"之誉的德国线上支付巨擘 Wirecard 因为 19 亿欧元"离奇失踪"而申请破产保护,为其审计长达十年之久的安永德国(以下简称安永)遭遇了匪夷所思的审计失败,机构投资者和银团贷款方损失惨重,血本无归。这起欧洲版的安然事件,在棒喝金融科技热的同时,也给我们留下了许多值得反思的深层次问题。安然事件改写了美国证券市场的制度安排,Wirecard 舞弊案极有可能促使德国乃至欧洲重构金融科技的监管模式,终结政府授权的会计监管体系。深刻反思 Wirecard 舞弊案,汲取其惨痛教训,有助于我们未雨绸缪,防范金融科技等新经济企业超常规跨越式发展与监管滞后可能引发的潜藏风险。

一、出身低微　逆袭上位

Wirecard 的前身为 1996 年在慕尼黑成立的欧洲信息精灵公司(Infogenie Europe AG),主要通过线上呼叫中心提供咨询和信息服务,2004 年才正式更名为 Wirecard

AG。2002年,毕马威(KPMG)前顾问马库斯·布劳恩(Markus Braun)出任濒临倒闭的信息精灵公司的首席执行官(CEO),促成其与慕尼黑竞争对手合并。2005年,Wirecard通过反向收购一家在法兰克福证券交易所上市的呼叫中心,顺利借壳上市,得以规避新股发行的严格审查,其时,Wirecard员工总数只有323人,核心业务是为色情和赌博网站提供支付服务。2006年,Wirecard收购了XCOM,涉足银行业,并得到维萨卡(Visa)和万事达卡(Mastercard)的授权,从事信用卡发行和支付业务。

Wirecard涉足金融业以来,并没有放弃为色情和赌博业提供支付服务的业务。截至2017年,该公司为在英国和塞浦路斯注册的175家公司约4000家色情和成人约会网站提供支付和广告服务,并按交易额的15%收取服务费,远高于其他同行的3%收费标准,被指控有洗钱之嫌。作为欧洲最大金融科技公司,Wirecard与色情和赌博行业长期保持的业务关系备受争议,有损其声誉。

2010年,布劳恩任命其奥地利老乡和得意门徒简·马沙莱克(Jan Marsalek)担任Wirecard首席运营官(COO),后者主张Wirecard应有全球化抱负,要求采用英语开展业务。通过他们主导的一系列跨国并购,Wirecard的线上支付和发卡业务拓展到世界各地。2011年至2014年Wiercard向股东募集了5亿欧元的资金,加速其海外并购步伐,通过结构性交易在亚洲收购了多家不透明的支付公司,并在新加坡设立了区域性总部。2015年10月,耗资3.4亿欧元收购了一家从事支付业务的印度公司。2017年,Wirecard收购了花旗银行在亚洲11个国家的支付处理业务,使其在亚洲家喻户晓。迄今披露的信息显示,Wirecard的财务舞弊主要发生在海外子公司和合作伙伴,特别是在新加坡、菲律宾、印度和迪拜的子公司和合作伙伴。从事后看,全球化与其说是Wirecard的发展战略,不如说是其实施财务舞弊的障眼法。

这一系列大手笔的海外并购,大幅提升了Wirecard的经营业绩(如表1所示),2017年Wirecard发展成为欧洲最大的金融科技公司,员工总数超过5000人。2018年8月,其股价飙升至每股191欧元,股票市值高达240亿欧元(如图1所示)。2018年9月,Wirecard迎来其高光时刻,取代老牌的德国商业银行(Commerzbank)入选德国Dax30指数。Wirecard的快速增长以及金融科技热让知名投资机构趋之若鹜,2019年4月,Wirecard获得软银(SoftBank)9亿欧元投资,5月发行5亿欧元债券时获穆迪的最高评级,瑞士信贷银行将软银9亿欧元可转债出售给其他投资者。

表1　　　　　　　　　　　**Wirecard的主要财务指标**　　　　　　　单位:亿欧元

年份	营业收入	税后利润	资产总额	股东权益	货币资金	有息负债
2002	0.029	-0.039	0.173	0.021	0.003	0.003

续表

年份	营业收入	税后利润	资产总额	股东权益	货币资金	有息负债
2003	0.046	0.020	0.143	0.106	0.004	0.002
2004	0.068	0.001	0.166	0.088	0.006	0.004
2005	0.489	0.080	1.216	0.856	0.355	0.071
2006	0.819	0.154	2.075	1.084	0.595	0.319
2007	1.342	0.305	3.977	1.639	1.527	0.115
2008	1.968	0.423	4.209	2.069	1.960	0.090
2009	2.285	0.455	5.406	2.449	2.725	1.283
2010	2.716	0.540	5.498	2.898	1.854	1.407
2011	3.248	0.612	7.071	3.409	2.134	1.910
2012	3.946	0.733	11.279	5.417	3.582	3.369
2013	4.817	0.827	14.305	6.084	4.791	4.933
2014	6.010	1.079	19.952	10.729	6.951	4.948
2015	7.713	1.426	29.355	12.805	10.629	9.532
2016	10.284	2.667	34.281	14.750	13.326	11.538
2017	14.886	2.561	45.328	16.400	19.013	20.396
2018	20.162	3.474	58.549	19.227	27.198	27.291
2019*	19.413	3.867	70.015	23.148	32.874	35.046

注：*2019年1至3季度。

资料来源：Wirecard年报。

可惜好景不长。2020年4月27日毕马威出具的《特别调查报告》指出，无法核实2016年至2018年期间Wirecard对外披露的绝大部分利润，并声明10亿欧元的银行存款是否存在不得而知。6月5日，德国警方搜查了Wirecard在慕尼黑的总部。6月16日，菲律宾群岛银行（BPI）和菲律宾金融银行（BDO）通知安永，其管理人员向安永提供的关于Wirecard在这两家银行的19亿欧元存款文件是伪造的。6月18日，因安永拒绝签署审计报告，Wirecard无法公布2019年度财务报告，同时宣布暂停马沙莱克的首席运营官职务。6月19日，布劳恩辞去首席执行官的职务。6月22日，Wirecard承认其财务报表上的19亿欧元银行存款"可能不存在"。6月23日，布劳恩因涉嫌会计造假和市场操纵被逮捕。6月25日，Wirecard申请破产保护。7月2日，Wirecard的股价跌至3.10欧元（见图1），股票市值缩水至3.89亿欧元，较巅峰时减少了98.4%。

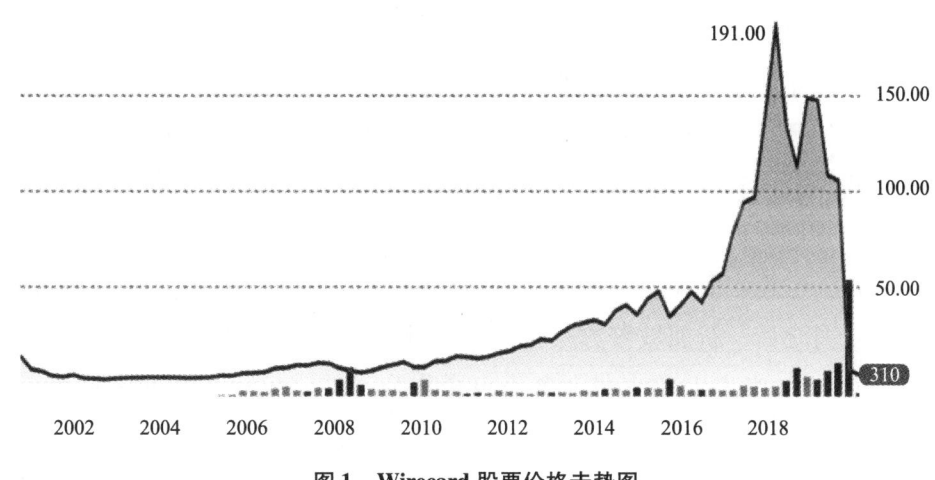

图 1　Wirecard 股票价格走势图

资料来源：CNBC。

二、征兆频现　防线尽失

从万众热捧的欧洲最大金融科技公司，到沦落为千夫所指的欧洲最臭名昭著的金融造假公司，Wirecard 只用了三年的时间，真可谓"其兴也勃焉，其亡也忽焉"。但如果回溯过去十几年 Wirecard 的发展历程，这家欧洲最大金融科技公司的幻灭并非没有征兆。恰恰相反，Wirecard 涉嫌财务舞弊的征兆频发，其业绩增长与外界质疑相伴而生，形影相随。吹哨人举报、《金融时报》追踪报道、做空机构质疑等都频繁地发出了 Wirecard 财务异常的强烈信号，这在其他财务舞弊案中是十分罕见的。

根据毕马威发布的《特别调查报告》和《金融时报》记者丹·麦克鲁姆（Dan McCrum）2020 年 6 月 25 日撰写的《Wirecard 事件时间表》，过去 12 年对 Wirecard 经营业绩和经营合规性提出的质疑和报道不胜枚举，可大致分为两类。

第一类的质疑和报道与 Wirecard 违规经营有关。早在 2008 年，德国股东协会就指控 Wirecard 资产负债表违规。Wirecard 随之聘请安永开展特别审计，2009 年辞聘了当地的会计师事务所，改聘安永作为审计机构。2015 年起，《金融时报》开始频繁报道 Wirecard 经营违规等负面新闻。2016 年，一家化名 Zatarra 的做空机构发布一份档案材料，指控 Wirecard 参与洗钱。随后出现的事情十分诡异，指控者反而受到了德国联邦金融监管局（BaFin）的调查，欧洲的一家私人侦探机构拟定了攻击和诋毁《金融时报》和伦敦金融家的计划，对 Wirecard 提出批评的记者、调查人员、对冲基金和做空者连续多年遭受网络钓鱼邮件的频繁攻击，幕后指使者不得而知。

第二类的质疑和报道主要来自内部吹哨人的举报和《金融时报》记者麦克鲁姆不屈不挠的调查，直指 Wirecard 经营业绩和银行存款不实。2015 年，《金融时报》仿效热门电视剧《纸牌屋》（House of Cards）的名称，开辟了"House of Wirecard"专栏，发表了一系列揭露该公司涉嫌造假的文章。《金融时报》刊发的文章指出 Wirecard 资产负债表上的银行存款出现了 2.5 亿欧元的缺口。2018 年 3 月，Wirecard 新加坡总部的吹哨人举报该公司从事"循环交易"（Round Tripping），即通过第三方向其印度子公司汇款据以虚构支付交易并夸大收入，新加坡总部的法务人员虽然对三名财务人员启动调查程序，但无疾而终。2019 年 1 月，《金融时报》发表了新加坡公司造假的调查报道，一个月之后，新加坡警方突击搜查了新加坡总部。同年 3 月，《金融时报》报道了 Wirecard 一半以上的支付业务来自合作公司的收单业务，紧接着在 4 月份，《金融时报》披露了吹哨人提供的内部文件和电子表格，详细报道 2016 年和 2017 年 Wirecard 一半以上的收入和 90% 以上的利润来自菲律宾 PayEasy Sulutions、新加坡 Senjo 集团下属一个部门和迪拜 Al Alam 三家合作公司可疑的收单业务。同年 7 月和 10 月，《金融时报》指控 Wirecard 在迪拜和都柏林子公司的支付业务和经营利润被夸大，它们向安永提供的文件所列示的客户根本不存在。2019 年 12 月，《金融时报》报道了 Wirecard 将托管人账户的资金不当地计入其资产负债表，夸大了其实际的银行存款。毕马威 2020 年 4 月底公布了长达 74 页的《特别调查报告》，基本印证了《金融时报》的上述报道和指控。

遗憾的是，这些强烈且明确的舞弊信号却没有引起 Wirecard 监事会[①]、管理委员会、安永和 BaFin 的应有重视。这四个机构都不同程度肩负着防范财务舞弊的职责，构成防范财务舞弊的四道防线。在这四道防线中，只要有一道防线正常发挥作用，Wirecard 财务舞弊就不可能得逞。在 Wirecard 财务舞弊案中，这四道防线同时失守，堪称完美风暴，表明 Wirecard 的内外部治理机制形同虚设。

内部控制的一个重要作用是防范财务舞弊，确保财务报告如实反映上市公司的财务状况、经营业绩和现金流量。按照职责分工，Wirecard 的管理委员会负责建立健全内部控制制度并确保其有效运行，监事会负责监督内部控制制度是否到遵循和执行。Wirecard 的管理委员会和监事会作为内部控制的责任主体和防范财务舞弊的第一道和第二道防线，本应针对内部举报和《金融时报》披露的涉嫌财务舞弊事项和其他违规事项及时启动调查，据以核实该公司的财务报告是否真实可靠并评估内部控制在防止财务舞弊方面是否有效。可惜这种调查不是没有启动，就是流于形式，错失了发现系

---

① 与英、美上市公司的治理结构不同，德国上市公司采用的是二元模式的治理结构，由股东大会选举产生监事会（Supervisory Board），监事会负责任免管理委员会（Management Board）成员，享有财务和业务监督权，管理委员会按照法律和公司章程的规定，负责开展公司业务。根据德国《股份公司法》对监事会和管理委员会职权的规定，德国上市公司的监事会相当于英、美上市公司的董事会，而管理委员会相当于英、美上市公司的管理层。

统性财务舞弊的良机。本可防止或更早发现的财务舞弊，由于 Wirecard 管理委员会和监事会的严重渎职而功亏一篑。

独立审计是防范上市公司财务舞弊的第三道也是最重要的一道防线。作为国际"四大"之一且配备强大反舞弊团队的安永，面对《金融时报》根据 Wirecard 内部举报提供的详细线索及其记者通过独立调查所作的大量负面报道居然不为所动，连续 10 年为 Wirecard 的财务报告签发无保留意见的审计报告，为其财务报告的公允性和真实性背书。最不可思议的是，2018 年年初 Wirecard 财务报告的真实性已处于一片质疑声中，安永仍然对 Wirecard 的 2017 年度财务报告发表标准的无保留审计意见。此举打消了投资者对 Wirecard 的疑虑，Wirecard 的股票受到热捧，股价在短时间内翻番。直至 2019 年，安永才对 Wirecard 的 2018 年度财务报告发表一些无关紧要的保留意见。

更匪夷所思的是，2016 年至 2019 年第三季度末银行存款一直是 Wirecard 最大的资产项目，占其资产总额的比例分别是 39%、42%、46% 和 47%。根据《金融时报》的报道，面对如此重要且大部分存放在海外银行的存款项目，安永竟然连续三年没有按照审计准则的要求直接向新加坡相关银行函证，而是通过第三方受托人和 Wirecard 提供的扫描文档和屏幕截图予以确认。如果报道属实，安永这次低级的审计失败将成为审计界的最大笑柄，必将载入审计史册，钉在审计失败耻辱柱上。舆论普遍认为安永在 Wirecard 财务舞弊案中难辞其咎，应承担相应的民事赔偿责任。

笔者至今仍然不相信安永会犯下如此低级的错误。另一种解释是，安永落入了 Wirecard 及其合作方精心设下的圈套。Wirecard 申请破产后，安永对外发布的声明称："已确认第三方提供了伪造的来自菲律宾和新加坡的银行账户资料……有明显的迹象表明，这是一场精心策划的复杂的欺诈，牵涉世界各地多方机构，旨在蓄意欺骗。以欺骗投资者和公众为目的的共谋欺诈，通常涉及大量伪造虚假文件和记录的行为。执业准则认为，即使是最强大、最大限度追加的审计程序也可能无法发现共谋欺诈行径。"笔者认为，安永的这份声明虽然含有自我辩护的成分，但也道出了相关银行的管理人员配合 Wirecard 造假的实情。2020 年 3 月，安永收到了一份电子扫描文件，列示了 Wirecard 在菲律宾 BPI 银行和 BDO 银行 19 亿欧元的存款明细，但 6 月 16 日菲律宾 BPI 银行和 BDO 银行通知安永，其管理人员先前提供的详细列示 19 亿欧元存款余额的文件是伪造的。菲律宾这两家银行等于承认其管理人员蓄意向安永提供虚假文件资料配合造假的事实。初步调查表明，菲律宾 BPI 银行的一位助理经理签署了关于 Wirecard 在该行拥有存款的不实文件，菲律宾 BDO 银行的一位官员伪造了 Wirecard 的存款证明。菲律宾央行行长证实，Wirecard 的 19 亿欧元从未存入上述两家银行。

值得一提的是，Wirecard 在 2017 年至 2019 年第三季度存在着显而易见的"存贷双高"现象,如表 1 所示。这种不合乎商业逻辑的异常现象,通常表明货币资金的真实性存疑。遗憾的是,这种明显的财务舞弊迹象竟然没有引起安永的重视。如果安永对此保持应有的职业谨慎,严格按照审计准则规定的程序去核实 Wirecard 的银行存款,完全有可能更早发现 Wirecard 的舞弊行径。

BaFin 作为德国的金融监管机构,证券监管是其众多职责中的一项,包括对上市公司的财务舞弊等违规行为进行调查,可视为防范财务舞弊的最后一道防线。面对内部举报和《金融时报》对 Wirecard 涉嫌舞弊的大量负面报道,BaFin 不是对 Wirecard 启动调查和核实,而是向《金融时报》及其记者发起诉讼。同样地,针对做空机构指控 Wirecard 洗钱和虚构业绩,BaFin 不去调查 Wirecard,反而将矛头对准做空机构,以市场操纵为由对它们展开调查,并以 Wirecard "具有经济重要性"和"严重威胁市场信心"为由,禁止做空 Wirecard 的股票。BaFin 未能恪守金融监管部门应有的不偏不倚立场,对 Wirecard 赤裸裸的护犊行为广受诟病,监管不力表现得淋漓尽致。

三、影响恶劣 教训深刻

Wirecard 是 2014 年葡萄牙圣灵银行(Banco Espirito Santo)因欺诈而破产以来欧洲最大的金融舞弊案,也是一向以严谨著称的德国接二连三爆发的舞弊丑闻[①]。Wirecard 财务舞弊案影响十分恶劣,不仅让投资者血本无归,也让债权人(仅银团贷款就接近 20 亿欧元)的风险暴露无遗,而且严重打击了对金融科技的投资信心。

Wirecard 财务舞弊案之所以被冠以"欧洲版的安然事件",在于它与安然事件一样,暴露了公司治理、审计制度、金融监管等制度安排存在的弊端,有可能引发德国乃至整个欧洲对涉及上市公司财务信息透明度和可靠性的制度安排作出重大改革。此外,作为欧洲最大的金融科技公司,Wirecard 从快速崛起到瞬间崩塌,充分暴露了金融科技两面性(成长性和风险性)潜藏的金融风险,彰显了监管部门和中介机构在新经济时代面临的严峻挑战。

Wirecard 财务舞弊案值得从不同角度深入剖析,吸取深刻教训,未雨绸缪,防范未然。笔者认为,Wirecard 财务舞弊案至少留给我们 10 个深刻教训。

(一)行业属性不可含混

Wirecard 财务舞弊案的一个特殊之处在于它是欧洲最大的金融科技公司。金融科技是从英文的 Fintech 翻译而来的,从字面上看,金融科技具有科技企业的行业属性,而不具有金融机构的行业属性。但从本质上看,金融科技以科技之名行金融之实。从

---

① 这些引人注目的丑闻包括大众汽车"柴油门"、西门子"行贿门"、德意志银行"洗钱门"等。

这个意义上说，将金融科技称为科技金融似乎更恰当，因为金融科技企业实际上是利用科技手段从事金融业务。

Wirecard 财务舞弊案之所以得逞，在一定程度上与其长期游离于科技企业与金融机构之间的灰色监管地带有关。行业属性含混不清导致 Wirecard 逃避监管，规避金融监管的严苛要求，如资本和合规要求等。事实上，BaFin 长期以来一直将 Wirecard 视为科技企业，而不是金融企业，因此对其疏于监管。此外，Wirecard 的行业属性含混不清，将金融业务与非金融业务混杂在一起，其财务报表不伦不类，投资者和分析师难以将其财务报表与金融业对比分析，也难以与科技企业对比分析，只好无条件接受 Wirecard 不断调整的财务报表版本，客观上为 Wirecard 的业绩造假提供了机会。

可见，厘清金融科技企业的行业属性，根据实质重于形式原则，参照金融机构的监管要求对金融科技企业进行监管，对于防范和化解金融风险意义重大。

（二）金融监管不可偏好

金融监管应当秉持不偏不倚的立场，公平对待所有监管对象，而不应参杂自身偏好，否则将难以取信于社会公众，甚至可能会因自身偏好而打击质疑者、放纵造假者。

在 Wirecard 财务舞弊案中，BaFin 的做法显然违反监管中立原则，甚至扮演着为虎作伥的角色。面对吹哨人、新闻记者和做空机构锲而不舍的举报和质疑，BaFin 不是启动对 Wirecard 的调查核实工作，而是刻意打压举报者和质疑者，甚至不惜起诉《金融时报》及其记者，史无前例地颁布对单一股票的做空禁令。这种偏袒造假者的做法在 Wirecard 承认舞弊事实后使 BaFin 陷入尴尬境地，广受新闻媒体和德国议员的抨击。

BaFin 对 Wirecard 的护犊情结，与德国政府对 Wirecard 寄予厚望不无关系。得益于 Wirecard 的自我宣传和机构投资者的狂热追捧，Wirecard 一直被德国政府视为有能力挑战美国硅谷的金融科技企业。这种狭隘的经济民族主义（Economic Nationalism）促使 BaFin 将一切不利于 Wirecard 的质疑特别是来自外国的质疑看作是对德国利益的挑战，甚至不惜对质疑者提起刑事诉讼和禁止做空。Wirecard 舞弊丑闻曝光后，欧洲议会的一些议员尖锐指出，欧洲已经形成的市场一体化格局与成员国金融监管机构的经济民族主义之间的矛盾不可调和，呼吁在欧盟框架下建立一体化的金融监管体系。

（三）通同舞弊不可饶恕

夸大经营业绩、虚构银行存款是 Wirecard 财务造假的两大核心问题。从已经披露的信息看，这两方面的造假都离不开外部的配合。业绩造假特别是虚构收入除了借助于关联方或隐性关联方的配合外，往往还得到客户和其他第三方的配合。Wirecard 舞弊案也不例外。毕马威的《特别调查报告》证实了《金融时报》记者的报道，即 Wirecard 在 2016 年和 2017 年一半以上的营业收入和 90% 以上的利润来自菲律宾、新加坡和迪拜三家合作公司可疑的收单业务，并且声明这三家合作公司拒不配合调查，无法核实它们与 Wirecard 之间的交易是否真实存在。

国内外大量研究表明，收入造假是财务舞弊最常用的手法，占舞弊样本公司的 60% 以上。收入造假之所以屡禁不止，与配合造假者长期逍遥法外密切相关。对于配合上市公司进行收入造假的相关责任主体，特别是向注册会计师提供虚假函证文件资料的责任主体，必须严惩重罚，才能净化资本市场的诚信环境，提高会计信息的可信度和透明度。

Wirecard 财务舞弊案的不可思议之处在于该公司公然承认其财务报表上的 19 亿欧元银行存款"可能不存在"。如前所述，菲律宾 BPI 银行和 BDO 银行的管理人员配合造假已经得到证实。这种配合上市公司弄虚作假，伪造银行存款证明的行为令人发指，若不予严惩，会计信息质量将难以确保。

货币资金本应是最容易核实的资产项目，但近年来国内外一些影响极其恶劣的财务舞弊和与之相关的审计失败案例表明，货币资金已经成为舞弊频发的高风险领域（黄世忠等，2020）。这方面的典型案例除了 2019 年发生的康美药业虚构 299 亿元的银行存款和康得新 122 亿元的银行存款"不翼而飞"，还包括 2020 年曝光的东旭集团将 500 多亿元银行存款转入其他应收款并计提 150 多亿元信用减值损失的恶性案例。银行存款造假动辄数百亿元，绝对离不开金融机构的配合，包括蓄意向注册会计师提供虚假的银行对账单、银行询证函。如果不严厉追究配合造假的金融机构的法律责任，确保会计信息质量将成为奢望，独立审计将无以为继。

（四）新闻监督不可或缺

在 Wirecard 财务舞弊案中，新闻媒体既是赢家，也是输家。最大赢家当属《金融时报》及其记者，最大输家是德国的新闻媒体，后者过去几年对 Wirecard 涉嫌财务舞弊鲜有报道，集体沉默，而对 BaFin 对《金融时报》及其记者提出诉讼的报道则连篇累牍。Wirecard 承认造假后，德国媒体集体蒙羞，无地自容。

与德国新闻媒体不作为形成鲜明对比的是《金融时报》，其记者客观独立，刚正不阿，不屈不挠，专业水平令人赞赏，职业精神令人感动。麦克鲁姆领衔的《金融时报》调查团队，2015 年以来不畏 BaFin 的刑事指控，直面 Wirecard 的法律诉讼，顶住利比亚间谍头子和其他私人侦探机构的不实毁谤，持之以恒地对 Wirecard 涉嫌舞弊进行跟踪调查，发表了数十篇报道，成为揭开 Wirecard 财务舞弊案的英雄。

上市公司是公众公司，攸关公众利益，接受新闻媒体的监督天经地义。与其他监督形式相比，新闻监督更具时效性和震慑力，是抑制上市公司财务造假等违法违规行为的有效手段。银广夏、琼民源、安然、世界通信等国内外财务舞弊大案要案水落石出、公之于众，背后都有新闻记者的抗争与付出。上市公司涉及利益诉求迥异的不同主体，对上市公司涉嫌财务舞弊的内幕调查和新闻报道经常遭遇异乎寻常的压力和蛮横无理的干预，只有少数抗压力特别强的新闻媒体和记者能够坚持到底。主管部门和监管部门以及社会公众应给予调查和报道上市公司财务舞弊的新闻媒体及其记者更多的理解和支持，才能在资本市场营造一种不敢造假的良好氛围。

（五）举报作用不可低估

《金融时报》揭弊之所以获得成功，在一定程度上归功于 Wirecard 内部吹哨人为其提供的大量一手举报材料。Wirecard 新加坡总部的吹哨人在 2015 年、2016 年和 2019 年多次向 Wirecard 合规部门负责人和《金融时报》提供翔实的资料，举报新加坡三名财务人员通过伪造合同和倒签合同日期等方式，夸大支付业务量以达到虚构经营业绩和获得金融牌照的目的。此外，印度、迪拜和都柏林等分支机构的吹哨者也向《金融时报》的记者提供有关 Wirecard 造假的线索。这些吹哨人秉承诚实正直的原则，冒着被报复的风险，为揭开 Wirecard 财务舞弊案立下汗马功劳。这些幕后英雄的义举值得赞扬，应予褒奖。

美国注册舞弊审查师（ACFE）《2018 年职业舞弊与贪污全球报告》、COSO《舞弊财务报告：1998~2007》、黄世忠等《2010~2019 年中国上市公司财务舞弊分析》以及其他众多研究均表明，包括上市公司财务舞弊在内的各类舞弊，绝大部分既不是被注册会计师发现的，也不是被监管部门发现的，而是通过内外部举报发现的。为此，美国等多个国家的监管部门纷纷设立了鼓励、保护和重奖吹哨人的举报制度，收效良好，美国证监会（SEC）近年来已经向 83 个吹哨人发放了超过 5 亿美元的举报奖励。Wirecard 舞弊丑闻曝光后，德国和欧洲的不少议员呼吁借鉴 SEC 的做法，建立行之有效的吹哨人举报重奖和保护制度，让上市公司的财务舞弊无所遁形。

（六）治理缺陷不可忽视

Wirecard 的年报显示，其监事会对内部控制和内外部审计负有监督责任，以确保财务报告得到如实和公允的反映。在 Wirecard 的 2018 年年报中，《监事会报告》和《公司治理报告和公司治理声明》尽管篇幅长达 15 页，但形式多于实质，对监事会的性别构成、知识背景、工作经历等长篇大论，而对于吹哨人和新闻媒体对其经营业绩真实性的质疑却蜻蜓点水，含糊其辞。这些报告虽然也提及监事会对《金融时报》指控和吹哨人举报所做出的回应和调查，但要么查无实据，要么认为不足以对财务报告整体的如实和公允反映产生重大影响。时隔不到两年，Wirecard 承认存在系统造假，这些报告现已沦为笑柄。

Wirecard 的监事会只有 5 名成员，过去一直没有按照《德国公司治理守则》设立下属委员会。Wirecard 的财务舞弊主要发生在 2016 年至 2018 年，在此期间，对其业绩质疑和内部举报也最为密集和频繁，但对防范财务舞弊至关重要的审计委员会以及风险和合规委员会直至 2019 年第一季度才成立，足见 Wirecard 的治理缺陷有多严重，与其作为欧洲最大金融科技公司的身份极不相称。

建立健全内部控制，构建分工明确、相互监督、相互制约的权力结构、权力分配、权力制衡和利益协调的治理机制，提高治理体系、治理能力现代化，是防范上市公司财务舞弊的制度保障。但凡上市公司出现系统性的财务舞弊，一定说明其内部控制和治理机制形同虚设，流于形式，一定表明其治理责任主体尸位素餐，蝇营狗苟。Wirecard 舞弊案再次警醒我们，督促上市公司建立健全内部控制和治理机制、落实落细董监高的治理责任，是防范财务舞弊，确保会计信息质量的长效机制。

（七）做空力量不可压制

面对 Wirecard 的业绩质疑和卖空行为，BaFin 之所以对《金融时报》和做空机构强势打压，与德国人对做空行为存在根深蒂固的偏见有关。这种偏见源自前现代的资本市场理念，认为长期投资才是可取的，短期做空是有害的。殊不知，资本市场既需要长期投资者，也需要短期做空者。Wirecard 承认财务舞弊后，短期做空者赚得盆满钵满，成为最大赢家，长期投资者则损失惨重，成为最大输家。长期投资者的损失成为短期做空者的利得，这既是资本市场游戏规则的残酷，但何尝不是批评质疑战胜偏听偏信的体现。甚至可以说，这是资本市场对做空机构用真相戳穿谎言的回报。

信息经济学告诉我们，做空机构是不诚信上市公司的天敌，它们用市场化手段惩罚虚假的信息披露，在一定程度上缓解了信息不对称，有助于提高上市公司的信息披露质量。韩洪灵等（2020）等认为，做空之所以在美国资本市场形成一个完整的产业链（如图 2 所示），与做空对于净化市场环境具有积极作用有关。他们引用的实证研究表明，做空已经成为外部监督的一个有效手段，时刻督促着上市公司的管理层，迫使他们关注自己的言行、关心公司的治理结构等潜在的风险领域，对净化市场环境、提升市场效率具有正向作用。笔者认为，浑水、香橼等做空机构之所以在资本市场屡屡得手，得益于它们善于发掘、精于辨识和勇于利用上市公司的虚假信息披露。它们的自利行为在损害其他投资者利益的同时，也在资本市场上扮演着"啄木鸟"的角色，铲除了不少弄虚作假的害虫，使更多的投资者免受其害。

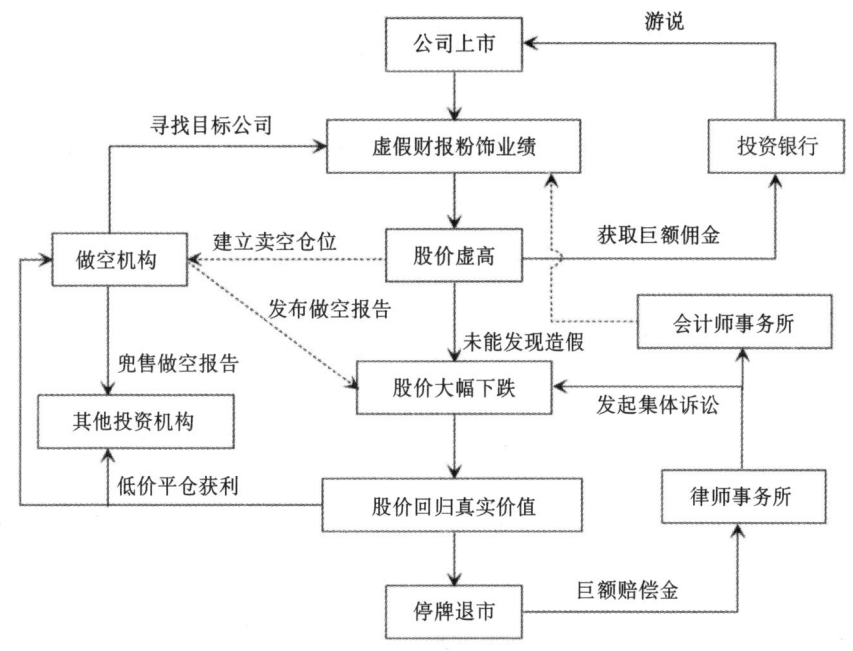

图2　美股市场做空产业链

资料来源：韩洪灵等（2020）。

Wirecard财务舞弊案告诫我们，只看到做空机构的破坏性，对做空机构的建设性视而不见，有失偏颇。诚然，做空行为影响市场信心，有时甚至导致公司破产，让投资者和债权人遭受重大损失，但是赋予做空机构生存空间，发挥其"鲇鱼效应"，激浊扬清，显然有助于净化市场环境，将不诚信上市公司逐出资本市场。辩证看待做空机构的两面性，理性对待做空行为，这才是金融监管部门的应有之举。

（八）会计监督不可弱化

Wirecard财务舞弊及其审计失败，暴露了德国会计监督体系的脆弱性和低效率。德国对上市公司的会计监督与众不同，采用的是公私合营的两阶段监管框架。对上市公司的财务报告进行审查监督的第一阶段由财务报告监管小组（DPR）负责，第二阶段由BaFin负责，只有DPR解决不了审查监督问题时，BaFin才会接手介入调查。DPR俗称"资产负债表警察"（Balance Sheet Police），是一个获得政府授权可以对上市公司进行会计监管的民间机构，其成员来自德国雇主协会、工会组织以及银行、保险和会计行业协会等，2019年的预算经费只有550万欧元。尽管对Wirecard涉嫌财务舞弊的质疑和指控由来已久，但 BaFin 并未亲自介入调查，直至 2019 年年初在接到吹哨人举报时才要求 DPR 予以调查，据媒体报道，DPR 只有一人在督查此案，迄今尚未取得任何实质性进展。

上市公司的会计造假本质上是经济利益博弈行为，只要会计造假的预期成本低于会计造假的预取收益，上市公司就有可能诉诸会计造假。德国这种低效和脆弱的会计监管体系，无疑降低了会计造假的预期成本（被发现概率与被罚款金额的乘积），客观上助长了 Wirecard 等上市公司的财务舞弊。

透明可信的高质量会计信息所发出的正确信号，有助于帮助投资者发现价值，优化资本市场的资源配置，低质量会计信息发出的错误信号，可能误导投资者，降低资本市场的资源配置效率。因此，强化会计监督，确保会计信息质量是监管部门义不容辞的职责所在。反之，弱化会计监督，就是不可饶恕的渎职行为。

（九）审计责任不可推卸

只有对 Wirecard 财务舞弊进行全面调查后，才可厘清该案涉及的会计责任和审计责任。但根据媒体迄今所披露的信息，安永在 Wirecard 财务舞弊案中难辞其咎，主要表现在三个方面：一是缺乏应有的职业谨慎和职业怀疑，面对吹哨人持续不断的翔实举报、新闻记者和做空机构的大量质疑，安永没有及时指派反舞弊团队介入调查，唯一例外是对新加坡的举报实施了追加审计程序，这与安永中国在瑞幸咖啡财务舞弊案中的表现中形成了强烈的反差；二是没有充分重视舞弊征兆，如 2016 年至 2019 年第三季度的"存贷双高"，现金流量和货币资金长期滞留海外子公司，营业收入高度依赖于菲律宾、新加坡和迪拜三家合作公司的收单业务，从而错失了发现财务舞弊的机会；三是没有对 Wirecard 存有争议的会计处理提出挑战，诚如毕马威在《特别调查报告》指出的，该公司将信托账户的资金列为财务报表上的现金及现金等价物不符合规定，按总额法而不是净额法确认来自合作公司的收单业务收入违反了国际财务报告准则（IFRS）。

笔者对表 1 的计算发现，Wirecard 凭空消失的 19 亿欧元银行存款，与其 2002 年至 2019 年 9 月 30 日对外报告的净利润之和（19.224 亿欧元）相差无几。除非是纯粹的巧合，否则这一诡异现象说明 Wirecard 虚构业绩由来已久。众所周知，根据复式簿记规则，虚增利润必定虚增资产或虚减负债。根据笔者对 2019 年第三季度财务报告的分析，Wirecard 虚减负债的可能性基本可以排除，虚增资产的可能性极大。2019 年 9 月 30 日，Wirecard 的资产总额为 70.015 亿欧元，包括 14.406 亿欧元的无形资产、19.577 亿欧元的非流动资产和 50.438 亿欧元的流动资产（其中现金及现金等价物高达 32.874 亿欧元）。Wirecard 承认 19 亿欧元的银行存款"可能不存在"，有可能暗示其过去长期虚构经营业绩从而导致银行存款虚增。果真如此，安永就应对其过去十年审计的重大过失承担责任。

审计责任与审计质量相辅相成，而审计质量的高低又与审计制度安排密不可分。Wirecard 财务舞弊东窗事发后，欧洲议会的一些议员认为审计制度安排的改革迫在眉睫。当务之急是在欧盟建立统一的审计监管体系，避免成员国在审计监管上采取保护主义，并呼吁改革由上市公司直接聘请会计师事务所并决定其报酬的落后制度安排。安然事件催生了美国审计监管体系的再造，但愿 Wirecard 财务舞弊也能像安然事件一样促使欧洲审计监管等制度安排的改革与创新。

（十）舞弊防范不可守旧

Wirecard 财务舞弊利用高度复杂的交易设计完成了一系列海外并购，并通过与托管方和其他第三方开展业务合作，将大部分现金流量留在透明度较低的海外托管账户，再利用线上支付业务量大难以核查等特点，为逃避金融监管和外部审计提供了绝好的掩饰，致使不少著名的机构投资者和金融机构上当受骗。

财务舞弊与舞弊防范之间存在着一种微妙的互动关系。财务舞弊手法的翻新，导致因循守旧的舞弊防范举措失效，客观上促使查弊者开拓创新，不断提升舞弊防范的技术水平。另一方面，舞弊防范的创新升级，也会促使舞弊者想法设法翻新舞弊花样。其结果，财务舞弊与舞弊防范不断演化，双方的博弈循环往复，周而复始。

进入新经济时代，信息技术加速迭代，商业模式创新层出不穷，财务舞弊与舞弊防范进入新一轮的博弈。唯有借助人工智能、区块链、云计算、大数据、物联网等信息技术的赋能，创新舞弊防范的技术手段，监管部门和审计机构等查弊者才有可能在与舞弊者的博弈中胜出。譬如，区块链技术的推广应用，有望破解银行存款和应收款项的函证难题，抑制第三方配合造假。再如，利用大数据和人工智能技术构建财务数据与业务数据相融合、内部数据与外部数一体化的多维度财务舞弊识别模型日臻成熟，舞弊防范事半功倍已经成为现实。以上市公司为例，过去分析其财务报告的可信度需要耗费大量人力物力，而使用基于大数据技术的舞弊识别软件，只要输入上市公司代码，即可瞬间生成该公司财务报告可信度是高是低的分析报告，还可从行业业务、财务税务、公司治理、内部控制和数字特征等维度，清楚指出问题所在。

（原载于《金融会计》2020 年第 7 期，略有修订）

参考文献

韩洪灵，刘思义，鲁威朝，陈汉文.2020 基于瑞幸事件的做空产业链分析［J］.财会月刊，8：3~8.

黄世忠，叶钦华，徐珊，叶凡.2010~2019 年中国上市公司财务舞弊分析［J］.财会月刊，14：153~160.

ACFE. 2018. Report to the Nations：2018 Global Study on Occupational Fraud and Abuse. www. acfe. org.

COSO. 2010. Fraudulent Financial Reporting：An Analysis of U. S. Public Companies. www. coso. org.

KPMG. Report Concerning the Independent Special Investigation. April 27, 2020. www. ft. com.

McCrum, D. Wirecard：The Timeline. Financial Times. June 25, 2020. www. ft. com.

财务舞弊识别框架构建

——基于会计信息系统论及大数据视角

叶钦华　叶凡　黄世忠

> **【摘要】** 近年来，我国上市公司和中概股财务舞弊事件频发，学界和业界对此高度关注。本文结合理论与实务，构建了五个维度组成的财务舞弊识别框架，五个维度包括财务税务维度、行业业务维度、公司治理维度、内部控制维度、数字特征维度。该框架的理论基础是复式簿记与会计信息系统论，五个维度分别对应于会计信息生产的各个环节。在应用该框架时则有赖于学术研究、实务专家经验及多维数据的支撑。本文将讨论如何从五个维度出发，寻找与舞弊相关的信号、形成可度量的变量，并分析背后的逻辑关系，以及讨论如何进行组合分析，实现舞弊的事前识别。本文将给出初步的框架应用过程和结果，并在大数据视角下讨论了框架的适用性与局限性。
>
> **【关键词】** 财务舞弊　识别框架　财务与非财务分析　会计信息系统论　大数据

一、引言

财务舞弊是一个世界性的、危害巨大的问题（ACFE，2022）。自我国资本市场建立以来，财务舞弊就与会计信息披露相生相伴、屡禁不止，成为阻碍资本市场健康发展的一大"毒瘤"。截至2020年12月31日，我国A股市场约有1770家上市公司受到过相关部门的违规处罚案件6744起，其中3818起（占比约56%）涉及会计违规或财务舞弊，包括虚假信息披露、严重误导性陈述、未及时披露重大事项等①。这些上市公司分布于各行各业，舞弊动机各异、手法有别，其行为损害了各利益相关者，2019年的康美和康得新事件、2020年的瑞幸事件甚至产生了十分恶劣的社会影响，严重破坏了我国上市公司的整体诚信。虽然新《证券法》实施、国务院办公厅2021年30号文发布、康美药业集体诉讼等事件说明了监管措施正不断加强，但是从事前的财务舞弊识别的角度而言，随着科创板、北交所、IPO等市场制度的变化、新经济背景下企业商业模式创新的增多和更隐蔽的交易造假类财务舞弊占比上升（黄世忠等，2020），识别舞弊的难度无疑日趋加大。

现有研究为财务舞弊识别提供了二因素、三因素、四因素、多因素理论，分类列举了诸多红旗指标，从变量（如引入了公司治理、文本分析等变量）和模型（如采用机器学习等模型）两个角度提升了舞弊预测和识别的"精度"，但是仍有尚未解决的难题。例如：是否可借助会计本身的基础理论进行舞弊识别；如何建立一个实用的、指导寻找并囊括各类舞弊识别变量的框架；如何跳出财务数据和企业个体视角，利用大数据、机器学习等技术从更大范围获取变量、建立更合适的预测模型。

因此，本文期望建立一个有助于事前识别乃至预测财务舞弊，有助于寻找并归类舞弊识别变量，并分析变量与舞弊之间关系的研究框架。本文所讨论的财务舞弊概念与审计准则定义较为相近，主要指与财务报表有关的故意错报或故意漏报，包括交易造假类财务舞弊及会计操纵类财务舞弊②。此外，由于财务舞弊被监管机构识别样本往往较少且存在较强滞后性，实务中未被定义为"财务舞弊"的公司，也有可能存在"财务舞弊"，而本文主要讨论事前识别财务舞弊。所以本文实际上是期望对企业财务舞弊可能性进行事前判断或推定，即使这些公司在当前时点下可能隐藏在"财务异常"或"盈余管理"样本中。

本文所构建的五维度财务舞弊识别框架（简称"五维度识别框架"），依据的理论基础是复式簿记与会计信息系统论。由此本文建立了由五个维度所组成的识别框架，五个维度对应于会计信息的各个生产环节，包括财务税务维度、行业业务维度、公司治理维度、内部控制维度、数字特征维度。其中，财务税务维度主要是分析财务报表科目或报表指标、税务指标的异常；其他四个维度则是非财务维度，主要反映企业的业务逻辑或数据特征。通过组合分析各个维度的异常信号形成"识别变量"，并进行

---

① 本文数据主要来自WIND数据库、公司年报和公告、监管部门处罚书。
② 《中国注册会计师审计准则第1141号》将财务舞弊定义为与财务报表审计相关的故意错报，包括编制虚假财务报告导致的错报和侵占资产导致的错报。本文主要借用这一定义，但是本文不只是局限在财务报表"审计"相关的错报。本文定义也接近于ACFE（2022）提出的财务报表舞弊、葛家澍和黄世忠（1999）提出的造假性失真。

模型构建与应用（如专家打分系统、机器学习等），判断存在舞弊的可能性，实现事前识别。这个过程相当于是对企业会计信息质量进行了"用户画像"，其中也离不开专家经验与大数据技术的支撑。如何基于五维度这一系统性识别框架寻找并归纳舞弊信号，转化为可度量的变量、分析信号和变量与舞弊的逻辑关系；如何结合实务中识别舞弊的专家经验，对五个维度的信号和变量进行组合分析与挖掘量化，以应用于实践，将是本文讨论的核心问题。进一步地，本文也将基于该框架进行初步应用尝试，并在大数据的背景下讨论如何更好地应用该框架建立指数，实现舞弊识别。本文构建的财务舞弊识别框架，更多地是为识别舞弊提供一种方法、路径。在具体应用时，舞弊识别信号难以穷尽、变量的度量方式也有待改进，目前仍有赖于大量专家经验及大数据技术的支撑。

本文预期的贡献是：首先，本文基于复式簿记和会计信息系统论的交叉勾稽、多维分析的思想，通过五个维度视角寻找与财务舞弊有关的财务、非财务特征，利用大数据技术与专家实务经验对五个维度相关识别信号进行量化和组合以定义变量，并通过建模来分析变量与舞弊之间的逻辑关系。这一方式更加全面和体系化。而且，五维度识别框架也更契合大数据时代背景，有助于更直接更快速地寻找和量化与舞弊相关的数据字段，更好地实现理论框架与大数据的结合。相对而言，过去如二因素、三因素等理论，虽然对舞弊行为的发生有较强的归纳，但是要应用这些理论进行舞弊识别却相对不易。所以，本文提供了一个更可行、更便利的舞弊识别框架。其次，本文构建的识别框架主要建立在事前识别的基础之上，即分析财务舞弊是否存在、是否发生，而不是事后寻找个别变量解释财务舞弊为何发生。最后，本文基于五维度识别框架提出更多与以往不同的识别信号和变量，特别是非财务数据的充分利用与挖掘，例如，实务中用于识别舞弊的专家规则（源于对审计专家的访谈、投资尽调和券商投行内核等私有案例观察与分析经验）或大数据技术挖掘的相关特征，转化为识别信号和可度量的变量，并将不同信号和变量进行建模尝试，以事前识别财务舞弊。理论基础与实务经验的结合、财务与业务的结合、会计技术与大数据技术的结合有望为后续学术研究与实务应用提供指导。

本文其余部分如下：一是回顾与财务舞弊识别相关的理论、框架、变量和模型的改进；二是分析本文框架构建的理论基础；三是提出五维度识别框架，并深入探讨五个维度的内涵、识别信号和变量的获取和定义；四是阐述在小样本案例、A股上市公司的应用效果；五是讨论本文框架结合大数据视角的研究与应用方向；六是总结全文并讨论局限性。

二、文献综述

现有研究中可用于财务舞弊识别的理论和框架大致可分成两类。一类从舞弊动因出发,讨论导致舞弊发生的因素。具体包括:二因素(冰山)理论源自心理学,将舞弊动因分为"露出海平面"、容易识别的组织结构部分和"潜藏在海平面下"、被掩饰的个性化行为部分;三因素(舞弊三角)理论提出动机、机会、借口三类因素;四因素(GONE)理论则区分出贪婪、机会、需要、暴露四个动因;多因素(风险因子)理论进一步完善舞弊动因,分为与组织相关的一般风险因子、与个人相关的个别风险因子。

另一类研究则是寻找舞弊的预警信号、红旗指标。例如,AICPA 的 SAS99 和 PCAOB 的 AS2401 列出了多项舞弊风险因素。Albrecht 和 Albrecht(2004)区分了六类预警信号,包括会计异常、内控缺陷、分析性异常、奢侈生活、异常行为、暗示与投诉。黄世忠和黄京菁(2004)在此基础上,将预警信号分为管理层面、关系层面、组织结构和行业层面、财务结果和经营层面的一般预警信号,以及销售收入舞弊、销售成本舞弊、负债和费用舞弊、资产舞弊、披露舞弊的具体预警信号。

在选择变量、建立模型、识别财务舞弊的层面,目前研究主要从变量和模型两个方向入手[①]。第一个方向是引入更多的舞弊识别变量[②]。除了基础的财务指标,研究发现利润与经营活动现金流的差异(Lee 等,1999)、财务报表上的原始数据(Bao 等,2020)、财务指标的波动(洪文洲等,2014)、赋值方式处理的财务指标(李清和任朝阳,2016)、递延所得税指标(郦金梁等,2020)等变量都能够更好地识别舞弊。研究中也引入了非财务数据构成的变量,例如文本分析指标(Purda 和 Skillicorn,2015;Brown 等,2020)等。

第二个方向是采用更为有效的识别模型。常规方法主要是 Logistics 回归、主成分分析等(Beneish,1999;Dechow 等,2011;张新民和吴革,2008;钱苹和罗玫,2015),一些模型最后能够形成 Mscore、Fscore、Cscore 等估计值,以度量舞弊可能性。随着大数据技术的发展,研究也开始引入神经网络模型(Green 和 Choi,1997;Krambia-Kapardis 等,2010;蔡志岳和吴世农,2006)和机器学习(Cecchini 等,2010;Bertomeu 等,2020)等方法。Perols(2011)、Gepp 等(2021)等研究则同时比较不同

[①] 以下有许多文献同时考虑了变量和模型的两个方向的改进,此处分类依据其相对更重要的一个方向。

[②] 一些研究的主要目的是讨论变量与财务舞弊的逻辑关系,更关注变量本身的意义而不是舞弊,包括股权、董事会、公司高管特征、投资者法律保护、内幕交易等。这些研究的变量更广,亦可借鉴,甚至可以延伸至所有涉及会计信息质量的研究。

模型的识别效果。此外，Gepp 等（2018）介绍了大数据、数据挖掘方法；Perols 等（2017）讨论了样本处理和配对方法；Amiram 等（2015）、张苏彤和康智慧（2007）等研究引入本福特法则（Benford's law）。

综上，虽然现有研究覆盖了财务舞弊识别相关的理论、变量、模型，但仍存在改进的空间。第一，在理论层面，上述二因素、三因素等理论根源上并不来自会计自身的理论。实际上，会计信息的生产过程本身是独特的，具有严谨的勾稽关系，舞弊将导致逻辑难以自洽的迹象，这是识别舞弊的一个重要手段。第二，在变量和模型的改进层面，目前仅有一部分研究根据三因素、四因素理论选取变量（Lin 等，2015；洪荭等，2012），更多的研究直接根据已有文献或研究者经验选择变量，所选变量与理论的关系并不那么明确，也就不容易在所选变量和舞弊之间建立起逻辑关系[①]，而且并没有形成统一的、全面的框架"容纳"这些变量，甚至是指导变量的寻找。第三，实施舞弊的手法是一个实务操作，证券机构、会计师事务所、咨询公司等中介机构在实务中积累了诸多来自一线的、被实践证明行之有效的舞弊识别经验，特别是一些组合分析的方法，如何将实务经验纳入研究框架，转化为普适的规律、可度量的变量也尚待讨论。第四，如何结合大数据技术拓宽变量获取的来源和方式，利用专家打分与机器学习等方法建立更有效的适用于我国资本市场制度背景及企业样本的财务舞弊指数，仍有待探讨。

三、财务舞弊识别框架的理论基础

与现有的二因素、三因素等理论不同，五维度识别框架的构建源自两个会计领域的基础理论，即复式簿记和会计信息系统论。

（一）复式簿记

复式簿记是会计的前身，其基本原理和规则历经 500 多年一直延续至今。复式簿记的基本框架可以拓展为：资产＝业主主权＋债务产权＝负债＋资本；综合收益＝收入－费用＋利得－损失；其中各个会计要素之间存在相互联系、协调一致的勾稽关系（葛家澍和高军，2013），即三大报表内部、三大报表之间存在着严密的勾稽关系。基于复式簿记，"常规勾稽"是指"有借必有贷、借贷必相等"的原理，例如，增加一笔赊销收入，势必会在资产负债表增加一个相同金额的应收款项类资产科目。理论上，

[①] Hogan 等（2008）根据三因素理论对相关研究中所用到的变量进行了分类综述。Dechow 等（2011）在选取变量时解释了变量与报表错报之间的关系。另外，旨在解释某一变量与舞弊关系的研究更多地是讨论变量本身的"故事"而非识别问题。

财务舞弊也需要满足常规勾稽关系。本文在"常规勾稽"基础上衍生出"联动勾稽"，即拉长勾稽关系链条、拉长年度，就能够观察与识别报表科目或报表指标之间的异常特征。财务舞弊一般是以调节利润表收入、毛利率项目为抓手，相应会在资产负债表中会留下很多痕迹，并且这些痕迹的"消化"过程可能在跨年度、不同时点下呈现出不同的特征，这些有规律的异常现象就可用于舞弊识别。例如，收入与长期资产联动异常这一识别信号中，收入和长期资产并未直接勾稽，中间还通过多个科目形成潜在的关系，此时需要找出的是两个"终端"科目的联动勾稽关系。这种对数据勾稽关系的交叉验证的思路不仅适用于财务层面，也适用于财务逻辑与业务逻辑的分析，即财务上的数据是否有足够的业务基础支撑。不同角度的异常能够在多大程度上相互印证与支持，决定了舞弊的可能性和识别的准确度。

另外，复式簿记本身的基本功能就是公允、真实与透明地反映经营真相，也指出资产＝资产权，明确了经营主体和所有者的利益关系，这都是防范财务舞弊所要达到的目标。

(二) 会计信息系统论

会计信息系统论认为，会计可以看作是一个信息系统，一个以提供财务信息为主的经济信息系统（葛家澍，1988）；不管是基于受托责任学派还是决策有用学派，提供有用信息都是其主要职能。这里产出的信息，需要能够真实地反映经济活动或经济业务，即达到相关性和如实表述。反之，排除准则和职业判断的问题，便可能是存在财务舞弊。如图1所示，会计信息的生产过程是：交易事项——原始数据——会计凭证——会计账簿——财务报表；进一步地，交易事项涉及实物流、资金流、业务流，会计处理包括确认、计量、记录、列报。这也是舞弊可能发生的各个环节：从会计凭证到会计账簿的环节，主要涉及会计操纵类舞弊，例如提前确认收入；从交易事项到原始数据的环节，主要涉及交易造假类舞弊，例如虚构虚假交易。当然，舞弊也需要全过程的协同操作，直到形成财务报表。黄世忠等（2020）指出，越来越多舞弊公司采用了更复杂的交易造假类手法。因此，对财务舞弊的识别也需要相应地从各个环节入手，即对会计信息生产源及生产过程进行"解构"与"验证"，以分辨并寻找是否有某个环节受到信息生产者出于某种目的主观期望影响，导致产出信息不合规、不公允，为舞弊的滋生提供"温床"。首先是需要寻找并核查交易事项实际发生的证据。其次是需要分析信息生产加工各环节的可验证性，即不同的人、依据相同的信息输入、遵循相同的会计准则，能够得出相同或基本相似的结论（葛家澍和刘峰，2003）。最后，各个环节之间的异常也可以相互验证、相互组合分析以发现舞弊迹象或信号。

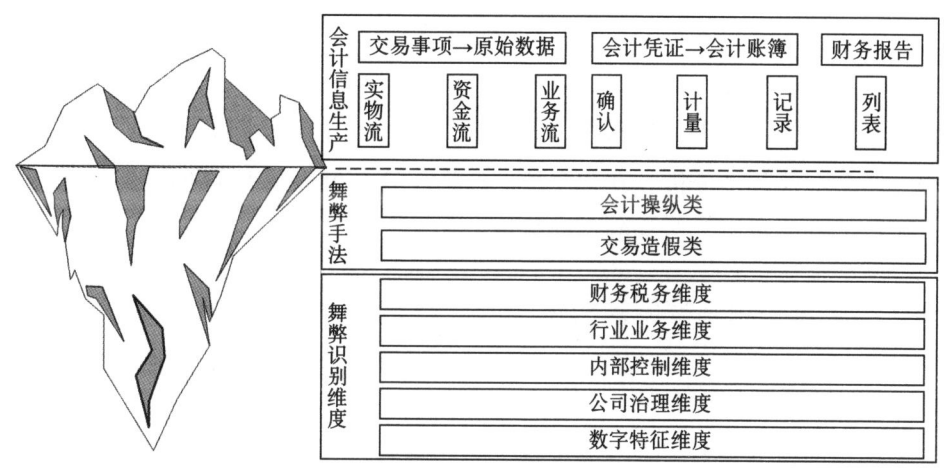

图1 理论基础——会计信息系统论

五维度中，财务税务维度最接近最终的财务报告，财务报表的勾稽关系与交叉验证是识别财务舞弊的直接切入点。同时，这一维度主要对应于会计凭证到财务报告环节，这一环节的舞弊手法主要是进行会计操纵，可以从会计政策、财务数据与指标、财税差异等方面入手识别舞弊。行业业务维度主要对应于交易事项到原始数据的环节，这一环节是支撑企业财务表现的基础，或者说最终财务上的结果来自合理的行业与经营特征，该环节的舞弊手法往往借助虚构交易，需要从行业、业务的商业合理性识别舞弊。通过公司治理维度、内部控制维度识别的舞弊行为则往往有能力影响其中任一环节，或者说贯穿了会计信息生产的全过程，如实际控制人为满足私利的操控，通过交易对象隐性关联化实现业务流、资金流与物流闭环等。因此，这两个维度偏向于识别舞弊动机或者合谋路径。数字特征维度分析的是人为操纵后的数据异常，可适用于所有能够产生并获得数字型数据的环节。由此，本文通过五个维度寻找能够识别舞弊、转化为可度量变量的迹象或信号，涵盖了会计信息生产全环节。财务报告是企业的经营、行业特征乃至战略执行经过会计信息系统处理后呈现出的结果，只有通过对会计信息系统全环节的分析，才能够发掘财务数据背后的交易事项与实际业务，从更高的层面更有效地识别舞弊，而不仅仅是局限于狭义的财务数据。

此外，本文构建框架的逻辑因果关系存在"广义"和"狭义"两个层次。首先，从框架构建目标来看，广义上的"果"是事前识别财务舞弊，即在监管机构处罚年度这一时点之前识别财务舞弊。广义上的"因"则包括了在舞弊被识别之前的舞弊信号，既包含舞弊实施后产生的财务异常信号，亦包括舞弊实施动机、实际路径等方面的异常信号。其次，狭义上的因果则体现为会计信息系统本身的因果关系，即财务报表可以视为会计信息生产的"果"。所以，本文五个维度虽然包括狭义上的因果两方面内容,但实际上,只要财务舞弊未被揭发或识别出来,为了识别舞弊这一广义上的果,就需要将会计信息生产的因、过程、果中出现的异常信号都加以考虑。

综上,复式簿记提供了从勾稽关系、交叉验证入手的基础分析思路,并以此进行跨报表、跨年度的联动分析。基于会计信息系统论,可以从五个不同维度进行跨财务、业务、实控人行为等更大范围的联动分析。

四、财务舞弊识别框架的构建

(一) 五维度识别框架及其应用逻辑

本文构建的财务舞弊识别框架包括五个维度,分别是财务税务维度、行业业务维度、公司治理维度、内部控制维度、数字特征维度(见图2)。首先,财务税务维度是五维度的中心与切入点。但是影响财务异常的因素众多,仅仅依据财务数据难以确证舞弊。因此本文参照会计信息生产过程各个环节对应的"人为操纵痕迹点",引入其他四个反映企业业务逻辑的非财务维度。五维度构成多维分析视角,是相互补充与相互印证的关系,形成组合分析。其次,五维度的选择和应用也立足于实务经验,需要大量专家评估作为基础。财务舞弊的实施是一项实务操作,实务中识别财务舞弊的方法也极具借鉴意义。正如《思考的快与慢》(丹尼尔·卡尼曼著,2012)一书所述,大脑有快和慢两种作决定的方式,一种是无意识的"系统1",依赖情感、记忆和经验迅速做出快速判断;另一种是有意识的"系统2",通过调动注意力来分析和解决问题,并做出理性决定,但比较慢。由于财务报表中包含许多会计估计与职业判断,实务中识别舞弊的过程亦充满着职业判断与职业怀疑,这是一个经验和思考的归纳总结和演绎推理过程:第一层次是寻找具有因果关系的舞弊信号,这个过程类似于风险导向审计思维,基于会计基础理论来分析、识别财务与非财务的异常特征,如异常财务指标特征、异常行业业务模式等;第二层次则涉及与舞弊相关,但尚未找出因果关系的舞弊信号,这些信号可能为外部事件传导,也可能是受数据统计特征启发,但却对专家判断具有较大帮助,例如负面新闻舆情、异常数字特征等。可见,实务中积累了从众多不同角度进行识别的迹象或信号,且专家判断过程具有多维交叉验证的特征。五维度识别框架下变量定义、模型构建与应用类似于专家的组合分析及思考过程,拟合专家识别舞弊的规则经验。最后,需要将识别出的财务舞弊预警信号转化为可以定义、判断和量化的变量,特别是一些非财务信息。这加强了可操作性,也有助于后续与大数据技术、统计建模的结合。通过五个维度挖掘变量,相当于提供了一个层层分解的思路,也有助于分析变量与舞弊之间的逻辑关系。因此,五维度识别框架更接近实务专家智慧的思考框架,也更直接地指导变量的寻找,是数据采集及清洗的依据,从而实现"专家规则+大数据"结合的事前舞弊识别。

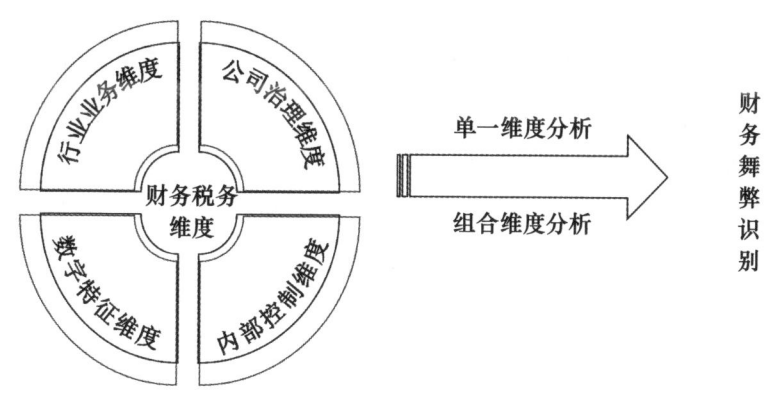

图 2 五维度财务舞弊识别框架

综上,五维度财务舞弊识别框架的具体应用如图 2 所示:第一步是从财务税务维度切入,通过横向、纵向、趋势等比率分析报表科目间的勾稽关系来识别财务异常。这里区别于传统的杜邦分析法等经典指标分析方法,本文引入具有勾稽、逻辑关系的报表科目与科目之间的联动指标分析,这类科目之间的联动异常往往与财务舞弊更加相关。第二步是从四个非财务维度视角寻找舞弊信号,以判断财务异常背后是否有合理的解释、是否指向舞弊。第三步是将识别出的各个维度的财务舞弊信号转化为可定义、判断和量化的变量,特别是一些来自非财务信息的信号。第四步是五维度之间的相互组合分析与交叉验证,并借助于专家打分、机器学习等方法进行模型构建,实现对财务舞弊发生可能性的事前识别和预警。进一步地,财务舞弊类型大致可以区分为收入舞弊、成本费用舞弊、减值舞弊、资金舞弊和其他舞弊,不同的舞弊类型将产生不同的舞弊信号,可以进一步结合舞弊类型或手法来拓展本文框架。

(二)基于五维度的舞弊识别信号

基于五维度识别框架,寻找更多的与财务舞弊相关的识别信号,进一步将其转化为可度量的识别变量,对不同变量进行组合及模型构建,是本文所构建框架的核心,特别是过程中对实务专家规则的转化。

1. 财务税务维度

(1)财务维度。财务报表是提供会计信息的载体,通过财务报表真实反映经济活动或经济业务是会计的基本职能之一。财务报告概念框架提出了基本概念、原则和目标来指导会计准则的制定,以期让企业按照相对统一的标准编制财务报表。然而,实务中会计准则充满人为估计且不断修订更新,仅仅罗列会计科目的财务报表其可理解性也有待改进（即使加上附注、管理层报告等内容也是如此）。因此，在信息不对称的市场中，我们不仅需要完整的信息生产、传递系统，还需要相配套的信息解释系统（黄世忠等，2007）。

财务报表分析就相当于解释系统，其第一层目标应是以复式簿记等会计理论为基础，通过报表科目与科目之间，指标与指标之间的"联动勾稽"关系来解读或预警财务报表可信度，即会计信息质量的高低，是否存在财务舞弊；其第二层目标是在假设财务报表信息真实可靠的前提下，解读公司财务状况和经营业绩，帮助报表使用者提高决策有用性，例如哈佛分析框架等。

本文的财务维度主要针对第一层目标，旨在建立以财务舞弊识别为目标的联动指标体系。会计信息生产过程以交易事项为基础，依据的是会计准则，形成最终的报表数据。如果企业虚构交易事项，或未遵循会计准则、有意选择或变更会计政策与会计估计方法，以达到特定目的，就将导致最终报表数据出现异常。通过识别报表数据是否异常，并验证异常背后是否有合理的会计处理和勾稽关系，亦可能识别出舞弊信号。舞弊会在财务报表中留下很多痕迹、需要"消化"过程，不同时点将呈现出不同的特征，这些有规律的异常现象就可用于舞弊识别。因此，这一维度将总结舞弊公司财务报表中具有共性的报表科目间或报表指标间的联动异常特征，并分析其背后可能的舞弊信号，这相当于是对传统科目分析、单一指标分析的补充，有助于更准确地将科目异常与财务舞弊相关联。例如，在康美药业（600518）、康得新（002450）等上市公司中，存在资产一方有着大额货币资金、负债一方同时存在大额有息负债且存贷比接近于1的高存高贷现象。这一联动异常并不符合商业合理性，还可进一步联动分析其银行存款利息收益率是否低于正常水平，以此判断是否存在货币资金舞弊。又如，在不同行业、不同商业模式下，影响毛利率的销售单价、销售成本的料工费占比等要素均可能有较大差异，很难通过唯一的阈值标准界定毛利率指标异常。一种可行的分析方法是与行业可比公司均值的比较，但受行业分类方法、商业模式分类众多且尚在持续创新变化等因素的影响，对行业可比公司的准确选择与数据处理并非易事。此时，指标间联动分析可以快速帮助识别毛利率舞弊特征，例如，若出现存货周转率逐年下降且毛利率逐年上涨的联动现象，往往表示舞弊的可能性也较大。因为合乎逻辑的变动应是：毛利率逐年上涨反映的是公司产品市场竞争力强、销售供不应求，一般情况下存货周转率也应随之提高。

（2）税务维度。会计数据依据会计准则，而税务数据依据税法，后者在规定和执行上都比会计准则有更强的刚性和更少的自由裁量权（戴德明等，2005）。一些会计上的操纵手法在税务上难以实现。此外，当企业通过财务舞弊虚增利润时，将产生纳税成本。如果企业为规避成本，在税务上采用不同的做法，就会形成更大的会税差异或递延所得税异动指标。因此，从税务角度能够验证会计上是否存在操纵。当然，会计和税务本身就存在差异，但是这一差异在行业、产权性质等方面存在一定规律，可以通过行业对比等方式予以排除。

基于学术研究、专家的访谈、实务中尽调和券商内核等行为的经验总结和案例分析，本文归纳了与收入舞弊相关的部分财务税务维度信号（详见表1），以下各维度信号示例亦如表1所示。

表1 五维度识别信号

维度	识别信号	与舞弊的可能关联
财务税务维度	收入与长期资产联动异常	虚构销售收入、通过在建工程等项目将体内资金体外化，实现虚构销售回款，进而虚构在建工程等长期资产
	每元净利润支付的税费远低于同行业均值水平	虚构销售收入、但对应交税费仅计提尚未实际缴纳，导致会计与税务勾稽差异
行业业务维度	产品销售回款周期或项目完工周期不具备商业合理性	与客户内外串通舞弊，虚构销售收入、虚构销售回款，但造假过于完美
	销售单价远高于同行业龙头企业、不具备商业合理性	虚构销售收入、人为设计的销售单价却高于行业龙头企业，造假过于粗糙
公司治理维度	上市公司并购重组涉及业绩对赌且对赌条件异常	满足并购重组业绩承诺要求的舞弊动机、并购带来的合谋机会
	控股股东股权质押高	大股东通过股权质押融资、体外资金体内化协助造假；或者股票质押平仓压力带来的强舞弊动机
内部控制维度	重要交易对象为关联方且该关联方为新设空壳公司	与关联方串通舞弊，虚构销售业务
	新增重要客户与重要供应商之间存在关联或隐性关系，如受同一控制人控制等	与同一利益相关主体或集团公司上下游串通舞弊，虚构销售采购业务
数字特征维度	财务报表科目特征偏离本福特法则	数字统计分布异常，存在人为操纵可能
	互联网企业的个人客户交易时间分布数字特征异常	游戏交易时间不符合行业特征及统计特征、人为操纵可能性高

2. 行业业务维度

企业经营离不开行业、经营战略和商业模式的选择。不同产业链乃至产业链上下游的企业之间都有不同的行业和战略特点，同一细分行业内的企业之间亦有不同的商业模式，这些差异最终将反映在财务报表上。例如，医药制造企业有别于医药流通企业，前者有着高研发支出、高毛利率、高销售费用率的"三高"特征，后者则有着高营业收入、低毛利率、高资产周转率的"两高一低"特征。因此，对比分析同一行业内企业的经营指标或业务相关指标，能够验证财务数据背后是企业竞争优势的体现还是财务舞弊的风险信号。

行业业务维度主要涉及企业与其所处行业的景气度指标、经营指标、业务预期指标等的对比，例如人均产值、销售回款周期、工程施工周期与行业均值的偏离度等。以雅百特（002323）为例，其通过虚构海外工程项目和国内外建材贸易的方式虚增营业收入。对比同行业上市公司数据，可以发现雅百特的盈利能力远高于同行业平均水平，特别是2015年：雅百特的收入增长率达86.77%，行业指标则为-22%；雅百特的2014年至2016年毛利率分别为39%、43%、35%，行业指标则仅为33%、31%、26%。通过公告信息进一步分析业务数据可以发现，2015年7月雅百特新增客户巴基斯坦工程项目尚未动工，但在2015年年报中已确认收入实现完工，这一工程项目的完工周期（合理推断为6个月以内）与行业惯例或业务特点严重不符。由此，通过同行业可量化指标的对比分析，可以合理推断雅百特存在财务舞弊的可能。

3. 公司治理维度

现有研究已表明，公司治理能够影响会计信息质量，类似地，公司治理也与财务舞弊息息相关。葛家澍和杜兴强（2008）在公司治理结构的基础上提出的"公司治理生态"，健康的公司治理生态能够确保发现会计信息披露中的不可靠性乃至财务欺诈，而失衡的公司治理生态则往往成为助长财务欺诈的温床。特别是在我国特殊的制度背景下，公司治理仍存在诸多缺陷，例如，实际控制人是财务舞弊的主要策划者、受益人，却未承担相应的责任；应扮演制衡角色的审计委员会、独立董事、监事会则是形式重于实质、柔性成分多于刚性成分（黄世忠，2019）。本文的公司治理维度主要围绕公司治理生态的概念范围来寻找舞弊识别信号，涵盖可能导致财务舞弊的以公司内部实际控制人为中心的公司治理机制、外部参与者的行为治理乃至对内外部治理的相互依存度的评估。

具体应用时，公司治理维度聚焦于对影响公司重大交易或决策行为的"关键少数"，更注重制度与程序之外，即"人"的行为分析及数据挖掘，例如大股东行为、高管行为、审计师行为等公司治理生态的利益相关者，这些信号往往与财务报表层次的舞弊风险评估相关。目前出现越来越多的交易造假类财务舞弊，与会计操纵类财务舞弊相比具有三个显著的特点：公司治理层往往牵涉其中；形成上下串通、内外勾结等合谋现象；造成的损害更具破坏性。也就是说，这类舞弊往往需要公司治理层授意与安排，才能够实施虚构实体、虚构交易、直到财务报表产出全过程的"一条龙造假"。此外，公司治理维度的分析也有助于识别舞弊动机或者串通合谋路径。例如，航天通信（600677）于2015年高溢价并购智慧海派，并签订了2015年至2018年的业绩承诺协议，后者承诺 2015~2018 年净利润不低于 2 亿元、2.5 亿元、3 亿元、3.2 亿元。结果智慧海派各年度业绩承诺完成率"精准达标"，为 111.22%、116.54%、103.74%、109.61%。最终证监会处罚确认，智慧海派虚增收入以实现业绩承诺。业绩承诺给股东、实际控制人带来的巨大压力和利益动机，反而成为一种舞弊动机。

除了借助公开资料分析、实地观察、访谈等方法分析股东行为，在这一维度还可以分析中介机构、监管机构关系处理方面是否存在异常情况（黄世忠和黄京菁，2004），引入治理层、高管层个人特征等非正式制度因素（Du，2017）。

4. 内部控制维度

内部控制指的是由企业董事会、管理层和其他员工实施的，旨在为经营的有效性和效率、财务报告的可靠性、符合使用的法律和法规这些目标的实现提供合理保证的过程[①]。其中财务报告可靠性目标与财务舞弊直接相关。审计准则中要求注册会计师了解内控，进行内控测试，聘请注册会计师对企业财务报告内部控制进行审计已是一项常见的制度安排。因此，本文内部控制维度即是从企业财务报告内部控制的建立和执行的有效性角度，判断企业交易事项真实性，印证财务数据合理性。更确切地，这一维度围绕财务报告内部控制的概念范围，借鉴内部控制的目标与要素，寻找与财务舞弊相关的财务报告控制活动点，以寻找舞弊识别信号。

具体应用时，内部控制维度聚焦于财务报告内部控制设计与执行结果的舞弊信号识别，这些都是与财务报告内部控制相关的关键控制点，这些异常信号往往与各类交易、账户余额和披露认定层次的舞弊风险评估相关。例如，上市公司与重要客户、供应商之间的交易是否具备商业实质，是企业收入真实性目标的关键控制活动，因此对重要交易对象（如前五大客户、前五大供应商）的核查是识别舞弊的一个可行角度。紫鑫药业（002118）于 2010 年和 2011 年通过隐性关联方提前确认人参销售业务收入。进一步分析工商数据等可以发现，这些新增收入的主要交易对象与上市公司及其股东在工商注册信息的方面存在一致或关联之处，而且这些异常在实施收入舞弊行为之前就有信号可循。虽然舞弊的"受益者"与"策划者"主要是实际控制人，但交易造假往往需要看似是不相关的利益相关者参与合谋。此时舞弊识别就有必要拓展至更广泛的利益相关者的领域。

---

① 内部控制定义依据《内部控制——整合框架》（2008）。虽然财务报告内部控制和公司治理生态两个概念仍然存在一部分内容交叉的问题，但本文在原有概念基础上针对财务舞弊识别问题进行了一定调整，两个维度有各自的核心范围、信号指向及赋值逻辑。进一步地，从重要性角度，公司治理对企业整体决策产生极大影响，且是从企业最高层开始，财务舞弊问题亦是如此。将其单独作为一个维度考虑更为合适。从财务舞弊实施角度，公司治理更偏向于讨论公司、实际控制人等为什么要实施舞弊这一动机问题，内部控制更偏向于讨论他们为什么能够"成功"实施（内部控制为什么没有有效防范）这一机会问题。

企业对外交易相关事项的数据、信息相对公开和容易获取。如果在审计、财务尽调等可以获取更多企业内部数据的场景下，则还可核查采购、销售、生产环节的关键控制表单。这些表单造假的技术难度及成本非常高，考虑到财务舞弊的实施成本及难易度，企业很难做到"面面俱到"。

5. 数字特征维度

从最初的交易事项到最后的财务报告，会计信息包含了诸多"数字"。仅仅分析这些数字，也有规律可循。例如，本福特法则指出1至9在一组数字中出现的概率不同，如1作为首位的概率大约为0.301。因此，如果出现对数字的操纵，那么1至9的分布就会与未操纵时不同。

本文数字特征维度指的是人为操纵后的数据特征异常，可适用于所有能够产生并获得数字型数据的环节。首先，这一维度的异常信号的判断依据与财务、业务、企业经营等逻辑无关，而是数据本身在统计分布等方面的异常。财务舞弊源自"人"的目标规划与行为操纵，因此很难产生与随机行为相同的结果或分布特征。其次，数字特征维度的信号其数据来源可能来自会计信息生产的全过程，包括财务、业务等，只要有数字型数据产生，就有可能涉及这一维度。最后，虽然数字特征可以来自财务报表上直接可获取的数据，但是其使用方式、背后的逻辑与传统的财务指标、财务报表分析并不相同，也不依据财务与业务逻辑，而是相对独立。因此本文将其单独作为一个维度。

（三）基于五维度的舞弊识别变量

本文的识别框架从五个维度的视角出发，寻找能够识别财务舞弊的信号，最终需要转化为可度量的识别变量，方可应用。实务中，财务舞弊的手段呈现系统化、业务化、多元化的特征，不同行业又各有特点。同时，财务舞弊具有一定的滞后性和隐蔽性，要明确一家企业是否存在财务舞弊非常困难，目前主要依靠监管机构处罚来认定。因此，在有限的"财务舞弊样本"中观察和提炼识别变量（特别是非财务数据相关识别变量），需要大量专家经验及大数据技术的支撑。

首先，各维度识别信号可分为单一信号与组合信号两类，两者的差异是前者将单一信号转化为一个变量，而后者将同时出现的多个信号组合转化为一个变量，后者的重要性、有效性一般强于前者。例如可定义识别变量"收入异常且长期资产异常"，因为只有当收入与长期资产同时异常时，才可能说明公司利用长期资产掩盖收入舞弊背后虚增的毛利。组合信号本身往往具有特殊含义，是指向舞弊的重要线索，也有助于在出现异常时反过来指明进一步核查的方向。组合信号的定义既可依据财务税务维度中财务报表本身的勾稽关系与指标联动,也可依据五个维度之间的交叉验证,如并购重组事件不仅涉及并购溢价本身带来的财务报表高商誉问题,也涉及业绩精准达标的异常问题。

其次,本文一般将变量定义为哑变量,即根据是否触发或达到阈值而取 0 或 1。阈值则依据绝对额大小、权重占比、同行业均值偏离度、纵向同比变动率等方法来确定。需要说明的是,变量的定义,特别是阈值的确定问题,会因为不同时间段、不同市场环境而变化,也需要依据专家的经验或统计数据特征,但是信号一般是确定的。

本文结合 A 股上市公司过往十年的财务报表数据特征及专家实务经验,将五维度的信号转化为明确定义和赋值的变量,如表 2 所示。此外,本文框架与不同的财务舞弊手法相结合,在变量层面则体现为变量与变量的组合可以指向不同的舞弊类型,或者说,对于不同的舞弊类型,可能采取不同的特殊变量组合和赋予不同的权重。例如,财务税务维度的收入异常且应收账款异常,与内部控制维度的新增前五大客户为隐性关联方,两个变量同时达到阈值取值为 1 时,往往可能指向收入舞弊。

表 2 识别变量的定义

识别变量	具体定义
财务税务维度——收入异常且预付账款异常	"收入增长率为正、行业均值水平为负"且"预付款项/流动资产>10%、预付款项>1 亿元",达到阈值取 1,反之取 0
行业业务维度——现金储备充足但在建工程进度缓慢	"最近一期末货币资金≥50 亿元"且"单一在建工程项目期末余额≥1 亿元、期初期末完工进度均<5%",达到阈值取 1,反之取 0
公司治理维度——控股股东是否涉及股权高质押	若涉及股权高质押阈值标准则取 1,反之取 0
内部控制维度——重大资产交易对象规模特征与交易金额相背离	"最近一期对外出售资产或股权的资产处置损益占报告期净利润 30% 以上"且"买方注册资本金额低于 300 万元、注册资本低于成交金额 10%",达到阈值取 1,反之取 0
数字特征维度——公司连续三年的净利润数字特征异常	最近三年的净利润特征为正、负、正,且三年累计绝对额合计数<0,达到阈值取 1,反之取 0

综上所述,本文从会计基础理论与实务经验相结合、财务与业务相结合、会计技术与大数据技术相结合等角度出发建立五个维度的财务舞弊识别框架,为寻找和系统容纳财务舞弊识别信号与变量提供了一个新思路和指导框架,也为分析与财务舞弊的可能关联提供了路径。而且,财务税务维度的分析"标记"了财务报表层面存在的异常,其余四个维度的分析则提供了进一步的支持和交叉验证,通过各个维度内部和之间的信号组合分析,最终形成识别变量,作为后续模型应用与指数构建的基础。

五、财务舞弊识别框架的应用尝试

(一) 小样本案例分析

本文的财务舞弊识别框架的最直接应用,是为分析小样本案例提供一个基础的分析框架,以识别财务舞弊信号并进行交叉验证。小样本案例分析的特点是可以获取的资料、数据相对较多、较细,分析舞弊信号、定义异常程度,或者将信号转化为变量时,可以更有针对性、因每一个案例的不同而不同。本文以2010年至2019年因财务舞弊被中国证监会处罚的101家公司为样本,分析其在舞弊发生当年和舞弊发生前一年的异常特征,共计376个公司/年样本。表3列示了通过五个维度可识别出的前十大的舞弊预警信号;其中,出现最多的预警信号是与上市公司前五大客户或供应商相关的异常特征,这也间接印证了财务舞弊愈发转向更加隐蔽的上下游串通舞弊手法(黄世忠,2020)。可见,利用本文五维度识别框架对过往财务舞弊案例进行复盘与描述,有助于从不同维度挖掘舞弊信号,并分析这些信号与舞弊的逻辑关系以及信号是否可量化。

表3 小样本案例分析的应用

五维度类型	存在的舞弊识别信号	舞弊识别信号出现次数
内部控制维度	前五大客户或供应商变动频繁	136
公司治理维度	控股股东股权质押特征异常	118
数字特征维度	前五大客户或供应商规模特征异常	114
财务税务维度	毛利率与存货期末余额联动异常	111
财务税务维度	收入与预付款项余额联动异常	81
内部控制维度	公司频繁收到非处罚监管问询函	80
数字特征维度	公司连续三年的净利润数字特征异常	78
公司治理维度	公司核心管理层特征异常	68
内部控制维度	前五大客户或供应商为隐性关联方	64
行业业务维度	人均产值或人均净利润不符合行业惯例	56

(二) 模型构建尝试(专家打分系统)

不论是学术研究还是实务分析,都期望有一个简单实用的指数,能够衡量难以直接观察到的现象、迅速判断企业的会计信息质量情况。针对具有事后性、隐蔽性及随机性特征的财务舞弊更是如此。目前本文已尝试的方法是在五个维度识别出的财务舞弊信号和变量的基础上,结合专家经验,形成一个专家打分系统,实现对财务舞弊发生可能性的判断。具体专家打分过程如下:首先,基于前述五维度识别框架,与专家讨论并选择适用于上市公司场景的舞弊识别信号,选择时主要考虑规则的适用性、数据可获取性、数据量化效率等。其次,结合上市公司过往十年财务报表数据特征及专家实务经验,对识别信号进行定义与赋值。再次,对可度量的舞弊识别信号进行分类与组合,组合时主要参考小样本案例描述及专家实务经验归纳的财务舞弊类型、不同财务舞弊手法等。复次,结合专家实务经验对不同识别变量给予舞弊识别关联度排序及折扣系数设定。最后,计算每一家公司当年度的财报可信度得分,并将打分结果最低25%区间的样本划分为舞弊可能性较高的公司。

本文构建模型的应用尝试以能否事前识别财务舞弊公司,即早于实务中监管机构识别舞弊的年度,作为模型效果的检验标准。以下两组结果应用一定程度上佐证了实际使用本文框架进行上市公司财务舞弊事前识别时,具有较好的可行性和预警效果。

首先,以2018年度打分结果为例,本文选取了2019年和2020年度受证监会处罚的10家上市公司进行测试,该样本组公司财务舞弊发生年度均涵盖2018年度。专家打分系统发现10家公司2018年度财报可信度得分均为低,即均在舞弊可能性为高的组别,本文有效预警年度(2018年度)早于证监会处罚年度(2019~2020年度),结果如表4①所示。

表4 专家打分系统的应用——2018年度实施财务舞弊样本的事前预警效果

财务舞弊公司	处罚前一年打分结果(2018年度)	处罚认定财务舞弊发生期间	处罚年度
康美药业(600518)	低	2016~2018年度	2019年度
康得新(002450)	低	2015~2018年度	2019年度
延安必康(002411)	低	2015~2018年度	2019年度
航天通信(600677)	低	2016~2018年度	2019年度
广东榕泰(600589)	低	2018~2019年度	2019年度
秋林集团(600891)	低	2015~2018年度	2019年度
吉林利源(002501)	低	2016~2018年度	2019年度
豫金刚石(300064)	低	2016~2019年度	2019年度
神雾环保(300156)	低	2017~2018年度	2019年度
金盾股份(300411)	低	2017~2018年度	2019年度

其次,以康得新案例进行分析。对于康得新,本文识别出的财务舞弊信号包括:高存高贷且利息收益率异常;高存高贷且控股股东股权高质押;收入与预付账款联动异常;收入与货币资金联动异常;在建工程进展特征异常;人均产值远高于行业平均

---

① 2019年度打分结果类似,针对2020~2021年度证监会处罚的20家上市公司有效预警年度亦早于处罚年度,结果未列示,需要者可向作者索取,16224925@qq.com。

水平；频繁收到监管函。其最终被证监会处罚的核心问题是货币资金舞弊与收入舞弊。可见，识别出的舞弊信号与监管处罚提及的问题高度相符。

六、大数据视角的研究与应用方向

智能识别财务舞弊行为的基础，是需要合适模型及足够数据的支撑，而这一点有赖于近期计算机科学在大数据领域的高速发展。如前所述，就五维度识别框架在上市公司样本的应用尝试而言，结合专家打分系统可以形成一个具有一定效果的舞弊指数。但专家打分系统仍存在经验规则难以遍历、非财务数据处理成本高昂、处理效率低下的现实挑战。囿于数据处理成本、经验提取和量化的难度，上文的应用尝试还未完全充分利用各类财务与非财务信息，特别是文本、图片等非结构化信息。结合目前日益成熟的大数据技术，这将是更有效地应用五维度识别框架的方向。或者说，五维度识别框架的最终有效应用有赖于大数据技术的支撑与融合。

首先，大数据技术可以与变量的寻找和量化相结合。本文框架有助于挖掘与财务舞弊相关的信号和变量，特别是非财务数据相关识别变量，但是在具体应用时需要对多维度、多类型的海量数据进行结构化、标准化处理。其中：财务数据相对容易获取或处理，例如上市公司财务报表及附注的表格信息；而临时公告信息、利益相关者的工商司法数据、新闻舆情等非财务数据来源较广，如行业研究网站、工商信息网站、裁判文书网站等，且基本为非结构化状态。基于大数据技术的结合，我们才能采集、存储和处理大量非结构化数据，让模型可以基于多源、多维数据进行高效分析。例如，数字特征维度中互联网企业的个人客户充值 IP 地址分布、时间分布的大数据分析。

其次，大数据技术可与变量的组合相结合。基于大数据的知识图谱技术，我们可以聚合实体关系和属性，构建已上市公司与利益相关者之间的企业关系网，既可以与上市公司公告信息进行交叉核验，也可以通过实体属性和关联网络进行事理推演，复盘企业舞弊起因和先兆。例如，在内部控制维度中，借助于知识图谱技术识别上市公司与重要客户供应商的隐性关联关系。

最后，大数据技术可以与指数建立相结合。本文框架定义了诸多财务舞弊识别变量，但是要通过计量、统计方法形成一个简单有效的指数，至少存在两个难题：一是识别变量较多，且可能在不同案例、样本、舞弊手法下具有不同的效果；二是舞弊样本比例较低、极度不平衡。引入大数据技术，通过应用机器学习等方法，如决策树、随机森林、神经网络、支持向量机等，将有助于解决这些难题，实现信息的更有效利用。

综上，本文五维度识别框架在一定程度上体现了大数据思维模式与数据特征，在获取舞弊信号背后的多源数据过程中体现了体量大和完备性的特点，在五维度所寻找的多信号多变量方面体现了多维度的特点，在数据及时更新、实时给出舞弊可能性结果方面体现了及时性的特点。我们将在后续研究中结合大数据视角，以获取更全面的数据与变量，并利用机器学习等方法形成财务舞弊识别指数。

七、总结与讨论

哈耶克曾指出，任何资源的配置都是特定决策的结果，而人们所做出的任何决定都取决于其给定的信息。中国资本市场长期以来受到财务舞弊的影响，削弱了利益相关者所获取信息的质量，存在明显的信息不对称风险。本文以复式簿记与会计信息系统论为理论基础，分解会计信息系统论中的信息生产过程，讨论各个环节发生舞弊的可能信号，结合专家实务经验观察单一信号、组合信号与财务舞弊的关系，进而构建了五个维度组成的财务舞弊识别框架。本文的五维度识别框架引入更多的舞弊识别信号和变量，有赖于专家规则及与大数据技术的结合，期望有助于更好地寻找和组合变量、分析其与舞弊之间的逻辑关系，实现舞弊的事前识别。

根据信息的公开程度和获取难易度、不同的应用场景，本文框架在不同场景下亦可能有不同的应用。例如，用于上市公司审计或尽职调查时，除了寻找财务舞弊识别变量，还可进一步核查相关证据，此时数据获取成本也更低、来源更广。又如，在案例研究中，可以借助五个维度，以一种事前分析的视角讨论和寻找财务舞弊的迹象。

本文更多地是从理论角度讨论财务舞弊识别框架，形成一种识别财务舞弊的方法论和"容纳"舞弊识别特征的框架。具体寻找财务舞弊识别信号或变量时，信号和变量难以穷尽、不同变量的度量方式也有待更细致的讨论。目前，五维度识别框架的具体应用仍有赖于大量专家经验及大数据技术的支撑。另外，尽管在小样本案例分析、A股上市公司应用尝试表明，该框架具有较好的可行性和预警效果。但在后续建立财务舞弊指数时，仍需要进一步验证本文框架的可行性、舞弊识别变量和实务经验的实际解释力。本文的五维度识别框架提供了一个拟合专家思考的分析方法，但财务舞弊手法迭代、数据处理成本等问题都将影响框架的应用和指数的准确性。下一步，我们将结合大数据技术，基于五维度识别框架设计和组合变量，通过机器学习等方法建立指数，并利用专家打分系统进行双向验证与模型调优，这将是一种新视角、新方法。

（原载于《会计研究》2022年第3期，略有修订）

参考文献

蔡志岳, 吴世农. 2006. 基于公司治理的信息披露舞弊预警研究 [J]. 管理科学, 4: 79~90.

丹尼尔·卡尔曼. 2012. 思考, 快与慢 [M]. 北京: 中信出版社.

戴德明, 张妍, 何玉润. 2005. 我国会计制度与税收法规的协作研究——基于税会关系模式与二者差异的分析 [J]. 会计研究, 1: 50~54+95.

葛家澍. 1988. 会计学导论 [M]. 上海: 立信会计图书用品社.

葛家澍, 高军. 2013. 论会计的对象, 职能和目标 [J]. 厦门大学学报, 2: 30~37.

葛家澍, 杜兴强. 2008. 会计信息、公司治理与会计准则: 理论分析、博弈解释与历史证据 [J]. 当代会计评论, 01: 1~28.

葛家澍, 黄世忠. 1999. 反映经济真实是会计的基本职能——学习《会计法》的一点体会 [J]. 会计研究, 12: 2~7.

葛家澍, 刘峰. 2003. 会计理论——关于财务会计概念结构的研究 [M]. 北京: 中国财政经济出版社.

洪荭, 胡华夏, 郭春飞. 2012. 基于GONE理论的上市公司财务报告舞弊识别研究 [J]. 会计研究, 8: 84~90+97.

洪文洲, 王旭霞, 冯海旗. 2014. 基于Logistic回归模型的上市公司财务报告舞弊识别研究 [J]. 中国管理科学, 1: 351~356.

黄世忠. 2019. 上市公司财务造假的八因八策 [J]. 财务与会计, 16: 4~11.

黄世忠, 黄京菁. 2004. 财务报表舞弊行为特征及预警信号综述 [J]. 财会通讯, 23: 4~9.

黄世忠, 连纮彬, 王建峰. 2007. 财务报表分析: 理论、框架、方法与案例 [M]. 北京: 中国财政经济出版社.

黄世忠, 叶钦华, 徐珊, 叶凡. 2020. 2010~2019年中国上市公司财务舞弊分析 [J]. 财会月刊, 14: 153~160.

郦金梁, 吴谣, 雷曜, 黄燕婷. 2020. 有效预警上市公司违规的递延所得税异动指标和人工智能模型 [J]. 金融研究, 8: 149~168.

李清, 任朝阳. 2016. 上市公司会计舞弊风险指数构建及预警研究 [J]. 西安交通大学学报 (社会科学版), 1: 36~44.

钱苹, 罗玫. 2015. 中国上市公司财务造假预测模型 [J]. 会计研究, 7: 18~25 + 96.

张苏彤, 康智慧. 2007. 信息时代舞弊审计新工具——本福德定律及其来自中国上市公司的实证测试 [J]. 审计研究, 3: 81~87.

张新民, 吴革. 2008. 财务报告舞弊的特征与识别模型研究 [J]. 财贸经济, 12: 36~40.

Treadawy 委员会发起组织委员会. 2008. 内部控制——整合框架 [M]. 方红星主译, 刘玉廷主审. 大连: 东北财经大学出版社.

Albecht, W. S., C. Albecht. 2004. Fraud Examination & Prevention [M]. South-Western.

Amiram, D., Z. Bozanic, E. Rouen. 2015. Financial Statement Errors: Evidence from the Distributional Properties of Financial Statement Numbers [J]. Review of Accounting Studies, 20 (4): 1540~1593.

Association of Certified Fraud Examiners (ACFE). 2022. Occupational Fraud 2022: A Report to the Nations [M].

Bao, Y., B. Ke, Y. Li, J. Yu, J. Zhang. 2020. Detecting Accounting Fraud in Publicly Traded U. S. Firms Using a Machine Learning Approach [J]. Journal of Accounting Research, 58 (1): 199~235.

Beneish, M. D. 1999. The Detection of Earnings Manipulation [J]. Financial Analysts Journal, 55 (5): 24~36.

Bertomeu, J., E. Cheynel, E. Floyd, W. Pan. 2020. Using Machine Learning to Detect Misstatements [J]. Review of Accounting Studies, 26 (2): 468~519.

Brown, N. C., R. M. Crowley, W. B. Elliott. 2020. What Are You Saying? Using Topic toDetect Financial Misreporting [J]. Journal of Accounting Research, 58 (1): 237~291.

Cecchini, M., H. Aytug, G. J. Koehler, P. Pathak. 2010. Detecting Management Fraud in Public Companies [J]. Management Science, 56 (7): 1146~1160.

Dechow, P. M., W. Ge, C. R. Larson, R. G. Sloan. 2011. Predicting Material Accounting Misstatements [J]. Contemporary Accounting Research, 28 (1): 17~82.

Du, X. 2019. Does CEO-Auditor Dialect Sharing Impair Pre-IPO Audit Quality? Evidence from China [J]. Journal of Business Ethics 156 (3), 1: 699~735.

Gepp, A., K. Kumar, S. Bhattacharya. 2021. Lifting the Numbers Game: Identifying Key Input Variables and a Best-performing Model to Detect Financial Statement Fraud [J]. Accounting & Finance, 61 (3): 4601~4638.

Gepp, A., M. K. Linnenluecke, T. J. O'Neill, T. Smith. 2018. Big Data Techniques in Auditing Research and Practice: Current Trends and Future Opportunities [J]. Journal of Accounting Literature, 40: 102~115.

Green, B. P., J. H. Choi. 1997. Assessing the Risk of Management Fraud through Neural Network Technology [J]. Auditing: A Journal of Practice & Theory, 16 (1): 14~28.

Hogan, C. E., Z. Rezaee, R. A. Riley, U. K. Velury. 2008. Financial Statement Fraud: Insights from the Academic Literature [J]. Auditing: A Journal of Practice & Theory, 27 (2): 231~252.

Krambia-Kapardis, M., C. Christodoulou, M. Agathocleous. 2010. Neural Networks: The Panacea in Fraud Detection? [J]. Managerial Auditing Journal, 25 (7): 659~678.

Lee, T. A., R. W. Ingram, T. P. Howard. 1999. The Difference between Earnings and Operating Cash Flow as an Indicator of Financial Reporting Fraud [J]. Contemporary Accounting Research, 16 (4): 749~786.

Lin, C. C., A. A. Chiu, S. Y. Huang, D. C. Yen. 2015. Detecting the Financial Statement Fraud: The Analysis of the Differences between Data Mining Techniques and Experts' Judgments [J]. Knowledge-Based Systems, 89: 459~470.

Perols, J. 2011. Financial Statement Fraud Detection: An Analysis of Statistical and Machine Learning Algorithms [J]. Auditing: A Journal of Practice & Theory, 30 (2): 19~50.

Perols, J. L., R. M. Bowen, C. Zimmermann, B. Samba. 2017. Finding Needles in a Haystack: Using Data Analytics to Improve Fraud Prediction [J]. The Accounting Review, 92 (2): 221~245.

Purda, L., D. Skillicorn. 2015. Accounting Variables, Deception, and a Bag of Words: Assessing the tools of Fraud Detection [J]. Contemporary Accounting Research, 32 (3): 1193~1223.

收入舞弊识别 IPO 核查视角

叶钦华

> 【摘要】以康得新和康美药业为代表的收入舞弊问题引发了多方讨论与关注。黄世忠教授在其发表的《收入操纵的九大陷阱及其防范对策》一文中尖锐指出：收入确认是上市公司最经常采用的操纵伎俩。那么，对于隐秘程度不一、操纵方式不同的收入舞弊，我们应如何核查和寻找迹象呢？另外，有些财务舞弊的隐藏程度较高，特别是从康得新和康美药业等造假案可知，收入舞弊也在"转型升级"、从过去简单粗暴的会计操纵转向一条龙的交易造假型财务造假，此时仅仅依靠财务迹象或传统审计程序很难发现。本文在2017年发表于《财务与会计》的文章《关于 IPO 财务舞弊识别的一些思考》和2019年发表于云顶财说公众号的文章《收入舞弊识别 IPO 核查视角》的基础上进行修改完善，讨论从财务逻辑和业务逻辑相结合的视角识别 IPO 财务舞弊，对当下上市公司"转型升级"的交易造假舞弊识别具有启示与借鉴意义。
>
> 【关键词】收入舞弊　IPO 核查　舞弊识别

一、IPO 企业财务舞弊的基本套路

早在2003年，黄世忠教授在其发表的《收入操纵的九大陷阱及其防范对策》一文中就尖锐指出：收入确认是上市公司最经常采用的操纵伎俩，也是注册会计师发生审计失败最常见的技术原因。从 IPO 财务舞弊识别的角度看，对利润表第一行（收入）的研究与总结可能比净利润这一末行科目更为重要。

Dorminey 等（2012）认为舞弊过程通常包括三个环节：执行、隐藏和转化。"舞弊三步曲"的第一步是指执行舞弊进行财报粉饰；第二步是指如何掩盖舞弊所引发资

产类潜亏等异常特征;第三步是指如何将舞弊异常痕迹予以消除,例如"洗大澡",即通过计提大额资产减值准备的方式消除因财务舞弊而形成的不实资产,以达到清洗资产负债表的目的。笔者以交易造假类收入舞弊为例,总结了证监会查处以及实务中IPO企业收入舞弊的案例,发现上市公司的典型性套路为:通过虚构采购销售业务以虚增销售收入来"执行"舞弊,伪造银行回单(如果客户配合则为真实银行回单)以实现自有资金/体外资金循环来"隐藏"舞弊,最后通过资产减值、会计差错更正等"洗大澡"方式来"转化"舞弊。主要包括表1中四个类型。

基于上述套路,笔者将收入舞弊案例总结为四大类:第一类是造假的新手,仅仅执行舞弊,并未完成舞弊隐藏及转化,留下诸多蛛丝马迹;第二类是造假的"老司机",知道怎么掩盖造假的痕迹;第三类是造假的高手,造假痕迹掩盖的比较隐秘;第四类是造假的绝世高手,将造假金额隐藏于公认最安全最易审计的货币资金项目中。

表1　　　　　　　　　　收入舞弊手法分类

类型	造假手法	典型性案例
A	虚构购销业务、未有资金流配合	昆明机床、超日股份等
B	虚构购销业务、伪造银行回单来隐藏舞弊	康华农业、雅百特、金亚科技等
C	真实客户配合虚增购销业务、真实银行回单	欣泰电气、天丰节能等
D	隐性/关联方配合虚增购销业务、真实银行回单	万福生科、新大地、绿大地等

本文对上述四类收入造假统一做个造假金额假设:虚增营业收入10000万元,相应虚增营业成本7000万元,扣除25%的企业所得税,净利润虚增2250万元。在这样的假设条件下,四类企业造假在利润表的表现形式一样,结果都是虚增1亿元收入和2250万元的净利润。

反观资产负债表,笔者发现四类企业报表结构存在较大的差别:

第一类我们说的"新手"不想或不懂花钱,资产端应收账款增加了1.17亿元(假设增值税税率为17%),因为毛利率是30%,为了少交增值税亦通过采购取得了相应的增值税进项税额,负债端"应付账款"相应增加1.17亿元,这就出现了"高资产、高负债"的报表结构。

第二类是老司机,为了完成资金流闭环,掩盖造假的痕迹,他把1.17亿元通过供应商支付出去并通过资金体外循环回款,解决了高资产高负债的"双高"问题,但为确保虚增毛利,结果是存货虚增3000万元仍会留在报表上,对于注册会计师必定执行存货盘点程序来说,仍然是个"定时炸弹"。

第三类是造假高手,通过构建长期资产完成体内资金体外化,进而实现资金流闭环，比如虚增在建工程，通过提高工程造价或变更工程预算等方式，或者是对外投资参股一个轻资产公司（如互联网企业），高估值溢价收购等形式，舞弊手法相对隐蔽，注册会计师通过常规程序较难发现，因此较为完美地掩盖了造假痕迹。

第四类是绝世高手，由上市公司大股东（即实际控制人）通过体外资金体内化进行输血，实现资金流闭环。此时，虚增毛利直接"隐藏"在货币资金中，非常隐蔽；当然，实务中有更粗暴的造假者，直接在"小黑屋"中买几台打印机，伪造银行回单虚增货币资金（例如雅百特、金亚科技等上市公司），以至于有专业人士吐槽"十年前上市公司造假还是认真的，现在不认真了，没有匠人精神，简直在侮辱投资者和监管者的智商"。此时，应验了"最安全科目有可能就是最危险的"，货币资金的真实性核查，反倒成为了收入舞弊识别的核心。

二、财务舞弊识别的"财务逻辑"

笔者提及的"财务逻辑"，主要是通过三张财务报表联动性和现金流来进行排查。第一，报表分析是注册会计师的老本行，我们从报表分析作为切入点寻找企业是否存在舞弊的迹象。第二，通过现金流的排查，完成财务舞弊迹象落地的突破口。从前述四类财务舞弊套路来分析，笔者总结出财务舞弊识别的如下两个"财务逻辑"。

（一）复式簿记的奥秘："出来混总是要还的"

正如《企业会计准则——基本准则》第31条提及：收入只有在经济利益很可能流入从而导致企业资产增加或者负债减少且经济利益的流入额能够可靠计量时才予以确认。可见，粉饰利润表科目的财务造假背后的代价是资产负债表会留下很多痕迹，但消化却需要过程，不同时点有不同特征，例如，某一时点下收入虚增相应会带来应收账款、货币资金或存货的增加等。这为财务舞弊识别带来很多机会，我们可以借助报表联动分析的"老本行"来发现财务指标的异常，同时要更加重视对利润表与资产负债表科目的联动分析与把握，关注其资产、负债的异常变动背后可能预示的舞弊迹象。

（二）资金核查是突破口："有进必有出，不然很耗体"

"巧妇难为无米之炊"，上面示例中的老手与高手，为了掩盖造假可能带来的"高资产、高负债"的异常报表结构，就需要借助于关联方、供应商、工程商的账户来完成体内资金体外化、体外资金回款化的资金流闭环。当然，实务中还有前述第四类"绝世高手"，大股东自己体外掏钱来完成资金循环回笼，这样的大股东要很有钱，因为IPO申报期要三年、排队申报还需要1~2年，这样连续造假五年明显会很"耗体"。

可见，我们不仅要看报表本身，还要看背后的现金流明细，分析配合"鬼推磨"的"钱"从哪来、到哪去，以现金流的排查作为突破口，从发行人、供应商、客户、股东账户之间的资金关系中查找出蛛丝马迹，特别需要关注以下三类异常资金流特征：（1）既是收款人又是付款人的异常资金流转；（2）金额相同、日期相同、交易对手为同一实际控制人的资金对倒；（3）大额资金流流转且交易对象存在隐性关联关系特征。

此外，这也给财务舞弊识别带来一些"非财务特征"方面的启发，即重点关注大股东及企业的资金流异常预警信号，例如，IPO申报期内持续现金分红、大股东低估值转老股、企业货币资金充足情况下仍大额举债（即存贷双高）、异常规模的票据背书、工程付款进度异常、结算周期异常等都可能是财务舞弊的迹象。

三、财务舞弊识别的"业务逻辑"

会计信息系统论认为，会计可以看作是一个信息系统，一个以提供财务信息为主的经济信息系统（葛家澍，1988）。财务报表本质上是基于业务交易的经济实质进行确认、计量而形成的报告，"财务报表"的产出需要能够真实地反映经济活动或经济业务，即达到相关性和如实表述。反之，排除准则和职业判断的问题，便可能存在财务舞弊。因此，笔者认为，除了从财务逻辑来发现财务舞弊迹象之外，如何从交易或者事项的经济实质作为切入点，从"业务逻辑"去判断与反证财务逻辑的合理性，是识别企业财务舞弊的"不二法宝"。

（一）回归经营：从行业惯例入手

一是产品的生产安装特点：某些产品生产或安装调试具有明显的行业特点，比如生猪饲养周期（母猪存栏数决定了6个月后猪肉的供求关系等）、大型工程设备安装调试周期等。产品的投入产出比、水电费单耗都有其行业标准，比如养鸡（猪）有料肉比、产销率、单羽疫苗费等业务指标。可见，基于行业惯例可以从招股说明书或上市公司公告中获取相应的业务指标，从而从生产周期、产能配比性等行业业务数据来验证财务数据的合理性。

二是产品的销售配送特点：某些产品运输方式具有特殊性，比如仅能通过汽车来运输；某些产品运输半径存在固有限制，比如水泥、沥青类产品其路途时间需要控制在两小时以内；某些产品销售模式决定了其销售推广费用比重高，比如医药制造企业、网络游戏公司等，这里面的行业惯例对应的业务数据，亦可以验证财务数据的合理性。

如笔者曾对一家 IPO 公司进行尽职调查,发现该公司的收入增幅远远高于同行业,同时我们也关注到,该公司营运周期、应收账款周转率与存货周转率不断拉长,借助于前述的"财务逻辑",我们初步判断该公司存在收入舞弊的异常特征。但是,在与 IPO 企业管理层访谈时,对方解释为下游客户较为强势,为了增加订单量,该公司给予客户超出合同约定的信用期。此时,我们关注到一个细节,招股说明书中披露该公司产品体积特征决定了仅能通过汽车运输完成配送,而在收入大幅增加的情况下,其相应的汽车运输费用却同比下降。该行业惯例异常一定程度上佐证了我们对其收入舞弊的推定。

三是项目交付周期:某些工程项目的施工与交付周期具有特殊性,例如,房地产企业/施工企业从签约、施工到销售确认收入需要一定的时间周期,此时通过对项目交付的时间周期合理性判断,可以进一步验证财务数据异常变动的合理性。雅百特(002323)在 2015 年 5 月借壳中联电气,为了实现重组上市的业绩承诺,雅百特以虚构巴基斯坦工程项目和国内外建材贸易的方式虚增营业收入。从科目/指标联动异常分析可以发现:其收入增长率达 86.77%,而同行业上市公司则为 -22%;2014 年至 2016 年毛利率分别为 39%、43%、35%,同行业则仅为 33%、31%、26%,即毛利率远高于同行业,特别是 2015 年。从公告信息进一步查询发现,2015 年 7 月雅百特公告中标巴基斯坦 BRT 工程项目(尚未动工),但在 2015 年年报中已确认该项目收入(实现完工),这一 BRT 工程项目的施工周期仅仅不到 6 个月,与行业惯例严重不符,该信号预警雅百特存在财务舞弊的可能性。

(二)相信常识:从商业合理性入手

一是产品销售毛利率明显高于同行业。笔者之前做过尽职调查的某家装材料 IPO 公司,为细分行业追随者,销售价格低于同行业上市公司 5% 左右,但其毛利率却高于同行业上市公司 10%。经进一步分析,发现其主要材料采购成本低于同行业上市公司采购成本约 15%~20%,但我们了解到其上游主要材料供应商平均毛利率仅有 18%,即该材料供应商以保本销售甚至负毛利销售形式供货给 IPO 公司,实在令人难以置信。据此,我们判断该 IPO 公司的采购成本不符合商业常识,存在上下游串通协助财务舞弊的可能性。

二是区别于同行业的特殊销售模式。某 IPO 公司在申报期前两年采用完工百分比的收入确认方法,但在申报期最后一年临时改变销售模式,将原来的软硬件整体解决方案拆分为硬件销售合同与软件安装技术服务合同,以便于将硬件销售收入提前至申报期内确认。该事项就需要引起重点关注与核实。

三是产品销售单价明显高于同行业。某IPO公司在申报期内销售收入大幅增长,特别是最后一期,经核实其产品销售单价远远高于国外顶尖品牌的同类型产品销售价格,明显不符合商业逻辑。

四是在建工程项目长期未竣工或进度异常缓慢。笔者对某养猪IPO公司进行尽职调查时关注到其在申报期最后一年,第一大自然人客户销售额大幅增加8000万元,尽管心里带着"质疑",但常规的客户走访底稿、函证底稿、发货单核实、回款核查等程序均有着比较完美的结果。此时,我们关注到该IPO公司同一批猪舍在申报期多次翻新改造,改造款高达6000多万元,同时在对改造工程款付款流水核查中,我们发现存在个人代收款的情况,这些不符合商业常识的信号都预警财务舞弊的可能性。又如,从康得新公司2017年年报及相关公告信息可知,该公司于2015年及2016年两次定向增发募集资金77.73亿元用于光学膜二期等工程(截至2017年12月31日专项募集金额仍结余59亿元),但募集项目预计投产期分别由2017年12月、2018年6月分别推迟至2019年2月及2018年12月。此时,在资金充足的前提下在建工程进展缓慢,不符合商业常识,该迹象值得投资人与审计师重点关注,其背后是否存在财务舞弊的可能性。

可见,随着收入造假舞弊手法的"转型升级",单纯依靠传统的审计程序或单纯依靠财务异常特征很难识别舞弊。本文提出的基于财务逻辑和业务逻辑相结合来识别舞弊的新视角,可能对上市公司财务舞弊识别有所借鉴。今后,借助于大数据、人工智能等新技术开发数据分析工具,从年报、监管函等公告信息、工商信息等海量公开网站渠道,不断获取与上市公司行业惯例、商业常识相关的非财务信息,并设计行之有效的舞弊识别程序,有助于提高审计师、券商等中介机构的反舞弊能力。

(原载于《财务与会计》2017年第14期和云顶财说公众号2019年8月1日,略有修订)

参考文献

葛家澍.1988.会计学导论[M].上海:立信会计图书用品社.

黄世忠.2004.收入操纵的九大陷阱及其防范对策(上、中、下)[J].中国注册会计师,1~3.

Dorminey, J., A. S. Fleming, M. J. Kranacher, et al. 2012. The Evolution of Fraud Theory [J]. Issues in Accounting Education, 27 (2): 555.

反舞弊　真英雄

——Briloff 效应及其启示

黄世忠

> **【摘要】**本文首先介绍 Briloff 教授结合丰富实践经验，通过财务报表分析等方法，顶住巨大压力，坚持不懈揭露美国上市公司财务造假的传奇人生和揭弊事迹；然后简要分析资本市场上被 Briloff 教授揭弊的上市公司股价反应情况；最后从有效市场假说、财务报表分析、客观独立、法律诉讼、舞弊风险规避等角度总结 Briloff 效应的五大启示。
>
> **【关键词】**财务舞弊　Briloff 效应　财务报表分析　会计信息质量

一、打假斗士的传奇人生

2013 年 12 月，充满传奇经历、被誉为"时代会计英雄"的亚伯拉罕·布瑞洛夫（Abraham J. Briloff）教授安然离世，享年 96 岁。对此，美国会计界的名人大腕纷纷发表纪念文章，缅怀 Briloff 教授对会计界和资本市场作出的杰出贡献，《巴伦周刊（Barron's）》《纽约时报》《华尔街日报》等财经媒体也对 Briloff 教授的去世作了长篇报道，称颂他为捍卫会计职业道德的巨人、维护资本市场诚信的斗士。2014 年，Briloff 教授入选会计名人堂（Accounting Hall of Fame），入选理由是："半个世纪以来，他一直是会计职业界的良心，对会计职业界提出挑战并迫使其提高履行社会责任的标准。他一直致力于维护会计职业界的利益，支持者对他倍加尊敬，饱受其批评的反对者对他也敬重有加。"在其去世的前一年，Briloff 教授被《会计学杂志》评为"影响会计的 125 个人士"之一，足见其在会计界举足轻重的地位和影响力。

Briloff 教授 1917 年在纽约曼哈顿出生，其父母为从事牲畜屠宰和裁缝的俄罗斯移民。1937 年 Briloff 教授从纽约城市大学毕业后，在一所中学讲授簿记和速记，1944 年受其导师 Emanuel Saxe 教授的举荐，到纽约城市大学巴鲁克（Baruch）学院任教，直至 1987 年退休。1951 年创办自己的会计师事务所，白天执业，晚上授课。1966 年，Briloff 教授从纽约大学获得博士学位后不久，不幸罹患青光眼，双目近乎失明，在随后的 40 多年里，主要通过聆听助理人员（其女儿和研究生）为其朗读财务报告的方式进行研究，但这并不妨碍他的远见卓识，犹如失聪后的贝多芬还不断谱写美妙的旋律。早在 20 世纪 70 年代，他就对美国公认会计准则（GAAP）存在的缺陷（如权益结合法）、注册会计师界独立性缺失、上市公司内部控制虚化等现象提出尖锐抨击，提出很多有针对性的改进意见。2001 年权益结合法的废弃、2002 年安然事件的爆发和萨班斯—奥克斯法案的通过，均证明了 Briloff 教授的先见之明。当然，Briloff 教授之所以成为会计名人并被誉为会计英雄，不完全在于他的学术影响，而在于他数十年来毫不留情地揭露和抨击上市公司滥用会计准则和财务舞弊的行为。从 1968 年起直至去世前一年，Briloff 教授持之以恒，坚持不懈，为《巴伦周刊》专栏撰文，揭露了数十家上市公司的财务丑闻，捍卫了广大中小投资者的利益，但也因此成为上市公司高管和注册会计师的"公敌"，导致官司缠身。

Briloff 教授结缘《巴伦周刊》，纯属偶然。1967 年 7 月，Briloff 教授在《会计评论》发表了"肮脏的权益结合法"，对上市公司利用权益结合法粉饰经营业绩加以抨击。1968 年 3 月，《会计评论》刊载了亨德里克森教授的文章，驳斥了 Briloff 教授的观点。为此，Briloff 教授撰写了反驳文章，但《会计评论》却拒绝刊载。不久，美国联邦贸易委员会举行关于企业合并和权益结合法的听证会，《巴伦周刊》向 Briloff 教授约稿，并于 1968 年 7 月刊登了他那篇被拒绝的文章，名曰"肮脏的权益结合法：如何不劳而获取得商业成功"，在金融界和会计界引起了巨大的反响。自此，Briloff 教授与《巴伦周刊》结下不解之缘。在此后的 40 多年里，Briloff 教授充分利用《巴伦周刊》这个强大的舆论平台，与美国上市公司对会计准则的滥用和财务舞弊等不诚信行为缠斗了数十载，为抑制财务舞弊、提高会计信息质量作出了不朽的贡献。

二、资本市场的 Briloff 效应

美国学者发现，自 20 世纪 70 年代以来，凡是财务报告被 Briloff 教授在《巴伦周刊》上质疑存在缺陷或虚假成分的上市公司，其股价都难逃下跌厄运，他们把这种现象称为"布瑞洛夫效应"（Briloff Effect）。Foster（1987）的研究表明，财务报告被

Briloff 教授质疑的样本公司，在他的文章发表后的三天内，经市场风险调整后的平均回报率为 -8.9%。Desai 和 Jain（2003）在 Foster 研究的基础上，将 Briloff 教授的文章对被质疑公司股价的影响期延伸至 3 年，并涵盖了被 Briloff 教授质疑过的几乎所有上市公司。研究结果表明，在 Briloff 教授的文章发表日，财务报告被质疑的上市公司，其非正常回报率为 -9.95%，与 Foster 的研究结论保持一致。在 Briloff 教授的文章发表后的一年、二年和三年里，财务报告被质疑的上市公司，其非正常回报率分别为 -15.51%、-22.88% 和 -26.04%，表明财务报告被 Briloff 教授质疑的上市公司，其股价的下跌不是暂时的，在三年里都没有反转。

三、Briloff 效应的五大启示

笔者认为，Briloff 效应至少有以下五个方面的启示，值得我们认真思考。

启示 1. Briloff 效应表明，有效市场假说（EMH）不见得总是成立。如果 EMH 成立，Briloff 效应就不应当存在，因为 Briloff 教授所发表的文章，使用的都是公开信息，而不是内幕信息，也不存在举报者的爆料。可见，被 Briloff 教授质疑的上市公司，其股价并没有充分反映所有可获取的公开信息。被 Briloff 教授质疑过的上市公司，其股价在长达三年的期间内持续下跌，说明在被质疑前这些公司的股票存在着严重的错误定价，从另一个侧面证明资本市场不总是有效。

启示 2. Briloff 效应表明，深入细致的报表分析在发现财务舞弊中至关重要。Briloff 教授通过聆听其研究生和女儿为其朗读上市公司财务报表的方式，来发现被质疑公司滥用会计原则和利用其他手段夸大经营业绩等财务舞弊行为。相关的分析表明，被 Briloff 教授质疑的上市公司，根据其财务报表计算的财务指标，与同行业相比，并没有显示出有规律的异常之处。Briloff 教授不是特别重视行业、战略、产品和技术等因素的分析，他之所以能够发现上市公司财务报告存在的问题，主要有三个原因：一是深入分析上市公司选择存在争议的会计政策（如权益结合法等）是否为了抬高业绩；二是他具有十分丰富的实务经验，能够发现他人所不能发现的问题，他戏称这是他的第六感；三是对财务报表附注细节的高度关注，一个被广为引用的例子是，当他质疑通用汽车（GM）的财务报告时，他甚至记得第几页的报表附注存在异常和不合理之处。

启示 3. Briloff 效应表明，超然独立、客观公正是发现财务舞弊的不二法则。Briloff 所质疑的上市公司，并非小市值的公司，而是包括诸如通用汽车这样的大市值公司。众所周知，对于大市值的上市公司，通常会有很多证券分析师进行长期的跟踪分析。为何 Briloff 能够发现被质疑上市公司财务报告存在的问题，而为数众多的证券分析师

却没有发现？除了实务经验和对细节的关注不如 Briloff 教授外，另一个重要原因是，证券分析师的地位不够超然独立，他们通常不敢得罪与其所在投行具有业务关系的上市公司，因而分析报告的客观性和公正性显然比不上 Briloff 教授。这也是注册会计师没有发现（而不是不能发现）被 Briloff 教授质疑的上市公司财务报告所存在问题甚至是财务舞弊的根本原因。

启示 4. Briloff 效应表明，财务清白、资料选择是应对财务舞弊揭露风险的最好保护。揭露上市公司的财务舞弊，必然触及众多势力强大的既得利益者，面临着难以想象的压力和风险。Briloff 教授对上市公司财务报告的真实性和可信度质疑和抨击，在受到投资大众普遍叫好的同时，也收到不少传票，惹上不少官司。过去几十年，上市公司对 Briloff 教授提出了很多法律诉讼，但无一例外的是，Briloff 教授都胜诉了。这主要得益于他的财务清白和资料选择。在财务清白上，Briloff 教授既不做多也不做空被质疑上市公司的股票，他通常只买入这些上市公司的少量股票，便于获得这些上市公司的年报。他从《巴伦周刊》获得的微薄稿酬，甚至不足以支付助理人员为他朗读财务报表的费用。在资料选择上，Briloff 教授从不使用内幕信息，只使用已经公开的资料。

启示 5. Briloff 效应表明，不忘初心、不做假账是上市公司避免财务舞弊丑闻的明智选择。很多上市公司卷入财务舞弊丑闻，既有利益驱动的原因，也有侥幸心理的因素。1494 年，达·芬奇（Da Vinci）的数学老师卢卡·帕乔利（Luca Pacilio）发明了被哥德（Goethe）称为"人类智慧的绝妙创造之一"的复式簿记，据此编制的财务报表之间存在着非常严密的勾稽关系。在利润表上弄虚作假，就必定会在资产负债表和现金流量表上留下痕迹，露出破绽。按照复式簿记原理，做假账而不被发现的概率很低，特别是财务报告公开披露之后，就处于公众监督之下。在这大千世界里，有些人没有其他爱好，偏偏就只喜欢阅读（当然还有聆听）和分析财务报告，上市公司不知道会遇上多少爱挑剔、擅分析的 Briloff 们。比较明智的选择是不忘初心，牢记前总理朱镕基"不做假账"的忠告。唯有如此，才能一劳永逸地避免财务舞弊丑闻。当然，Briloff 效应还表明，财政部和证监会等监管部门，应当倡导和呵护学术界和实务界对财务舞弊识别和防范的研究，形成"鲶鱼效应"，提高震慑力，既要让不做假账成为自觉，又要让不敢做假账形成氛围。

（本文根据作者在厦门国家会计学院中国财务舞弊研究中心成立仪式上的演讲整理而成，原载于《财务与会计》2017 年第 9 期，略有修订）

参考文献

Dorminey, J., A. S. Fleming, M. J. Kranacher, et al. 2012. The Evolution of Fraud Theory [J]. Issues in Accounting Education, 27 (2): 555.

Altman, J. S. 2013. Abraham Briloff, Accounting Professor, Dies at 96, American News.

Desai, H., P. C. Jain. 2003. Long-Run Stock Returns following Financial Analysis by Abraham Briloff. Financial Analysts Journal.

Foster, G. 1987. Briloff and the Capital Market. Journal of Accounting, Auditing, and Finance.

Weiss, G. Champion of Accounting and Accountability. May 19, 2012, online. barrons.com.

第二部分
财务舞弊识别案例研究

以史为镜，可以知兴替，对过往案例进行深入研究的动机大体如此。本书第二部分通过深度剖析12篇典型案例，以揭示近年来财务舞弊的新特征、新手法、新信号、新教训。本部分选取的案例具有两个特点：（1）选取了近年来资本市场上接连发生的多起引发高度社会关注、造成恶劣影响的财务舞弊案件，这些案件中或者舞弊金额巨大、舞弊手段低劣，或者涉及新兴行业和商业模式。这些舞弊案件动摇了投资者对资本市场的信心，但也推动了更加严厉监管政策密集的出台，提高了市场参与者对舞弊问题的重视程度。（2）如本书第一部分所述，近年来财务舞弊呈现交易造假类舞弊（相比会计操纵类舞弊）增多、舞弊手法更具联动化和隐蔽化等特点。这提高了舞弊实施的成本，也加大了舞弊识别的难度。识别新的舞弊手法，需要寻找新的舞弊预警信号或新的研究视角。因此，本部分也选取了涉及与过往舞弊案例不尽相同的新手法，或新财务、非财务识别特征的舞弊案例进行解剖，以期获取新启示，取得新突破。

本部分可分为两个子部分：（1）第一篇至第五篇文章主要是对近年来造成恶劣社会影响的典型财务舞弊的案例研究。第一篇至第四篇论文为"两康事件"，即康美药业和康得新的案例分析，既分析了两家舞弊公司的具体操纵手法和存在的异常迹象，也讨论了在个案研究中如何利用数字化技术提高财务舞弊识别的效果和效率。第五篇论文为美国上市中概股瑞幸咖啡的案例分析。作为一家"独角兽"公司，瑞幸咖啡的财务舞弊既令人震惊，也令人惋惜，亟待深入分析，因为其处于发展初期、商业模式特殊，且扩张速度极快、财务状况变动极大的特点使得传统的分析逻辑并不必然适用。（2）第六篇至第十二篇文章主要是对近年来出现的新舞弊手法、新识别信号的案例研究。具体涵盖七个方面的舞弊领域：收入舞弊（东方金钰）、货币资金舞弊（豫金刚石）、应收账款舞弊（广东榕泰）、在建工程舞弊（抚顺特钢）、投资舞弊（保千里）、业绩承诺舞弊（航天通信）、并购舞弊（康尼机电并购龙昕科技）。这些案例研究均采用相同的分析体例：首先是回顾财务舞弊事件全过程，为案例分析提供背景资料；其次是基于第一部分所构建的"五维度"财务舞弊识别框架，尝试从事前识别的角度，复盘寻找异常、发现舞弊的过程，而不仅仅是事后分析舞弊是如何实施的。需要说明的是，"五维度"财务舞弊识别框架可以从财务税务维度、行业业务维度、内部控制维度、公司治理维度、数字特征维度展开分析，但不是每一个案例公司在五个维度都必须存在异常；最后主要是针对注册会计师提高审计质量和防范审计失败提出启示与建议，对尽调人员或投资者也有参考价值。

综上所述，期望本部分能够为读者提供两个方面的助益：（1）本部分选取的一系列案例一方面有助于读者加深对近年来财务舞弊新动向的认识，另一方面，这些案例的分析侧重点尽管不尽相同，但是也能通过"五维度"舞弊识别框架发现其中存在共同的规律，例如，对毛利率与其他指标的联动分析、对股权质押等实际控制人行为的分析等。（2）本部分提供了"五维度"财务舞弊识别框架的具体应用案例，可供读者在未来分析新案例时进行参考，以提高财务舞弊识别能力。同时，这些案例也说明了"五维度"识别框架在个案研究中具有较强的适用性，为财务舞弊案例分析提供了新方法。

八问康美药业

——康美药业财务造假问题延伸分析

黄世忠

> 【摘要】康美药业于2019年8月16日发布公告,披露了其收到中国证监会《行政处罚及市场禁入事先告知书》,在澄清投资者和社会公众对康美药业重大报表重述到底是会计差错还是财务造假不同看法的同时,也留下众多疑惑。本文八问康美药业,从公司治理机制、银行扮演角色、存货金额调整、多交税款退还、非法得利处理、造假起始年份、股东损失赔偿、审计机构轮换等方面,提出值得上市公司、投资者和监管部门深思的八个问题。这八问,既有针对造假个案的质疑,也有对处理造假的建议,对于监管部门处理上市公司财务造假具有很强的针对性和借鉴价值。
>
> 【关键词】康美药业 财务造假 公司治理 责任认定 处罚制度

2019年8月16日深夜,康美药业发布了关于收到中国证券监督管理委员会《行政处罚及市场禁入事先告知书》(简称"事先告知书")的公告(ST康美,2019a),投资者和社会公众得以了解被证监会定性为"有预谋有组织长期系统实施财务造假"的端倪。康美药业财务造假是我国迄今最为严重的财务造假案,康美药业和相关中介机构有义务在证监会的督促下,把财务造假的前因后果向投资者和社会公众解释清楚,监管部门也有责任彻底查清康美药业的财务造假问题。笔者阅读事先告知书和康美药业的各种公告和说明后,有八大问题不能释怀,希望能得到康美药业和相关部门的重视,以便相关部门在今后以更加专业、周全、负责的方式对上市公司的财务造假进行调查和处理。

一问：公司治理有多混乱？

自2001年3月上市以来，康美药业的股东大会、董事会、监事会和管理层到底有没有按照证监会和交易所的要求建立健全公司治理机制？如果有，为何如此惊天动地的财务造假未见任何一个董事、监事和高管提出异议？他们是不知情，还是不吭声？董事会和监事会在监督管理层的过程中，是否切实履行了勤勉尽责的义务？如果没有，他们对得起股东支付的报酬吗？他们还有资格继续在上市公司任职吗？检查制衡机制在康美药业为何全然失效？负责辅导和保荐的广发证券对得起从康美药业收取的巨额服务费吗？保荐机构和律师事务所对康美药业形同虚设的公司治理机制是否该承担失察责任？其外聘审计机构正中珠江对康美药业的内部控制审计连年给予绿灯通行，他们勤勉尽责了吗？

特别是，2018年证监会就启动了对康美药业的调查，为何2019年4月康美药业对以前年度财务报表进行更正时还一再坚称只是发生会计差错，而非会计造假？康美药业2016～2018年和2018年上半年的营业收入分别虚增了89.99亿元、100.32亿元、84.84亿元和16.13亿元，营业利润分别虚增了6.56亿元、12.51亿元、20.29亿元和1.65亿元，对于虚增金额如此之大，跨越时间如此之长的重大事项，是以会计差错还是以财务造假的名义对以前年度的财务报表进行调整，性质有天壤之别，而康美药业最终以会计差错的名义调整，难道没有经过董事会和审计委员会研究吗？如果有，他们将财务造假说成是会计差错，是无知还是无耻？在投资者、新闻媒体、社会公众和上海证券交易所对会计差错的说法表示强烈质疑的时候，为何没有一个董事、监事和高管讲真话？他们的诚信道德何在？具有高超专业素养的注册会计师为何也不敢质疑康美药业的会计差错说辞？他们还有没有社会责任感？注册会计师所必须具备的正直诚实、客观公正、超然独立的职业道德何在？

Wind数据库和公司年报显示，2001年3月～2018年10月，康美药业通过发行股份、债券和贷款累计融资803.93亿元，其中，股权融资163.48亿元，债权融资516.5亿元，贷款融资123.95亿元。股权和债权融资需要经过券商、投行和其他中介机构的审核，以及证券监管部门和交易所层层审查，而负有审核审查等监督职责的各方却未能发现康美药业大规模、长时间的恶性财务造假，他们又该为康美药业公司治理的外部机制运转失灵承担什么责任？他们如何面对损失惨重的中小股东？上市公司财务造假发生后唯有全方位问责、及时纠错，才能从根本上完善公司治理的内外部机制，推动资本市场的健康发展。

二问：银行是否配合造假？

事先告知书显示，康美药业通过财务不记账、虚假记账，伪造、变造大额定期存单或银行对账单，在 2016～2018 年上半年，虚增的货币资金分别为 225.48 亿元、299.44 亿元和 361.88 亿元，占对外披露资产总额和净资产的比例分别为 41.13%、76.74%、43.57% 和 93.18%、45.96% 和 108.24%。问题是，没有银行的配合，康美药业规模如此之大的货币资金造假，能通过专业水平还比较高的正中珠江的审计吗？稍微有点审计常识的都知道，存在性和正确性是货币资金审计的重点。既然康美药业的货币资金占资产总额和净资产的比例如此之大，货币资金必定成为正中珠江审计的重中之重，除了履行审计准则要求的函证程序之外，相信正中珠江的注册会计师还实施了追加程序，到银行抽查流水记录等。在实施了这些程序后，仅仅通过伪造和变造定期存单和银行对账单，显然无法达到虚增货币资金的目的。对此，唯一合理的解释是银行极有可能配合康美药业造假，向正中珠江提供了虚假的询证回函和银行流水记录。

弄清银行是否在康美药业财务造假中扮演不光彩的角色至关重要。这是一个大是大非的问题，不仅关系到后续对正中珠江及其注册会计师的处罚，而且关乎独立审计这种制度安排能否有效发挥作用。如果银行配合康美药业进行财务造假，则正中珠江与投资者一样，也是财务造假的受害者，由此导致在货币资金方面的审计失败，就不应苛责正中珠江及其注册会计师，而应考虑对其从轻处理甚至免责。如果银行没有配合康美药业造假，则正中珠江对康美药业货币资金的错误认定就存在不可推卸的责任。笔者认为，后面这种可能性极小，而前者的可能性更高。若真如此，这是一个性质十分恶劣的问题，配合造假的银行该承担什么责任？如果银行成为财务造假的帮凶，遭受重大损失的投资者可将银行列为共同被告并向其索赔吗？上市公司的审计是法定审计，蓄意向履行法定审计职责的注册会计师提供虚假证明材料，是民事问题还是刑事问题？若银行（推而广之，协助上市公司财务造假的客户、供应商、关联方和金融机构等也应当承担法律责任，否则资本市场永无宁日，财务造假无法遏制，审计失败无法避免）向注册会计师提供虚假证明材料而不受追责，则审计失败将成为常态，独立审计危矣，资本市场危矣！

三问：调增存货是否真实？

1494 年，卢卡·帕乔利（Luca Pacilio）发明了复式簿记。复式簿记历经 500 多年而不衰，其中的一个重要原因是根据复式簿记记账算账和报表编制，会使财务报表之间形成非常严谨的勾稽关系。根据复式簿记原理,任何一家上市公司若在利润表虚增收入和利润,就必定会在资产负债表和现金流量表留下痕迹,露出破绽。康美药业在2016~2018年虚构了291.28亿元的营业收入和20.72亿元的营业利润,由此必然形成了相应的虚假资产。正中珠江向上海证券交易所提供的《〈关于对康美药业股份有限公司媒体报道有关事项的问询函〉的专项说明》(ST康美,2019b)显示,与虚增存款、收入相对应的项目主要是调增了183.43亿元的存货(中药材)。那么,调增的存货在数量、价值方面真实吗?是否需要聘请独立的第三方对此进行核实?是否需要计提存货跌价准备?是否有以此洗白虚构销售业务之嫌?

由于康美药业存货占资产总额的比重特别高,引起投资者的关注,财务分析师对其存货真实性的质疑不断。对财务造假进行重述调增存货后,康美药业2018年年末的存货余额高达342.10亿元,占其746.28亿元资产总额的45.84%。康美药业2018年年末的银行借款、应付债券、应付账款和预收账款等刚性债务合计431.07亿元,该公司能否按期足额偿还这些债务,很大程度上取决于这342.10亿元的存货是否属实。正中珠江若继续接受康美药业的委托提供审计服务,调增存货的真实性、公允性毫无疑问将成为审计重点,若对这些存货及其价值的认定再出差错,正中珠江将何以面对投资者和社会公众?这批存货的真实性和公允性既关乎到现有投资者和债权人的切身利益,也关系到潜在投资者和债权人的决策会不会被误导。当然,康美药业对巨额存货调增的真实性和准确性负有最终责任。康美药业的治理层和管理层有责任成立一个由独立董事组成的调查组,彻查这些调增存货的来龙去脉。在财务造假已经公诸于众的情况下,期望康美药业把存货和其他资产的真实性和准确性一次性说清楚,以免今后再通过计提存货跌价准备或多结转营业成本的方式继续祸害投资者和债权人。

四问:多交税款能否退回?

康美药业2016~2018年上半年虚增了291.28亿元的营业收入,虽然事先告知书没有说明虚增了多少营业成本,但列明的虚增营业利润为20.72亿元,据此可以推算,其他条件不变,康美药业2016~2018年上半年至少多交了3.52亿元的增值税和5.18亿元的所得税。当然,若是虚开增值税发票,就不存在多交3.52亿元增值税的问题。对此,康美药业必须向投资者解释清楚,因财务造假而多交纳的8.70亿元(或5.18亿元)税款能否退回?是否已经向税务部门申请退回多交的税款?虚构营业收入和营业利润会导致上市公司缴纳不应交纳的流转税和所得税,在财务造假东窗事发后,税务部门是否同意退回多交纳的税款?这是上市公司在财务造假曝光后普遍会遇到的问题。多交的税款能否退回对康美药业的业绩影响不大,但对其他上市公司(如康得新）是否连续四年亏损从而触发退市影响极大，因而成为康得新等财务造假上市公司中小股东的一大诉求。

五问：非法得利如何处理？

事先告知书显示，康美药业在 2016～2018 年累计向控股股东及其关联方提供了非经营性资金 116.19 亿元，用于购买股票、替控股股东及其关联方偿还融资本息，垫付解质押款或支付收购溢价款等。在严重侵犯中小股东权益的同时，控股股东到底获取了多少非法得利？这些非法得利是予以没收，还是应退回给公司，或是用于弥补中小股东的损失？康美药业有责任将这些问题解释清楚。

控股股东非法占用上市公司的非经营性资金时有发生，由此形成的孳息或其他非法利得如何处理，值得监管部门认真斟酌。笔者认为，这种性质的非法利得，不应退回给上市公司，更不应该没收，而应当用于弥补中小股东因此遭受的损失。

六问：财务造假始于何年？

对康美药业如此备受瞩目的财务造假案，投资者和社会公众自然希望了解财务造假始于哪一年。遗憾的是，事先告知书对此语焉不详，只列举了 2016～2018 年的财务造假事实。舞弊研究有个著名的"冰山理论"，该理论既说明已发现的财务舞弊可能只是冰山一角，也说明"冰冻三尺非一日之寒"，已发现的财务舞弊可以追溯到多年以前。康美药业上市以来，其财务报表的真实性不断遭受质疑，甚至还有人实名举报其财务造假，在这种情况下，只检查 2016～2018 年的财务造假，而没有追溯到以前年度，显然不是认真负责的监管部门应当采取的做法。对于造假规模如此之大、性质如此恶劣的财务造假，监管部门的检查不应草草了事，而应彻查清楚，给广大投资者一个明明白白的交代。财务造假始于何年，绝对不是个小问题，因为它直接关系到投资者的后续维权。资本市场有长期投资者也有短期投资者，财务造假不仅侵犯了长期投资者的权益，也损害了短期投资者的利益。监管部门唯有明确财务造假的起始时间，遭受损失的长短期投资者才能在民事诉讼中行使其应有的索赔权利。

七问：如何赔偿股东损失？

事先告知书公布后，舆论一片哗然，既有对康美药业胆大妄为的财务造假表示愤慨的，也有对与其造假规模和性质不成比例的处罚力度表示不解的，很多人甚至主张康美药业直接退市。康美药业该不该退市，自有相关法律法规可供遵循。笔者不主张在彻底查清前对财务造假的上市公司进行退市处理，这不仅会影响经济发展和员工就业,更重要的是会对本已经遭受损失的中小股东造成二次伤害。退市这种简单粗暴、弊大于利的处罚方式应慎用、少用。

康美药业通过财务造假,将其业绩平淡无奇的股票乔装"打扮"成业绩优秀的白马股,其股票市值曾超过1390亿元,财务造假丑闻曝光后,股票市值跌至152亿元,最大损失高达1238亿元,按中小股东持股比例为67.28%计算,意味着超过28万名中小股东损失了约833亿元。如何赔偿这些无辜中小股东的巨额损失?退市不仅对弥补中小股东的损失于事无补,而且会让全体股东再额外损失152亿元。笔者认为,更合理的做法是引入控股股东/实际控制人破产制度,让财务造假的主要责任人倾家荡产。应冻结控股股东/实际控制人在康美药业的股份(控股股东/实际控制人持有康美药业的股份质押比例高达91.91%,这是中小股东将来维权索赔必将遇到的一个障碍。但上市公司控股股东/实际控制人以股权质押向银行贷款时,通常抵押折扣率高达50%以上,因此被质押的康美药业股份并非对中小股东没有价值。为了防止控股股东/实际控制人恶意掏空或套现,应当尽快修改相关法律法规,对其质押比例作出一定限制),将这些股份拍卖所得用于弥补中小股东的损失,或者将其股份按持股比例无偿划拨给中小投资者以补偿其损失。若这些股份还不足以补偿中小股东的损失,则控股股东/实际控制人的个人或家庭财产也应该用于赔偿。以世界通信的财务造假案为例,作为主要责任人的首席执行官Bernard Ebbers和首席财务官Scott D. Sullivan除了被分别被判处25年和5年的徒刑,Bernard Ebbers还被没收超过5000万美元的个人财产,Scott D. Sullivan也被罚款500万美元和没收一栋别墅(黄世忠,2019)。但令人遗憾的是,根据我国法律法规的规定,康美药业的顶格处罚只有60万元,对康美药业21名高管个人的处罚合计545万元。康美药业的财务造假规模如此之大,经济处罚力度如此之轻,倘若不改变这种被广为诟病的惩处制度,能从根本上遏制上市公司财务造假屡禁不止、愈演愈烈的势头吗?

八问:事务所该不该轮换?

在2019年6月28日召开的2018年度股东大会上,康美药业续聘了正中珠江作为其审计机构。已经披露的资料说明,除了在货币资金认定方面的审计失败可能可以免责,正中珠江的审计未能为康美药业的财务报表整体(尤其是营业收入和营业利润等方面)是否不存在由于舞弊或错误而导致的重大错报提供合理保证。虽然对正中珠江的调查还没有结论,其是否履行勤勉尽责的义务尚不得而知,但正中珠江发生了重大审计失败却是不争的事实。鉴于此,康美药业该不该改聘另一家会计师事务所?

尽管从法律法规的角度看，康美药业续聘正中珠江并不违反规定，但这种做法却有悖于惯常的逻辑。康美药业自2001年上市以来，正中珠江就一直担任其审计机构，但其未能发现康美药业长时间、系统性的财务舞弊，表明它未能履行维护公众利益的社会责任，辜负了广大投资者的信任。在这种情况下，轮换另一家会计师事务所无疑是更加合乎逻辑的选择。更重要的是，改聘另一家会计师事务所进行审计，可以让其在没有任何历史包袱的情况下，以全新的视角，重新审视康美药业的财务报告可信度，彻底查清所有会计问题，包括存货和其他资产的真实性问题。续聘正中珠江，显然做不到这一点，因为它背负沉重的历史包袱，每发现一个新的问题，都是对其过去审计工作的否定。否定自己辛苦的工作，从来就不是一件轻松容易的事，对会计师事务所尤其如此。

会计师事务所长期为一家上市公司提供审计服务，会不会因为与治理层和管理层关系过于密切而影响其独立性？是否应该强制轮换？这是国内外都十分关注的问题。美国和欧盟对此争论多年，对强制轮换的利弊见仁见智：赞成者认为强制轮换可以增强会计师事务所及其注册会计师的独立性，从而提高审计质量；反对者则认为强制轮换将逆转学习曲线，不利于行业和业务经验的积累，会降低审计质量。但近年来，监管部门对于强制轮换会计师事务所持更加开放的态度。例如，最近被指控财务造假的通用电气公司，也决定从2020年开始强制轮换掉为其服务一个多世纪的毕马威，其中的一个理由是，换一家新的会计师事务所既有助于保持其独立性，也有助于从全新视角重新审视通用电气的财务报告。笔者认为，对于发生重大审计失败的会计师事务所，实行强制轮换不失为提高审计质量、防范审计失败、维护投资者利益的权宜之计，值得尝试。

概而言之，事先告知书并没有完全揭开康美药业恶性财务造假的重重迷雾。上市公司属于公众公司，其财务造假必然会损害现有和潜在投资者、债权人等的利益。监管部门应秉持实事求是的原则，本着对投资者负责，对社会公众负责的态度，将所有上市公司的财务造假查个水落石出，严肃追究财务造假者主要责任人以及协助其造假的客户、供应商、关联方和金融机构的责任。唯有惩恶扬善、防弊纠错，资本市场才能长期健康发展，投资者和债权人的利益才能得到有效保护。

（原载于《财会月刊》2019年第17期和云顶财说公众号2019年8月17日，略有修订。本文发表时证监会对广东正中珠江会计师事务所的调查还没有结论，直到2021年2月证监会才正式对正中珠江进行了处罚）

参考文献

黄世忠.2019.上市公司财务造假的八因八策[J].财务与会计,16:4~11.

ST康美.2019a.关于收到中国证券监督管理委员会《行政处罚及市场禁入事先告知书》的公告[EB/OL].www.cninfo.com.cn.

ST康美:2019b.《〈关于对康美药业股份有限公司媒体报道有关事项的问询函〉的专项说明》[EB/OL].www.kangmei.com.cn.

存货跌价抑或舞弊掩盖?

——康美药业 2020 年年报的五大疑惑

黄世忠

> 【摘要】丑闻缠身的康美药业 2021 年 4 月 27 日晚公布了 2020 年年报，277.47 亿元的巨额亏损再次震惊资本市场，而巨亏主要来自对存货特别是中药材计提巨额的跌价准备。2019 年 4 月 30 日康美药业大幅调增中药材等存货就备受质疑，此次又对当时调增的中药材计提巨额跌价准备似有"洗大澡"之嫌。本文对康美药业 2020 年年报提出值得深思的五大疑惑。这是笔者继"八问康美药业"之后，对康美药业财务报告再次提出的拷问。
>
> 【关键词】财务舞弊　存货跌价准备　洗大澡　存货审计

2021 年 4 月 27 日晚，卷入舞弊丑闻、深陷诉讼漩涡的康美药业披露了 2020 年年报，高达 277.47 亿元巨额亏损再次引发资本市场的关注。与年报一起披露的还有《关于计提资产减值准备的公告》，康美药业 2020 年度合计计提资产减值准备 230.06 亿元，其中按账面成本高于可变现净值的存货计提的存货跌价准备高达 204.83 亿元，占全年计提的资产减值准备的 89.03%，占 2020 年净亏损的 86.79%。

康美药业 2020 年年报洋洋洒洒 340 页，但在报表附注对占净亏损 86.79% 的存货跌价准备的说明只有 4 页，给人以遮遮掩掩的感觉，似乎有诸多难言之隐。2020 年度康美药业计提了 204.83 亿元的存货跌价准备，到底是存货可变现净值真实下跌，还是对以前年度报表重述过程中虚增存货的掩盖？笔者认为，康美药业 2020 年度计提的巨额存货跌价准备是否名副其实无疑是个大是大非的问题，值得深究。投资者有权利了解巨额存货跌价准备背后的真正原因，监管部门有义务责成康美药业管理层对此问题说明清楚，中介机构有必要从专业的角度对此发表审计意见。

疑惑1：存货调增依据何在？

2019年4月30日财务造假东窗事发后，康美药业对其财务报表进行重述，2017年年末的货币资金余额调减了183.43亿元，2017年年末的存货余额相应调增了183.43亿元，调增的存货（中药材）占报表重述后存货余额352.46亿元的52.04%，占重述后库存中药材余额252.92亿元的72.52%。如此大手笔的调整引起了资本市场的广泛质疑。2019年8月17日，笔者在《云顶财说》发表了"八问康美药业"[①]，其中的第三问就直指康美药业的存货真实性问题，摘要如下：

专项说明显示，与调减虚增存款、虚增收入和虚增收入相对应的项目主要是调增了183.43亿元的存货（中药材）。问题是，调增的存货在数量、价值方面真实吗？是否需要聘请独立的第三方对此进行核实？是否需要计提存货跌价准备？是否有以此洗白虚构销售业务之嫌？……康美药业存货占资产总额的比重特别高，一直是投资者关心的问题，财务分析师对其存货真实性的质疑不断。对财务造假进行重述调增存货后，康美药业2018年年末的存货余额高达342.10亿元，占其746.28亿元资产总额的45.84%。康美药业2018年年末的银行借款、应付债券、应付账款和预收账款等刚性债务合计431.07亿元，该公司能否按期足额偿还这些债务，很大程度上取决于这342.10亿元的存货是否属实。这批存货的真实性和公允性既关乎到现有投资者和债权人的切身利益，也关系到潜在投资者和债权人的决策会不会被误导……在财务造假已经公之于众的情况下，期望康美药业把存货和其他资产的真实性和准确性一次性说清楚，以免今后再通过计提存货跌价准备或多结转营业成本的方式继续祸害投资者和债权人。

从最近披露的信息看，康美药业并没有认真对待投资者和监管部门对调增存货依据是否充分的质疑。2020年计提的204.83亿元存货跌价准备，是否有"洗大澡"之嫌？康美药业的管理层和治理层有义务说明清楚，否则就构成另一种形式的虚假信息披露，很可能面临再次被处罚的风险。

疑惑2：三大迹象说明什么？

2019年和2020年笔者给中注协和ACCA组织的培训班讲授"财务舞弊与审计失

---

① 后整理成"八问康美药业——康美药业财务造假问题延伸分析"一文，发表于《财会月刊》2019年第17期。

败防范"时曾多次指出,康美药业的财务报表是否真实可以从三个迹象进行判断:(1)财务舞弊丑闻曝光后毛利率是否大幅下降;(2)是否发生债券违约行为;(3)是否计提大额的存货跌价准备。这三个迹象中,只要有一个迹象出现,基本可以判断康美药业的存货不实。迄今为止,这三个迹象同时出现,从会计角度看康美药业当时调增的存货可能存在虚假的成分。

1. 毛利率异常意味着什么?

图1列示了康美药业财务舞弊丑闻披露前后的毛利率,其中2016~2017年的毛利率为财务舞弊丑闻曝光前的数据,2018~2020年为财务舞弊丑闻曝光后的数据。从图中可以看出,2019~2020年的毛利率大幅下降,这既有2016~2018年通过少转营业成本以虚构经营业绩的成分[①],也不排除2019~2020年试图通过多转营业成本以"消化"不实存货的可能。必须说明的是,康美药业的报表重述发生在2019年4月,没有机会在2018年通过多转营业成本"消化"不实存货,这或许是当年毛利率居高不下的原因。

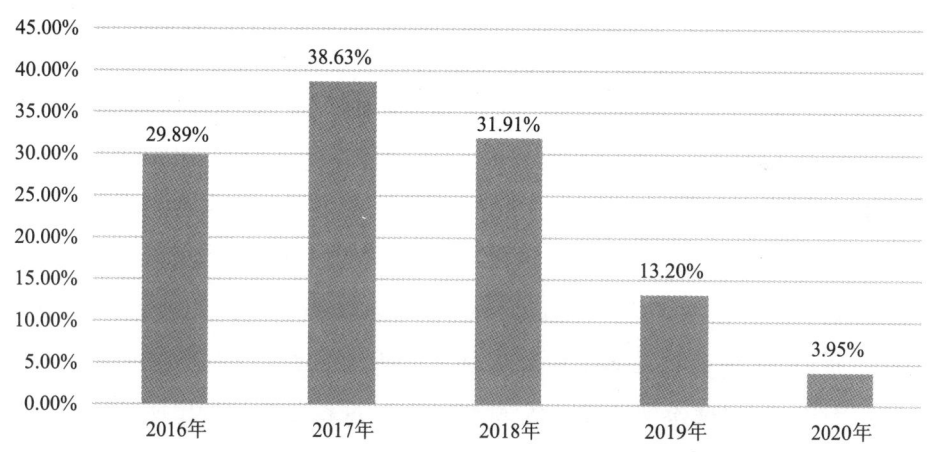

图1 康美药业财务舞弊曝光前后毛利率

2. 债券违约意味着什么?

2019年8月22日康美药业发布的《风险提示公告》指出,截至2019年3月31日,该公司货币资金余额10.48亿元,短期流动性紧张,偿债压力巨大。但是2019年第一季度末康美药业的存货余额高达314.08亿元,如果存货货真价实,为何不出售一部分存货以缓解流动性压力?2020年1月18日、1月23日和1月31日,康美药业连

[①] 天健财判财务智能预警系统的数据显示,2018年康美药业的毛利率高达31.91%,远高于12.44%的行业平均毛利率,并将其作为一大舞弊信号。

续三次提示存在着不能及时全额兑付"15康美债"本金和利息的风险。2月3日康美药业发布公告称,因流动性紧张,未能偿付24.92亿元本金和利息。2月4日,康美药业再发公告称,通过资产处置筹措了11.3亿元的偿债资金但仍存在不能偿还13.62亿元本金和利息的风险。这是康美药业首次发生债券违约。与未能偿付24.92亿元债券本息形成强烈对比的是居高不下的存货余额,2019年12月31日康美药业的存货余额高达314.08亿元。如果这个时点的存货属实,康美药业只要出售5%的存货就足以偿还到期债券的本金和利息。而康美药业实际上并没有这样做,这要么说明其存货积压滞销,要么说明其存货并非货真价实,或者两者兼而有之。

3. 巨额冲销意味着什么?

利用计提资产减值准备清洗以前年度虚构业绩形成的不实资产,在会计上被称为"洗大澡"(Big Bath Charge)。早在1998年9月28日美国证监会(SEC)前主席Arthur Levitt 发表的著名演讲《数字游戏》(The Numbers Game)就将上市公司这种造假伎俩称为五大"会计骗术"(Accounting Hocus - Pocus)之一,其他四大会计骗术分别是:创造性并购会计、甜饼罐储备、滥用重要性原则、收入确认(Levitt,1998)。康美药业2020年计提的204.83亿元存货跌价准备均属于主要由中药材构成的库存商品。2019年4月30日报表重述调增的201.47亿元存货中,其中只有18.04亿元为房地产开发成本,其余183.43亿元存货均为库存中药材,经此调整,2017年年末的库存商品余额由74.68亿元猛增至258.11亿元,调增幅度高达245.62%。2019年年末和2020年年末,库存商品账面余额分别为246.76亿元和230.99亿元,累计计提的存货跌价准备分别为4.67亿元和208.97亿元,存货跌价准备比率竟然从2019年的1.89%飙升至2020年的90.47%!尤其不可思议的是,2020年计提的204.83亿元存货跌价准备中,仅中药材跌价准备就高达196.50亿元。投资者有正当理由质疑:2019年4月30日调增了2017年年末的183.43亿元中药材是否假账真做?2020年计提巨额的存货跌价准备是否有"洗大澡"之嫌?希望监管部门责成康美药业对此做出说明,给投资者一个合理的解释。如果当时调增的中药材真实存在,为何时隔两年却发生了如此高比例的跌价?调账时是否对中药材的可变现净值进行测算?

巨额冲销的信号理论指出,如果一家上市公司某个年度的亏损额超过过去几年的利润总额,往往表明过往年度存在着严重的虚盈实亏问题。康美药业2001年上市,2001~2018年均盈利,对外报告净利润172.79亿元,2019年和2020年均亏损,对外报告净亏损324.38亿元,其中2020年亏损277.47亿元。根据巨额冲销的信号理论,康美药业以前年度的业绩造假可能比迄今披露的更加严重,从而造成严重的资产不实。2020年计提巨额的资产减值准备,大概率是为了清洗被严重高估的资产。

疑惑 3：2019 年年报错失什么？

2019 年年报是康美药业财务舞弊曝光后公布的第一份年报，其存货真实性备受瞩目。康美药业本应有机会对不实存货及时进行更正，遗憾的是，其管理层和治理层没有把握好这个机会。这可以从 2020 年年报第 206 页的报表附注得到印证：

数量的确定。公司于 2020 年 11 月 26 日正式启动对账面上存货中所涉及的中药材存货展开专项清查工作。与此同时，揭阳公安机关开展相关调查取证工作。在核实过程中，得到揭阳公安机关、专业机构和农业专家的支持，对该存货进行全面实盘，本次采取全盘的方式确定数量，并登记造册完善铭牌信息。鉴于存货等资产一直处于扁平化管理中，相关知情人员甚少，存货存放点多、面广，清查工作难度大。截至目前，揭阳公安机关有关侦办工作仍在进行中，待相关侦办结论出具后进行最终判断。

上述信息披露触目惊心，一家上市公司对账面上 200 多亿元的中药材等存货数量竟然茫然不知，还得依靠公安机关才能核实，真是匪夷所思。投资者不禁要问：中药材数量难以确定的问题难道康美药业直至 2020 年才知晓？为何在 2019 年年报只字未提？为何 2019 年审计报告对此缄默？

疑惑 4：计提理由是否充分？

与 2020 年年报一并披露的还有康美药业《关于计提资产减值准备的公告》，其董事会、监事会和独立董事均声称康美药业依照《企业会计准则》及资产实际情况计提资产减值准备，依据充分，公允地反映了报告期末的资产状况。既然康美药业迄今都难以核实中药材的具体数量，其董事会、监事会和独立董事又是如何确定计提资产减值准备的依据是充分的？

另外，康美药业董事会在《关于会计师事务所出具否定意见的内部控制审计报告的专项说明》中披露："康美药业对部分资产的管理不规范，未能及时查清资产真实状况，关注资产减值迹象，难以确保相关资产减值损失计提的准确性和完整性"。《公告》和《专项说明》相互矛盾，自我打脸，投资者难免对 2020 年计提存货跌价准备的理由是否充分提出质疑。须知，计提存货跌价准备的前提是存货真实存在。按照《企业会计准则》的规定，如果存货不存在，或者数量不真实，只能作为资产损失计入营业外支出，而不得计提存货跌价准备。

2019 年年末，康美药业对账面余额为 246.76 亿元、主要由中药材组成的库存商品仅计提了 4.67 亿元的跌价准备，计提比例为 1.89%，但在 2020 年年末却对账面余额为 230.99 亿元的库存中药材计提了 196.50 亿元的存货跌价准备，计提比例竟高达

85.07%。为何两个会计年度，跌价计提相差如此之大？2020 年新冠肺炎疫情肆虐，"康美·中国中药材价格指数"呈现上涨趋势（详见图 2），而康美药业却对中药材计提巨额跌价准备。康美药业对中药材计提巨额跌价准备与其自己发布的中药材价格指数背道而驰，希望康美药业的管理层和治理层向投资者作出合理的解释。

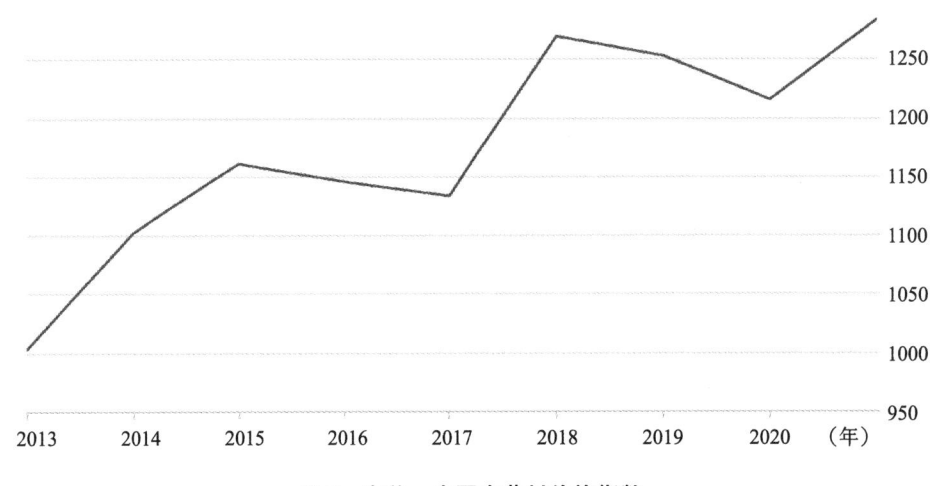

图 2　康美·中国中药材价格指数

资料来源：www.cnkmprice.com。

疑惑 5：存货审计是否恰当？

有观点认为，上市公司舞弊曝光后其审计风险将大幅降低。然而，这种观点对康美药业的审计似乎不太适用，存货的审计风险尤其如此。财务造假披露后，康美药业辞聘正中珠江会计师事务所，改聘立信会计师事务所对其 2019 年和 2020 年的财务报告进行审计。立信的注册会计师对康美药业 2019 年和 2020 年的财务报告分别出具了保留意见和无法表示意见的审计报告，审计质量总体上可圈可点，但对存货审计是否恰当以及能否有效规避审计风险似有进一步分析的必要。

2019 年的审计报告主要对康美药业的资金占用、在建工程和存货提出保留意见，但对存货的保留意见仅涉及医疗器械，而未触及中药材是否货真价实这一关键问题。2019 年康美药业对主要由中药材构成的库存商品只计提了 4.67 亿元的跌价准备，但到了 2020 年却计提了 196.50 亿元的跌价准备。反差如此之大，是否意味着 2019 年的存货跌价准备计提不充分？此外，中药材数量难以核实的问题不可能是到了 2020 年才存在的，对此注册会计师没有提出保留意见是否存在审计风险？

在 2020 年的审计报告中，立信的注册会计师就康美药业的财务报告内控存在重大缺陷、持续经营存在不确定性、关联方非经营性资金占用、无法获取在建工程项目以及医疗机械存货减值和收入确认的审计证据等事项而出具无法表示意见的审计报告。对于中药材数量是否真实准确和计提巨额减值准备同样没有提出异议,而内控审计报告却明确指出康美药业的内部控制难以保证相关资产减值损失计提的准确性和完整性,这两份审计报告结论明显不一致是否会因此招致审计风险?

根据迄今披露的十分有限的信息,对康美药业的审计是否存在风险以及风险有多大目前还难以判断。但有一点是明确的,对有财务舞弊前科的上市公司进行审计时风险仍然不容小觑。特别是,期望上市公司对发生的财务舞弊进行彻底纠正不太现实。基于诉讼或其他因素考虑,一些上市公司发生财务舞弊后,往往倾向于用一个谎言去掩盖另一个谎言。心理学告诉我们,讲真话不易,讲假话亦难,讲不露破绽的假话更难,讲不被发现的假话难上加难。当真相大白时,未能保持应有职业怀疑的注册会计师极易成为上市公司财务舞弊附带伤害的牺牲品。

（原载于云顶财说公众号2021年4月27日,略有修订）

参考文献

黄世忠. 2019. 八问康美药业——康美药业财务造假问题延伸分析［J］. 财会月刊, 17: 3~6.

康美药业2016年至2020年年报［EB/OL］. www.cninfo.com.cn.

Levitt, A. The Numbers Game. Remarks by Chairman Arthur Levitt. Securities and Exchange Commission. September 28, 1998. www.sec.gov/news/speech/speecharchive/1998/spch202.tex.

存货舞弊的识别与应对

——基于康美药业的案例分析

叶凡　叶钦华　黄世忠

> 【摘要】存货项目历来是财务舞弊"高发之地"和"藏身之所",且其核查难度较大,生产过程难以观察、需要大量专业知识才可判断其真实性的产品尤其如此。康美药业案例的特殊之处在于其在会计差错更正之后,从货币资金异常变为存货异常,且所处行业中药材存货较难核实。本文利用"五维度"财务舞弊识别框架,讨论如何利用财务逻辑和业务逻辑的交叉验证,分析存货异常增长背后可能藏匿的问题,由此提出针对存货异常的反舞弊核查程序及相关建议。
>
> 【关键词】财务舞弊　存货异常　会计差错更正　舞弊识别

随着财务舞弊手法从会计操纵类更多地转向交易造假类舞弊(黄世忠等,2020),越来越多舞弊公司从实物资产"下手",从量、质、价等角度虚构实物资产,以此掩盖虚假业绩。特别是一些采购来源、生产过程、产品质量难以核查,需要较强专业知识才能判断的农副产品、医药产品等,往往成为上市公司诉诸舞弊的对象。从审计角度而言,存货审计的复杂性和失败率也较高,在2001年至2020年6月证监会及其派出机构对会计师事务所及注册会计师的处罚案件中,提及第二多的就是存货及跌价准备,共114次,占比13.19%(张文龙和张景瑜,2021)。本文以康美药业(600518)为例,讨论如何分析存货异常,并提出反舞弊核查的建议。康美药业案例虽源起于货币资金虚增问题,但在更正虚增的货币资金后,进一步凸显出其存货的异常问题。2021年以来,康美药业两次业绩预告和2020年年报计提204.83亿元的存货减值准备,导致全年亏损 277.47 亿元，再次引发市场对其存货真实性的疑惑。

一、源起货币资金之"虚"

康美药业年报显示其主要的生产和经营产品为中药材、中药饮片、西药、保健食品及食品、中成药、医疗器械等，其中中药饮片和中药材贸易业务占比较大，占 2017 年营业收入的 45.38%，但 2018 年占比下降至 24.51%。到了 2019 年，年报分部收入中便不再单独列示中药饮片和中药材贸易的收入，而是改以包括更多内容的医药工业和商业项目列示，包括中药饮片、中药材贸易、西药贸易、医疗器械、自制西药，而且此时主要业务的表述并没有明显变化。或许，这与其财务舞弊问题爆发且被证监会处罚有关，对比康美药业舞弊丑闻曝光前后的年报和会计差错更正报告，可以发现中药饮片和中药材贸易收入调整的金额较大。

2018 年 12 月，康美药业公告其被证监会立案调查，2019 年 4 月，康美药业发布其自查结果并进行会计差错更正，其中涉及多项调整且金额巨大，影响最大、关注度最高的是 2017 年年报货币资金项目调减了 299.44 亿元，并相应调增存货等科目。更正报告披露后，上交所对该差错更正进行了监管问询，要求进一步核查更正的具体事项。到 2020 年 5 月，证监会作出了最终的行政处罚结果，指出康美药业 2016～2018 年年报及 2018 年半年报存在虚假记载，主要问题包括虚增货币资金、营业收入、利息收入、利润、固定资产、在建工程、投资性房地产；2016～2018 年年报存在重大遗漏，未披露关联方资金占用问题。据此，证监会对康美药业公司处以罚款 60 万元，而在个人层面上，处罚对象遍及董事长、董事、监事、高管层，罚款金额从 10 万元到 90 万元不等，市场禁入年限从 10 年到终身不等。

此外，康美药业的审计师广东正中珠江会计师事务所及其签字审计师也受到行政处罚。正中珠江是康美药业 2015～2018 年的审计师，且前三年均出具了标准无保留意见，一直到 2018 年康美药业被立案调查后，才出具保留意见。证监会于 2021 年 2 月对正中珠江进行行政处罚，指出其在货币资金、收入等方面的审计存在重大缺陷，甚至存在与康美药业的串通行为，由此对正中珠江、签字注册会计师、项目经理处以罚款和市场禁入处罚。

由于涉及金额巨大，康美药业财务舞弊从被发现到处罚的整个过程一直备受市场和媒体的关注。新《证券法》对造假企业和责任人的追责也没有止步于行政处罚，而是进一步赋予了投资者集体诉讼权利。此外，康美药业还需面对集体诉讼、退市、破产重整风险，从 2020 年 12 月开始，广州市中级人民法院受理了对康美药业、正中珠江及相关个人的共同诉讼。

二、从货币资金之"虚"到存货之"谜"

康美药业财务舞弊事件中最受关注的是"消失"的货币资金,但康美药业针对财务舞弊做出的会计差错更正却产生了另一个极具争议的问题:康美药业在大幅调减2017年年报中货币资金的同时,调增了约195.46亿元的存货,而存货跌价准备金额却没有变动。康美药业对此的解释是"采购付款、工程款支付以及确认业务款项时的会计处理存在错误"。由于调增的存货金额重大,监管部门就存货调增问题多次进行了监管问询。在审计方面,2018年年报审计机构正中珠江、2019年年报审计机构立信会计师事务所也都将存货列入关键审计事项,但都表示核查后存货账实匹配。但康美药业在2020年计提了204.83亿元的存货跌价准备(其中中药材跌价准备196.50亿元),似乎表明当时调增的存货并不一定货真价实。也就是说,调减的货币资金大部分进入了调增的存货项目,货币资金之"虚"的问题解决后,却又带来了存货之"谜"的问题。

(一)差错更正中的存货异常调整

本文研究期间主要为康美药业发生财务舞弊并进行差错更正的2016~2018年,同时结合前后年度的相关变化延伸分析。表1列示了康美药业存货相关的财务数据。从表中可以看出,差错更正前的2015~2017年,存货周转率和增长率、存货占总资产的比例均相对稳定;存货虽较大幅度地增长,但是至少没有比总资产增长更快;收入、净利润的增长情况也较好。差错更正后,2016年和2017年的存货周转率骤降。2016年存货因更正的缘故增长了205.21%,存货占总资产的比例也达到"惊人"的50%以上。而且,2018年和2019年存货仍然在账上,减少比例不到10%。同时,财务舞弊虚增的收入、净利润部分也被"消除",2019年的收入、净利润大幅下降。在存货大幅增长的同时,购买商品、接受劳务支付的现金不升反降。

表1　　　　　　　　　　康美药业存货相关财务数据　　　　　　　　　　单位:万元

项目	2019年	2018年调整后	2017年调整后	2016年调整后	2018年调整前	2017年调整前	2016年调整前	2015年
披露时间	2020年6月	2020年6月	2019年4月	2019年4月	2019年4月	2018年4月	2017年4月	2016年4月
存货周转率	0.30	0.54	0.33	0.46	0.39	1.30	1.35	1.51
存货增长率	-7.21%	-3.97%	17.90%	205.21%	-2.94%	24.41%	28.84%	32.92%
存货/总资产	48.63%	46.27%	53.98%	56.14%	45.84%	22.85%	23.02%	25.70%
存货	3140823.67	3384757.83	3524653.84	2989456.65	3420962.11	1570018.84	1261937.50	979469.97
总资产	6458622.88	7314448.45	6529295.13	5325176.26	7462793.76	6872202.06	5482389.66	3810522.93

续表

项目	2019年	2018年调整后	2017年调整后	2016年调整后	2018年调整前	2017年调整前	2016年调整前	2015年
营业收入	1144554.58	1706507.91	1757861.86	1469396.54	1935623.34	2647697.10	2164232.41	1806682.80
净利润	-465520.72	37004.12	214355.64	183823.37	112260.06	409464.62	333675.91	275645.63
购买商品、接受劳务支付的现金	832910.29	1696396.91	1702305.41	2001348.40	1696396.91	2432439.48	2001348.40	1661550.51

注：2018年的初始数据和调整后数据的披露都是发生在2017年和2016年已经调整之后，因此2018年的上期数据均为2017年调整后数据。差错更正的调整主要是在2016年一次性增加了存货，虽然导致2016年和2017年存货余额发生巨大变化，但从增长率上看，主要是在2016年出现异常。

表2列示了康美药业最异常年度（2016年和2017年）存货的具体构成，从表中可以看出，相比于其他类型存货，库存商品项目占比和变动幅度都是最大的。差错更正后的库存商品是更正前的3倍以上。相关媒体报道显示，追溯调整后康美药业2016年年末的存货总额达到其他5家中药饮片上市公司同期存货总额的5倍以上，2016年度中药材采购额达到全行业销售额的近一半。这一数据匪夷所思，有悖常理。

康美药业年报中对不同存货的说明是：原材料主要用于加工中药饮片；库存商品主要用于中药材贸易。因此，要判断差错更正导致的存货变化是否合理，关键就在于分析康美药业的中药材存货是否合理，特别是为了中药材贸易业务囤积大额存货是否合理。

表2　　　　　　　　　　康美药业存货构成　　　　　　　　　　单位：万元

项目	2017年调整后	2016年调整后	2017年调整前	2016年调整前
原材料	44706.33	39283.39	44706.33	39283.39
在产品	32017.19	16052.07	32017.19	16052.07
库存商品	2529234.01	2118060.96	746826.98	476090.85
自制半成品	113.16	159.95	113.16	159.95
周转材料	4004.02	4545.03	4004.02	4545.03
消耗性生物资产	325428.70	319287.83	325428.70	319287.83
开发成本	331399.41	275314.73	150999.31	189765.69
开发产品	257751.03	210630.04	257751.03	210630.04
委托加工物资	0	6122.64	8172.13	6122.64
合计	3524653.84	2989456.65	1570018.84	1261937.50

（二）差错更正中存货与相关项目的增长率对比

除了观察存货本身的异常变动，表3对比了康美药业2015～2018年与存货相关的成本、应付款项科目的增长率,从中也可发现疑惑之处。首先,2016年和2017年存货增长率、库存商品增长率与营业成本增长率的变动趋势并不一致:在差错更正前,存货增长率就高于营业成本增长率,该异常指标变动与毛利率(调整前)的持续稳定令人生疑;差错更正后,两者的差距进一步拉大,更多指向了存货与毛利率人为调节的可能。其次,2016年和2017年存货增长率、库存商品增长率也同样高于应付款项(应付账款与应付票据)增长率,作为中药材龙头企业,一般对上游供应商应具备谈判优势,却大量使用现金采购原材料,该行为不符合商业逻辑,十分费解。

表3   康美药业存货相关项目的增长率对比

项目	2018年	2017年	2016年	2015年
存货增长率(调整前)	117.89%	24.41%	28.84%	32.92%
库存商品增长率(调整前)	256.25%	56.87%	35.93%	12.25%
营业成本增长率(调整前)	-26.60%	21.61%	17.18%	10.02%
存货/营业成本(调整前)	252.61%	85.10%	83.18%	75.65%
应付款项增长率(调整前)	50.24%	19.74%	6.76%	-8.11%
存货增长率(调整后)	-2.94%	17.90%	205.21%	32.92%
库存商品增长率(调整后)	5.19%	19.41%	504.73%	12.25%
营业成本增长率(调整后)	25.53%	19.39%	-30.21%	10.02%
存货/营业成本(调整后)	252.61%	326.72%	330.84%	75.65%
应付款项增长率(调整后)	50.24%	19.74%	6.76%	-8.11%

三、存货之"析"

为了解开康美药业存货之"谜",本文采用财务逻辑和业务逻辑交叉验证、事前"复盘"的方法和视角展开分析。

(一)财务税务维度:存货与收入、毛利率联动异常

如上所述,造成康美药业存货异常的最主要部分是中药材存货,表4列示了康美药业中药材存货情况以及相关的中药材贸易收入、成本、跌价准备等数据。首先,在差错更正前,虽然2016年和2017年的中药材贸易收入相比2015年有所下降,但是降幅不大,且毛利率仍远高于行业平均水平(行业平均毛利率依据康美药业对监管问询的回函),说明康美药业市场销售情况较好。毛利率指标是否异常姑且不论,单就存货与营业成本科目联动分析来看,如表3、表4所示,即使是差错更正前,存货增长率也已高于营业成本增长率,说明存货已经供大于求,出现滞销迹象。其次,在差错更正后中药材贸易收入出现大幅下降,从2015年约60.29亿元下降到2017年的7.90

亿元（占总收入的比例低于5%）。消除虚增收入影响后营业成本也相应下降。由此，存货与营业成本的变动趋势差异更大。

表4　　　　　　　　　　　康美药业中药材存货相关数据　　　　　　　　　单位：万元

项目	2018年度	2017年调整后	2016年调整后	2017年调整前	2016年调整前	2015年度
中药材存货	2233825.91	2226554.93	1901275.27	N/A	N/A	N/A
中药材贸易收入	60223.16	79018.00	N/A	585692.62	578867.75	602853.27
中药材贸易成本	55423.36	68013.10	N/A	442370.07	439241.81	459656.13
中药材贸易毛利率	7.97%	13.93%	24.12%	24.47%	24.12%	23.75%
行业平均毛利率	8.07%	13.39%	N/A	13.39%	N/A	N/A
库存商品跌价准备	4019.41	2815.89	1469.01	2815.89	1469.01	1284.53

从过往财务舞弊案例特征分析来看，虚增收入往往导致较高的毛利水平，虚增毛利通常利用存货或其他较为隐秘的长期资产进一步"消化"。康美药业存货的异常增加，本身亦是收入与毛利虚增的"藏身之所"，该行为可能指向了一种舞弊手法：通过虚构存货采购、少结转营业成本来实现虚增收入与毛利的"匹配"，以免露出破绽。可见，存货与收入、毛利率的联动分析非常有助于识别财务舞弊迹象。

（二）财务税务维度：存货跌价准备不符合商业合理性

如表4所示，差错更正前后，康美药业存货跌价准备并不高，即使假设存货跌价准备都来自中药材存货，各年计提比例也不到2%（2015年和2019年中药材存货的明细未披露，以总存货替代，计提比例也仅为0.37%和1.96%）。这一比例是否合理呢？

康美药业中药材存货的真实情况公安机关还在调查，尚未公布，但通过迄今可获取的公开资料可看出一些疑点。首先，康美药业指出其中药材方便储存、不易变质、无明显保质期、可长期储存。但行业资料显示并不是所有中药材都适宜存储。例如，有滋补功效的贵细药材往往有易虫易霉或易变色走油的风险，即使外观没有霉变或虫蛀情况，存放时间过长也可能降低疗效。其次，康美药业2018年年报的中药材存货中，有超过170亿元于2016年采购，已存放超过两年，到底是"越陈越香"还是品质下降？

可见，如果一家企业毛利率增长的背后伴随着存货周转率大幅下降，此时应关注其存货跌价准备计提是否充足，甚至可以质疑其存货是否真实存在。

（三）内部控制维度：存货囤积不符合采购管理政策和商业合理性

康美药业披露的信息显示，其各项物资的采购计划主要根据中药材贸易量、中药饮片年度生产计划、存货消耗状况和合理周转期制定。但是，在康美药业存货大幅上涨的年度，其营业收入实际上是下降的。此外，从中国中药材价格指数走势可知，从2016年开始，中药材价格受政策驱动快速上升，到2017年第三季度，价格开始下降。康美药业囤积存货的一个可能原因是其预期到中药材价格将大幅上涨。但即便如此，其囤积的存货量又似乎过于大，囤积的时间也过于长：自2017年第三季度后市场价格整体是下调的，康美药业也未能及时售出存货。

可见，从财务特征来看，存货持续大额增长与其采购经营政策严重不符。这背后如果不是管理层的战略性储备，就是财务舞弊所引发的"异常信号"。这种异常应引起注册会计师及相关投资者的谨慎关注。

（四）内部控制维度：供应商和客户异常

企业与重要供应商和客户的交易是否具备商业实质及合理的业务逻辑，是涉及收入真实性目标的关键控制活动。康美药业涉及中药材的业务既有自产中药饮片业务，又有中药材贸易业务，需要进一步区分商业模式加以分析。康美药业2018年中药材贸易业务的前5大供应商均为个人，中药饮片原材料前5大供应商均为企业。由此产生的疑问是，首先，为何两种情况下中药材存货有不同的采购渠道？而且理论上，个人供应商的征信及授信难度较大、分布相对零散、更难以追踪，为何康美药业与个人供应商的交易金额远高于企业供应商，这背后是行业特性的缘故，还是另有隐情？

其次，从客户的角度看，库存商品中中药材存货的前5大客户也是个人，而在康美药业公告披露信息中却表示这些存货主要是直接批发零售给医药制造企业、中药饮片企业及个人终端客户，实际情况与销售政策的表述并不一致。此外，客户与供应商均为个人的大额中药材贸易业务，其毛利率远高于同行业水平。该业务是否存在商业实质、是否符合行业特性及企业内部控制要求，需要进一步确认其合理性。

（五）行业业务维度：存货的储备量与行业属性相差甚远

财务数据与业务数据相背离往往是识别财务舞弊的重要信号。根据康美药业披露的2018年中药材贸易前5大供应商的交易额69590.06万元、采购占比41.32%，可以推算出当年中药材贸易的总采购金额为168417.38万元；2018年度外购中药材原材料的前5大供应商的交易额43177.91万元、采购占比17.05%，可以推算出当年度中药饮片原材料的总采购额为253242.87万元。据此可以推断，康美药业单年度中药材的累计总采购额约为42.16亿元，而2018年年末经调整的中药材存货余额约为223.38亿元，累计相当于2018年度总采购量的5.3倍，金额之大匪夷所思。

从商业常识来看，即使从2016年起中药材进入涨价周期，企业进行战略性储备，但支撑这么大额的存货储备量，其背后涉及的存货分品种的存储成本及保质期限制、存货的资金占用成本、战略性储备采购的内控审批流程等均值得进一步核实。

康美药业在2020年年报中指出其对于中药材存货管理不善、相关信息不透明、内控存在重大缺陷等问题，并对"库存商品"项目计提了约204.38亿元跌价准备、期末净额约为22.02亿元，其中"中药材"项目计提了约196.50亿元跌价准备、期末余额约为12.89亿元。

综上所述，除了从财务税务维度分析数据异常，分析存货问题更重要的方式是结合行业业务维度、内部控制维度，了解公司行业状况、经营逻辑、交易对手特征，才能判断存货相关政策是否合理、存货价值是否合理，乃至存货异常背后是否指向财务舞弊。

四、启示与建议

存货历来是财务舞弊高发的风险领域，特别是在舞弊发生比例较高的农产品行业、医药行业及化工原料行业。究其原因，主要在于存货难以核查且专业性较强。结合本文案例的分析逻辑，我们认为还可以采取以下反舞弊核查程序。

（一）强化分行业、分商业模式对存货进行细化分析的能力

与其他资产项目相比，通常情况下存货更能反映企业的经营特点。对于制造业、农林牧渔业等上市公司，存货采购、生产与销售通常与企业价值创造、价值实现方式息息相关。因此，本文建议可以区分不同业态或不同产品对存货结构进行分析，以更有效识别异常。例如本文案例中，讨论存货余额及增长异常时，可先借助于附注、问询函回函等信息进行细化分析，定位出异常增长的主要明细类别为"中药材"，再进一步区分"原材料——中药材"及"库存商品——中药材"两类进行比率分析，进而最终穿透至中药饮片自产和中药材贸易两大类业务进行交叉分析。这样的分类能更合理地对比同行业上市公司、企业相近的关键业务指标，并设定合理预期值以判断是否存在异常，进而验证其合理性。

（二）对存货指标异常进行多维度联动核查

基于复式簿记的原理，财务报表项目之间存在着关联性，某个项目的虚假必然伴随着其他一个或多个项目出现不同程度的异常，而存货就是很常见的"藏身之所"，特别是在农产品、医药等特殊行业，因此对存货异常的分析及核查至关重要。在执行存货实质性分析程序时，除了获取财务相关细化数据进行单科目指标分析之外，还可以根据科目之间的联动关系选取一些指标进行联动分析。以康美药业所处的中药材行业为例，可以联动核查如下指标：

1. 存货与利润表科目的联动分析。例如，分析存货大幅增长或余额较大时，其变动幅度、变动趋势是否与营业成本变动一致，是否同时伴随毛利率的异常增长。而且，还可进一步延伸到分产品的存货变动与对应的收入、成本、毛利率变动的联动分析。在某些情况下，存货/营业成本占比增幅异常，有可能与财务舞弊相关。

2. 存货与应付账款科目的联动分析。当出现存货余额大幅上涨，应付账款却大幅下降的情况时，可能指向通过采购将体内资金体外化实现业绩操纵的情况。

（三）高度关注非财务数据与存货异常之间的交叉验证

1. 可以结合财务数据与业务数据的勾稽情况关注存货的异常。在本文案例中，借助于前5大供应商采购额及采购占比情况，可以推算出存货年度总采购额。对比该业务数据与存货期末余额，将有助于从商业常识上判断高存货储备的合理性。

2. 从前5大供应商本身的一些特征出发，对存货进行交叉验证。例如，康美药业披露的中药材贸易业务主要客户与供应商均为个人，且该类贸易业务毛利率畸高，该业务是否存在商业实质、是否符合行业特性及企业内部控制要求，均为反舞弊核查提供了有效线索和方向。

（四）关注存货监盘程序的有效性

1. 从注册会计师的角度，实施监盘可能是核实存货最直接有效的方式。一般而言，审计人员的存货监盘已成为事前安排、双方知悉的一项工作，甚至可能在监盘当日出现被"刻意准备"的管理层极力推荐更换原监盘计划对应的仓库等情况，从而导致实际监盘并未能按既定的方法和步骤有效执行。此时，如何保障监盘程序不以时间或空间限制为由进行简化，是一个需要重点关注的风险控制细节。

2. 应对特殊行业存货监盘的挑战。农林牧渔行业的产品往往较难保管与盘点（如牛羊类牲畜等），医药企业、化工企业的产品往往肉眼较难识别与盘点（如中药材、医药中间体等）。针对这类特殊行业存货核实，本文建议：引入专家和具有丰富经验的技术人士，实施有效的替代程序，例如，通过对中药材的投入产出比、保质期等相关生产记录进行分析、估算，得出相对准确的存货测算数据，与财务数据进行验证分析；尝试新技术手段进行监盘，如利用无人机区域航拍测算等方法实现对散养牧畜、林地进行数据监盘等。

（五）善于从巨额冲销的信号中发现舞弊

研究表明，企业往往在遭受自然灾害、管理层变更等情况下，通过计提资产减值准备的方式清洗以前年度虚构业绩形成的不实资产。如果一家企业某个年度计提的资产减值准备导致的亏损超过过去几年的净利润，实质上是在发出过去几年业绩不实的信号。此时，注册会计师有必要倒查计提减值的资产所涉及的利润表科目，以判断过往年度是否存在财务舞弊行为。康美药业2020年通过计提资产减值准备发生了277.47亿元的巨亏，且主要涉及中药材的跌价准备，既表明其过去几年业绩造假，也表明当年调增存货可能存在舞弊行为，至少说明调增的中药材并非货真价实。

(原载于《财务与会计》2021年第13期，略有修订)

参考文献

黄世忠，叶钦华，徐珊，叶凡. 2020. 2010～2019年中国上市公司财务舞弊分析[J]. 财会月刊，14：153～160.

张文荣，张景瑜. 2021. 审计何以失败——对2001年度至2020年度处罚会计师事务所及注册会计师的分析[J]. 中国注册会计师，2：119～123.

数字化技术下的财务舞弊识别与应对

——基于康得新的案例分析

叶钦华　叶　凡　黄世忠

【摘要】 本文以康得新财务舞弊事件为例,讨论如何将数字化技术应用于财务舞弊的识别与应对。本文指出,数字化技术主要通过多源数据快速搜集和分析、舞弊预警信号的事先定义、舞弊预警系统化等方式,提高财务舞弊识别的效果和效率。进一步地,针对拥有内部数据的应用场景,引入数字化技术一方面可对接内部数据,另一方面可嵌入进一步审计或尽职调查等程序,扩展数字化工具的应用外延。期望本文有助于更好地了解数字化技术落地应用的过程和关键点,从而提高注册会计师、尽职调查人员等的财务舞弊识别能力。

【关键词】 数字化技术　舞弊识别　舞弊手法

目前,数字化转型是企业、政府发展改革的热点之一[①]。同样地,财务舞弊识别亦需要加快数字化技术的应用,核心问题在于如何运用数字化技术,数字化技术能够带来哪些改变。本文以近年来舞弊金额较大、造成恶劣影响的康得新(002450)财务舞弊事件为例,展示采用数字化技术进行财务舞弊识别的过程。康得新的财务舞弊期间为2015年至2018年,由于其2018年度就已被出具无法表示意见的审计报告,本文选择以2017年年报这一时间点进行分析,尝试探讨在这一时间点是否存在舞弊迹象。本文将首先分析康得新的具体财务舞弊行为,再概述利用数字化技术进行案例分析的结果,由此形成对照,分析数字化技术是否能够准确、快速地找出相对应的异常信号。

[①] 例如：https://new.qq.com/omn/20220318/20220318A09AOJ00.html。

虽然本文的分析主要基于公开数据，但已能够体现数字化技术的特点。本文也将讨论对于拥有内部数据的注册会计师、尽职调查人员等中介机构如何进一步延伸数字化工具的应用范围。

一、公司背景与财务舞弊行为分析

康得新于2010年在深圳证券交易所上市，主营业务为从事先进高分子材料的研发、生产和销售，主要产品是印刷包装类产品、光学膜。康得新的大股东为康得集团，持股比例24.06%，其他股东持股比例均在8%以下，实际控制人为钟玉，2013年度至2018年度所聘请的审计机构均为瑞华会计师事务所。

证监会于2020年9月23日发出对康得新的行政处罚决定书，指出康得新存在四类财务舞弊行为：（1）虚增利润总额，即通过虚构销售业务，虚构采购、生产、研发、产品运输费用等方式，虚增营业收入、营业成本、研发费用和销售费用。康得新2015年至2017年虚增的利润总额占对外披露的利润总额的比例都超过了100%，2018年甚至达到722.16%。（2）银行存款余额不实。康得新及其合并财务报表范围内3家子公司在北京银行西单支行的资金被实时、全额归集到康得集团，导致康得新2015年至2017年银行存款余额中有50%左右实际为0，即并不存在，2018年甚至有84.39%的余额都被归集到康得集团。（3）康得新子公司康得新光电公司分别与厦门国际银行北京分行、中航信托公司签订了4份《存单质押合同》，约定以康得新光电大额专户资金存单为康得集团提供担保，2016年至2018年担保债务本金超过14亿元。但康得新并未按规定披露这一为控股股东提供关联担保的行为。（4）康得新在2015年和2016年募集资金，并向康得新光电增资，目的是建设年产1.02亿平方米先进高分子膜材料项目、年产1亿片裸眼3D模组产品项目、归还银行贷款。但是其中近25亿元实际上被用于虚构采购及相应的资金回流，具体方式是：康得新在2018年7月至12月将募集资金从专户转出，向中国化学赛鼎宁波工程公司、沈阳宇龙汽车公司支付设备采购款，两家公司再将资金转付给指定供应商，经多道流转后最终回流至康得新，用于归还银行贷款、配合虚增利润等。

综上所述，根据事后处罚，可以看出康得新采用了虚构业务收入、成本和采购，并辅以构建资金流闭环、操纵货币资金的舞弊手法，理论上这一手法应导致在营业收入、货币资金、募投资金去向等方面出现异常特征，那么利用数字化技术是否能够准确、快速地事前识别到这些方面存在异常呢？

二、基于数字化技术的财务舞弊识别效果与效率分析

不论采用何种财务舞弊相关理论（如二因素、三因素理论等）进行个案分析时，第一步一般是全面了解案例分析对象的主营业务、财务状况、融资情况、股东构成等公司背景情况。第二步是计算各类财务指标，寻找可比公司，并从纷繁复杂的指标中发现可能存在的异常。第三步是寻找各类非财务资料，分析财务指标上的异常是否能够得到业务方面的支持，是否存在公司治理、内部控制等方面的问题导致存在舞弊动机或机会等。由此，可以得知公司的财务舞弊手段、识别特征、动机等。显然这一过程并不容易，仅寻找可比公司一项工作，就需要分析者对公司业务、行业有足够了解，同时需要花费时间分析其他公司是否足够相似，可用于对比。

因此，本文将讨论基于数字化技术进行财务舞弊识别时可能带来的改变：（1）采用数字化技术需要"前置步骤"，即将专家经验模型化，其中包括事先定义需要的公司背景资料、公司所属行业和对照公司、异常信号、转化成变量时的计算规则和阈值，以及进行模型构建等工作。（2）采用数字化技术构建相应数据、资料、指标库，即将多源数据结构化。该工作有赖于大数据与人工智能技术的支持，专有多维数据库构建完成后，可以支持专家规则运算所需的可比数据等，不需要每一次分析时再进行人工的资料整理。（3）采用数字化技术将预警模型系统化，这有赖于智能系统的编程实现。由此，分析过程也不再需要"按部就班"地展开，所有内容都可以同时、快速给出。

下面本文将采用中国财务舞弊研究中心及其理事单位基于五维度财务舞弊识别框架（叶钦华等，2022）构建的"天健财判财务智能预警系统"（以下简称"天健财判"）这一工具，给出基于数字化技术对康得新进行案例分析的结果，这些分析结果是将基础数据导入工具后直接、快速给出的。本文将讨论这些分析结果是否与事后确证的财务舞弊行为相匹配，并指出引入数字化技术的关键点和难点。

（一）财务税务维度：高存高贷的合理性存疑

康得新 2017 年的货币资金约为 185.04 亿元、理财余额约为 26.50 亿元，同时有息负债达到 116.36 亿元，有息负债占货币资金存量（货币资金＋理财余额）的比例约为 55.00%，且 2015 年至 2017 年也有类似情况。这表明康得新存在高存高贷的情况，在货币资金充足的情况下仍大幅举债，显然有悖常理。此外，下文的公司治理维度分析显示康得新大股东股权质押比例较高。

为了能够快速识别高存高贷这一异常现象，需要处理四个问题：一是将高存高贷

定义为财务舞弊预警信号,这需要有相应的专家经验和学术研究作为基础,如叶凡等(2021)在近年来的财务舞弊案例中发现这一特征。二是确定高存高贷的具体阈值。三是找出相关科目数据,如理财相关的资金可能在货币资金科目也可能在其他流动资产科目。四是分析是否还有相关联的异常,如高股权质押。通过数字化技术的事先定义和数据抓取,就可以快速处理这四个问题、得到最终结论,而不用在每一次分析时对每一家公司重新计算和定义。如果需要进一步拓展分析工具的使用场景,如服务于注册会计师审计,则可以在异常信号识别之后加入对应的关注问题和应对措施。例如,可指明需关注高存高贷的合理性及货币资金期末余额的准确性及存在性,需进一步分析借款及其用途的商业合理性。

此外,康得新还存在短期资金缺口大的风险。截至2017年年末,康得新一年内到期的借款余额(含银行借款及应付债券)约为71.96亿元,而根据交易所问询函的回复意见,康得新约185.04亿元的期末货币资金中仅储备了25亿元至34亿元用于偿还贷款。此时,亦需要将问询函相关公告的信息整合入数据库中,以提高智能预警信息的及时性与准确性。

(二)财务税务维度:毛利率异常且人工单耗异常

康得新2017年的收入增长主要来自光学膜产品,该产品收入增长金额占康得新总收入增长金额的91%。同时,康得新2017年的毛利率为39.92%,远高于同行业上市公司平均的30.05%,需要关注是否有足够的业务逻辑支持其高企的高毛利率。

纵向上,康得新光学膜产品的毛利率则略有下降。进一步细分其成本构成进行分析(如表1所示),可以发现2017年单价及单位成本相比2016年均有所上升,康得新的解释是产品结构调整,增加了中高端产品占比。但是单位人工却大幅度下降,较为异常,需要核实单位人工大幅下降的原因及合理性。

表1　　　　　　　　康得新光学膜产品的成本细分情况　　　　单位:万元,万元/万平方米

项目	2017年		2016年		单位成本变动
	金额	单位成本	金额	单位成本	
原材料	544172.44	22.87	409646.75	19.67	16.28%
人工成本	4422.03	0.19	5167.73	0.25	-25.10%
制造费用	32917.58	1.38	28045.46	1.35	2.74%
合计	581512.05	24.44	442859.94	21.26	14.94%

引入数字化技术实现对毛利率和人工单耗的分析,除了需要如上文所述定义规则,更大的难点来自另外两个方面:一是需要"圈定"哪些公司是同行业上市公司。

现有的行业分类实际上较为"粗放",若要"精细"对比同行业毛利率等数据,就需要事先进行更合理和细致的定义。例如,康得新在证监会的行业分类中为"制造业——橡胶和塑料制品业",而本文则是进一步细分到"制造业——橡胶和塑料制品业——塑料制品业——塑料薄膜制造"。在这一细分行业下仅包括福斯特（603806）、沧州明珠（002108）等16家公司。这些公司的经营、产品、毛利率才相对可比。二是产品成本细分数据在年报中的披露格式、内容都不统一,在数据获取这一环节就需要利用OCR、NLP等技术。即使是如注册会计师、尽职调查人员能够获取内部数据,也需要考虑如何对接企业内部系统的数据资料。

（三）行业业务维度：在建工程进展异常

康得新募集资金投资的在建工程存在进展缓慢的现象,其2015年及2016年两次非公开发行募集资金约77.73亿元,但截至2017年年末约有59亿元尚未使用,项目预计投产期也由2017年12月、2018年6月分别推迟至2019年2月及2018年12月。在建工程也是隐匿财务舞弊异常的重要科目（叶钦华等,2021）,需要进一步关注募集资金和借款资金的用途及最终去向。要快速、及时地完成这一分析,需要利用数字化技术实现从公司不同类型公告中自动抽取和定义不同工程项目的投资额、进展状况、计划和实际差异等资料和数据。

（四）内部控制维度与公司治理维度：对外投资与大股东行为异常

1. 投资性现金流异常增加且存在大额关联投资

康得新2017年的投资活动现金流出较2016年大幅增长,主要原因是购买理财产品和定期存单35.53亿元、投资江苏苏宁银行和康得碳谷公司23.9亿元、风险投资3.2亿美元。康得碳谷公司与康得新同属康得集团,因此需要关注存在高存高贷和高额理财产品是否合理,对外投资是否与公司战略相匹配。

2. 并购重组频繁失败

2018年2月24日,康得新发布停牌重组公告,拟现金收购某海外先进材料企业100%股权。2018年4月27日,由于重组进度未达预期,康得新复牌。2018年6月7日,康得新又发布停牌重组公告,拟以发行股份收购上海傲邦公司,该公司主营业务是高端汽车品牌汽车膜的采购和销售,并停牌至2018年11月6日。这些未达预期的频繁操作背后真实原因亦值得关注。

3. 大股东高股权质押

表2列示了康得新的大股东康得集团在2015年至2017年的股权质押情况,可以发现其质押比例都超过99%,股权高度受限。大股东股权质押已然成为一个关乎财务

舞弊动机的重要信号（叶凡等，2021）。为此，需要进一步分析相关资金的最终去向，并及时关注二级市场股价波动和平仓价格。另外，在2017年年报审计完成前，康得新就已经在2017年8月和11月收到监管关注函，这也提示了其可能存在舞弊的问题。

对于以上三个异常信号，数字化技术除了可以提供对公告信息的及时采集和处理外，更重要的是可以通过"接入"外部工商等数据，判断股东、客户、供应商等对象是否存在潜在关联关系、分析关联方经营状况。

表2　　　　　　　　　　　康得集团股权质押情况

股东名称	报告期	持股数量	持股比例	冻结比例	质押比例
康得集团	2017年	851414682	24.06%	0	99.51%
康得集团	2016年	785482381	22.26%	0	99.92%
康得集团	2015年	245856507	15.28%	0	99.91%

三、启示与建议

基于本文的案例分析及对过程中数字化技术具体应用的讨论，数字化技术对财务舞弊识别效率的提高毋庸置疑，例如，对年报和公告等数据的采集、对异常信号的判断，都可以事先定义、自动抓取和智能预警。而在财务舞弊识别效果方面，本案例中天健财判对康得新所识别出的五维度异常信号，与最终被处罚的财务舞弊行为相契合，特别是异常信号中对资金运用和去向的质疑。所以利用数字化技术得到的结果，一方面可以用于指出重大错报风险，另一方面也已提供一部分交叉验证的证据。基于此，注册会计师、尽职调查人员等可高效率获取该风险预警信息，并进一步获取相关证据，证实是否存在财务舞弊问题。

不论是对于注册会计师还是对于尽职调查人员，数字化技术首先有助于提高其风险评估与应对效果，将审计或核查资源聚焦于更大的风险领域，并持续固化不同注册会计师的共性经验。如果采用传统的人工程序，每一个项目组可能都需要手工获取被审计单位或核查对象的同行信息、自定义可比公司，分析财务与非财务信息的逻辑关系，对分析结果的有效性进行合理解释。通过统一的数字化工具，能够提供更多数据资料和更多不同个人的经验判断。其次，数字化技术的引入对身兼多职、多项目的质量控制人员及项目团队而言，能够大大提高工作效率。在审计行业，"每一次年度审计报告日，都是下一年度审计开始之日"。一名资深注册会计师往往同时负责多家上市公司的审计，上市公司除了定期公告还有大量的临时公告、新闻、诉讼信息等需要跟踪。如果进行手工收集和筛选，需要花费大量时间和精力。最后，数字化技术的引入可固化、持续优化不同行业反舞弊专有程序。在注册会计师和尽职调查人员等能够接入内部数据的场景下,可以进一步拓展数字化工具的外延,定义各个风险点对应的进一步审计程序、核查程序,为下一步风险应对的实质性工作指明方向。

(本文得到财政部与共建高校联合研究课题"注册会计师有效甄别财务舞弊、提高审计质量的路径与方法研究"的支持,在课题报告的基础上进行了修订)

参考文献

叶凡,叶钦华,黄世忠.2021.货币资金舞弊的识别与应对——基于豫金刚石的案例分析[J].财务与会计,11:37~42.

叶钦华,叶凡,黄世忠.2021.在建工程舞弊的识别与应对——基于抚顺特钢的案例分析[J].财务与会计,19:43~47.

叶钦华,叶凡,黄世忠.2022.财务舞弊识别框架构建——基于会计信息系统论及大数据视角[J].会计研究,3:3~16.

瑞幸咖啡财务舞弊案例分析

叶凡　叶钦华　黄世忠

> **【摘要】**瑞幸咖啡是近年来出现的"网红""独角兽"公司,以惊人的速度实现扩张、上市,可惜好景不长,其在发展初期即出现财务舞弊问题并被揭发。本文从财务舞弊事前识别的研究视角出发,应用"五维度"财务舞弊识别框架,对瑞幸咖啡出现的财务舞弊预警信号进行分析,讨论如何识别与应对新行业、新模式、新阶段下的企业财务舞弊问题。
>
> **【关键词】**财务舞弊　独角兽　舞弊识别　做空

2019年,康美药业(600518)和康得新(002450)的财务舞弊事件刷新了中国资本市场对舞弊严重程度的认知。2020年年初,远赴美国资本市场上市,曾一度被视为"独角兽"公司的瑞幸咖啡也被浑水公司的做空报告指出存在严重的财务舞弊。随着时间推移,这一事件"迷雾渐明",各方调查证据坐实了瑞幸咖啡财务舞弊的事实。虽然2022年瑞幸咖啡经过一系列内部改革,已走出财务舞弊的阴霾并实现了盈利,但是其财务舞弊行为仍具有较高的分析价值,特别是其特殊的商业模式、发展阶段,对财务舞弊识别带来极大的挑战。本文基于"五维度"财务舞弊识别框架(叶钦华等,2022),分析瑞幸咖啡2017年至2019年三季度实施财务舞弊期间存在的疑点,讨论可能的舞弊事前识别信号,提出关于识别这类财务舞弊行为的启示与建议。

一、经营规模扩张之"快"与财务舞弊实施之"早"

瑞幸咖啡(Luckin Coffee Inc.)成立于2017年6月,是根据开曼群岛法律注册成立的离岸控股公司。在经营层面,瑞幸咖啡的产品以面向个人消费者的各类咖啡饮品为主,其于2017年10月开设第一家门店,随后开始大规模的品牌推广和门店扩张,至 2018 年 12 月 25 日门店数达 2000 家，至 2019 年 12 月 31 日直营门店数竟高达 4507 家，大有"碾压"星巴克之势。此外，瑞幸咖啡于 2019 年 7 月推出"小鹿茶"品牌，进入茶饮市场，2020 年 1 月推出"无人值守零售计划"，包括：瑞即购（即能够提供与门店相同标准的咖啡产品的无人操作的机器）以及瑞划算（即提供自有和第三方品牌的各类食品与饮料、提供移动电源租赁服务的无人售货机）。虽然瑞幸咖啡将其商业模式定位为"新零售模式"，即充分利用移动互联网和大数据技术，与各领域优质供应商深度合作，为客户提供高品质、高性价比、高便利性的产品，但实际上其仍是使用 APP 线上预定、线下取货或外卖的一种线上/线下（O2O）的模式。张新民和陈德球（2020）指出瑞幸咖啡是旧市场中的新经济，并未能构建移动互联网时代企业商业模式的核心竞争力。此外，瑞幸咖啡也主要依靠高额补贴的方式获取客户并维持客户黏性，例如，在新冠疫情期间，星巴克仍闭店时，瑞幸咖啡即已开始发放补贴①。

在资本运作层面，瑞幸咖啡的快速增长离不开资本的持续助力。如图 1 所示，瑞幸咖啡自成立以来，进行了多轮融资，吸引了众多经验丰富且具有较高知名度和声誉的机构投资者，而且仅用不到两年的时间，就于 2019 年 5 月在美国纳斯达克上市。在上市之前，瑞幸咖啡的股权融资主要来自创始人与高管以及机构投资者。前者通过持

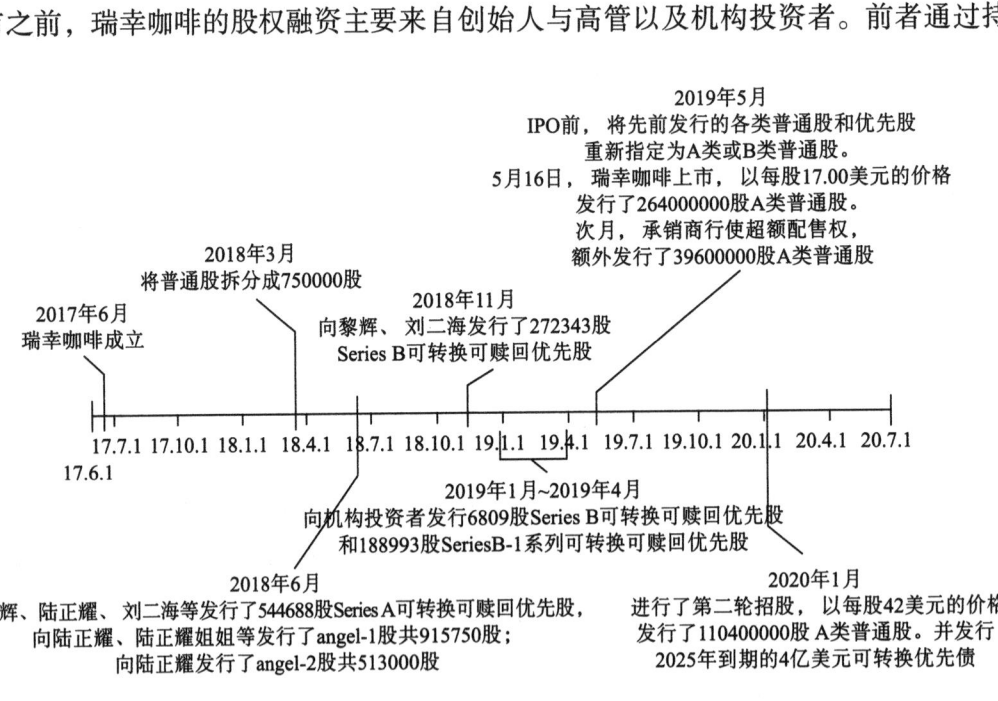

图 1　瑞幸咖啡融资过程

---

① 瑞幸咖啡业务背景及相关数据，来自瑞幸官网等网络新闻与资料，如 http：//www.luckincoffee.com/about；https：//zhuanlan.zhihu.com/p/128676622。

股平台持有股份,例如,Primus Investments Fund 和 Haode Investment 的背后是董事会主席陆正耀,Mayer Investments Fund 的背后是陆正耀的姐姐,Lucky Cup Holdings Limited、Fortunate Cup Holdings Limited 的背后是董事黎辉,Joy Capital II、Joy Luck Management Limited、Honour Ample Limited 的背后是董事刘二海,他们的持股比例并不低,但成本较低。上市后,瑞幸咖啡的股权分为 A 类和 B 类普通股,前者的投票权仅为后者的 1/10,创始人与高管的投票权仍较高。此外,瑞幸咖啡在上市后仍多次增发股份、发行可转换优先债。

在财务表现层面,表1列示了瑞幸咖啡2017年至2019年三季度的财务概况[①],其中呈现三个特点:首先,受股权融资的资本推动,瑞幸咖啡在初创阶段就呈现高速发展态势,此后实现快速上市并多次增发来迅速做大规模。其上市后市值基本维持在300亿元以上,且在2019年第三季度季报发布时股价上涨13.07%。短短不到三年,其总资产从2017年的3.37亿元骤增至2019年三季度的80.29亿元,特别是2019年上市后,二季度的总资产相比一季度增长了1.81倍,多次股权融资亦相应大幅降低了资产负债率。其次,瑞幸咖啡营业收入飞速增长的背后却伴随着巨额亏损,其营业收入从2017年的约0.0025亿元增长到2019年三季度的15.42亿元,但营业利润、净利润则一直为负,直到2019年亏损额才突然出现快速的缓解。最后,瑞幸咖啡的盈利能力及经营活动现金流在2019年二季度出现拐点,其营业利润率和销售利润率均为负值,2018年二季度分别为 -2.83、-2.74,到2019年二季度开始好转,分别达到 -0.76、-0.75,三季度则达到 -0.38、-0.35,经营活动现金流同样持续为负,经营活动现金流/营业总收入的比值同样到2019年第二、第三季度开始好转,分别为 -0.41 和 -0.08。

表1　　　　　　　　　　瑞幸咖啡财务概况　　　　　　　　　　金额单位:亿元

项目	2017年年报	2018年					2019年		
		一季度	二季度	三季度	四季度	年报	一季度	二季度	三季度
总市值	N/A	N/A	N/A	N/A	N/A	N/A	N/A	315.38	322.96
总资产	3.37	N/A	N/A	N/A	N/A	34.85	29.01	81.61	80.29
资产负债率	1.15	N/A	N/A	N/A	N/A	0.33	0.37	0.16	0.20
营业总收入	0.0025	0.13	1.22	2.41	4.65	8.41	4.79	9.09	15.42
营业利润	-0.56	-1.25	-3.43	-4.86	-6.44	-15.98	-5.27	-6.90	-5.91

① 本文数据中:利润表、现金流量表季度数据为单季度、3个月的情况,前三季度数据来自财务报表,第四季度数据为年报减去前三季度;年报数据则为全年、12个月的情况。资产负债表数据为当期末数据,来自财务报表。

续表

项目	2017年年报	2018年					2019年		
		一季度	二季度	三季度	四季度	年报	一季度	二季度	三季度
净利润	-0.56	-1.32	-3.33	-4.85	-6.69	-16.19	-5.52	-6.81	-5.32
营业利润率	-224.83	-9.66	-2.83	-2.02	-1.38	-1.90	-1.10	-0.76	-0.38
销售利润率	-225.48	-10.21	-2.74	-2.01	-1.44	-1.93	-1.15	-0.75	-0.35
经营活动现金流	-0.95	-1.24	-1.96	-7.20	-2.71	-13.11	-6.28	-3.75	-1.23
经营活动现金流/营业总收入	-380.10	-9.54	-1.61	-2.99	-0.58	-1.56	-1.31	-0.41	-0.08

注：销售利润率 = 净利润/营业总收入。营业利润率 = 营业利润/营业总收入。

然而，就在瑞幸咖啡俨然将成为足以抗衡星巴克的独角兽公司时，做空机构浑水公司于2020年1月31日发出一篇89页的匿名做空报告[①]，其中提出了诸多质疑且提供了线下调研获取的证据，导致瑞幸咖啡当日股价下跌10.74%。虽然瑞幸咖啡随即于2月3日发布回应公告，强烈否认了做空报告中的所有内容，其承销商中金公司和海通国际也表示支持[②]，促使股价有所回升。但是到2020年4月2日，迫于各方压力，如诉讼风险、会计师事务所施压[③]，瑞幸咖啡发布公告，宣布成立独立特别委员会进行内部调查，并初步发现从2019年第二季度开始，瑞幸咖啡首席运营官兼董事刘建以及向其报告的几名员工存在捏造交易等不当行为，第二季度到第四季度与虚假交易相关的总销售金额约为22亿元人民币，部分成本和费用也因此大幅虚增。独立特别委员会建议采取一些临时补救措施，包括中止刘建和涉嫌不当行为的员工的工作，中止与已确定的虚假交易涉及方的合同和交易等。此举意味着瑞幸咖啡"承认"了财务舞弊行为，其当日股价下跌75.57%。瑞幸咖啡于2020年7月1日再次公告，指出独立特别委员会发现财务舞弊的开始时间是2019年4月，虚增收入21.2亿元人民币、虚增成本13.4亿元人民币，并于两天前的6月29日正式退市。

瑞幸咖啡财务舞弊事件在引发国内外媒体高度关注的同时，也促使中国监管层启动调查程序。中国证监会于2020年4月3日表示高度关注并强烈谴责瑞幸咖啡财务造假事件，4月27日表示就跨境监管合作事宜与美国证监会沟通，且调查组已入驻瑞幸

---

① 《Luckin Coffee：Fraud + Fundamentally Broken Business》。
② 《瑞幸造假事件中"看门人"是否尽责？遭浑水做空后中金和海通国际曾发研报声援》，https://www.sohu.com/a/385310369_313745。
③ 《遭浑水做空后续：瑞幸咖啡将面临多家律所的集体诉讼》，http://finance.sina.com.cn/roll/2020-04-02/doc-iimxxsth3194746.shtml；《安永派驻强大反舞弊团队后，瑞幸造假东窗事发》，https://www.yicai.com/news/100578810.html。

咖啡①，11月对与瑞幸咖啡有关联的神州优车公司、北京氢动益维公司的信息披露违法行为进行处罚。中国财政部于2020年7月31日公布对瑞幸咖啡及其关联企业、金融机构的调查结果，指出瑞幸咖啡从2019年4月起至2019年年末通过虚构商品券业务，导致收入、成本费用、利润分别被虚增了21.19亿元、12.11亿元、9.08亿元人民币。中国市场监管总局及上海、北京市场监管部门于2020年9月22日对瑞幸咖啡等45家涉案公司作出6100万元的行政处罚。

二、快速扩张下的财务舞弊识别之"析"

瑞幸咖啡属于初创、扩张快速的"独角兽"公司，收入增长极快、利润为负、资产负债表短时间内变化极大，因此，依靠传统财务分析逻辑难以判断其财务异常，例如，利润为负导致诸多指标分析方法无法适用、"独角兽"公司难以找到可比公司等问题。本文基于"五维度"财务舞弊识别框架（叶钦华等，2022）尝试讨论如何在这一背景下拆分并联动分析各类指标、寻找并分析某个分项指标的可比公司和商业逻辑、利用多维度的非财务数据，由此分析瑞幸咖啡存在的疑点和可能的事前识别信号。以下数据和资料主要来自瑞幸咖啡的年报、季报、各类公告，浑水公司的做空报告，以及各类公开网络、媒体披露的资料。

（一）财务税务维度：多指标联动异常

1. 收入增长率与净利润联动异常

如表2所示，瑞幸咖啡收入增长率（环比）在2018年较高，原因是收入基数较低，到2019年一季度增长率便锐降至3%。但是2019年第二、第三季度又再次高达90%和70%，而此时2019年第二季度的收入基数已经达到9.09亿元。2019年第二、第三季度的收入增长率（同比）甚至达到6.48倍和5.40倍。类似地，瑞幸咖啡的销售利润率持续上升（或者说亏损程度持续降低），且净利润在2019年之前随收入增长而亏损不断增大。但是到2019年前三季度，亏损则是先增加后开始迅速降低。

表2　　　　瑞幸咖啡收入增长率、净利润、存货周转率联动异常　　　　金额单位：亿元

项目	2017年年报	2018年					2019年		
		一季度	二季度	三季度	四季度	年报	一季度	二季度	三季度
收入增长率（环比）	N/A	N/A	N/A	0.98	0.93	N/A	0.03	0.90	0.70
收入增长率（同比）	N/A	N/A	N/A	N/A	N/A	N/A	N/A	6.48	5.40

---

① 《瑞幸被查！证监会调查组已入驻，系首次行使长臂管辖权》，https://new.qq.com/rain/a/2020042700269000。

续表

项目	2017年年报	2018年					2019年		
		一季度	二季度	三季度	四季度	年报	一季度	二季度	三季度
销售利润率	-225.48	-10.21	-2.74	-2.01	-1.44	-1.93	-1.15	-0.75	-0.35
净利润	-0.56	-1.32	-3.33	-4.85	-6.69	-16.19	-5.52	-6.81	-5.32
销售费用	0.25	0.54	1.78	2.25	2.88	7.46	1.68	3.90	5.58
广告费	0.24	0.40	1.02	1.27	0.93	3.62	0.40	2.42	3.82
存货周转率	16.62	N/A	N/A	N/A	N/A	16.26	5.32	6.90	10.00

注：收入增长率（环比）、收入增长率（同比）指标，由于2018年一季度很小，年报数据只有前期的两年，因此对这几个期间不作比较。销售利润率=净利润/营业总收入。存货周转率=营业成本/存货。

可见，瑞幸咖啡在收入飞速增长的同时，从2019年起亏损也开始收窄，盈利能力在陆续变好。但存在的问题是：与收入直接相关的销售费用除了2019年第一季度以外，后续季度又开始持续增长，仍采用持续烧钱补贴方式来拉动销售的商业模式，即性价比是其主要优势。除非瑞幸咖啡此时的销售费用能够有效地"撬动"收入增长，否则收入、利润的变动方向与其商业模式并不相符。另外，瑞幸咖啡收入核算依据的是实收金额（扣除了折扣后的价格）而不是原始标价，对于免费饮品才归入销售费用，因此折扣、销售量、单价也是可能的影响因素，本文将在行业业务维度进一步交叉验证这一业务逻辑。

2. 收入增长率与存货周转率联动异常

如表2所示，瑞幸咖啡存货周转率在2017年和2018年分别为16.62次和16.26次，假设各季度营业成本相同，则平均各季度的存货周转率约为4.16次和4.07次。但是到2019年前三季度，存货周转率大幅提高至5.32次、6.90次和10.00次。这说明瑞幸咖啡在大幅提高收入、增加门店数量（2018年年末门店数为2073家、2019年三季度末为3680家，主要是直营店，第一家加盟店在2019年10月才开业，具体分析参见下文行业业务维度）的同时，还维持甚至降低存货占用。这种现象在零售、开店数多的商业模式下并不是"惯例"，其背后或者指向超高的运营能力，或者指向通过存货调节营业成本的成本舞弊，或者指向操纵收入、成本后未随之调整存货的收入舞弊。与瑞幸咖啡相似的国内上市公司并不多，本文尝试以新三板上市的茶饮轻食公司快乐番薯（872940）作为对比。快乐番薯从2018年下半年开始，半年度收入过亿元，因此对比2018年下半年、2019年上半年、2019年下半年数据：其半年度收入环比增长率分别为87%、24%和18%，同比增长率分别为149%、133和47%；存货周转率分别为11.25次、5.68次和4.49次。可见其呈现的是收入上升、存货周转率下降的现象。虽然其以加盟店居多，但是对存货增加原因的表述也是加盟店数量增加、春节备货等。

3. 毛利率多维度提示异常

（1）毛利率变动与商业模式调整不匹配。表3和图2进一步细分瑞幸咖啡的各类成本，计算扣减不同成本后得到的毛利率1至毛利率9。可以发现，2019年第二、第三季度，瑞幸咖啡的毛利率大幅提高。而且，只有不考虑销售费用的毛利率9整体变化相对平滑，其他毛利率指标都出现这个突然的变化。2019年4月，瑞幸咖啡开始出售茶饮产品，7月发布子品牌"小鹿茶"。10月，小鹿茶门店开业，主要采用加盟店模式。茶饮行业在我国虽市场更大，但竞争者不少。据相关研报，其毛利率应低于咖啡行业。即使其毛利率更高，新业务、新品牌是否能够快速转化出更高的利润也存在疑问①。因此，瑞幸咖啡2019年第二季度的毛利率提高缺乏足够的业务逻辑支持。

表3　　　　　　　　　　　　瑞幸咖啡毛利率多维度异常　　　　　　　　　　金额单位：亿元

项目	2017年年报	2018年					2019年		
		一季度	二季度	三季度	四季度	年报	一季度	二季度	三季度
毛利率1	0.03	0.00	0.55	0.55	0.55	0.55	0.55	N/A	N/A
毛利率2	-0.60	0.24	0.09	0.15	0.09	0.11	0.15	N/A	N/A
毛利率3	-2.29	0.14	0.30	0.33	0.33	0.32	0.38	0.46	0.52
毛利率4	-4.86	-0.32	0.14	0.15	0.16	0.15	0.16	N/A	N/A
毛利率5	-8.78	-1.70	-0.61	-0.43	-0.32	-0.41	-0.25	0.04	0.20
毛利率6	-12.60	-2.06	-0.75	-0.55	-0.46	-0.55	-0.44	-0.06	0.12
毛利率7	-36.45	-3.07	-0.95	-0.69	-0.54	-0.67	-0.49	-0.08	0.11
毛利率8	-136.08	-6.70	-1.88	-1.25	-0.75	-1.13	-0.58	N/A	N/A
毛利率9	-142.55	-8.03	-2.58	-1.68	-1.19	-1.62	-0.87	-0.53	-0.26
销售费用	0.25	0.54	1.78	2.25	2.88	7.46	1.68	3.90	5.58
广告费	0.24	0.40	1.02	1.27	0.93	3.62	0.40	2.42	3.82

注：由于收入、成本披露的详尽程度在各个期间不一致。本文尝试多种毛利率估算方式，即：毛利率1（现酿饮品收入-原材料成本）/收入；毛利率2（其他产品收入-原材料成本）/收入；毛利率3（现酿产品收入+其他产品收入-材料成本）/收入；毛利率4（现酿产品收入+其他产品收入-材料成本-租金）/收入；毛利率5（现酿产品收入+其他产品收入-材料成本-租金和其他运营成本）/收入；毛利率6（现酿产品收入+其他产品收入-材料成本-租金-其他运营成本-折旧）/收入；毛利率7（现酿产品收入+其他产品收入-材料成本-租金-其他运营成本-折旧-开业前其他费用）/收入；毛利率8（现酿产品收入+其他产品收入-材料成本-租金-其他运营成本-折旧-开业前其他费用-广告费用）/收入；毛利率9（现酿产品收入+其他产品收入-材料成本-租金-其他运营成本-折旧-开业前其他费用-销售费用）/收入。

---

① 《中金：瑞幸咖啡（LK.US）门店业务趋势良好，小鹿茶与无人零售业务尚处试水期》，http://finance.ifeng.com/c/7tHV1bOjO7N。

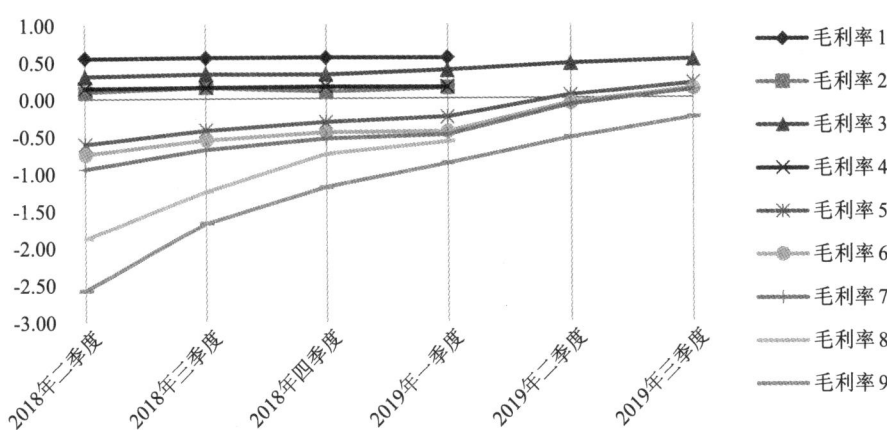

图 2　瑞幸咖啡毛利率多维度异常分析图

（2）毛利率与销售费用联动异常。2019 年第一季度的成本还出现了多个与之前季度不同的特征：工资成本相比上一季度降低了 10.79%；店铺租金和其他运营成本相比上一季度降低了 0.41%；销售费用，即新客户和推荐客户的免费产品、配送、销售和市场人员的工资等，相比上一季度降低了 41.69%。由此产生的疑问是：在整体扩张的经营状态下这几类成本为何不升反降从而提高了第一季度的利润？进一步地，为何之后第二、第三季度的成本（在有数据披露时）上升而利润却依然不降反升？

此外，在浑水公司的做空报告中，其依据独立第三方 CTR 市场研究公司和广告商分众传媒的外部数据估算了瑞幸咖啡的实际广告费支出，指出其虚增了 150% 以上的广告费。这背后的财务舞弊逻辑是：虚增的广告费可用于掩盖虚增的收入，从而形成闭环。

4. 净利润（亏损）与经营活动现金流量联动异常

瑞幸咖啡经营活动的现金流量和净利润均为负，同时如表 4 所示，2019 年经营活动的现金流量与净利润的比值降低。这说明其净亏损在缩减的同时，经营活动的现金流量却依然持续恶化，减亏并没有缓解现金流量的恶化。这种利润与现金流量的联动变动趋势并不是常见的组合，意味着瑞幸咖啡的减亏质量不高或减亏不实。

表 4　　　　　　　　　瑞幸咖啡净利润与经营活动现金流量联动异常

项目	2017 年年报	2018 年					2019 年		
		一季度	二季度	三季度	四季度	年报	一季度	二季度	三季度
经营活动现金流量/净利润	1.69	0.94	0.59	1.48	0.41	0.81	1.14	0.55	0.23

（二）行业业务维度：门店经营、销量与单价变化不符合商业合理性

1. 门店数、单店收入与商业合理性不符

如表 5 所示，瑞幸咖啡的门店数持续大幅增加，2019 年第三季度末达到 3680 家。

在单季度层面，2018年第四季度新增店面数达到最高的884家，2019年第一季度骤减至仅增加297家，第二、第三季度却又再次高达593家和717家。进一步分析其单店平均收入可以发现，2018年第二季度至第四季度单店收入及其增长相对稳定，单店收入约20万元，每季度增长约2万元，2019年第一季度新增门店数减少时，单店收入也降低，第二、第三季度新增门店数再次增加时，单店收入也大幅提高了约10万元。可见，瑞幸咖啡门店大幅增设的同时，单店平均收入亦大幅提高。

表5　　　　　　　　　　　　　瑞幸咖啡门店数与单店收入情况

项目	2017年年报	2018年					2019年		
		一季度	二季度	三季度	四季度	年报	一季度	二季度	三季度
店面数（累计）	9	290	624	1189	2073	2073	2370	2963	3680
店面数（新增）	9	281	334	565	884	2064	297	593	717
单店收入（万元）	2.78	4.48	19.55	20.27	22.43	40.57	20.21	30.68	41.90

注：单店收入=营业总收入/店面数（累计）。

然而，这并不符合行业惯例。一般而言，连锁经营企业新设门店有一定的投入培育期[①]，门店数大幅增加的当期，单店销售收入一般呈短期下降趋势，除非老店收入增长极高或者新店极其"火爆"，又或者门店类型、定价策略有极大的改变。根据瑞幸咖啡的公告，其门店主要分为三类：一是快取店（Pick-up），即小型店，商品可以由客户自取或者配送给客户。二是悠享店（Relax），规模更大、更宽敞，主要是为了品牌宣传。三是配送式（Delivery）厨房，在进入新城市或区域时有时候采用这一形式，因为建立更快、成本更低，当市场需求足够或找到合适地点时，将改为前两种类型店铺。如表6所示，瑞幸咖啡的新设门店一直以快取店为主，从2017年至今并没有太大的模式变化。此外，瑞幸咖啡指出由于其门店数变得密集，其配送订单（相比自取订单）在2018年第一季度和第二季度占比达到61.7%和62.2%，之后几个季度下降极快，分别降到51.4%、40.8%、27.7%、19.8%和12.8%。这进一步说明，支持收入快速增长的主要是进店客户，但是新设门店培育进店客户所需的时间一般而言较长，所以新设门店的培育期对其单店收入影响本应比较显著。

---

① 如《三江购物俱乐部股份有限公司首次公开发行股票招股意向书摘要》提及，新设门店从开业到实现盈亏平衡需要一个培育期，培育期是单个门店必须要经历的一个过程，是盈利的基础。首先，消费者对新门店的认知到认可需要一个过程；其次，新门店适应消费者的消费习惯也有一个调整过程；最后，新门店广告宣传、营销策划需要较大的前期投入。

表 6　　　　　　　　　　瑞幸咖啡各类型门店数情况

项目	2017年年报	2018年					2019年		
		一季度	二季度	三季度	四季度	年报	一季度	二季度	三季度
快取店（新增）	4	79	273	547	908	1807	352	578	692
悠享店（新增）	5	10	7	23	41	81	23	14	15
配送式厨房（新增）	0	192	54	-5	-65	176	-78	1	10

2. 销售量、定价与商业合理性不符

表 7 给出了瑞幸咖啡的销售量和定价情况：其累计客户数呈多年度连续增长态势，在 2019 年第三季度达到 3072.37 万人次；月均客户数、月咖啡销售杯数及单杯咖啡销售单价亦在 2019 年第二、第三季度呈同时间大幅增长态势；以平均每月售出商品数/平均每月客户数，简单估算单个客户咖啡消费杯数，同样是在 2019 年第二、第三季度最高，分别为 4.48 杯、4.74 杯。

表 7　　　　　　　　　　瑞幸咖啡销售量与定价情况

项目	2017年年报	2018年				
		一季度	二季度	三季度	四季度	年报
客户数（累计）（以万计）	1.11	48.50	291.78	598.43	1252.95	1252.95
月均客户数（以万计）	0.40	17.95	120.76	187.74	432.59	189.76
月咖啡销售杯数（以万计）	0.86	48.75	400.10	776.03	1764.51	747.35
平均每月售出商品数（以万计）的增长率	N/A	55.69	7.21	0.94	1.27	N/A
单杯销售价格（元）	N/A	8.89	10.16	10.35	8.78	9.38
单客户每月咖啡购买杯数	N/A	2.72	3.31	4.13	4.08	3.94

项目	2019年		
	一季度	二季度	三季度
客户数（累计）（以万计）	1687.23	2277.75	3072.37
月均客户数（以万计）	440.20	616.60	933.97
月咖啡销售杯数（以万计）	1627.58	2759.30	4424.46
平均每月售出商品数（以万计）的增长率	-0.08	2.69	1.72
单杯销售价格（元）	9.81	10.98	11.62
单客户每月咖啡购买杯数	3.70	4.48	4.74

综上所述，瑞幸咖啡 2019 年第二季度和第三季度的经营情况都呈现收入、毛利、门店数、单价、单个客户消费量的上升态势。那么，瑞幸咖啡是否已经产生足够强的品牌影响力及经营能力，能够在提价的同时还提高销量？快速扩张的同时还降低成本？这是一个值得关注的异常业务信号，也呼应了财务税务维度收入增长率、净利润的异

常变化。

3. 核查销量与单价的真实性

浑水公司的做空报告展示了如何利用实地调研、抽样分析的方法核查业务逻辑是否足以支持财务数据。其对门店进行监控、视频录制,并获取收据,进而依据抽取的样本情况估算瑞幸咖啡实际的订单数、现酿和非现酿等不同类型商品的单价,并与披露的销售收入、销售量、增值税进行对比,结果发现两者难以匹配。可见,传统的抽样审计方法不仅可用于会计凭证核查,也可用于实地调研。此外,如收银小票、取餐码等业务数据也仍有继续深挖的空间。虽然实地调研的成本较高,但是随着视频监控、视频和文本分析手段的进步,成本有望下降。对于注册会计师而言,这或许是未来核查的一个方向,如图片、视频等资料也是审计底稿、审计程序应用中可以纳入的内容。而且,对于零售行业企业,这一方法将更为有效。

(三)行业业务维度:销售模式异常变化

1. 销售模式从面向个人消费者(2C)到面向企业客户(2B)的合理性

销售模式是企业经营的核心,甚至涉及企业整体的战略方向,因此销售模式的变化一般需要有明确的商业合理性。根据相关报道,瑞幸咖啡的审计机构安永会计师事务所(简称"安永")一开始发现的异常迹象即与其销售模式的变化有关。虽然在2019年的招股说明书中,瑞幸咖啡说明其也为企业客户提供特殊折扣和会员项目,但是具体的销售情况并未披露。而能够接触内部资料的安永发现,自2019年第二季度开始,瑞幸咖啡本应以面向个人消费者为主,但却突然有了大量的企业客户[①],这引起了安永的怀疑。

2. 门店管理模式从直营店到加盟店的必要性

2019年9月,瑞幸咖啡新增了加盟店模式,主要用于小鹿茶品牌,10月第一家茶饮加盟店开业。这一模式下,瑞幸咖啡提供原材料、配送服务等并进行标准化。加盟合伙人负责选址、许可证申请、店面返修、员工配备、开业前准备、日常运营等工作。瑞幸咖啡与加盟店共享利润,而不是收取加盟费。如上所述,2019年瑞幸咖啡的单店收入、毛利和销售单价都开始上升。此时直营店盈利向好,却又转向新增加盟店,而加盟店一般毛利率低于直营店,采用这一新模式帮助新市场开发的同时也增加了诸多新的风险,因此这一改变的必要性存疑。

---

① 《安永收走瑞幸咖啡管理层电脑,发现财务舞弊确凿证据》,https://new.qq.com/omn/20200618/20200618A03BGH00.html?pc。

3. 增加无人销售模式的合理性

2020年1月,瑞幸咖啡开启无人销售模式,即瑞即购和瑞划算,瑞划算还开始提供非食品商品,如联名款的杯子和包。这似乎不仅仅是简单的贩卖周边产品,而是相当于进入了一个相比以往更新、更陌生的领域,可能的效果和风险还有待观察①。

综上所述,当前新兴企业呈现出初期需要巨额投资用于"烧钱"式经营的特点,在业务指标及财务指标呈现好转的情况下,仍频繁变更销售模式的举措令人费解。需要进一步探究的问题是,瑞幸咖啡是通过正常的业务开拓、创新且有效的商业模式维持增长,还是在原有销售模式遭遇瓶颈或存在关键缺陷下,通过操纵维持增长。根据事后披露的财务舞弊调查结果,更可能出现的是后者,但更多的财务舞弊动机和业务变动原因仍有待披露。

(四)公司治理维度:大股东及高管异常行为

1. 股权质押套现

根据瑞幸咖啡2020年1月的公告,表8列示了持股比例最高的几个股东,可以发现这些股东的背后基本是高管及相关人员,且持股比例和投票权比例不低。所以,瑞幸咖啡虽已上市,也有机构投资者,但内部股东(不仅仅是第一大股东或实际控制人)仍具有较大的影响力。

表8 瑞幸咖啡前几大股东及其与高管的联系

高管及相关人员	投资主体	拥有A类普通股		拥有B类普通股		投票权比例
		数量	比例	数量	比例	
董事会主席陆正耀	Haode Investment 等	0	0	484851500	39.12%	36.82%
CEO钱治亚	Summer Fame Limited 等	0	0	312500000	25.22%	23.73%
陆正耀姐姐	Mayer Investments Fund 等	0	0	196875000	15.89%	14.95%
董事黎辉	Centurium Capital 等	0	0	150538500	12.15%	11.43%
董事刘二海	Joy Capital 等	107235500	13.84%	0	0	0.81%

因此,本文首先分析这些股东对其股权的处置。同样根据2020年1月的公告,这些股东涉及的股权质押情况如表9所示,从表中可以发现:陆正耀通过两个投资主体持有的B类普通股中有30%被质押,钱治亚有46.75%的股份被质押,陆正耀姐姐全部的股份均被质押②,由此获得的借款金额却并未披露。直到2020年4月6日,根据

---

① 《瑞幸烧钱烧到"无人区"无人零售是新世界还是资本局》,http://finance.sina.com.cn/chanjing/gsnews/2020-01-09/doc-iihnzahk2953066.shtml。
② 在2019年5月上市时,钱治亚的股份质押了24.15%,陆正耀姐姐的股份即已被全部质押。

关于高盛强制平仓公告的报道①，陆正耀、钱治亚等人共质押了 515355752 股 B 类普通股和 95445000 股 A 类普通股，这些质押对应获得的借款金额为 5.18 亿美元，相关的资金流向和用途却没有披露。如果仅考虑瑞幸咖啡 2018 年 6 月之后的融资情况，陆正耀及其姐姐的投资额共 2.199 亿美元，即股权质押获得的借款金额远高于投资额。高股权质押需要较高业绩来支撑股价，以免追加质押品或被强制平仓，这或许是瑞幸咖啡财务舞弊的动机所在。

表 9　　　　　　　　　　瑞幸咖啡主要股东股权质押情况

项目	董事会主席陆正耀		CEO 钱治亚	陆正耀姐姐
	Haode Investment	Primus Investments Fund	Summer Fame Limited	Mayer Investments Fund
总股数	297351500	187500000	312500000	196875000
质押股数	89205450	56250000	146100254	196875000
质押比率	30.00%	30.00%	46.75%	100.00%

实际控制人、重要股东出现大比例的股权质押，是一个比较强的财务舞弊信号，涉及舞弊动机。因为其往往预示着大股东资金紧张、存在套现需求，或者大股东通过质押进行融资、形成体外资金体内化服务于舞弊。这一信号提示的是，需要结合实际控制人陆正耀的其他产业联动考虑，进一步核实巨额资金的去向。

2. 股票减持套现

瑞幸咖啡上市后股票禁售期为 180 天，在 2019 年 11 月 13 日结束。当日瑞幸咖啡发布第三季度季报，收盘价 21.46 美元，涨幅 13.07%。在这之前，股价最高为 27.12 美元、最低 13.71 美元。在这之后，或许是受瑞幸咖啡 2019 年第二、第三季度业绩提升，又陆续推出的新子品牌、无人销售模式的正面信息推动，瑞幸咖啡的股价开始快速上升：11 月 15 日收盘价 27.02 美元，涨幅 25.44%；2020 年 1 月 8 日收盘价 39.46 美元，涨幅 12.39%，1 月 9 日收盘价 44.37 美元，涨幅 12.44%，1 月 17 日达到最高的 51.38 美元。

在这期间，瑞幸咖啡的主要股东黎辉在 2020 年 1 月 8 日减持了 3840 万股，1 月 17 日减持了 576 万股。两次累计减持的 4416 万股对应 552 万股 ADS，以 1 月 8 日再次发行股票时每股 ADS 发行价 42 美元计算，黎辉可获得 2.3184 亿美元。与此对应的是，2018 年 6 月至 11 月，黎辉的投资额为 1.775 亿美元，减持获利远高于投资。此外，主要股东刘二海将 B 类普通股全部转为 A 类普通股，陆正耀姐姐将其 B 类普通股中的

---

① 《Goldman Sachs & Co.：Enforcement on up to 76350094 ADSs of Luckin Coffee Inc.》, https://www.businesswire.com/news/home/20200406005488/en/. 相比 2020 年 1 月三人的质押总数，还多出了约 1.2 亿股，差异部分并没有相关披露。

48.48%转为 A 类普通股。

解禁当期企业业绩大幅改善，主要股东又出现股票减持或为减持做准备的迹象，是需要予以特别关注的异常信号。通过市值管理、服务于解禁后的减持意图可以构成一个较强的财务舞弊动机。当然，这并不是一个罕见的公司治理问题，但至少提供了一个信号，表明需要结合其他维度进一步判断关注这一动机是否导致舞弊。

3. 实际控制人深谙资本运作"套路"

瑞幸咖啡并不是陆正耀创立的第一家公司，此前其已深度参与资本运作，建立了神州系多家公司，其中主要的两家公司是在新三板上市的神州优车与在香港上市的神州租车。瑞幸咖啡的主要股东和高管也与神州系公司存在密切联系：刘二海（群联资本）和黎辉（华平资本）均参与投资了神州租车；刘二海是神州优车的天使投资人，黎辉曾担任神州优车的副董事长；钱治亚一直与陆正耀一起创业，担任神州租车、神州优车高管。

在经营层面，瑞幸咖啡的模式与神州租车有相似之处，例如价格竞争、快速扩张、"烧钱"补贴、初期投入大、发展迅速。在资本运作层面，神州租车和神州优车均已上市，背后曾发生过、也正在发生复杂的资本运作，也曾出现套现事件①。瑞幸咖啡上市速度则更快，其主要股东与神州系密切相关。2019 年，神州优车还通过陆正耀同学王百因的长盛兴业公司作为过桥平台，收购了宝沃汽车。在近年来的多起案例中，"造车"似乎已成为深不见底投资的"代名词"。可见，陆正耀通过频繁的资本运作，期望创立一个更庞大的生态系统、形成闭环。这导致各个公司"绑定"在一起，如果没有稳定的盈利，反而将加大风险②，甚至可能形成实际控制人为了维持整个系统而进行财务舞弊的动机。此外，如果不得不诉诸财务舞弊，复杂的公司网络也更容易隐藏"猫腻"。

4. 高管声誉

瑞幸咖啡建立的第一年，在运营层面代表瑞幸咖啡对外发声的是首席营销官杨飞，而非后来的刘剑。瑞幸咖啡的招股说明书中并没有杨飞的名字或头衔，但是网络资料仍显示其在瑞幸咖啡任职。杨飞曾在 2015 年 2 月因北京口碑互动营销策划有限公司删帖案件被判处有期徒刑 18 个月、罚款 4 万元③。由于其在 2013 年 10 月便已被抓

---

① 《神州租车往事》，http：//finance.sina.com.cn/stock/relnews/hk/2020-04-11/doc-iirczymi5622044.shtml。

② 《瑞幸造假，神州系雪崩：神州租车跌到停牌，神州优车跌超 25%》，https://new.qq.com/omn/20200403/20200403A0BZKV00.html。《神州优车 20 天套现近 15 亿元 神州租车大股东即将易主》，http：//finance.sina.com.cn/roll/2020-04-23/doc-iirczymi7904605.shtml。

③ 《口碑互动公司及三高管非法经营案今日一审开庭》，http：//cyqfy.chinacourt.gov.cn/article/detail/2015/03/id/4047525.shtml。

捕，羁押在2015年4月结束。但杨飞却提前一个月，在2015年3月便担任神州优车的首席营销官。而且，北京口碑互动营销策划有限公司与北京氢动益维公司的创始人均有杨飞，后者为神州租车的分支机构，并为瑞幸咖啡提供广告服务①。

（五）公司治理维度：再融资业绩压力

瑞幸咖啡的高速增长有赖于巨额资金投入，仅2018年经营活动现金净流出就高达13.11亿元，且投资活动现金净流出也达到约12.83亿元。现金流量入不敷出，导致瑞幸咖啡需要持续、大量地获得融资。在股权融资方面，自2018年11月融资2亿美元起，开始有机构投资者参与瑞幸咖啡的融资，例如，2019年1月至4月瑞幸咖啡向一系列机构投资者共募集约1.6亿美元。IPO时公开募集资金则为5.61亿美元，私募配售0.5亿美元，IPO之后又额外发行了0.8415亿美元。2020年1月，瑞幸咖啡再次募集5.796亿美元，同时发行可转换优先票据4亿美元。在债务融资方面，瑞幸咖啡上市时的信息披露显示其向光大金融租赁公司、中关村科技租赁公司进行了3.5亿元和4500万元人民币的融资租赁，向西藏信托公司获取3亿元人民币的营运资本贷款，利息率高达8%（其短期银行借款利息率为5.66%），向浦发银行获取6000万元人民币定期循环贷款。这些项目又大多涉及瑞幸咖啡公司和陆正耀等人的担保、抵押。相应地，瑞幸咖啡的估值也"水涨船高"，2018年12月完成2亿美元融资后的估值达22亿美元；2019年4月估值达到29亿美元；上市后股价基本呈上升趋势，一直到被质疑财务舞弊，才开始回落。

持续再融资的高需求和高估值就形成了巨大的业绩压力，瑞幸咖啡或者需要一个"漂亮"的业绩，如利润率提升，或者需要一个高速增长、未来可期的业绩。在利润为负的情况下以市销率（即市值/收入）评价市值情况，就需要有一个高速增长的收入。这种压力是否反而转变为财务舞弊动机，就取决于公司的业务基础。

（六）内部控制维度：隐性关联方问题

1. 新增企业客户为隐性关联方

在瑞幸咖啡被质疑后披露出的内部资料和相关报道中②，其新增的主要企业客户

---

① 浑水报告中给出了杨飞的更多信息。
② 由于瑞幸咖啡关于主要客户、供应商等的信息披露较少，例如其招股说明书披露的供应商用A、B、C代替的，结合股权结构，可判断A是天津瑞幸的另一个股东，其他则没有更多信息，客户信息亦未披露。本文的分析主要依靠瑞幸咖啡被质疑后获取到更多内部资料的报道，如《Behind the Fall of China's Luckin Coffee: a Network of Fake Buyers and a Fictitious Employee》，https：//www.msn.com/en-us/money/companies/behind-the-fall-of-chinas-luckin-coffee-a-network-of-fake-buyers-and-a-fictitious-employee/ar-BB14IDGl，https：//new.qq.com/rain/a/20200530A0GUX000。

大多为隐性关联方。2019年5月，瑞幸咖啡向企业客户批量销售咖啡代金券的新业务为其带来了大量订单。其中除了航空公司和银行等常规客户外，还有来自国内各城市的数十家不为人知的公司，且后者存在反复、批量、大额购入代金券，在夜间产生大量订单的情况。例如，青岛志炫公司一笔订单就购买了96万元代金券，且在2019年5月到11月重复购买了100多次。同时，在一个复杂的公司、高管、股东网络中可以发现青岛志炫公司与陆正耀的一名亲戚、神州优车的一名高管、瑞幸咖啡的一名高管存在关联，青岛志炫公司的联系电话与神州租车的一家分支机构相同，且是用一个神州优车的电子邮箱地址注册的。这些隐性关联方构建的虚假交易仅在2019年就超过15亿元，甚至高于瑞幸咖啡店面销售的收入。

与此类似，瑞幸咖啡的部分个人消费者也是隐性关联方，例如，瑞幸咖啡的员工使用手机号码注册的个人账号购买代金券，总金额达到2亿至3亿元。员工个人信息与客户信息（如手机号码）的重叠，以及带来超乎常规的收入金额，都是识别异常的一个突破口。

2. 新增供应商为隐性关联方

为了控制因财务舞弊造成的毛利率异常程度，往往需要在虚增收入的同时，对应虚增一部分成本。瑞幸咖啡不仅构建了隐性关联客户，也构建了存在隐性关联的新增供应商，甚至由此形成一个更大的关联供应链网络。首先，瑞幸咖啡的一些供应商办公地址和联系电话与神州租车、神州优车的分支机构相同，或者电子邮箱地址与神州租车、神州优车的员工相同，有一家供应商甚至直接使用瑞幸咖啡的电子邮箱。其次，一些供应商与陆正耀的亲戚朋友形成间接的关联，例如，其客户达特英菲公司与供应商征者国际公司的法人代表是陆正耀同学王百因，分别持股60%和95%，后者注册地址在瑞幸咖啡总部隔壁。

瑞幸咖啡供应商的异常迹象还包括：提供原材料、配送和人力资源服务的十几家公司在2019年4月和5月才成立，时间极短；超过10亿元的可疑供应商付款由虚构的Lynn Liang经手，且这些付款绕过了CFO，直接由CEO钱治亚批准，存在明显的内控缺陷。

3. 其他关联方问题

根据瑞幸咖啡的公告，其办公场所租赁自神州优车，广告服务由神州租车分支机构北京氢动益维公司提供，也从陆正耀的公司获取借款。可见，瑞幸咖啡在多个方面与实际控制人的关联公司具有高度关联性，形成了错综复杂的关系网。

（七）数字特征维度

数字特征维度旨在发现财务和业务数据中数字的异常分布和人为操纵痕迹。在瑞幸咖啡的经营活动中，每个消费者购买产品的订单号或取餐码是一个最基础的数字记录。根据浑水公司的做空报告，瑞幸咖啡的取餐码并非连续编号、连续递增，而是特意、人为地改成随机递增、跳号递增。这就导致取餐码与实际订单数并不相同，从而构成一种隐藏"猫腻"的方式。注册会计师或监管部门如果根据数字特征的异常去检查编号、计算编号的分布，将有助于识别出这种异常处理方法释放出的财务舞弊信号。

可见，注册会计师等具有获取更多数据途径的人员还可进一步利用销售订单等内部信息，通过分析新增收入门店分布、交易时间分布、单客户购买杯数等数字统计特征，观察存在异常统计分布特征的信号。特别是对于瑞幸咖啡这类近年才成立、有较强线上平台、信息系统相对完善、数据类型和数量丰富、数据获取成本较低的新经济企业，通过数字特征（如流量、客户消费习惯等）异常发现可能存在的财务舞弊迹象和线索，无疑是值得探索的新领域和大方向。

三、启示与建议

本文基于"五维度"财务舞弊识别框架，根据瑞幸咖啡公告及相关报道披露的信息，分析了瑞幸咖啡可能存在的财务舞弊识别信号。虽然本文基于公开信息的分析存在一定缺陷，例如难以"确证"，但是本文至少具有两方面作用：一是指出财务舞弊识别路径、提供寻找异常的方向；二是提示财务舞弊可能的风险点，供实地调研、审计、监管检查进一步确证，实地调研有助于近距离地了解企业经营情况，可以获得众多内部资料的注册会计师以及可以通过强制方式获取最多内部资料的监管检查，依据本文提出的分析方法就可以对这些风险点进行排查。基于以上案例分析，本文提出以下四点启示。

（一）"五维度"财务舞弊识别框架与风险导向审计方法既有相同也有差异之处

本文应用财务舞弊识别框架的基本逻辑是：财务税务维度通过财务数据趋势分析、比率分析等方法对比预期值识别出异常；行业业务、公司治理、内部控制与数字特征四个维度则以业务数据以及公开可获取的外部信息（上市公司公告、工商数据、司法数据及舆情数据等）为基础，进一步核查财务异常背后的业务逻辑，对财务异常信号是否指向财务舞弊进行再次评价与确认。例如，通过获取工商注册信息，识别新增企业客户、新增供应商是否为隐性关联方，可以很好地佐证收入舞弊与采购舞弊的可能性。这一逻辑与风险导向审计的方法、思路异曲同工：在方法程序层面与分析程序方法基本一致，在获取审计证据层面体现了财务数据与非财务数据的结合，在识别财务舞弊风险层面体现了财务与业务的结合。但"五维度"财务舞弊识别框架也有不同于风险导向审计的特点，突出表现在：一方面借鉴了大数据思维方式，丰富了审计可获取的外部数据的范围；另一方面建立了财务异常与舞弊之间的"关系图谱"，从而实现财务与非财务的结合、企业内部数据与外部数据的结合，为事前识别舞弊提供了另一种新视角。因此，"五维度"财务舞弊识别框架有助于注册会计师提高舞弊风险识别能力，可在一定程度上降低审计风险。

（二）数字化技术与审计结合有助于提高财务舞弊识别能力

本文提供了一个分析框架，但要更好、更有效地运用这个框架仍需结合新技术的应用。大数据、人工智能等新技术时代已经到来，除了被审计单位内部数据外，其相关的公开外部数据越发丰富，这为注册会计师获取审计证据提供了更加丰富的数据源。另外，随着企业数字化程度的提高，财务舞弊风险的评价不应继续停留在定性判断的阶段，注册会计师需要借助海量数据和数字化技术进行定量和高效的风险判断。数字化技术与审计结合一方面有助于固化不同注册会计师的共性经验，另一方面亦可以提高注册会计师识别舞弊的能力。

（三）新工具、新方法的引入有助于丰富财务舞弊核查的手段

在浑水公司的做空报告中可以看到视频摄像、统计数据估计等手段的引入，也可以看到从取餐码、第三方机构等更为丰富的来源寻找数据进行比对和分析的方法。这些都是注册会计师可以学习借鉴的核查手段。当然，仍有待进一步讨论的是审计成本问题。另外，从安永对商业模式变更产生的职业怀疑中也可看出，未来注册会计师对公司业务，特别是一些新的商业模式，需要有更深、更及时的了解和洞见。

（四）商业模式创新及财务舞弊手法迭代加大了审计难度

商业模式的创新，为企业财务舞弊手法的"升级换代"提供了"机会"，舞弊手法也从会计操纵类走向交易造假类的"假账真做"，上下游串通舞弊、银行配合造假等现象对注册会计师在取证范围、取证方式上有更高的要求。特别是对类似瑞幸咖啡这类在新兴行业或采用新兴商业模式的企业而言，舞弊与反舞弊方法在不断迭代更新。这就要求注册会计师在商业知识储备、技术手段更新方面能够跟上企业的脚步，才能够更好地发挥"看门人"和"防火墙"的应有作用。

（本文得到财政部与共建高校联合研究课题"注册会计师有效甄别财务舞弊、提高审计质量的路径与方法研究"的支持，在课题报告的基础上进行了修订）

参考文献

叶钦华，叶凡，黄世忠. 2022. 财务舞弊识别框架构建——基于会计信息系统论及大数据视角［J］. 会计研究，3：3～16.

张新民，陈德球. 2020. 移动互联网时代企业商业模式、价值共创与治理风险——基于瑞幸咖啡财务造假的案例分析［J］. 管理世界，5：74～86+11.

收入舞弊的识别与应对

——基于东方金钰交易造假的案例分析

叶钦华　叶凡　黄世忠

> 【摘要】收入舞弊是最常见的财务舞弊类型,近年来愈发从会计操纵手法转向更加隐蔽的交易造假手法,识别难度持续加大。本文基于东方金钰财务舞弊案例,从"五维度"财务舞弊识别框架入手,识别交易造假类收入舞弊的财务异常特征,以及客户与供应商的隐性关联关系、实际控制人的异常行为等非财务异常特征,由此讨论如何借助多维数据和"五维度"财务舞弊识别框架对交易造假类收入舞弊进行更有效的识别和防范。
>
> 【关键词】收入舞弊　交易造假　关联方问题　舞弊识别

　　财务舞弊类型中占比最大的是收入舞弊,其中又以交易造假类为甚(黄世忠等,2020),在越来越多的财务舞弊案件中,企业在对收入进行操纵的同时,往往也在货币资金、存货等资产项目上作假,以掩饰收入舞弊带来的财务异常,因此识别收入舞弊时可以从这些关联资产类科目入手。但在东方金钰(600086)、新纶科技(002341)等交易造假类收入案例中,由于存在资金流闭环的配合,有时亦难以从资产类科目发现端倪,这给注册会计师识别舞弊风险带来了新的挑战。本文以东方金钰财务舞弊案例为基础,分析交易造假类收入舞弊的新特点、新手段和新迹象。

　　东方金钰财务舞弊被证监会列为2020年20起典型违法案例之一,在2016年年报、2017年年报和2018年半年报中分别虚增利润总额0.95亿元、1.84亿元和0.79亿元,虚增利润占对应报告期合并报表利润总额的比重分别为29.60%、59.70%和

211.48%。虚构交易是东方金钰收入舞弊最引人注目的问题。深入剖析这一案例，可以观察到该公司虚构复杂的"隐性"关联方关系以及体内资金体外化的"一条龙造假"链条。这对反舞弊程序与核查思路提出了新的挑战。

一、翡翠帝国之"殇"

东方金钰是一家翡翠行业借壳上市公司。2003 年，"赌石大王"赵兴龙成立云南兴龙实业有限公司，主营工艺品、饰品的销售。2005 年，赵兴龙分两次耗资约 5747 万元成为上市公司多佳股份第一大股东，并注入持有的云南兴龙珠宝公司的翡翠资产，实现借壳上市。2006 年 8 月，多佳股份更名为东方金钰。2011 年后，东方金钰资本运作频繁，2014 年 5 月的定向增发曾引起监管层对实际控制人赵兴龙的监管关注，2015 年子公司深圳东方金钰公司出资 22 亿元设立东方金钰小额贷款有限公司（以下简称金钰小贷）。2016 年 4 月，赵兴龙因身体原因辞任董事长，其子赵宁接任。

2018 年以来，东方金钰问题迭出。从 2018 年 1 月起公司大股东拟通过重大资产重组"金蝉脱壳"却屡屡受阻；2018 年 7 月其发行的"17 金钰债"无法按时付息，部分银行账户、资产被司法冻结；湖北证监局、山西证监局对东方金钰多次违规问题进行了处罚。从 2019 年起财务舞弊问题开始显现：2019 年 1 月受债务违约诉讼、媒体质疑等外部因素影响，东方金钰因信息披露违规被立案调查；2020 年 4 月收到行政处罚事先告知书；最终，2021 年东方金钰被认定为交易造假类财务舞弊，并于 2021 年 1 月被终止上市。

证监会认定的东方金钰财务舞弊行为主要是 2016 年年报、2017 年年报和 2018 年半年报中，虚构其控制的姐告宏宁公司与普日腊等六名自然人名义客户、李干退等六名名义供应商之间的翡翠原石销售与采购交易，据此虚增营业收入、营业成本、利润总额、应收账款。证监会处罚书中还指出了东方金钰虚构行为的异常特征和证据，主要包括：销售合同上客户笔迹非其真实笔迹；客户声明未与公司发生过任何翡翠原石交易；无交付合同标的物记录，如提货人名称记录、提货单据、物流单据等，相关工作人员也不知悉标的物去向；客户缺少翡翠原石交易的相关经验、资金实力及渠道，无履行合同能力；姐告宏宁公司控制 19 个银行账户伪造现金流水，涵盖 6 家虚构客户、7 名中转自然人、6 家虚构供应商。

大信会计师事务所和大华会计师事务所分别为东方金钰 2016 年和 2017 年的财务报告出具无保留意见的审计报告，直至东方金钰被立案调查后，大华会计师事务所才对该公司 2018 年财务报告发表保留意见。2020 年 7 月，上海证券交易所问询函"剑指"会计师事务所，要求其回答在媒体和监管多次质疑问询下仍未能发现东方金钰财务舞弊的原因及其审计报告的合理性。

二、虚构交易之"析"

本文尝试从事前分析及多维数据的角度,讨论如何找到财务指标的异常,分析财务逻辑与业务逻辑的匹配程度,为更加及时地识别交易造假类收入舞弊提供启示。本文将采用"五维度"财务舞弊识别框架进行分析(叶钦华等,2022),分析期间主要涵盖东方金钰发生舞弊的2016~2018年的年报和半年报。其中,2018年年报披露前,东方金钰已被立案调查,年报应不涉及舞弊,最后处罚也未涉及2018年年报。因此将2018年年报作为舞弊后期的一个对比。东方金钰有多年年报曾进行过调整,本文选择的是不涉及舞弊调整的调整前数据。

(一)财务税务维度:收入增长率与相关指标联动异常

表1列示了东方金钰2016~2018年的收入、成本、利润等财务数据。首先可以发现的异常是:2016年发生超过20%的收入降幅后,2017年又突然取得40.74%的收入增长"业绩"。理论上,这种连续大幅度的变动也可能仅仅说明公司业绩出现异常波动,如何进一步讨论财务异常是否存在舞弊行为?一个有效的方法是选取同行业数据作为指标分析的合理期望值,对其异常波动的合理性进行分析。东方金钰属于主业相对单一的珠宝首饰制造业,本文参考天健财判财务智能预警系统的行业分类数据,选择了刚泰集团、金一文化、秋林集团、潮宏基、刚泰控股、金州慈航6家上市公司作为同行业对比公司(这里选择六家公司作为对比,一方面是为了解决证监会行业分类不够细致的问题,另一方面也是提出一种相对高效、容易定义的对比方式。理论上要做出最为匹配的对比,还需要考虑多种因素),通过分析发现东方金钰存在两个舞弊预警信号:一是2017年收入增长率(40.74%)远高于同行业可比公司收入增长率均值(14.63%),且当年收入结构并未发生重大变化,其收入增长业绩存疑。二是东方金钰人均产值(营业收入/员工总数)达到1973.75万元,也远高于行业平均水平,但东方金钰销售人员人均薪酬却只有6.90万元,远低于同行业平均水平10.31万元。在收入增幅远高于同行业上市公司增幅的同时,人均薪酬却远低于同行业水平,"一高一低"令人费解。

(二)财务税务维度:毛利率与存货联动异常

企业实施收入舞弊时往往需要付出税收、内外串通、上下游配合等相关"造假成本"。为了节省"造假成本",企业有时也会人为调节毛利率,在产品定价或成本结转较难核实的特殊行业如翡翠珠宝行业尤其如此。因此对毛利率异常的分析也是识别收入舞弊的另一个重要突破口。

如表1所示,东方金钰营业成本的变动与营业收入相近,呈波动情况。但是,存货则是持续上升,基本高于营业成本增长率,2017年半年报和年报的同比增长率达到43.91%和39.60%。而且,存货占资产总额的比例极高,从2016年半年报的72.38%上升到2018年半年报的79.53%。通过行业对比可知,其存货周转率也远低于同行业平均水平。

表1　　东方金钰相关财务数据　　单位:万元

项目	2018年年报	2018年半年报	2017年年报	2017年半年报	2016年年报	2016年半年报
毛利率	-5.22%	19.24%	10.48%	13.84%	12.92%	13.29%
营业收入	296097.86	223131.89	927662.91	406900.27	659154.83	401153.48
同比增长率	-68.08%	-45.16%	40.74%	1.43%	-23.89%	-7.39%
营业成本	311561.54	180210.30	830398.82	350593.59	573981.28	347859.04
同比增长率	-62.48%	-48.60%	44.67%	0.79%	-27.37%	-9.61%
存货	881046.31	974269.83	965367.77	915615.95	691514.00	636258.81
存货/资产总额	76.77%	79.53%	77.10%	76.24%	73.92%	72.38%
同比增长率	-8.73%	6.41%	39.60%	43.91%	23.66%	36.19%
存货/营业成本	2.83	5.41	1.16	2.61	1.20	1.83

表2列示了东方金钰的现金流情况,可以发现货币资金持续大幅减少,主要原因是购买商品、接受劳务支付现金的绝对额和增长率基本都高于销售商品、提供劳务收到的现金。由此说明,东方金钰实现的收入、毛利、现金很大程度上可能被存货"吸收"了。为此,有必要重点关注产品是否存在、期末产成品结存单位成本是否偏高、成本结转完整性是否合理。

表2　　东方金钰现金流情况　　单位:万元

项目	2018年年报	2018年半年报	2017年年报	2017年半年报	2016年年报	2016年半年报
货币资金	634.88	5766.15	39092.46	50592.78	73303.51	113930.31
同比增长率	-98.38%	-88.60%	-46.67%	-55.59%	-71.45%	-39.88%
销售商品、提供劳务收到现金	237996.43	228188.97	1062364.63	442263.56	788826.18	498832.24
同比增长率	-77.60%	-48.40%	34.68%	-11.34%	-13.24%	54.84%
购买商品、接受劳务支付现金	237408.79	228440.51	1188617.57	587754.46	859789.18	479486.94
同比增长率	-80.03%	-61.13%	38.25%	22.58%	-17.74%	23.76%

表3进一步分析了存货类型及其带来的收入情况,东方金钰产品主要有三类:黄金金条及饰品、翡翠成品、翡翠原料,后两者在库存商品中加总列示。2016~2018

年，翡翠成品及翡翠原料在收入和存货中的占比都有较大幅度的上升。可以预期，翡翠类存货应比黄金类存货更难以核查。判断东方金钰大量囤积"翡翠"存货到底是正常的战略性采购储备，还是利用较难核查的特点将其作为毛利率调节的"蓄水池"，也是舞弊核实的重中之重。

表3　　　　　　　　　　东方金钰收入和存货细分情况

项目	2018年年报	2018年半年报	2017年年报	2017年半年报	2016年年报	2016年半年报
库存商品（黄金金条及饰品）/存货总额	4.62%	N/A	3.72%	N/A	N/A	36.15%
库存商品（翡翠成品及原料等）/存货总额	92.51%	N/A	92.58%	N/A	N/A	59.06%
存货跌价准备/存货总额	1.38%	0.10%	0.07%	0.11%	0.11%	0.14%
黄金金条及饰品/营业收入	56.36%	57.06%	78.11%	78.92%	84.34%	83.41%
翡翠成品/营业收入	23.38%	22.72%	14.69%	12.43%	6.37%	N/A
翡翠原料/营业收入	18.77%	18.71%	6.32%	8.75%	8.87%	N/A

（三）内部控制维度/数字特征维度：客户与供应商特征异常

研究表明，交易造假类财务舞弊的背后往往伴随着上下游交易对象的合谋与通同舞弊（黄世忠等，2020）。东方金钰早期以客户和供应商信息为商业机密为由，未披露前五大客户和供应商的具体信息，仅披露购销金额总数和其中的关联方比例。直至上交所对其2017年年报发出问询函并提出明确要求后，东方金钰才披露相关信息，并回复其与客户、供应商不存在关联关系，表4为东方金钰翡翠原石的客户和供应商情况，从中可以看出诸多疑点：

表4　　　东方金钰翡翠原石2017年和2018年前五大客户和供应商　　　单位：万元

2017年前五大销售客户	销售金额	2017年前五大采购供应商	采购金额
上海张铁军翡翠股份有限公司	19894.36	李干退	22860.00
普日腊	15982.10	上海大师玉雕有限公司	21444.00
保生	8010.00	吴海龙	19206.00
凤咩	5040.00	腾冲叠翠丹霞珠宝有限公司	18000.00
武汉丹琦集团有限公司	2615.38	瑞丽市尚伊珠宝有限公司	17500.00
2018年前五大销售客户	销售金额	2018年前五大采购供应商	采购金额
上海张铁军翡翠股份有限公司	13680.22	深圳市星月珠宝首饰有限公司	12415.90
上海昶昱黄金制品股份有限公司	7801.72	张卫国	4500.00
深圳市金玉世家珠宝有限公司	7743.59	许林源	4000.00
深圳市华珠珠宝首饰有限公司	7333.33	陈宏怀	3200.00
普日腊	6900.00	吴荣启	2500.00

首先，重要客户与供应商之间存在隐性关联关系。2017年度第二大供应商上海大师玉雕有限公司的控制权在2014年3月才由上海张铁军珠宝集团有限公司转至周文清、赵卫，之后与客户上海张铁军翡翠股份有限公司共同控股一家融资担保公司，对应的约1.99亿元的销售金额和约2.14亿元的采购金额也很接近。又如，2018年被问询后披露的前十大客户和供应商中，东莞嘉言金品珠宝科技有限公司、深圳嘉言金品珠宝销售有限公司与深圳粤通国际珠宝股份有限公司有相同的董事、监事及高级管理人员。

其次，东方金钰与重要客户和供应商的注册信息隐含隐性关联关系。如2017年度第五大供应商瑞丽市尚伊珠宝有限公司于2019年1月决议解散，其地址与东方金钰子公司毗邻。又如，东方金钰与重要客户瑞丽市莱盛珠宝店、浩宾珠宝店、渊浩珠宝店有相同的联系方式，且三家客户都是在2017年11月8日成立的，是巧合抑或人为操纵？人为操纵往往会呈现一些"不自然"的现象，这可以从数字特征维度加以分析，例如，这里出现的注册信息重大异常。2019年，东方金钰还发生"采购翡翠原石，因无力支付货款，之后用黄金抵付货款"的情况，其中采购原石的对象就是这三家珠宝店。这可能构成转移资产、资金的路径。

最后，新增客户和供应商自身特征异常。如2018年度新增客户和供应商中有较多自然人客户，媒体曾走访调查其中的自然人客户和供应商，但是均"查无此人"。又如，2017年度第四大供应商腾冲叠翠丹霞珠宝有限公司于2018年12月便注销，历史缴纳社保人数为零。同时，2017年度第五大供应商瑞丽市尚伊珠宝有限公司还是金钰小贷的贷款用户，2018年半年报显示其2500万元贷款已全部逾期，这就可能构成资金流出的路径。这些都是需要进一步核查是否存在潜藏关联方的问题。

（四）行业业务维度：新增小贷公司贷款异常逾期业务

东方金钰的子公司金钰小贷于2017年2月成立，专营小额贷款业务，但是其带来的收入、盈利贡献占比很小，且毛利率极低。事后证明，发放的贷款发生了大额逾期和减值，截至2019年年末，8.71亿元贷款全部逾期。金钰小贷成立仅1年后，发放贷款就开始发生大额减值，这部分减值也是东方金钰所有资产减值损失中占比最大的部分。同时，东方金钰也仅仅是发出催收函，并未积极开展诉讼等催收手段。监管层也多次就相关事项提出问题，要求东方金钰说明发放贷款的前50名客户名称、公司及控股股东是否存在关联关系和其他应当说明的协议和利益安排。东方金钰一再拖延回复后才披露相关内容，其中显示贷款对象多为自然人，可函证比例较低。虽然事后披露才发现金钰小贷存在问题，但是这也提示在核查时需关注公司新增的特殊业务，这既可能涉及舞弊手法，如资金操纵，也可能涉及舞弊动机。例如，在这一贷款业务中，需要核查该公司审批相关业务的流程、贷款资金去向、贷款对象是否有关联方问题、是否涉及体内资金体外化配合造假，加强函证结果的真实性和完整性等。

（五）公司治理维度：控股股东、实际控制人行为异常

在东方金钰财务舞弊期间，可以发现与舞弊动机或舞弊手法密切相关的控股股东异常行为：一是股权高质押问题，二是控股股东异常减持行为。这两种异常行为的背后，一种可能是控股股东在体外持有大量现金，这些都是配合交易造假类舞弊的"弹药"来源；另一种可能是控股股东非常缺钱所引发的舞弊动机，特别是伴随着股权冻结征兆，因为这可能预示着大股东担心上市公司业绩下滑引发平仓压力。

自东方金钰上市伊始，其实际控制人的股权质押比例一直很高，2006年借壳上市时，赵兴龙通过兴龙实业和民康企业持有的东方金钰股份中，质押或冻结比例分别为78.07%和100%。2015年2月，赵兴龙控制的瑞丽金泽公司通过定增成为东方金钰第二大股东后，当年5月就将股权100%予以质押。近年来，赵兴龙、赵宁控制的兴龙实业、瑞丽金泽公司的股权质押或冻结比例也基本达到100%。可见，实控人股权持续高质押背后蕴藏着较大的舞弊动机。

此外，2017年6月，董事长赵宁还提出《关于向公司全体员工发出增持公司股票的倡议书》，并承诺公司员工于2017年6月7日至9日期间通过二级市场买入东方金钰股票且连续持有12个月以上的，若最终亏损，则由赵宁全额补偿。但是其控股股东兴龙实业却在这一期间内减持股票，2017年9月通过大宗交易方式减持2699万股，2017年12月8日至2018年6月8日亦持续减持不超过10800万股。号召员工增持而大股东却减持的行为令人不齿。

（六）公司治理维度：监管问询函频繁质疑

在东方金钰案例中，不论是财务舞弊期间还是处罚之后，问询函已提到可能存在虚构交易的行为。监管层已注意到相关问题，且要求注册会计师对相关问题专门再做出说明，但是注册会计师仍然未及时发现、确证舞弊问题。2018年注册会计师虽出具保留意见，但年报发出时东方金钰已被立案调查。由此，一个尚需讨论、尚待解答的问题是，注册会计师是否存在审计范围受限而无法确证的情况？如果已核查，是否仍有其他问题导致注册会计师无法获取足够证据？

综上所述，从五维度框架的分析结果来看，东方金钰存在虚构交易的异常信号为：收入增长率远超过同行业平均水平；人均产值与人均薪酬"一高一低"相背离；毛利率与存货联动异常；重要客户与供应商涉嫌隐性关联关系；新增重要客户与供应商规

模特征异常；新增发放贷款异常；控股股东异常减持等。这就从多个维度交叉验证了收入舞弊的异常特征，构成从虚构交易对象、虚构毛利到资产去向、虚构资金闭环等方面的"模糊画像"，指向该公司有可能存在交易造假类收入舞弊行为。

三、启示与建议

"两康"与瑞幸咖啡事件之后，证监会坚持"建制度、不干预、零容忍"的工作方针，依法从严从快查处了近60起财务舞弊案件，指出财务舞弊呈现造假模式全链条化、手法隐蔽化、动机多样化、危害严重化四大特点。2020年1月，中国注册会计师协会修订了《中国注册会计师审计准则问题解答第1号——职业怀疑》等五项审计准则问题解答，明确了应对舞弊风险理应成为注册会计师最重要的审计目标之一，并做出收入确认存在舞弊风险的前置假设，这些举措对于注册会计师防范收入舞弊风险意义重大。

2021年2月，中国证监会通报2020年审计与评估机构检查处理情况，明确提出注册会计师在审计执业方面，存在未发现上市公司涉嫌通过虚构业务从事财务舞弊的情形。结合本文的案例分析可知，在应对交易造假类收入舞弊上市公司时，在表面上内控规范的"业务流""资金流"及"信息流"三流匹配所提示的"满意"控制测试结果下，注册会计师单纯通过财务报表分析等常规风险评估程序往往难以识别出舞弊迹象。因此，本文认为还应从数据挖掘及利用多维数据视角，制定交易造假类收入舞弊的特殊核查程序，具体建议如下：

（一）充分利用工商、司法等数据识别隐性关联方

未披露的隐性关联方往往与交易造假类收入舞弊高度相关。社会心理学研究指出，社会关系可能带来个体之间的有偏信任（Bias），从而引发盲从甚至是合谋行为（蔡宁，2018）。实务中，愿意或敢于配合上市公司造假的交易对象，往往需要与实际控制人或上市公司本身存在"相互信任"的关系，而且为了提高舞弊的隐蔽性，这种关系又不能是法定关联方关系。未披露的隐性关联关系更具隐蔽性，但也存在一些共性的"蛛丝马迹"。通过交易对象的隐性关联关系排查，是识别交易造假类收入舞弊迹象的一个重要方法。

在东方金钰的案例中，需要特别关注的问题是如何发现存在问题的客户和供应商，甚至是可能的关联方，因为其已通过外部客户和供应商形成了交易和资金闭环。上述分析中提到了一些可行的核查方法，如利用工商信息、地理位置、联系方式等数据，观察上市公司与客户和供应商之间的潜在关系以及客户、供应商成立时间短等方

面的异常。有条件接触上市公司内部资料的注册会计师或监管部门，还可从销售合同笔迹、进出货详细记录、客户资质、银行账户流水等方面进行核查。简言之，充分利用工商和司法等非财务数据，对上市公司的前五大客户和供应商进行核查是识别交易造假类收入舞弊的重要方法。

（二）重视行业特征及预期值数据的分析

根据审计准则要求，通过财务数据趋势分析、比率分析等方法对比预期值识别出异常是最常见的风险评估分析性程序之一。如何设定准确、可比的预期值至关重要，其中行业分类与行业特征指标的选取尤其关键。若行业分类标准及颗粒度设置不恰当，将造成预期值选取有误，进而导致财务指标"技术性异常"，而非"实质性异常"。只有选取更细化的行业分类，更加准确地定位可比上市公司，才能有效地确定行业数据预期值。

（三）重视舞弊利益攸关者的关联事件预警信号

交易造假类收入舞弊需要的串通配合造假链条覆盖了从财务到业务、从管理层到治理层、从内部到外部等各个方面。然而百密一疏，造假链条越长、维度越多，留给舞弊识别的机会就越大，舞弊识别所需要的数据源、研究视角也需相应扩展。上述分析中不仅考虑了财务数据、交易对象等问题，还从控股股东股票减持和股权质押、监管机构问询函等信息入手，寻找到与虚构交易舞弊相关的预警信号。例如，实际控制人的资本操作行为可能成为推动其舞弊的关键动机。又如，财务舞弊往往需要大额现金流作为支撑，此时对上市公司大额往来款及异常资金流出（金钰小贷异常发放的8.7亿元贷款）的关注，亦是舞弊核查的重点程序。

（四）审计数字化技术转型迫在眉睫

本文初步统计发现，2020年度被证监会处罚的30家典型财务舞弊上市公司中仍有76.67%在舞弊当年被审计师出具标准无保留意见，审计期望差距仍难以弥合。最新研究表明，受职业道德、履职能力、执业水平、内控依赖和执业准则五方面影响，注册会计师实际执行的标准可能低于审计准则规定的标准，审计供给质量缺陷（即执行差距）是造成审计期望差距的主要原因（黄世忠，2021）。随着商业模式创新及舞弊手法迭代升级，要识别交易造假类收入舞弊，审计数字化转型迫在眉睫。本文认为，注册会计师一方面可以借鉴已有的财务舞弊识别系统或工具，从行业业务、财务税务、公司治理、内部控制和数字特征等多个维度，智能获取被审计单位的财务舞弊预警信号或迹象，有针对性地制定舞弊风险应对策略。另一方面可以借助大数据、人工智能等信息技术的赋能，尽可能建立细颗粒度的行业和业务数据库，获取尽可能多的不同来源的数据，为采用风险导向审计模式奠定扎实的数据基础，进而提高注册会计师通过追加审计程序发现舞弊的能力，有效防范审计失败。

(原载于《财务与会计》2021年第15期，略有修订)

参考文献

蔡宁.2018.社会关系网络与公司财务研究述评[J].厦门大学学报（哲学社会科学版），4：38～46.

黄世忠，叶钦华，徐珊，叶凡.2020.2010～2019年中国上市公司财务舞弊分析[J].财会月刊，14：153～160.

黄世忠.2021.审计期望差距的成因与弥合[J].中国注册会计师，5：66～73.

叶钦华，叶凡，黄世忠.2022.财务舞弊识别框架构建——基于会计信息系统论及大数据视角[J].会计研究，3：3～16.

货币资金舞弊的识别与应对

——基于豫金刚石的案例分析

叶凡　叶钦华　黄世忠

【摘要】近年来，货币资金舞弊事件频发，引起了监管部门和资本市场的关注。本文基于豫金刚石的案例，讨论货币资金舞弊的识别与应对问题。本文首先讨论豫金刚石货币资金存在的异常之处。其次，利用"五维度"财务舞弊识别框架，讨论如何利用财务逻辑和业务逻辑的交叉验证，分析豫金刚石货币资金异常背后潜藏的问题。最后，从数据挖掘与反舞弊核查程序的角度，提出甄别货币资金异常的相关建议。期望本文有助于未来更好地识别货币资金舞弊，防止审计失败。

【关键词】财务舞弊　货币资金异常　高存高贷　舞弊识别

近年来，财务舞弊手法"升级"的一个显著特点是从会计操纵类转向交易造假类舞弊（黄世忠等，2020）。为了将"假账""真做"，虚增收入、毛利或利润势必虚增资产，特别是虚增货币资金。由此引发的一个特殊现象是，过去容易审计和核查的被视为"眼见为实"的货币资金项目，如今反而变成掩盖舞弊的藏污纳垢之处。2019年，康美药业（600518）伪造、变造大额定期存单或银行对账单，康得新（002450）通过"资金池"方式将银行账户资金实时归集到康得集团，向关联方、控股股东提供资金，这两起事件涉及的货币资金舞弊规模之大令人瞠目结舌。大华会计师事务所的研究表明，2001年至2020年6月证监会及其派出机构对会计师事务所及注册会计师的处罚案件中，货币资金已然成为最经常被滥用的三大报表项目之一，在处罚决定中提及营业收入 228 次，占比 26.3%，提及存货及跌价准备 114 次，占比 13.19%，提及货币资金 103 次，占比 11.92%（张文龙和张景瑜，2021）。可见，一向被认为最安全、最容易审计、理论上最不可能造假的货币资金项目，反而成为舞弊高发的领域。加强对货币资金异常问题的关注和识别，是发现财务舞弊和防范审计失败的重要手段。本文以豫金刚石（300064）案例分析为基础，探讨该公司货币资金项目存在的异常特征、分析异常特征背后的财务和业务逻辑是否匹配，并从数据挖掘和强化反舞弊核查程序的角度，提出识别货币资金舞弊的建议。

2020 年 1 月豫金刚石披露业绩预告，预计 2019 年可实现的盈利介于 6743.8 万元至 9634 万元之间，但三个月后披露的 2019 年年报却报告了 51.99 亿元的巨额亏损。业绩"变脸"引起了资本市场的质疑和监管部门的问询，后被证监会立案调查。2020 年 12 月 31 日，证监会通报了初步调查情况，指出豫金刚石 2016 年至 2019 年涉嫌重大财务造假，存在三方面问题：连续三年累计虚增数亿元利润；未依法披露 40 多亿元的对外担保和关联交易；实际控制人累计占用上市公司 23 亿余元的资金。豫金刚石财务造假涉及面比较广，但货币资金的异常值得特别关注。

一、货币资金之"问"

豫金刚石 2004 年 12 月成立，2010 年 3 月在创业板上市，主要从事超硬材料及其制品产业链的专业研究、生产和销售。豫金刚石货币资金相关问题的暴露首先来自深交所对其 2018 年年报的问询：为何一方面大额购买银行理财产品，另一方面又进行大额借款？有闲置资金可以购买理财产品，为何还需要大额举债？为何存在"高存高贷"现象？针对这些质疑，豫金刚石回复称，公司一方面对闲置资金进行适度的现金管理，另一方面出于生产经营及投资的目的而借款。这一解释避重就轻，敷衍搪塞。

2020 年 4 月和 5 月，豫金刚石分别收到河南证监局与深交所的警示函与处分，但主要涉及业绩预告和业绩快报披露不准确、违规对外提供财务资助等问题，并未直接触及货币资金问题。在审计方面，豫金刚石仅在 2019 年年报被出具保留意见。在公司治理方面，豫金刚石三位独立董事对《关于〈2019 年年度报告〉及其摘要的议案》投了反对票。尽管 2019 年年报中广义货币资金的比例已下降至总资产的 9.42%，但注册会计师与独立董事并未指出货币资金存在的问题，注册会计师的保留意见主要涉及担保及诉讼事项结果的不确定性、资产减值的适当性、关联方交易、内部控制不完善，独立董事的反对意见主要聚焦于无法保证年报的真实性。直至 2020 年 12 月 31 日，证监会的通报才提及货币资金占用问题。相关背景如表 1 所示。

表 1　　　　　　　　　　　　豫金刚石案例背景

时间	内容
2019年6月14日	豫金刚石因大额购买银行理财产品且大额借款被问询
2020年4月7日	豫金刚石因涉嫌信息披露违法违规被立案调查。豫金刚石因对2019年预计净利润披露存在前后重大差异，收到证监会河南监管局的《关于对郑州华晶金刚石股份有限公司和相关责任人员采取出具警示函措施的决定》
2020年4月30日	亚太会计师事务所对豫金刚石2019年年报出具保留意见。独立董事尹效华、王莉婷、张凌发布无法保证2019年年度报告和2020年第一季度报告内容真实、准确、完整的声明，张凌、尹效华对《关于〈2019年年度报告〉及其摘要的议案》投了反对票，尹效华和王莉婷辞去独立董事职务
2020年5月7日	深交所发布《关于对郑州华晶金刚石股份有限公司及相关当事人给予纪律处分的决定》
2020年12月31日	证监会通报豫金刚石信息披露违法案件调查情况

虽然证监会迄今尚未公布对豫金刚石的最终调查结果，但是其在调查情况通报中已指出了货币资金占用问题，且其货币资金异常已被广泛质疑，极具争议。

本文通过财务逻辑和业务逻辑交叉验证的分析方法，对货币资金出现的异常信号与财务舞弊之间的关系进行详细阐述，从事前"复盘"分析的视角，讨论识别舞弊的可能路径。同时，本文将利用五维度财务舞弊识别框架（下文简称"五维度框架"）进行分析，该框架包括财务税务维度、行业业务维度、公司治理维度、内部控制维度、数字特征维度（叶钦华等，2022）。其中财务税务维度主要讨论财务逻辑，后四个维度主要对应业务逻辑，提供了四个探寻舞弊线索的角度，方便"按图索骥"进行舞弊识别或验证。

二、货币资金之"谜"

表2和表3列示了豫金刚石货币资金相关的财务数据和财务异常，主要涉及三类相关联的科目：一是货币资金及相关的理财余额等科目；二是持有资金对应的利息收入科目；三是高存高贷现象涉及的债务科目。

表 2　　　　　　　　豫金刚石货币资金相关财务数据①　　　　　　　单位：万元

项目	2019年	2018年	2017年	2016年	2015年
货币资金	69277.37	76278.07	114874.88	387671.76	50518.62

---

① 广义货币资金指上市公司真正拥有的货币资金，即"货币资金"与理财资金的合计数，具体包括库存现金、银行存款、其他货币资金和其他流动资产中的银行理财产品；有息负债包括短期借款、长期借款、应付债券、一年内到期的非流动负债和长期应付款。

续表

项目	2019 年	2018 年	2017 年	2016 年	2015 年
其中：受限资金	68646.23	35054.95	9986.49	12861.26	26446.93
理财余额	200.00	150000.00	320000.00	90700.00	100.00
广义货币资金	69477.37	226278.07	434874.88	478371.76	51518.62
短期借款	131343.82	105750.00	72200.00	66930.57	78700.04
一年内到期非流动负债	54772.82	28844.00	30477.12	22885.14	5815.00
长期借款	N/A	20000.00	36077.51	37500.00	170.00
长期应付款	5887.54	16686.68	32434.28	52326.33	N/A
有息负债	192004.18	171280.68	171188.91	179642.04	84685.04
资产总额	737884.43	959363.50	909256.04	881540.25	337700.97
利息收入	486.94	1938.26	2695.20	1383.15	814.33
理财收益	971.44	8294.19	10671.31	301.32	N/A
净利润	-519921.25	9235.70	22199.89	13929.03	10968.56

表 3 　　　　　　　　豫金刚石货币资金相关财务异常①

项目	2019 年	2018 年	2017 年	2016 年	2015 年
货币资金/资产总额	9.39%	7.95%	12.63%	43.98%	14.96%
广义货币资金/资产总额	9.42%	23.59%	47.83%	54.27%	15.26%
货币资金收益率	0.67%	2.03%	1.07%	0.63%	1.82%
理财收益率	1.29%	3.53%	5.20%	0.66%	N/A
广义货币资金收益率	0.99%	3.10%	2.93%	0.64%	1.80%
有息负债/资产总额	26.02%	17.85%	18.83%	20.38%	25.08%

（一）货币资金为何大幅变动？

豫金刚石近五年广义货币资金的绝对数及其占资产总额的比例大幅变动，"来得快、去得快"。2016 年和 2017 年，广义货币资金占资产总额的比例达到 54.27% 和 47.83%。2016 年广义货币资金的快速增加主要是来自定向募集资金所得。2017 年和 2018 年，豫金刚石用闲置的募集资金购买了大量理财产品，2017 年理财余额达到 32 亿元，导致货币资金占资产总额比例的下降速度远快于广义货币资金占资产总额比例的下降速度，即资金转入了理财余额之中。2019 年，理财产品基本全部赎回，广义货币资金占资产总额的比例降至 9.42%，接近于货币资金占资产总额的比例（9.39%）。此外，2019 年理财产品逾期未收回金额（归属于受限资金）达 4.35 亿元。募集资金

---

① 收益率的计算均采用期初期末平均余额，即：货币资金收益率＝利息收入/平均货币资金余额；广义货币资金收益率＝（利息收入＋理财收益）/平均广义货币资金余额。

不是投资于原定项目，而是用于购买理财产品，且理财资金逾期未能收回，这背后充满诡异，值得深究。

（二）货币资金收益率变动为何有悖常识？

豫金刚石广义货币资金收益率的变动与广义货币资金绝对数的变动并不一致，从中看不出二者之间本应存在的相匹配规律。例如，2018年赎回部分理财产品后，广义货币资金收益率不降反升。虽然期初期末资金余额变动较大将影响资金收益率的计算，但是这种不一致至少提示了需要核查的疑点。此外，货币资金收益率也与货币资金绝对数的变动存在不一致之处，相较于2018年，2019年货币资金变动不大，但利息收入却骤降。

（三）高存高贷背后是否另有隐情？

豫金刚石2016年和2017年的广义货币资金占比在50%上下时，有息负债占比20%上下，即存在"高存高贷"现象。尽管2018年12月和2019年10月，豫金刚石将8.10亿元和9.99亿元的募集资金用于永久补充流动性，声称将资金用于发展核心经营业务和偿还银行贷款，但有息负债占资产总额的比例自2015年起就保持在20%上下，并非随着募集资金用于补充流动性而有所改善。更令人费解的是，2019年年末在货币资金余额近7亿元的情况下，豫金刚石逾期未偿还的短期借款竟高达2.88亿元。到底是货币资金受限，还是货币资金不实，或者另有其他说不清道不明的原因？

三、货币资金之"析"

为了进一步分析豫金刚石的货币资金异常是否符合经营或业务逻辑，下文通过五维度框架进一步分析异常的原因是否指向舞弊迹象。由于本文主要关注货币资金舞弊问题，以下着重分析与货币资金异常相关的舞弊信号。

（一）财务税务维度：货币资金收益率与受限资金占比联动异常

分析货币资金是否异常，资金收益率与受限资金是重要的切入点。如上所述，豫金刚石的广义货币资金收益率存在异常，典型的特征是"手握"大量货币资金的同时，资金收益率却极低。其中，理财收益率的变动或可解释：2016年较低的可能原因是，当年11月豫金刚石才完成45.88亿元的"年产700万克拉宝石级钻石项目"定向募资，募集资金还没有投入建设，也还没有购入巨额理财产品，导致平均资金余额突增；之后年度的收益率则基本与理财余额的变动一致。

货币资金收益率的变动则有较大疑惑：货币资金收益率变动幅度较大；只有2015年与2018年的货币资金收益率（分别为1.82%和2.03%）高于央行七天通知存款利

率 1.35%；2019 年大幅度下降但货币资金总额并没有较大变化，究其原因，是当年受限资金占货币资金总额的 99.09%。可见，在豫金刚石这一案例中，资金收益率异常的背后，是受限资金"掩盖"了本应具有较强流动性的货币资金。

因此有必要进一步分析其货币资金的构成。表 4 显示，货币资金包括库存现金、银行存款、受限资金（即其他货币资金）。受限资金则包括银行承兑汇票保证金、信用证保证金、其他保证金、定期存款和冻结资金①。受限资金占货币资金的比例在 2018 年后突然提高，豫金刚石的解释是控股股东河南华晶公司及其一致行动人郭留希存在民间借贷、金融借款诉讼纠纷，导致 23424.95 万元银行存款被冻结。2018 年资产负债表日后事项说明中，还指出因融资租赁债务到期未清偿，2019 年被冻结 33495.89 万元银行存款。这里两个异常现象值得关注：2018 年受限资金的比例比 2017 年高，但是 2017 年的货币资金收益率反而更低，这两年的货币资金收益率分别为 2.03% 和 1.07%；2018 年已有债务逾期未支付，但当年理财余额却仍高达 15 亿元，不能用于偿还债务，这其中充满蹊跷。

表 4　　　　　　　　　豫金刚石受限资金构成　　　　　　　　　单位：万元

项目	2019 年	2018 年	2017 年	2016 年	2015 年
库存现金	7.10	13.84	9.57	29.73	21.89
银行存款	624.04	41209.28	104878.82	374780.77	24049.81
受限资金	68646.23	35054.95	9986.49	12861.26	26446.93
受限资金/货币资金	99.09%	45.96%	8.69%	3.32%	52.35%
银行承兑汇票保证金	9204.69	7379.00	4572.98	5880.00	24750.26
信用证保证金	3352.40	4250.00	1512.51	680.26	1696.67
其他保证金	1.00	1.00	1.00	1.00	N/A
定期存款	N/A	N/A	3900.00	6300.00	N/A
冻结资金	56088.13	23424.95	N/A	N/A	N/A

（二）财务税务维度：货币资金与预付款项、其他应收款联动异常

进一步分析豫金刚石 2018 年和 2019 年几个相关科目的联动变化，亦可发现疑点。首先，广义货币资金占资产总额比例下降的原因是赎回了理财产品，但其货币资金并没有因为赎回理财而增加，这可能意味着理财赎回后并没有最终转入货币资金。同时，豫金刚石募资项目也仅占用一小部分：2018 年到期募资理财金额约为 20 亿元，投入至募资项目的资金仅为 11.89 亿元，2019 年则分别约为 12 亿元和 4.57 亿元。其次，

---

① 2019 年除列示的冻结资金金额外，银行承兑汇票保证金与信用证保证金也被司法冻结。

2019年货币资金大幅减少的同时，豫金刚石也在持续多年盈利后突然亏损51.99亿元。最后，2018年预付账款增长了441.78%、其他应收款增长了1111.68%，2019年存货增长了173.82%。豫金刚石对此的解释是：货币资金和预付账款的变动原因是购买商品；其他应收款的变动原因是子公司的股权转让款增加。但是，2019年豫金刚石又对5亿元的股权转让应收款计提了3.95亿元的坏账准备，对存货计提跌价准备约10亿元；2019年资产减值损失增长了929.20%，存在着"洗大澡"的嫌疑。似乎存在这样的一种可能，即这一系列变动形成了一种大股东资金体外化的循环，目的在于"抹平"高出一般的货币资金的去向。

(三) 内部控制维度：募集资金频繁变更资金用途且金额巨大

广义货币资金中还存在一类流动性较低，但又不属于受限资金的特殊项目，即具有指定用途的定向募集资金。这类资金大多只能随建设项目投入而使用，也可能导致货币资金相关的指标存在异常。但是，豫金刚石披露的募集资金使用情况显示，其货币资金异常并不能简单"归咎于"募集资金：完成定向募资后，一方面，豫金刚石不断缩减募集资金投资项目投资规模，变更募资用途至补充流动资金，截至2019年年末，累计变更用途的募集资金占总额的比例为39.59%。例如，2018年4月将闲置的3.975亿元募集资金暂时补充流动资金，2019年1月将约8.09亿元募集资金永久性补充流动资金。另一方面，豫金刚石还将闲置资金用于大量购买理财产品，2017年和2018年全年理财项目的发生额分别为42亿元和35亿元，其中分别有36亿元和32亿元来自募集资金。

表5列示了豫金刚石募集资金去向的变更情况。可以发现其募集资金原本的投向项目最终终止了，而且在募集资金完成一年时，就已经投入91.54%（42/45.88）的资金用于购买理财产品。所以，募集资金的实际用途其实是一般经营，在这种情况下，却仍出现高存高贷现象，说明豫金刚石并没有将资金用于解决债务问题。募集资金及其投入去向重大变更，结合高存高贷现象，构成值得被关注的"疑点"[①]。

表5　　　　　　　　　　　　豫金刚石募集资金去向

时间	内容
2016年10月21日	完成45.88亿元的"年产700万克拉宝石级钻石项目"定向募资
2016年11月至2016年12月	使用闲置募集资金购买9亿元理财产品

---

① 豫金刚石还于2018年12月至2021年12月向深圳市金利福钻石有限公司提供借款8000万元。在债务较高且募集资金用于补充流动性时，还对外提供财务资助，并不符合一般的经营逻辑。

续表

时间	内容
2017年1月至2017年12月	使用闲置募集资金购买42亿元理财产品
2018年1月至2018年12月	使用闲置募集资金购买35亿元理财产品
2018年4月至2019年3月	使用闲置募集资金暂时补充流动资金3.975亿元
2019年1月至2019年12月	使用闲置募集资金购买12亿元理财产品
2019年4月	归还暂时补充流动资金的3.975亿元
2019年1月4日	变更部分募集资金用途并使用8.09142亿元永久补充流动资金，用于日常生产经营活动
2019年11月12日	终止实施"年产700万克拉宝石级钻石项目"，并将剩余募集资金9.989293亿元永久补充流动资金

（四）公司治理维度：高存高贷高质押发出强烈的异常信号

货币资金、高存高贷相关问题的背后往往涉及公司治理问题。具体分析豫金刚石的股东情况时，可以发现一个明显特点，即其控股股东河南华晶公司和实际控制人郭留希频繁通过股权质押进行融资。表6列示了2019年年末豫金刚石前十大股东的股权质押和冻结情况，表7列示了控股股东历年来股权质押比例。2019年年末，控股股东及实际控制人累计质押的股数为3.30亿股，占其持股比例的99.15%。此外，豫金刚石和郭留希控制的其他"华晶系"公司频繁陷入各种民间借贷、金融借款、保证合同纠纷等司法案件。根据2019年修正的业绩快报，豫金刚石因45件诉讼、仲裁案件确认了21.76亿元的预计负债。由此可见，控股股东通过股权质押获取现金流的行为往往构成较强的财务舞弊动机，需予以特别关注。

表6　豫金刚石2019年年末前十大股东股权质押

股东名称	股东性质	持股比例	持股数量	质押或冻结情况	
				股份状态	数量
北京天证远洋基金管理中心	境内非国有法人	19.07%	229885057	质押	229885057
				冻结	229885057
郭留希	境内自然人	15.37%	185264103	质押	185062529
				冻结	185264103
河南华晶超硬材料股份有限公司	境内非国有法人	12.20%	147017483	质押	144400000
				冻结	145057077
北京天空鸿鼎投资中心	境内非国有法人	7.63%	91954023	质押	91954023
				冻结	91954023
河南农投金控股份有限公司	国有法人	7.42%	89494517	无	

续表

股东名称	股东性质	持股比例	持股数量	质押或冻结情况	
				股份状态	数量
朱登营	境内自然人	4.77%	57471264	质押	57471264
				冻结	57471264
郑州冬青企业管理中心	境内非国有法人	2.77%	33403648	质押	33403600
徐凤霞	境内自然人	1.80%	21719900	质押	21719900
陈福云	境内自然人	0.35%	4176600	无	
程燕	境内自然人	0.33%	4002200	无	

表7　　　　　　　　　　豫金刚石控股股东股权质押比例

项目	2019年	2018年	2017年	2016年	2015年
控股股东股权质押比例	99.15%	96.23%	91.45%	95.97%	71.20%

综上所述，从五维度舞弊识别框架分析结果来看，豫金刚石呈现出的货币资金异常信号包括：货币资金多年纵向对比变动异常，且存在高存高贷现象；资金收益率联动异常，存在大额受限资金；货币资金与预付账款、其他应收款等多个项目联动异常，并涉及期后"洗大澡"迹象；募集资金去向存疑；股权质押指向控股股东存在现金流压力等。这就从多个维度交叉验证了财务逻辑和业务逻辑的不相匹配，从舞弊动机、舞弊科目及舞弊手法等方面"模糊画像"，指向该公司有可能存在货币资金舞弊行为。

四、启示与建议

以上分析表明，货币资金已成为舞弊易发的高危项目，对货币资金真实性关注不够极易导致审计失败。货币资金舞弊愈演愈烈的问题引发广泛关注，为此，财政部等七部委发布了《关于推进会计师事务所函证数字化相关工作的指导意见》，中注协于2020年修订了《中国注册会计师审计准则问题解答第12号——货币资金审计》。这些举措对于抑制上市公司利用货币资金进行财务舞弊和防止注册会计师的审计失败意义重大。结合本文的案例分析，我们认为还可从数据挖掘与强化反舞弊审计程序的角度，进一步甄别货币资金是否存在舞弊问题，以防止审计失败。

（一）数据挖掘

1. 高度重视"广义货币资金"的数据处理。分析上市公司的货币资金是否合理，不应局限于对货币资金的核查，而应将核查范围拓展至广义货币资金，包括库存现金、银行存款、受限货币资金和其他流动资产中购买的银行理财产品等。唯有如此，才能准确判断上市公司是否存在"高存高贷"现象。

2. 深入挖掘"募投专项资金"及"受限资金"等信息。高存高贷有悖于商业逻辑，但要进一步核查其合理性，需要挖掘更多的相关数据才能进行核实。特别是对于技术、资金相对密集的行业，资金需求大、投资回收期长，货币资金异常、高存高贷现象背后的资金收益率、受限资金、募集资金等信息值得充分关注。

3. 充分关注与实际控制人财务状况相关的信号。许多财务舞弊皆因实际控制人而起，实际控制人太有钱或太缺钱都是危险信号。从财务舞弊链条取证来看，本文认为需要特别关注实际控制人"缺钱"的行为特征，例如，实际控制人高股权质押率、实际控制人股权减持、实际控制人股权冻结、实际控制人涉诉等，将这些特征与财务税务维度等方面的特征进行组合分析，有助于实现对舞弊动机、舞弊路径进行"模糊画像"。

(二) 反舞弊核查程序

《中国注册会计师审计准则问题解答第12号——货币资金审计》提供了核查货币资金问题的指引，其中提到应关注存在大额自有资金且高额举债、定期存款被质押或限制使用、测算利息收入合理性、跟踪投资资金流向等。基于前述案例的分析逻辑，本文认为还可以采取以下反舞弊核查程序。

1. 强化对大额货币资金项目的分析性程序。对广义货币资金与有息负债、资金收益率，应相互结合进行联动分析。例如，应充分关注存在高存高贷且资金收益率低于七天通知存款利率的现象，如果资金收益率长期低于七天通知存款利率水平，还维持大规模有息负债并承担高额财务费用，就应引起警惕，有必要进一步核实货币资金的真实性及其具体构成，分析不同构成部分的资金收益率是否合理。

对存在高存高贷现象的上市公司，应特别关注其是否存在未披露的货币资金受限情况，例如与银行签订抽屉协议，质押存单放款给大股东或关联方、集团财务公司等。目前，监管部门对受限资金的披露尚没有统一标准，货币资金受限的理由也越来越多，不同上市公司的个体差异较大，需要核查不同类型货币资金背后的实质受限情况，例如，核查货币资金明细表及附注、资产权利受限情况表等。

出现控股股东股权高质押的迹象时，应重点核查其与关联方、非关联方或隐性关联方相关的货币资金流向、担保情况。控股股东可能通过与关联方从事缺乏商业实质的购销业务来掩盖资金占用，此时应全力获取有助于对交易合理性和正当性做出判断的支持性证据。

2. 强化货币资金与其他相关科目的联动核查。对于涉及募集资金的上市公司，定向募集资金一般具有指定的用途，应关注和核查其募集资金去向与投资项目进度，对一些屡屡变更募集资金用途的上市公司应保持高度的职业怀疑。例如，可以通过比较项目预计可使用日期与实地考察的实际建设进度，分析是否存在通过支付工程款、虚构在建工程投资等方式向控股股东或关联方提供资金的情况。

出现预付账款、应收款项或其他应收款等相关科目的异常增长时，需要重点关注这些事项的商业合理性，并核查资金去向、收款方背景等内容。从舞弊手法看，上市公司可能通过这种方式向外转出资金，或者形成控股股东的资金占用，应注意货币资金与这些科目的同步变动情况。

3. 强化对货币资金舞弊核查的职业怀疑。对于近年来出现的注册会计师银行函证问题，作为注册会计师应予以高度重视。一是需要指派经验丰富的注册会计师亲自前往现场取得回函。函证是获取审计证据的一项核心的审计程序，但实务中不少函证往往由刚毕业的审计助理或实习生完成。最近频繁发生的货币资金舞弊表明，这种做法往往给上市公司实施和掩盖财务舞弊留下机会。二是针对银行回函差异应保持足够的敏感性和职业怀疑，对缺乏正当理由解释的差异，应秉承反舞弊的心态，追查到底，以免错失发现财务舞弊的机会。

（原载于《财务与会计》2021年第11期，略有修订。本文发表时证监会尚未公布对豫金刚石的调查结果，直到2021年8月豫金刚石才收到处罚事先告知书，其中指出豫金刚石存在虚构资金流闭环、控股股东及其关联方非经营性资金占用等问题）

参考文献

黄世忠，叶钦华，徐珊，叶凡. 2020. 2010～2019年中国上市公司财务舞弊分析[J]. 财会月刊，14：153～160.

叶钦华，叶凡，黄世忠. 2022. 财务舞弊识别框架构建——基于会计信息系统论及大数据视角[J]. 会计研究，3：3～16.

张文荣，张景瑜. 审计何以失败——对2001年度至2020年度处罚会计师事务所及注册会计师的分析[R/OL]. 大华洞察. 大华会计师事务所微信公众号. 2021年4月7日.

应收账款舞弊的识别与应对

——基于广东榕泰的案例分析

叶凡　叶钦华　黄世忠

> **【摘要】** 应收账款一直是分析盈余管理、财务舞弊时需要关注的重点科目。随着近年来交易造假类舞弊的增多,应收账款相关的舞弊手法也在发生变化,对传统应计盈余管理模型有效性提出了新挑战。本文以广东榕泰为例,讨论利用真实现金流、保理等新型业务方式虚减应收账款,甚至以此虚构业务收入的舞弊问题。本文利用"五维度"财务舞弊识别框架,分析应收账款舞弊在不同维度可能出现的异常特征,由此讨论如何识别与应对这类舞弊,并提出相应的核查思路。
>
> **【关键词】** 财务舞弊　应收账款异常　应收账款保理　舞弊识别

应计项目如应收应付款、预收预付款、其他应收应付款等,历来是分析财务舞弊、会计信息质量的重点科目。典型的学术研究应用以琼斯模型(Jones,1991)为代表的一系列模型,检测公司应计盈余管理程度。在财务管理领域,应计项目则是企业利用上下游资金的能力和商业信用情况的重要体现。但是随着交易造假类财务舞弊手法的增多(黄世忠等,2020),利用应计项目,特别是应收账款配合舞弊的手法也出现一些新变化,如利用真实资金流虚构销售回款以降低应收账款,或利用保理、质押融资等业务将应收账款移出表外,从而对应收账款舞弊的识别和应对提出新挑战。

2020年,随着修订后的《证券法》开始施行,监管层加大了对财务舞弊的惩处力度。2021年7月,证监会通报了适用新《证券法》的首批财务舞弊案件,其中广东榕泰(600589)被认定为造假手段隐蔽、利用新型或复杂金融工具的典型案例。尽管广东榕泰的舞弊金额相比康美药业（600518）、康得新（002450）小得多，但其舞弊手法既涉及利用关联方虚构应收账款、虚增保理业务收入，亦涉及虚减和隐藏应收账款的情形，不失为值得关注的新动向。本文以广东榕泰为例，依据"五维度"财务舞弊识别框架（叶钦华等，2022）分析并延伸讨论应收账款舞弊的可能特征和核查思路。

一、新《证券法》处罚之"首"

广东榕泰2001年上市，从事化工材料的生产和销售业务。2016年全资收购北京森华易腾通信技术有限公司（以下简称森华）后，广东榕泰开始了双主业模式，增加了互联网数据中心（IDC）、云计算、内容分发网络业务（CDN）等业务。自此，其分部收入来源分为三类：ML氨基复合材料；苯酐、二辛脂及其他化工产品；互联网综合服务。上市以来，广东榕泰的大股东一直是广东榕泰高级瓷具有限公司。

广东榕泰的财务舞弊问题始发于无法按时披露年报：2020年4月29日，广东榕泰因与审计机构、评估机构无法达成一致意见，无法按期披露2019年年报和2020年一季报，继而停牌，同日便收到上交所的监管工作函；2020年5月7日，证监会广东监管局就未按期披露问题要求广东榕泰进行整改。2020年5月21日，证监会决定对广东榕泰信息披露违反违规立案调查。2021年，广东榕泰收到证监会广东监管局行政处罚事先告知书和决定书，其中与信息披露相关的问题包括：未按期披露年报；未披露关联关系、关联交易；利用关联方虚构销售回款减少应收账款，从而虚增利润；虚构应收账款保理业务虚增利润。值得关注的是，上市公司应真实披露各类公告，否则将被惩处。在证监会调查期间，广东榕泰曾就媒体报道的《广东榕泰疑隐瞒三大供应商关联关系2018年合计采购逾4.5亿元》进行澄清公告，这一澄清公告也被认定存在虚假记载。最终，作为首例适用新《证券法》的案例，广东榕泰被处以300万元罚款，董事长被处以330万元罚款，财务总监、董秘和多位监事、董事、独立董事被处以20万元至160万元不等的罚款，累计罚款1450万元，远高于按旧《证券法》规定对康美药业案件累计顶格处罚的595万元。此外，广东榕泰还将面临投资者的民事索赔诉讼。

广东榕泰2018年度和之前的年报由广东正中珠江会计师事务所审计，均为标准无保留意见。2019年12月更换为大华会计师事务所，2019~2020年年报均为保留意见，涉及无法确认关联关系和商业实质的采购、子公司内控缺陷、立案调查、坏账准备、资产减值准备及存货损失、关联方资金占用等问题。虽然2019年年报是在立案调查后公布的，但是如处罚书所述，该年报无法按期披露的原因之一是审计机构持不同意见，可见，审计机构在这一舞弊事件中起到一定的"揭发"作用。

二、应收账款之"藏"与"用"

从事后的处罚书中可以看出,广东榕泰财务舞弊属于动用了"真金白银"的类型,采用的是构建不予披露的隐性关联方,协助虚构交易、虚构回款以实现虚增利润的典型手法。特殊之处在于,广东榕泰构建的隐性关联方是为了实现"掩盖应收账款以免被全额计提减值准备"及"隐瞒关联交易"的双重目的,既用于"降本",即"隐藏"账期长或难以收回的异常应收账款,据此少计提坏账准备和虚增利润,也用于"创收",即"利用"虚假应收账款,虚构关联保理业务收入,进一步虚增利润。那么从事前角度如何发现应收账款舞弊的"蛛丝马迹"呢?本文将从财务舞弊识别框架的不同维度讨论这一问题。另外,应收账款异常可能有多种源头和表现形式,例如,来自对收入等其他科目的操纵,由此构成这些科目和应收账款的联动异常,因此,本文也将穿插其他舞弊案例对此进行简要分析。

(一) 财务税务维度:收入与应计项目联动异常

应收账款源自赊销业务,表1列示了广东榕泰2017~2020年营业收入及相关科目情况(本文分析采用的是差错更正前的数据),其中2018~2019年为财务舞弊期间。

表1　　　　　　　　　　广东榕泰收入与应计项目情况

项目	2020年	2019年	2018年	2017年
营业收入增长率	-26.49%	-14.74%	3.45%	14.34%
经营活动现金流增长率	-565.24%	-83.15%	5.02%	606.13%
净利润增长率	N/A	-450.07%	14.66%	32.93%
化工材料主业的收入增长率	-9.88%	-12.24%	25.32%	-0.70%
化工材料同行业的收入增长率	-4.40%	-3.17%	15.49%	27.21%
应收款项增长率	-14.08%	4.10%	15.40%	-6.53%
应收款项/收入	54.58%	46.70%	38.25%	34.29%
同行业的应收款项/收入	16.02%	14.09%	13.30%	14.09%
应收款项/总资产	15.97%	15.55%	12.03%	9.60%
预付款项增长率	29.02%	-0.65%	29.54%	31.74%
预付款项/总资产	7.13%	4.62%	3.75%	2.66%

首先,广东榕泰主要从事氨基复合材料(新材料)、苯酐及增塑剂等化工材料的生产和销售,2015年度通过并购新增第二主业互联网服务,战略上从单一化工主业转为"化工+互联网"双主业,并意图向单一互联网服务主业转型。在此期间,广东榕泰受第一主业化工材料整体行业低迷的影响(2017~2018年年报中连续提示其所处化

工材料行业受国内经济结构调整、下游企业需求平淡、行业产能过剩等因素影响，产品市场需求可能保持较长时间的低迷），营业收入增长率从2018年起有大幅度的下滑，经营活动现金流量和净利润的下滑幅度则更大（舞弊被揭露后的2020年净利润为负且大幅下滑）。天健财判财务智能预警系统"制造业——化学原料和化学制品制造业"的二级行业收入数据（由于广东榕泰产品较为特殊，较难精确找到产品完全相同的可比公司，故以行业数据作为替代）显示，2017~2020年该行业收入增长率也陆续放缓，特别是2018~2019年的增长率从2017年的27.21%分别下降至15.49%和-3.17%。但是，一个异常迹象是，广东榕泰在2017年收入下滑的情况下，2018年收入却逆势大幅上涨25.32%，与行业景气度相背离。

其次，广东榕泰从2018年起应收款项的增长率远高于收入增长率。从应收款项占收入的比例来看，2017~2020年占比不断提高，且大幅高于同行业可比数据。从应收款项占资产的比例来看，到2019年占比已经高达15.55%。其应收款项中绝大部分为应收账款。

可见，广东榕泰这一期间的业绩表现欠佳，且收入和应收款项科目联动异常。从经营角度而言，该联动异常并不是一个好的信号，除了可能反映销售收入质量下降之外，也可能指向收入舞弊。此时需要关注的是广东榕泰是否存在虚增化工行业收入或存在调节应收款项坏账准备的迹象？如资金体外化。

此外，广东榕泰的其他应计项目也交叉印证了这一问题，即整体上是"入不敷出"，其中：预付账款增长率和占总资产的比例较高；应付账款远小于约束性较强的应付票据，应付票据在2018年增长率为45.71%、2019年为-35.11%。

（二）财务税务维度：应收账款与坏账准备联动异常

赊销业务是应收账款的来源，坏账准备和核销损失、收回款项、转为金融工具是应收账款的可能去向，这是交叉验证应收账款真实性的另一个途径。表2列示了广东榕泰应收账款及坏账准备的情况，可以看到：2017年计提的坏账准备占应收账款余额的比例极低；2018年在应收账款增长快于收入的情况下，计提坏账准备的比例也大幅上升，显现出应收账款变为坏账的压力。2019年收入下降、应收账款继续上升，但是计提坏账的比例却有所下降，存在"操纵"坏账计提比例的可能性。从2020年计提坏账的比例高达46.74%的情况来看，之前年度存在少计提坏账的可能性。在广东榕泰案例中，应收账款与坏账准备的异常并不容易发现，因为2018年其计提坏账的比例还是上升的，如何判断上升幅度是否足够是一个难点。所以，需要进一步细致核查欠款方是否存在异常，如经营状况、是否是关联方等，以及信用损失本身的处理方法是否合理。

表 2　　　　　　　　广东榕泰应收账款及坏账准备情况　　　　　　　　单位：万元

项目	2020年	2019年	2018年	2017年
应收账款	49 574.10	67 191.33	63 826.03	53 304.90
计提的坏账准备	23 171.38	2 139.54	3 102.45	249.12
计提的坏账准备/应收账款	46.74%	3.18%	4.86%	0.47%

综上所述，应收账款的来源是营业收入，两者联动异常的背后有两种可能性：一是营业收入是真实的，但是由于销售回款不力、信用政策变更等原因导致应收账款上升，但为了避免影响利润而未合理计提坏账准备；二是营业收入造假，同时没有足够外部资金流支持而导致应收账款同步虚增。

（三）财务税务维度/内部控制维度：毛利率与存货采购联动异常

广东榕泰另一个存在异常的项目是存货，虽然从2018年起增长率为负，但是存货占总资产的比例仍持续上升。本文以天健财判财务智能预警系统行业数据作为参照，如表3所示，广东榕泰存货资产占比远高于行业平均水平。与存货联动异常的是毛利率，其毛利率也同样远高于行业水平，剔除第二主业互联网服务的影响后结果仍然不变。这一联动异常指向的是成本结转是否完整、产销规模是否匹配、存货是否虚高的问题。

表 3　　　　　　　　广东榕泰存货占比与毛利率情况

项目	2019年	2018年	2017年
存货/总资产	11.99%	10.85%	10.33%
同行业的存货/总资产	5.06%	5.16%	4.77%
毛利率	23.20%	26.76%	24.45%
化工材料主业的毛利率	17.12%	20.05%	18.46%
化工材料同行业的毛利率	11.64%	15.00%	17.03%

核查存货异常除了可以从内部（如盘点）入手，还可分析供应商是否存在异常，如通过工商信息分析是否与供应商存在隐性关联关系。2020年6月广东榕泰的审计报告中就指出其与部分供应商存在显著超过正常采购货物之外的资金往来。2020年8月，媒体通过实地调查，发现广东榕泰应付票据前五名的公司中，揭阳市中粤农资有限公司、揭阳市和通塑胶有限公司和揭阳市永佳农资有限公司（以下简称中粤农资、和通塑胶、永佳农资）存在异常特征：三家供应商注册地相近，且是广东榕泰原实际

控制人的承租人；三家供应商有相同股东、高管；进一步利用工商和司法信息深度挖掘，可以发现供应商与广东榕泰具有相同的高管或员工；供应商与广东榕泰体系内公司的邮箱地址、联系电话相同。此外，处罚书中还指出：广东榕泰先将货款支付给关联方，关联方再支付给真正的供货商；关联方赚取1%的毛利率；关联方无仓储和生产业务，广东榕泰直接收货。由此可见，供应商隐性关联化的安排，再加上广东榕泰应计项目呈现"入不敷出"的特征，这些异常表明广东榕泰存在构建隐性关联方、将资金转出体外的可能性。

（四）财务税务维度/内部控制维度：新增应收账款保理等"金融化"业务

1. 利用应收账款保理虚增收入

处罚书中指出2019年4月广东榕泰子公司深圳金财通商业保理有限公司和和通塑胶、永佳农资、中粤农资等关联方虚构了应收账款保理业务，即广东榕泰出资受让对关联方的应收账款，以赚取利息收入，但在各期报告中对此均未作披露。

针对造假周期较短、造假手法新颖的一些手法，充分利用季报、中报的信息来识别异常是一个有效的方式。表4列示的是广东榕泰年度内变化较大的货币资金和其他流动资产（因会计政策变化，其他流动资产中加入理财产品金额，才可纵向对比）项目的情况，可以看出：2019年货币资金在年度内大幅减少但年末又大幅回升，其他流动资产则是年度内大幅增加但年末大幅减少，最高达到约6.24亿元，变化原因是其他流动资产明细项目中的委托理财。但是广东榕泰对委托理财具体内容、对象都未作详细披露。根据表4分析，一个可能性是该业务以委托理财的形式呈现于"其他流动资产"科目中。针对2019年度第二季度和第三季度货币资金和其他流动资产的联动异常，需要进一步核查委托理财业务的商业实质，核实是否存在体内资金被大股东挪用或侵占的情形。此外，处罚书中还指出对关联方的应收账款并不真实存在，因此核查应收账款保理业务真实性时，可能也需要对受让的应收账款本身的真实性、可收回性进行分析，才能了解该业务的商业实质。

表4　　　　　　　　广东榕泰货币资金与其他流动资产情况　　　　　　　　单位：万元

产品	项目	年报	三季度	中报	一季度
2019年	货币资金	100346.50	37828.84	54458.18	85541.05
	货币资金增长率	165.26%	-30.54%	-36.34%	NA
	其他流动资产	4670.24	59014.84	62398.67	27233.82
	其他流动资产增长率	-92.09%	-5.42%	129.12%	NA

续表

产品	项目	年报	三季度	中报	一季度
2018年	货币资金	124178.76	62201.72	102181.18	102384.86
	货币资金增长率	99.64%	-39.13%	-0.20%	NA
	其他流动资产	13271.07	4194.55	959.53	1400.16
	其他流动资产增长率	216.39%	337.15%	-31.47%	NA

2. 利用应收账款保理虚减坏账

应收账款保理业务作为一种新型的金融工具，在本案例中被用于受让方虚构收入。反之，出让方亦可以此降低应收账款异常。例如，在神州长城（000018）舞弊案例中，其通过与第三方保理商签订保理业务终止确认应收账款。但实际上该应收账款保理款是由神州长城关联方支付给保理商的，应收账款并未实际转移。在千山药机（300216）舞弊案例中，千山药机则是在解除应收账款保理后未记账，虚减了应收账款。通过保理业务终止确认应收账款的好处，一是账面上收回了欠款，二是不必再计提坏账准备从而虚增利润，三是资产潜亏表外化，更加隐蔽。此时，核查的关注点是保理业务本身是否合理、权利义务是否真实转移；核查应收账款本身是否真实、可回收也有助于判断保理业务的商业实质。

（五）公司治理维度：大股东与实际控制人的异常行为

从公司治理维度分析大股东与实际控制人的异常行为，能够辅助分析财务舞弊动机。而且，这类异常行为往往在涉及资金占用、转出体外配合舞弊时更容易出现，广东榕泰案例也不例外。首先，大股东广东榕泰高级瓷具有限公司2018年的股权质押比例高达84.03%，2019年达到70%，反映出大股东较大的资金压力。其次，2015年年底广东榕泰高价并购森华的同时也订立了业绩承诺，最终业绩承诺精准达标，完成率在100%左右，但业绩承诺期满后业绩大幅下滑。完成业绩承诺也是财务舞弊的一大动机。最后，广东榕泰将子公司揭阳市佳富实业有限公司出售给关联方，形成了约5.28亿元其他应收款和2.39亿元投资收益，相比其他年度均大幅上升。因此，需要关注的是高股权质押率与业绩对赌背后可能涉及的舞弊动机、异常关联交易背后可能涉及的业绩调节与资金侵占等问题。

综上所述，广东榕泰的应收账款问题可以从收入、存货、货币资金等项目联动分析来识别异常，可通过商业实质判断、资金流付款去向、隐性关联方核查等进一步验证其合理性。同时，财务舞弊期间存在的新增金融业务、与主业转型相伴的业绩对赌、大股东资本运作频繁等可能涉及舞弊动机的现象也值得关注。舞弊期后的2020年，广东榕泰还存在"洗大澡"的嫌疑，其计提了大额信用减值和资产减值损失，货币资金、存货、固定资产、在建工程余额骤减,导致注册会计师出具保留意见审计报告和监管层问询,这一迹象亦间接印证了前期财务舞弊问题。

三、启示与建议

结合广东榕泰案例的分析,我们可以总结出应收账款异常或舞弊的五种可能表现:一是虚增应收账款以配合虚增的收入舞弊;二是应收账款因行业低迷或经营不善等问题导致余额畸高;三是利用会计操纵手法如调整坏账计提比例少计坏账准备;四是虚构"真实"现金回款避免应收账款出现异常;五是利用保理和质押融资等新型金融工具转移应收账款。前两者涉及应收账款来源,后三者涉及去向。2021年5月"爆雷"的上海电气事件中也涉嫌存在巨额应收账款保理及质押融资等业务问题,可见此科目呈现高风险的特征。这些表象的背后,需要解决的问题是如何根据不同科目之间的联动分析来识别应收账款异常,如何利用外部信息验证应收账款异常与财务舞弊的关系。针对应收账款舞弊识别,本文提出以下三点启示与建议。

(一)重视与应收账款相关科目的联动分析

从"掩盖"应收账款舞弊的角度出发,最优方式是实现货款的收回,这既能证明其可回收性,亦能辅助说明营业收入的真实性。若要构建销售回款的闭环则需要两个要件:一是真实的资金流入,这往往需要体内资金体外化的"储备";二是欠款方配合造假,即构建并隐藏关联方。财务舞弊日益成为一个"系统"工程,一个科目的舞弊可能需要结合多个科目的异常,才能交叉验证,形成逻辑闭环。

基于此,注册会计师发现应收账款存在异常迹象时,应重点执行如下特殊反舞弊程序,同时还应先将应收账款的核查范围扩大到所有应收款项,因为这些应收项目往往是相互关联的:(1)分季度与货币资金项目联动分析,抽查并核实当年是否存在第三方回款的异常行为;(2)如涉及第三方回款,可借助工商、司法等数据库进一步核实第三方是否为关联方或隐性关联方;(3)与存货和其他流动资产等项目联动分析,延伸核查销售回款的资金来源,并联动分析是否存在资金体外化的异常迹象。此时可能涉及较长的逻辑链,需要注册会计师拥有更多的外调权。

(二)重点核实应收账款保理等新型金融业务的商业实质

本案例的分析表明,应收账款保理作为一种新型金融业务,可以分别协助出让方和受让方实施财务舞弊,具备一定的隐蔽性,识别难度较大。基于此,注册会计师发现当年新增应收款项保理或大额应收款项融资业务,特别是这类融资业务的来源是应收账款而非应收票据时,应重点执行如下特殊反舞弊程序:(1)核查业务模式本身的商业合理性、是否有追索权、是否真实转移等；(2) 核查作为"业务实体/载体"的应收账款对应业务是否仅仅为简单贸易业务、是否具备真实交易背景、是否来自真实的经营业务、是否具备可收回性等；(3) 核实新增业务交易对象是否是关联方或隐性关联方，其主要股东、客户、供应商之间是否构成利益共同体，综合判断该类业务是否具备商业实质。

(三) 重视监管问询函及注册会计师提供的外部预警信息

财务舞弊从发生到识别处罚的滞后周期一般要 3~5 年，黄世忠等 (2020) 发现仅有不到 30% 的舞弊是在 3 年内就被识别和处罚的。广东榕泰案例既典型又不典型，其异常特征不是特别明显，较难发现；但与其他案例不同，其从 2018 年实施舞弊到 2020 年受到监管处罚，周期仅仅为 2 年左右，较早被发现。究其原因，或有两个事件起到关键作用：一是注册会计师未按期出具 2019 年的审计报告，延期之后出具的也是保留意见的"非标"审计报告。根据证监会公布的《年度证券审计市场分析报告》可知，近年来注册会计师出具非标审计意见增长显著，2017~2019 年年度占比分别为 3.5%、6.0% 和 7.1%，注册会计师作为资本市场"看门人"的作用在持续提高。二是从 2018 年年报至今，广东榕泰收到上交所非处罚性问询及相关回复公告累计 26 条，监管问询函及相关回复中已包含大量"有用信息"，一定程度上预警了监管部门对其会计信息质量的持续关注。例如，在 2019 年 5 月针对 2018 年年报事后问询函中，对业绩对赌、货币资金异常、大额商誉合理性等均有问询与提示；在 2020 年 8 月针对 2019 年年报事后问询函中，对疑似关联方、关联资金往来等均有问询与提示。可以预见，随着监管层的重视和审计质量的提升，审计报告、监管问询等外部预警类信息将具有更大的信息含量，注册会计师及外部报表使用者也可充分利用这类信息，更及时、更准确地识别财务舞弊。

(原载于《财务与会计》2021 年第 21 期，略有修订。本文发表时尚未有针对广东榕泰的注册会计师的明确处罚结果。直到 2022 年 5 月广东正中珠江会计师事务所被证监会广东监管局行政处罚，原因是 2018 年审计报告存在虚假记载，且审计时未勤勉尽责，应收账款、关联方事项的风险应对程序存在缺陷。此外，虽然大华会计师事务所对 2019 年年报出具保留意见，但仍于 2022 年 7 月被证监会广东监管局出具警示函，原因是在 2019 年年报审计工作中，对应收账款、保理业务收入的审计不到位。虽然警

示函的严重程度不及行政处罚①,但也说明其审计工作仍有改进空间)

参考文献

黄世忠,叶钦华,徐珊,叶凡.2020.2010~2019年中国上市公司财务舞弊分析[J].财会月刊,14:153~160.

叶钦华,叶凡,黄世忠.2022.财务舞弊识别框架构建——基于会计信息系统论及大数据视角[J].会计研究,3:3~16.

Jones, J. 1991. Earnings Management During Import Relief Investigations [J]. Journal of Accounting Research, 29 (2): 193~228.

---

① 参见:http://www.csrc.gov.cn/guangdong/c104558/c3008971/content.shtml;http://www.csrc.gov.cn/guangdong/c104560/c4884184/content.shtml。

在建工程舞弊的识别与应对

——基于抚顺特钢的案例分析

叶钦华　叶凡　黄世忠

> **【摘要】** 近年来，财务舞弊呈手法隐蔽化、动机多样化及后果严重化趋势。财务舞弊所虚构的毛利，其"藏身之所"呈现出从存货和应收账款等流动资产类科目向在建工程和商誉等长期资产类科目转移的趋势，舞弊发生后更容易通过折旧、减值等方式蒙混过关，更难以被发现。在本文分析的抚顺特钢财务舞弊案例中，存货、在建工程与固定资产相继成为隐藏虚构毛利的"垃圾桶"。由于在建工程项目金额较大、时间较长，其完工进度不易审计与量化，容易被人为操纵，给识别和核查舞弊带来新的挑战。本文将尝试分析在建工程异常的源头，讨论如何利用"五维度"财务舞弊识别框架进行在建工程舞弊的识别和应对，提出针对性的核查建议。
>
> **【关键词】** 财务舞弊　在建工程　联动指标　舞弊识别

根据复式簿记的基本原理，某一会计科目发生变化，必然会引发与此相勾稽的另一个会计科目的同步变化。财务舞弊的主要目的在于虚增利润，或者说增加收入、减少成本，因此识别财务舞弊时往往可以从与收入和成本存在勾稽关系的资产科目的异常变化入手，例如货币资金、存货、应计项目等。反之，为了掩盖财务舞弊，舞弊者总是千方百计使异常科目"正常化""隐蔽化"。于是，造价金额较大、施工周期较长、工程进度相对难以核查的在建工程往往成为藏污纳垢之所。万福生科（300268）、北生药业（600556）、康得新（002450）、尔康制药（300267）、抚顺特钢（600399）

等财务舞弊案都存在通过在建工程配合舞弊的行为。

本文聚焦于在建工程科目，讨论其可能存在异常的迹象，分析异常的源头，讨论如何识别其异常是否涉及财务舞弊。本文选择的案例公司是被收录于《2019年证监稽查20起典型违法案例》中的抚顺特钢，同时也将结合在建工程其他典型舞弊案例综合讨论不同类型的手法和识别手段。本文的分析过程主要基于财务舞弊识别框架（叶钦华等，2022），尝试从不同维度讨论在建工程异常和对应的识别方法，并提出具体的核查建议。

一、财务舞弊持续之"长"

抚顺特钢2000年在上交所上市，主要从事特殊钢的生产和销售，具体经营模式是：特殊钢和合金材料研发、制造和销售一体的专业化路径；以销定产；直销、代理商销售等销售模式。抚顺特钢长年以来聚焦"三高一特"产品，包括合金结构钢、合金工具钢、不锈钢、高温合金，其产品结构比较稳定，年报中也一直按这几个项目列示主要产品收入和成本。值得关注的是，在2017年9月之前，抚顺特钢是一家发生了财务舞弊的国有企业，其大股东一直是东北特殊钢集团有限责任公司，2015年前持股比例在40%以上，2015年后降到约38%，实际控制人则是辽宁省国资委。2017年9月，因东北特殊钢集团的重组，抚顺特钢的实际控制人由辽宁省国资委变更为锦程沙洲实际控制人沈文荣。

2018年1月30日，证监会辽宁监管局向抚顺特钢发出责令改正的决定书，指出其在存货、固定资产、在建工程的管理方面存在内控不规范问题且会计基础工作薄弱。次日，抚顺特钢发出自查报告，承认存在存货等实物资产不实问题，可能导致对以往年度财务数据的重大调整，造成连续多年亏损的情况，并公告2017年度业绩预亏。2018年3月21日，证监会正式就抚顺特钢信息披露违法违规行为立案调查。由此，抚顺特钢财务舞弊问题被揭开。

2018年6月26日，抚顺特钢在证监会的调查结果尚未公布之前，"率先"承认其"错误"；发出会计差错更正公告，主要涉及存货、固定资产、在建工程、累计折旧、主营业务成本等科目，累积调减2016年及以前年度净利润高达约17.74亿元。最终，证监会于2019年7月8日发出行政处罚及市场禁入事先告知书，并于12月12日发出处罚决定书，指出在2010年至2017年第三季度近8年的期间内，抚顺特钢的存货、在建工程、固定资产及其折旧、主营业务成本、利润总额存在虚假记载，累积虚增的利润总额达到19.02亿元。证监会认为，抚顺特钢财务舞弊"具有连续性、一贯性"且"持续时间长、手段特别恶劣、涉案数额特别巨大"，因此，除对该公司处以警告和 60 万元罚款外，还对该公司前后多任董事长、正副总经理、财务总监、财务处副处长、董事会秘书、董事、独立董事、监事、法律顾问全部处以警告、3 万~30 万元罚款、10 年市场禁入不等的行政处罚。这一期间为抚顺特钢提供审计服务的中准会计师事务所，2016 年出具带强调事项的无保留意见（强调事项不是舞弊涉及的问题）审计报告，2017 年出具无法表示意见的审计报告，其余年度均出具标准无保留意见的审计报告。

二、在建工程异常之"源"

抚顺特钢的自查报告和行政处罚提及多项资产类科目的造假，而且是"串行"而不是"并行"操纵这几个科目，即虚增存货——转入在建工程——转入固定资产——计提折旧。虚增存货的目的在于虚减主营业务成本。抚顺特钢财务舞弊的隐蔽之处在于：一是将存货的"异常量"分摊到其他科目，二是利用在建工程难以核查的特点掩盖造假。根据一般的会计处理逻辑，除存货之外，货币资金、预付账款等资产项目也可能流向在建工程，形成在建工程的源头。此外，在建工程舞弊的重要"功能"是利用其自身难以审计与核查的特点，"承接"其他资产类科目的异常，进而"抹平"收入和成本上的异常，甚至进一步转为固定资产以继续弱化异常，从而使舞弊更为隐蔽。为了更完整呈现在建工程的可能异常，除了分析抚顺特钢案例，本文也将穿插其他舞弊案例。

（一）财务税务维度：毛利率与重要资产类科目联动异常

1. 毛利率与存货联动异常

表 1 列示了抚顺特钢涉及财务舞弊的 2010~2016 年的毛利率情况。可以发现的明显规律是：毛利率基本是持续大幅攀升，从 2010 年的 7.7% 升至 2016 年的 21.15%，纵向增幅 174.68%。作为对比，2007~2009 年抚顺特钢的毛利率仅处于 7%~9% 之间。横向对比抚顺特钢年报中提及的同行业公司的毛利率情况，即宝钢股份的钢铁制造业业务、太钢不锈的主营业务、江阴兴澄（发行债券公司）的主营业务、中信特钢的钢铁产品业务的毛利率，可以发现，抚顺特钢的毛利率仅在 2010 年时最低，此后年度的毛利率均远高于同行业可比公司，与行业均值偏离度持续增长，到 2015 年甚至超过 100%。这与年报中提及的 2014 年特殊钢行业产能过剩、2015 年钢铁行业进行供给侧改革的行业趋势相背离。尽管抚顺特钢在年报中说明其产品定位于高端、高档的特殊钢，但毛利率偏离度如此之高，明显属于异常现象。

表1　　　　　　　　　　　抚顺特钢毛利率的行业对比

公司	2010年	2011年	2012年	2013年	2014年	2015年	2016年
抚顺特钢	7.70%	11.84%	12.45%	12.94%	17.80%	22.33%	21.15%
宝钢股份	10.84%	6.74%	6.02%	9.46%	9.99%	8.86%	16.82%
太钢不锈	8.88%	8.57%	7.43%	6.34%	7.79%	4.74%	14.63%
江阴兴澄	10.43%	9.28%	9.85%	11.31%	13.88%	18.95%	16.13%
中信特钢	10.68%	8.51%	8.85%	9.98%	11.14%	12.01%	13.16%
行业均值	10.21%	8.28%	8.04%	9.27%	10.70%	11.14%	15.19%
抚顺特钢与行业均值的偏离度	-24.57%	43.08%	54.90%	39.55%	66.36%	100.45%	39.28%

进一步分析抚顺特钢的钢铁业务在2013～2016年（2010～2012年未披露钢铁销售量）销售均价和单位成本情况（见表2）可以发现，抚顺特钢在此期间的单位销售成本持续下降，这也应成为高毛利率合理性的核查重点。2016年年报中多次提及原材料价格上涨压缩了产品的利润空间，但当年单位销售成本却比上年下降376元/吨，相互矛盾，令人生疑。当然，抚顺特钢也在年报中特别强调成本管控方面的优化工作，如加强成材率、利用返回料、改进采购策略等，要对这方面进行核查，需要对该行业生产过程及技术工艺有足够的了解，投资者和注册会计师难以做到。

表2　　　　　　　　　　　抚顺特钢的钢铁业务盈利情况

项目	2013年	2014年	2015年	2016年
营业收入（亿元）	53.41	53.52	44.84	46.40
毛利（亿元）	6.95	9.61	10.09	9.79
毛利率	13.01%	17.95%	22.51%	21.09%
销售均价（元/吨）	9666	9965	10292	9504
单位成本（元/吨）	8408	8177	7976	7500
净利润（亿元）	0.23	0.47	1.97	1.11
经营活动净现金流量（亿元）	1.72	8.06	1.24	-1.48

与收入、成本有直接联动关系的项目之一是存货，表3列示了抚顺特钢的存货及其明细项目的增长率情况，其中原材料的变动与存货总体变动最为接近，各年度原材料占存货的比例基本在50%以上。可以发现，存货和原材料在2010～2012年连续大幅增长；存货/成本占比分别为47.86%、56.87%和73.47%，呈连续上涨趋势，而后在2013年大幅下降至58.92%。

结合上述分析可知，抚顺特钢这段期间收入相对平稳，并未大幅提高，但毛利率持续上涨,且伴随着存货和原材料的大幅增加。从商业合理性来看,对于一家以销定产的钢铁制造企业来说,毛利率异于同行业大幅增长,却不能带来销售收入大幅增长,同时又大量囤积存货,表明其存在少结转成本、虚增毛利的舞弊可能。

表 3　　　　　　　　　　抚顺特钢资产项目的增长率

项目	2010年	2011年	2012年	2013年	2014年	2015年	2016年
存货	13.54%	18.83%	29.19%	-19.80%	-1.93%	13.07%	1.20%
原材料	14.12%	27.74%	52.81%	-30.39%	-0.15%	21.24%	10.03%
库存商品	-4.22%	18.98%	4.14%	-14.02%	-8.54%	19.85%	-26.86%
在产品	22.34%	7.24%	4.56%	1.33%	-2.06%	-2.32%	-3.32%
存货/成本占比	47.86%	56.87%	73.47%	58.92%	57.78%	65.33%	66.12%
在建工程	237.66%	73.63%	27.46%	-35.78%	96.16%	-35.28%	3.94%
固定资产	0.72%	-5.42%	-11.35%	94.76%	-2.38%	26.29%	-1.53%
固定资产在建工程合计	22.04%	14.26%	3.33%	33.85%	19.68%	3.70%	-0.28%

2. 毛利率与在建工程、固定资产联动异常

表3显示,抚顺特钢的存货和原材料经历三年增长后,在2013年和2014年又突然出现大幅下降。同时可以发现,固定资产与在建工程在这两个年度突然大幅上升,2013年的合计增长率达到33.85%,2014年达到19.68%。而且,2013~2015年,在建工程先增加再减少,减少时固定资产随之增加。如果抚顺特钢从毛利率到存货的联动异常与财务舞弊有关,那么紧接着出现的存货和在建工程、固定资产在纵向时间上的联动变化,则可能是将虚增毛利导致的存货异常转移到在建工程、固定资产,以此掩盖利润舞弊的过程。若要证明这并非舞弊而是正常经营的结果,则需要核查生产工艺、工程建设是否合理,存货、在建工程和固定资产的连续变化是否只是巧合等。

(二) 行业业务维度/数字特征维度:工程项目投入、进度异常

核查在建工程增长异常的一个重要程序是分析在建工程的投入、构建和进展时间等是否具有合理性。本文比较了抚顺特钢各年年报中各个在建工程项目的进展情况,存在金额较大且工程投入远超过工程进度预算或完工时投入远超出工程预算的项目,从中可以发现一些异常现象。例如,项目1在2012年时的投入已达预算的100.78%,工程进度仅为95%,而2013年为了完成剩下5%的进度,工程投入却远远超过预算,最终达到预算的168.92%。项目2在2013年时工程投入超出预算至102.55%,此时工程进度仅为70%,2014年和2015年持续增加投入,至完工时投入达到预算的178%。因此,需要进一步核查工程项目投入大比例超出预算是否有合理原因,否则可能是操纵在建工程造价,甚至体内资金体外化的舞弊迹象。

通过事后处罚可以验证，抚顺特钢舞弊案例的特点是并没有长期将"异常"停留于在建工程，而是尽可能地正常转入固定资产，并相应计提了折旧。虽然从时间变化上仍然能够看到在建工程等科目的联动变化异常，但是正常转入固定资产无疑增加了核查难度，或者说为解释在建工程异常提供了一个借口。

在发生时间更早的北生药业财务舞弊案例中，则可以看到更多不同的在建工程异常特征。北生药业的舞弊期间为2004~2006年，该期间有4个在建工程项目，其中除了投入金额的异常，其他异常现象包括：工程施工进度长于预期周期，甚至最终停工；停工时项目进度在"数字"上相近，这种"恰巧"出现的数字特征值得关注；停工后也没有相应减值处理。具体如下：（1）罗汉果项目的预算数为4925万元，预计1年完工。但2004年投入建设后，2005年工程投入占预算比例达到89.50%，工程进度仅为80%，2006年则变为该项目"未全面实施"，施工周期远超过原计划。（2）苦瓜项目的预算数为12919万元，预计1年完工。2004年投入建设后，投入占预算比例就已经达到96.97%，进度为70%，但到2006年投入占预算比例达到159.65%，进度仍仅为85%。（3）狂犬病疫苗项目与物流中心项目两个项目的进展情况与苦瓜项目相似。而且都是到了2006年基本处于停工状态，工程进度均为85%。

在万福生科财务舞弊案例中，甚至出现直接调整完工率、预算数等建设计划的情况。万福生科供热车间改造工程的预算数为7000万元，到2012年半年报时，工程投入已经超过预算，达到7368.70万元。但此时预算数也调整到8000万元，且仍未完工。又如，其淀粉糖扩改工程，2010年已完工并全部转入固定资产，但2011年又再度开始，预算数未披露，工程投入208.40万元，工程进度为90%。到2012年半年报预算数突然增加至10000万元，投入2600.93万元，进度降回30%。这些异常投入和进度、异常调整是否合理，其内部工程预算变更审批手续是否合规等均需要进一步核查。

（三）内部控制维度：工程项目承建方特征异常

抚顺特钢对其工程项目的实施过程并没有更多具体的披露。事后的处罚书表明，抚顺特钢先是"滥用特殊钢原料投炉废料可作普通钢原料的特点"，伪造"返回钢"相关的凭证、修改核算系统及数据，从而虚增存货，再通过伪造、变造凭证以"虚假领用原材料"转入在建工程。可见，其操纵在建工程的手段主要是调整凭证和账簿的会计操纵伎俩。

在北生药业案例中，则可以看到利用外部关联方"真实"操纵工程实施的情况，这也是掩盖异常的一种手段，需予以关注。北生药业2005年和2006年年报中披露其在建工程的承办商为腾盛建筑。通过工商信息可以发现腾盛建筑与北生药业关系非同一般,例如,腾盛建筑与北生药业的母公司北生集团均为广西北生集团碧菱建材有限责任公司的股东,可能存在隐性关联关系。又如,腾盛建筑的经营资质仅为普通的土建工程施工,但北生药业的建造项目与药业有关,需具备一定专业性。同时,北生药业还存在将预付工程款转入在建工程、预付账款转入其他应收款的异常财务特征。一般而言,在尚未形成工程进度时,预付工程款仍应作为预付账款,而非直接转入在建工程。北生药业将预付账款转入其他应收款,导致后者大幅上涨,且其他应收款的对象中包括腾盛建筑。这一系列操纵最终目的在于利用隐性关联方掩盖大额资金转出,配合收入舞弊完成资金流闭环。

可见,从在建工程真实性核查视角来看,工程项目承建方与上市公司之间存在隐性关联关系,或者提前支付与工程项目进度不符的大额进度款项等,均可能预示着利用工程项目配合财务舞弊的重要迹象。

(四)公司治理维度:实际控制人经营不善,存在舞弊动机

国有企业是我国公司治理研究中的一个特殊样本,存在的问题与民营企业差异较大。虽然财务舞弊可能都与实际控制人行为有关,但国有企业存在的经营目标、外部监督机制、受罚程度等方面的政府干预问题,会增大国有企业舞弊的可能,分权化改革有助于降低这一问题(刘行和李小荣,2016)。

在抚顺特钢案例中,有三点值得关注:首先,抚顺特钢的国有控股股东有较大经营风险。2010年,其第二大股东抚顺特殊钢(集团)有限责任公司经营不善,宣告破产清算,之后由第一大股东东北特殊钢集团有限责任公司受让破产财产。但2016年,第一大股东也进入破产重整,抚顺特钢也为其关联方提供了债务担保。其次,第一大股东的股权长期大比例质押或冻结,前期主要是因为第二大股东的破产清算问题,后期主要是为了获取贷款所需提供的股权质押。最后,抚顺特钢被处罚的高管往往也在第一大股东或其关联方任职,例如,抚顺特钢与第一大股东的董事长为同一人。

根据事后处罚书披露,抚顺特钢2011~2013年利润总额的虚增额占总额的比例分别为1322.84%、1794.71%、597.16%。这意味着如果不实施财务舞弊,抚顺特钢可能面临退市问题。

综上所述,从五维度框架的分析结果来看,抚顺特钢呈现出连环造假迹象,其异常信号为:2010~2012年度虚构毛利引发存货联动异常;2013~2016年度通过在建工程将虚构毛利导致的存货异常以"接力棒"形式陆续分摊到多个资产类科目,以掩盖其财务舞弊行为,但同时也引发毛利率与长期资产科目的联动异常;多个重要工程项

目超预算投入异常；实际控制人经营不善及股权高质押引发的舞弊动机等。这就从多个维度交叉验证了在建工程舞弊的动机、手法与路径，即为了规避抚顺特钢ST或退市，管理层实施毛利率舞弊来进行业绩粉饰。同时为了掩盖舞弊，进一步利用在建工程科目相对隐蔽且难以审计的特点，一方面通过在建工程领用自有存货，在建工程转固等行为来"承接"并"抹平"虚构毛利引发的存货异常；另一方面通过在建工程超预算投入亦实现资金体外化转移的可能。在长达7年时间内，存货、在建工程与固定资产上演了"接力赛"，相继成为隐藏虚构毛利的"垃圾桶"。

三、启示与建议

在建工程是上市公司资产负债表中非常重要的项目，对于重资产的制造型企业尤其如此，但报表使用者却很少注意和深究这个项目所隐藏的信息。上述案例表明，在建工程的建设目的、工程预算、工程进度乃至工程资金流去向等问题难以核查，特别是在一些制造业和农林牧渔业公司（黄世忠等，2019），因此在建工程的异常往往也是上市公司操纵利润甚至实施财务舞弊的藏身之地。对特定行业的上市公司审计时，如涉及在建工程异常变动，更需要引起注册会计师的高度关注。本文认为，针对在建工程舞弊可进一步实施的反舞弊核查程序包括如下三点。

（一）重视在建工程分项目的数据挖掘及细化分析

在判断在建工程是否异常时，除了资产负债表的数据之外，更需要进一步获取与在建工程相关的公告信息进行综合判断。根据证监会的信息披露要求，上市公司必须披露重点工程项目的建设情况。因此，在进一步挖掘在建工程重点项目明细表信息的基础上，注册会计师可以执行以下追加程序：

1. 核实在建工程重点项目是否频繁追加预算、是否严重超预算。重点工程项目列表中，通常会列出相关工程的最初预算数。大族激光（002008）正是由于最初的预算数和后续不断增加的实际数值差异巨大引起了媒体的怀疑。抚顺特钢、北生药业和万福生科均存在多个重大在建工程出现超预算或追加预算的情况。

2. 核实在建工程的项目进度是否异常。例如，通过附注信息判断在建工程是否频繁推迟，在北生药业的案例中，诸多募投项目均"不约而同"地出现了项目推迟；又如，通过募投专项报告信息进一步判断募投项目进展是否异常，在康得新的案例中，在募投专项资金充足的情形下，诸多募投项目均出现项目进展缓慢，频频推迟完工时点的情况；再如，引入新技术判断在建工程投资进度是否与项目进度不匹配，在建工程是否出现异常停工等，如借助卫星遥感和图像处理技术，实时勘察在建工程建设情

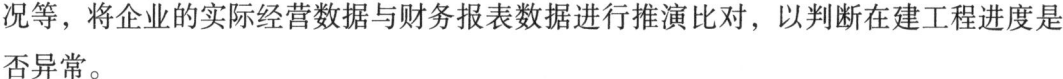

况等,将企业的实际经营数据与财务报表数据进行推演比对,以判断在建工程进度是否异常。

3. 核实在建工程是否出现频繁改建扩建的情形,例如,在万福生科案例中,已完工且转入固定资产的工程项目在次年又突然大规模改扩建。

(二)执行特殊程序验证在建工程异常是否指向舞弊

1. 将在建工程异常与其他会计科目进行拉长时间周期的联动分析。例如,在建工程大幅增长或余额较大时,是否伴随着收入或毛利率的异常增长,或存货的大幅减少,还可以进一步延伸到"预付账款——工程款"项目进行联动分析。

2. 对在建工程重点项目的承建方开展商业实质合理性核查工作。这包括但不限于:核查工程承建方与被审计单位是否存在其他非经营性资金往来,在北生药业的案例中就出现其与承包商腾盛建筑有其他大额资金往来的情况。核查被审计单位与工程承建方的隐性关联关系。注册会计师针对该程序执行延伸审计有可能受到限制,但是可以尝试一些相对特殊的方法,如借助工商司法等数据库,通过新技术手段来分析是否拥有相同的董监高、拥有相同的联系电话或注册地址等隐性关联关系。核查工程承建方,主要是对比其自身交易规模或范围是否与承接业务相匹配,被审计单位是否与工程承建方存在超过商业合理性的交易,例如,是否存在承建方注册资本小、成立时间短,或者经营范围超过承建范围等情况。

3. 核实在建工程工程款的资金流去向。例如,康得新、凯迪生态(000939)通过工程款的名义将资金转入关联方,从而达到配合虚增利润、非经营性资金占用等目的。

(三)观察异常行为背后的数字特征

在实务工作中,带有特殊目的的财务舞弊行为很难"创造出"与随机行为相同的结果,此时人为制造的虚构数据就将与正常数据特征不一致。异常数字特征背后也就可能预示着舞弊。例如,北生药业的案例中可以看到一个有趣的现象,有三个项目都是到了 2006 年基本处于停工状态,且不相关的在建工程的项目进度在"数字"上都是 85%。要判断这是否仅是"巧合",就需要进一步的核查。

(原载于《财务与会计》2021 年第 19 期,略有修订)

参考文献

黄世忠,叶钦华,徐珊.2019.上市公司财务舞弊特征分析——基于 2007 年至

2018年6月期间的财务舞弊样本［J］. 财务与会计，10：24～28.

刘行，李小荣. 2016. 政府分权与企业舞弊：国有上市公司的经验证据［J］. 会计研究，4：34～41+95.

叶钦华，叶凡，黄世忠. 2022. 财务舞弊识别框架构建——基于会计信息系统论及大数据视角［J］. 会计研究，3：3～16.

投资舞弊的识别与应对

——基于保千里的案例分析

叶凡 叶钦华 黄世忠

> 【摘要】如何识别舞弊实施者是否通过投资等方式操纵资金流,进而提前识别舞弊,成为一个需要关注的反舞弊研究问题。本文利用"五维度"财务舞弊识别框架,讨论如何从不同角度挖掘这一类舞弊可能存在的异常信号,据此提出相应的核查程序。期望本文有助于更好地了解实际控制人通过股权投资等方式操纵资金流以配合实施财务舞弊的逻辑,从而防止审计失败。
>
> 【关键词】财务舞弊 股权投资 实际控制人 舞弊识别

财务舞弊是一种实务性操作行为,在信息不对称的情况下,如何通过企业异常财务与非财务特征等相关信号来推断一家企业发生财务舞弊的概率,是目前识别财务舞弊的重点和难点。财务舞弊研究中的一个重要问题是公司如何通过会计操纵或交易造假等手法,形成虚增的收入、利润,并通过其他科目进行掩盖。但是,随着交易造假类舞弊的增多(黄世忠等,2020),除了具体的舞弊手法需要关注之外,另一个重要的问题是舞弊实施者如何通过操纵资金流来实施和掩盖舞弊。因为交易造假类舞弊往往有真实的业务流、资金流,这意味着实施舞弊需要动用真金白银,而不仅仅是"玩弄数字"。另外,舞弊实施者对资金的异常应用和操纵,也可能是实施舞弊的关键动机,这在反舞弊研究中也值得充分关注。

本文以保千里(600074)为例,讨论实施财务舞弊过程中出现的通过对外投资和应计项目将资金转出体外以配合、实施和掩盖舞弊的问题。此外,操纵资金流背后也涉及实际控制人（以下简称实控人）的利益侵占、舞弊动机问题。在分析方法上，本文将利用"五维度"财务舞弊识别框架（叶钦华等，2022）挖掘利用对外投资和应计项目操纵资金流的异常现象。资金体外化、实控人、利益侵占等虽然是典型的公司治理问题，但势必在财务税务方面留下异常信号，充分关注这个维度的异常信号，进而从公司治理、内部控制、行业业务、外部关联方等方面展开进一步的核查，有助于分析财务异常是合理决策所致还是财务舞弊使然。

一、保千里受罚之"频"

保千里成立于2002年，主要从事以视像技术为基础的功能硬件、智能硬件的研发、设计、生产与销售。2015年，保千里通过借壳江苏中达新材料集团股份有限公司实现上市，控股股东庄敏持股37.30%，成为保千里的实际控制人。成功借壳后不久，保千里就频繁遭遇监管处罚。

2016年12月，保千里因涉嫌信息披露违法违规收到证监会《调查通知书》，并于2017年7月和8月收到《行政处罚事先告知书》和《行政处罚书》，主要涉及借壳上市时利用虚假协议虚增资产评估价值。2018年5月10日，江苏证监局对保千里出示了警示函，指出2017年实际控制人通过采购交易占用募集资金。

2017年12月，保千里实际控制人收到证监会对其个人发出的调查通知书，同月，保千里也发布核查公告，指出实际控制人涉嫌通过对外投资和担保、应收和预付款等方式侵占公司利益。2018年12月，上交所对保千里实际控制人等发出纪律处分决定书，指出实际控制人通过对外投资、应收账款及预付款项等方式转移上市公司资金，违规占用公司巨额资金。保千里于2019年4月收到证监会《行政处罚事先告知书》，12月收到最终处罚结果，其中内容与核查报告有所不同，但都涉及实际控制人，主要是：未按规定披露关联方及关联交易、对外担保情况、实控人股份被司法冻结事项；实控人组织、策划、领导实施了这些行为。保千里最终被处以60万元罚款，实际控制人被处以90万元罚款和终身证券市场禁入，保千里总裁、财务总监等相关人员也被处以金额不等的罚款和年份不等的市场禁入。

表1列示了核查公告和行政处罚书中披露的发生于2015～2017年的财务舞弊行为。可以发现，保千里的核心舞弊行为是实际控制人通过操纵对外投资、对外担保、股权转让等方式，以及操纵应收账款、预付账款、采购等业务行为，转移上市公司资金、侵占公司利益。实施交易造假类财务舞弊往往需要构建一个资金循环，典型做法是将上市公司资金转移出体外，"储备"配合舞弊所需的资金，然后利用体外资金构建虚假交易，从而形成完整交易闭环。保千里案例存在的主要问题是构建并隐藏了复

杂的股权、担保关系，实际控制人侵占公司资源。本文主要讨论保千里财务舞弊"前半段"行为，即财务舞弊的预备、配套措施，有些操纵资金流行为也涉及实际控制人的舞弊动机，这些行为可通过舞弊发生前或舞弊发生时的异常特征来预警。

表1　　　　　　　　　　　　　保千里主要财务舞弊行为

核查公告	行政处罚书
（1）对外投资时，实控人违规避开部分内部决策、审计和评估程序，涉嫌虚高估值，从而转出资金、侵占公司利益。 （2）对外担保时，实控人违规避开部分内部决策、内部控制程序，导致1.98亿元可能无法收回且需承担约6.52亿元的担保责任。 （3）实控人涉嫌通过应收账款、预付账款侵占公司利益，导致保千里对38家公司的应收账款约23.34亿元，对9家公司的预付账款约8.45亿元。这些款项或者收回困难，或者存在交易对象未交付货物等现象。 （4）定增募集资金用于采购、委托技术开发服务、品牌推广等业务时，存在手续缺失、合同履行情况与预付款项不匹配等问题	（1）实控人通过下属以投资名义注入资金的方式，实际控制20家下游小微企业的经营、财务、银行账户，进而利用其采购保千里产品。这些交易构成关联交易但未披露。 （2）未披露对12家公司的7.05亿元担保。 （3）未及时披露实控人持有的1.68亿股份被法院冻结

二、股权投资行为之"析"

针对保千里相对特殊的财务舞弊行为，本文将讨论如何利用五维度框架，从不同角度尝试事前发现异常特征，并进一步探索异常背后的深层原因，特别是讨论实际控制人通过一系列股权投资操纵资金流的可能目的。需要说明的是，本文在分析过程中发现，仅依靠公开资料并不容易挖掘和确认保千里案例中出现的复杂的股权关系和关联关系，这也是这一类舞弊的隐蔽性和核查难点之所在。因此，本文也将结合保千里核查公告和行政处罚书释放出的信息进行分析，讨论挖掘深层原因的可能路径。

（一）财务税务维度

表2列示了保千里2014年至2017年第三季度的营业收入和主要应计项目数据，为后续分析奠定基础。

表2　　　　　　　　　　　　　保千里相关财务数据　　　　　　　　　　　单位：万元

项目	2017年三季度	2017年中报	2017年一季度	2016年年报	2015年年报	2014年年报
营业收入	296103.10	227455.49	103188.82	411420.21	165699.35	98784.46
毛利率	39.58%	40.85%	40.07%	40.76%	42.07%	43.28%
应收票据	23319.96	34486.72	39085.15	33978.26	12.63	0
应收账款	245043.49	203288.74	136395.57	111806.66	55171.71	19529.64

续表

项目	2017年三季度	2017年中报	2017年一季度	2016年年报	2015年年报	2014年年报
预付账款	92672.47	75047.60	109112.90	56587.63	11727.55	6093.08
应收预付合计	361035.92	312823.06	284593.63	202372.55	66911.89	25622.72
应付票据	74597.05	56520.93	12114.32	3305.41	700.50	0
应付账款	37266.01	36883.32	35529.20	39052.42	28392.24	4539.04
预收账款	3940.10	4358.79	8878.85	11549.63	1640.21	1057.90
应付预收合计	115803.16	97763.04	56522.37	53907.46	30732.95	5596.94
长期股权投资	139659.55	115604.88	153751.89	103965.33	22701.73	200.00
货币资金	50726.38	118198.70	232234.16	329685.05	87700.79	25706.41

1. 收入与主要应计项目联动异常

本文主要关注涉及财务舞弊的2015年至2017年三季度的情况。保千里在这个期间内的营业收入增长较快，2016年的增长率甚至达到148.29%，2017年前三季度也基本延续了这一趋势。但是保千里应收预付款合计数的增长速度远高于营业收入，其中又以应收账款和预付账款为甚，在2017年第三季度分别达到24.50亿元和9.27亿元。虽然其应付预收款合计数也在增长，但是绝对额远小于应收预付款，经营活动现金流也是净流出。可见，保千里的收入质量不高，资金被上下游公司占用。从财务分析的角度而言，这可能是保千里的市场竞争力及产品议价能力较弱的迹象。但是保千里在此期间的毛利率水平相对平稳，并没有明显下降趋势，可见盈利质量并未明显下降，这说明竞争和议价能力较弱的解释难以自圆其说。反过来，从财务舞弊识别视角来看，则有可能是利用应计项目虚构收入，或者涉嫌将资金转移出体外，该异常联动特征往往预示着公司存在实施财务舞弊的"资金储备"迹象。

2. 长期股权投资增长异常

保千里资产负债表中另一个发生显著变化的科目是长期股权投资。如表2所示，2015年开始出现大量长期股权投资，达到2.27亿元，2016年的增长率更是达到了357.96%。此时需要核查的问题是保千里以大额资金对外投资这些公司，是否具有商业合理性。

以2016年为例，保千里对外投资12家公司，涉及行业较多，其中3家主业与计算机软硬件相关、3家主业与汽车相关、1家主业为军用物品、1家主业为互联网教育、1家传媒文化公司、3家投资和征信公司。这些对外投资是否符合企业战略布局、高溢价投资作价是否合理，均需要进一步结合非财务数据进行组合分析。

3. 融资资金去向异常

如表2所示，保千里的货币资金在2015年和2016年快速增长，主要原因：一是与2015年的借壳上市相关；二是2016年7月20日完成非公开发行股票，募集资金19.89亿元；三是2016年12月2日完成债券发行，募集资金11.94亿元；四是2016年获得短期借款19.18亿元、长期借款1.20亿元。

首先，对比募集资金的计划使用去向和实际使用去向，可以发现这些资金并未有效、按计划运用。2016年的《非公开发行股票预案（修订稿）》中，保千里指出其募集资金用于建设汽车主动安全系统、云端大数据服务系统、提升研发能力等项目。而在其募集资金使用鉴证报告中显示，保千里2016年和2017年分别使用资金6.33亿元和11.72亿元，但其中5亿元用于补充公司流动资金，6亿元用于履约进度不明的预付账款。

其次，保千里2016年通过非公开发行股票已募集大量资金，同时还发行债券继续融资。在债券融资中说明的融资用途是：偿还短期贷款4亿元，其中2016年3.2亿元；补充营运资金8亿元，其中2016年2.17亿元。

最后，可以粗略对比一组年报数据。保千里2016年应收账款、预付账款、长期股权投资共增加了18.28亿元，相比之下，固定资产和无形资产仅增加2.77亿元，在建工程仅增加3.80亿元，存货增加4.26亿元。结合上述分析可以推论，保千里募集的资金并没有直接用于推动保千里的主营业务建设、扩大主营业务的生产规模，而是转向应收预付款和对外投资，其融资理由与实际用途并不匹配。

综上所述，如何结合非财务信息判断保千里大额对外投资的合理性，是否具有商业实质、是否契合其商业模式，是判断其是否通过投资将资金转移体外的关键；如何核查应收账款和预付账款的去向，判断是否符合其经营特征，将决定异常点是指向正常经营还是指向财务舞弊。

（二）内部控制维度：对外投资对象与过程异常

针对长期股权投资，常规审计主要关注的是对外投资的存在性、权利与义务、计价与分摊等。从财务舞弊识别角度来看，还有一个重点视角是分析对外投资的商业合理性，一个方法是对外分析投资对象是否存在异常特征，另一个方法是对内分析投资决策过程是否合规、是否存在违规投资的情况。

首先，从表3列示的保千里2016年对外投资的企业信息，可以看到这些企业大部分成立时间较短，注册资本规模较小，而且尚未形成成熟的商业模式或盈利模式，投资溢价较高。例如，深圳市小豆科技有限公司账面价值最高的资产是货币资金和应收账款，但投资对价比注册资本高出3.4亿元。保千里以极高的溢价收购了成立时间短的小企业，这在财务决策上本身就是极具风险的。而从财务舞弊的角度看，则需要关注是否涉及资金转出体外、实际控制人利益侵占、实际控制人资本运作风险，这类行为或许与舞弊资金储备有关，亦与舞弊动机有关。高溢价收购的另一个问题是形成极高的商誉，保千里 2016 年和 2017 年对外投资的对价中约 67.17% 成为商誉。在后续会计处理中，商誉也将是一个存在较大盈余操纵空间的科目。

表3　　　　　　　　　　　　　保千里 2016 年对外投资情况　　　　　　　　　单位：万元

企业名称	成立时间	注册资本	投资金额	持股比例
深圳市小豆科技有限公司	2013 年 11 月 26 日	5 000.00	39 000.00	100%
柳州延龙汽车有限公司	1999 年 5 月 20 日	50 000.00	71 256.52	51%
深圳市协创兄弟房车有限公司	2012 年 3 月 28 日	200.00	11 000.00	100%
深圳市众鼎汇网络技术有限公司	2013 年 11 月 26 日	769.24	14 000.00	35%
珠海习悦信息技术有限公司	2013 年 11 月 8 日	137.14	12 000.00	35%
湖南星思科技有限公司	2014 年 6 月 4 日	2857.14	13 000.00	30%
广东军安科技发展有限公司	2016 年 6 月 24 日	1 000.00	60.00	20%
北京智尊保汽车科技有限公司	2016 年 10 月 17 日	1 250.00	13 000.00	20%

其次，保千里对外投资的决策程序存在两个突出问题。一是存在投资决策缺乏依据或事后补充依据的情形。根据保千里的核查报告，2016 年除了两笔对外投资经过股东大会和董事会的表决外，其余 10 笔投资均未明确决策程序和投资时点；2017 年的 6 笔对外投资均由总裁审批通过，不是没有经过审计或评估程序，就是在收购后再补充审计和评估程序。二是存在越权审批的嫌疑。表4 列示了保千里 2016 年至 2017 年 11 月总裁审批非关联交易的权限的两次调整。2016 年 2～9 月，总裁审批权限较小，如果 2016 年的其余 10 笔投资均仅由总裁审批，而未经过其他程序，则可能涉嫌越权决策；2017 年，总裁审批权限增大，当年度新增 6 笔投资中，对深圳云峯智能科技有限公司的投资金额达到 4.375 亿元，也超过了权限。

表4　　　　　　　　　　　　　　保千里总裁审批权限情况

时间	内容	审批上限
2016 年 2 月 27 日前	决定单次交易的成交金额（含承担的债务和费用）占公司最近一期经审计净资产低于 30% 的事项，或绝对金额不超过 3 000 万元的事项	14370.93 万元
2016 年 2 月 27 日后	决定单次交易的成交金额（含承担的债务和费用）占公司最近一期经审计净资产低于 30% 的事项，且绝对金额不超过 5 000 万元的事项	5000 万元
2016 年 9 月 27 日后	决定单次交易的成交金额（含承担的债务和费用）占公司最近一期经审计净资产低于 30%，或绝对金额不超过 5 000 万元的事项	43573.07 万元

此外，保千里 2015～2017 年累计对外投资 26 家，14 个月内进行了 32 亿元的现金

类股权投资,高溢价投资行为的商业合理性存疑。因为这可能存在刻意设计方案,修订公司章程、规避交易所的超净资产10%比例披露规定的行为,需要进一步核查。

(三)内部控制维度:客户与供应商特征异常

应收和预付款、应付和预收款等应计项目一直是影响会计信息质量的重要因素,也是财务舞弊高发、需要关注的重要科目。这些应计项目往往是构建资金闭环的手段,例如,利用关联方或串通的非关联方通过采购交易将资金转出,进而再利用转出资金形成虚增收入。

在保千里案例中,除了存在上述异常的对外投资,同时也存在异常高的应收和预付款,两者都可能成为资金转出的手段。根据证监会的行政处罚书,实际控制人通过"白手套"间接控制了20家小微企业的经营业务和银行账户,并用投资款购买保千里产品,2015年、2016年和2017年前三季度的交易额分别达到4.07亿元、16.16亿元和13.86亿元。虽然没有直接明确的证据证明保千里转出的资金又用于虚增交易额,但是至少在这个案例中同时出现涉及资金转出和转回的异常现象。

从证监会的处罚可以看出,保千里与20家小微企业的交易都是需要披露的关联交易,但保千里并未及时披露。根据行政处罚书,保千里与这些企业连接点可能仅有合作初期注入的资金、每期的运营费用以及账面规模的迅速扩大,且是通过"白手套"进行控制。

(四)公司治理维度:股权质押与业绩对赌

保千里案例中实际控制人主导了隐蔽的财务舞弊行为。有两个特殊行为或许是挖掘实际控制人异常行为的可能方向。首先是股权质押,保千里实际控制人在2015年7~8月便质押了其持有的绝大部分股份,且质押比例整体上继续上升。为了维持质押,实际控制人同样有维持公司业绩进而维持股价的动机和压力,其异常行为值得特别关注。

其次是业绩对赌。这需要追溯至保千里借壳上市时的附加条件。2014年年底保千里实际控制人、深圳日昇创沅资产管理有限公司等与被借壳的中达股份签订业绩承诺,其中要求保千里电子公司(保千里的主要组成部分)2015~2017年扣除非经常性损益后的净利润分别不低于2.834766亿元、3.658381亿元和4.435112亿元。表5对比了上述实控人通过控制关联方形成的收入和利润,以及保千里、保千里电子的收入和利润,可以发现关联方形成的收入和利润占比越来越高。一个可能的推论是,实际控制人通过实施财务舞弊虚增收入和利润,是为了使保千里电子公司达到业绩承诺要求。

表 5　　　　　　　　　保千里收入、利润与业绩承诺情况　　　　　　　单位：亿元

时间	关联方形成收入	关联方形成净利润	保千里收入	保千里净利润	保千里电子扣除非经常性损益后的净利润
2015 年	4.07	1.57	16.60	3.73	4.37
2016 年	16.16	7.10	41.14	7.99	10.17
2017 年前三季度	13.86	6.07	29.61	4.08	-42.82

三、启示与建议

保千里这一案例的特殊之处在于，更典型、更早的预警信号出现在财务舞弊的前半段，即如何将资金转出体外，从而"服务于"舞弊。此外，保千里实际控制人还构建了复杂隐蔽的对外投资、关联方关系、交易往来，同时也"涉足"股权质押、业绩承诺等，这也与舞弊动机相关。在我国，由于公司治理层面存在的诸多问题，实控人往往是财务舞弊的主要策划者和受益人（黄世忠，2019）。所以，结合保千里的案例分析，本文认为，针对投资舞弊行为可以从以下三个方面展开核查。

（一）充分借助和挖掘工商等数据来识别异常交易对手

当存在未经合规审批的高溢价对外投资的异常信号时，应重点关注被投资企业是否为实际控制人所构建的隐性关联方，此时应进一步借助更丰富的工商数据库以及其他分析手段，核查被投资企业是否与上市公司存在隐性关联关系。如果从股权、董监高、工商注册信息等数据均未能识别出被投资企业的隐性关联关系，应进一步关注被投资企业本身的规模特征，如注册资本异常、经营范围与业务实质不符等。例如，本案例中保千里间接控制的 20 多家小微企业，绝大多数之前与保千里没有业务往来，有的公司还属于没有经营业务的空壳公司。

（二）重视实际控制人是否有凌驾内控之上的现象

实务中，考虑到财务舞弊的隐蔽性较强，需要进一步针对与财务报告相关的内控表单进行舞弊排查，以期从"细节"识别舞弊迹象（叶钦华等，2021）。投资舞弊行为往往金额重大，涉及审批链条较长，此时如在执行穿行测试及控制测试时识别出异常，则应进一步核实是否存在舞弊风险。例如，可以结合被并购主体商业模式、作价评估报告、并购业绩对赌完成率、并购商誉后续计量合理性等方面进行实质性测试工作，以核实高溢价对外并购是否与舞弊相关联。如果进一步发现被并购对象出现业绩对赌且对赌完成率精准达标的特征时，与舞弊的相关性可能更为显著。

此外，实际控制人自身的资本操作行为往往是导致其进行财务舞弊的关键动机。

核查过程中还应对实际控制人的股权质押、其他投资行为予以重点关注。在本文及其他舞弊案例中也往往可以看到实际控制人的大额股权质押行为,如果可能,需要关注实控人获取资金后的具体用途及去向。

(三)关注对外投资配合资金体外化的财务舞弊路径

随着交易造假类财务舞弊增多,通过分析上市公司前半段的资金转移迹象、实际控制人舞弊动机等异常信号,也将有助于更早地识别舞弊。因为交易造假类舞弊往往需要大额的现金流量作为支撑,此时对上市公司对外投资和大额预付往来款的关注,亦是重点核查程序。上市公司股权投资涉及金额大、投资对价往往伴随着大量会计估计与"讨价还价",特别是出现高溢价并购、大额往来款对象为隐性关联方等异常信号时,往往可能指向实际控制人"事先布局"的舞弊行为。对此,只有穷尽各种手段予以深挖,才可有效识别和防范投资舞弊。

(原载于《财务与会计》2021年第17期,略有修订)

参考文献

黄世忠.2019.审计委托制度的弊端与改革[J].新会计,2019,12:6~12.

黄世忠,叶钦华,徐珊,叶凡.2020.2010~2019年中国上市公司财务舞弊分析[J].财会月刊,14:153~160.

叶钦华,叶凡,黄世忠.2022.财务舞弊识别框架构建——基于会计信息系统论及大数据视角[J].会计研究,3:3~16.

业绩承诺舞弊的识别与应对

——基于航天通信的案例分析

叶钦华　叶凡　黄世忠

【摘要】 近年来，业绩承诺日益成为上市公司并购的"标配"，用于缓解信息不对称风险，维护收购方的利益，但是业绩承诺也加剧了财务舞弊动机，被并购方为完成业绩承诺、避免惩罚性违约赔偿往往不惜诉诸财务舞弊。此时，舞弊主体转变为被并购方子公司，而非上市公司或母公司，再加上分部报告信息披露不足，舞弊识别难度锐增。本文以航天通信并购智慧海派为例，从"五维度"财务舞弊识别框架入手，讨论如何透过合并报表快速"定位"子公司的财务异常特征，以及借助数据挖掘方式识别业绩承诺精准达标、子公司与客户供应商隐性关联关系等非财务异常特征。本文认为，借助多维数据和多重角度对并购业绩承诺进行分析，能够更有效识别和防范财务舞弊。

【关键词】 财务舞弊　业绩承诺　精准达标　并购　商誉

估值与定价是上市公司并购交易的重要环节。由于信息不对称、不确定性等问题的存在，近年来，业绩承诺日益成为上市公司并购的"标配"。实践中，业绩承诺看似保护并购方的一种机制，实则滋生了财务舞弊的动机。《证监会通报2020年以来上市公司财务造假案件办理情况》指出，近年来诸多舞弊事件涉及并购，业绩承诺成为一个新的造假动机。被并购方为了避免发生违约补偿或并购方为了市值管理需要，通过财务造假构造业绩承诺"达标"假象，这与过往舞弊案例中为了IPO、再融资、规避退市等业绩"达标"具有相同性质，但表现形式有所不同。

本文关注的是上市公司并购非上市公司的情况，此时的财务舞弊案例呈现出与以往不同的一些特点。首先，舞弊主体从上市公司或母公司转移到被并购方、子公司，加大了舞弊识别的难度。对于只能获取公开信息的普通投资者，由于合并报表"综合呈现"导致对子公司的业绩披露语焉不详，识别和防范这类财务舞弊困难重重。其次，业绩承诺设定的标准是双方商定的结果而非监管要求，从标准的设定环节开始就可能存在对价高估的问题。为此，本文选择航天通信（600677）财务舞弊案例作为分析对象，该案例在证监会通报中被定性为模式复杂、系统性、全链条的造假，且主要是子公司造假，所以它既是典型的收入舞弊案例，也涉及并购业绩承诺。本文将利用"五维度"财务舞弊识别框架（叶钦华等，2022），分析如何识别并购后子公司的舞弊行为，如何结合并购交易、业绩承诺行为的特点寻找财务舞弊的异常特征。

本文分析期间涵盖 2015~2018 年度，中间三年为财务舞弊期间。其中，航天通信 2016 年度被出具非标审计意见，2017 年更换审计机构后对 2016 年年报进行了差错更正，主要是为了消除非标审计意见的影响。为保持前后期可比、排除非标意见的影响，本文 2016 年年报数据采用追溯调整后数据，其他年度采用追溯调整前数据。值得关注的是，2016 年度非标意见中提及智慧海派科技有限公司（以下简称智慧海派）可能存在的问题，从事后看，不调整或许才是正确的，追溯调整后数据反而可能是航天通信自认为"符合预期"但实际是舞弊的结果，因此采用该口径来复盘更有现实意义。

一、财务舞弊频发之"憾"

航天通信的前身是浙江中汇（集团）股份有限公司，早在 1993 年就已上市。2000 年，中国航天科工集团公司受让了浙江中汇的控股权，成为大股东，此后其持股比例一直维持在 20% 左右。由此，航天通信的主营业务不再只是上市时的纺织品制造、商品流通。在本文研究的 2016~2018 年，其主营业务包括通信装备制造、通信产品及服务、航天防务装备制造、纺织制造、商品流通、物业管理、移动终端产品等。其中的移动终端产品业务主要来自 2015 年高溢价收购 51% 股权、2016 年纳入合并报表的智慧海派，且并表后这一新增业务收入及利润成为上市公司业绩的主要来源。在此期间，航天通信的资本运作还涉及多项其他子公司或智慧海派的对外投资，以及出售下属子公司。

航天通信是一家上市时间较长、资本运作较多、业务范围较为综合的具有央企背景的上市公司。但是，这一背景并没有让航天通信成为中国上市公司的表率，反而屡次出现财务舞弊行为：航天通信 2007 年转移资金、虚增利润；2010 年子公司虚增收入；2012 年子公司账实不符、存货和固定资产存在管理缺陷；2014 年子公司伪造单据、构建虚假资金循环和交易，代理业务收入确认方法有误。这些财务舞弊行为最终被处以责令改正等处罚。

本文关注的是最近一次舞弊事件：2019年7月，航天通信公告子公司智慧海派出现约5.6亿元的债务逾期，股东的股份被司法冻结，随后上交所对股份冻结事项发出监管工作函。同年10月，航天通信公告核查结果以及对监管工作函的回复，承认智慧海派应收账款大额逾期、开工率不足、业绩虚假、违规对外担保。对此上交所再次发出问询函，指出2015~2017年交易所均对智慧海派相关事务提出问询，但此次航天通信的回复与前期问询回复有重大差异。2019年10月31日，航天通信被证监会立案调查，公安部门也介入侦查。

2021年1月9日，由于追溯调整虚假业绩后净利润连续为负且被立案调查，航天通信依照新的退市制度以股东大会方式主动退市，最终于2021年3月18日正式摘牌，智慧海派也进入破产清算。证监会2021年7月30日发出行政处罚事先告知书，其中认定智慧海派2016~2018年通过虚构购销和研发业务虚增收入69.02亿元、虚增利润25.74亿元，通过虚增海外委托加工销售业务虚增收入及利润4.04亿元，且未披露3.68亿美元的关联担保事项。为此，航天通信被处以60万元的罚款，航天通信董事长因未能纠正或披露子公司违规行为被处以30万元的罚款，智慧海派两名主要股东、业绩对赌义务人、舞弊利益享有者被处30万元罚款和终身市场进入，另有多名航天通信和智慧海派高管被处以5万~15万元的罚款和三年的市场禁入。此外，公告中亦提及，智慧海派原总经理邹永杭等人因涉嫌合同诈骗罪已被公安机关立案调查。

事实上，在航天通信进行造假的2016年度，其审计机构天职国际会计师事务所就已出具保留意见的审计报告和否定意见的内控审计报告，出具非标审计意见是因为无法判断智慧海派与其供应链企业的关联关系认定及收入确认政策是否合理。2017年，航天通信将审计机构更换为瑞华会计师事务所后，却连续两年获得标准无保留意见的审计报告，直至舞弊曝光。

二、业绩承诺完成之"准"

航天通信是系统性、全链条的财务舞弊，舞弊实施主体为控股子公司智慧海派，报表重述前智慧海派在2016~2018年度归属于母公司的净利润分别为3.29亿元、3.56亿元和4.03亿元，占合并净利润的比例分别为133.74%、142.97%和106.33%。本文将尝试从财务税务、行业业务、公司治理等不同维度寻找系统性造假中是否存在可以看出端倪的"蛛丝马迹"。同时，航天通信的财务舞弊行为主要发生在新并购的子公司智慧海派身上，这是本案例的特殊之处。因此，我们一方面考虑如何尽可能在合并报表中"定位"到与子公司智慧海派相关的异常特征,另一方面尝试从并购独有的行为及业绩承诺协议中寻找突破口,例如,从业绩承诺完成率、业绩承诺期满后业绩变化等发现异常。最后,航天通信的过往劣迹、注册会计师和监管问询发出的"警告"也值得关注。

(一)财务税务维度:收入与应收款项、预付账款联动异常

表1列示了2015~2019年航天通信收入相关科目的变动情况,由于现有上市公司信息披露制度并未强制要求披露重要子公司智慧海派的财务数据及审计报告,本文仅能通过业绩承诺完成情况专项审核报告以及分部报告中涉及智慧海派业务的部分提取关键财务数据。如表1所示,航天通信在2016~2019年度的营业收入及毛利率变动主要受并购行为影响,2016年和2019年航天通信的营业收入增长率有较大的变动,前者是因为子公司智慧海派首次纳入合并报表,后者则是智慧海派破产退出合并报表。并购前,航天通信2012~2014年均发生营业亏损,2014年净利润也为负数。并购后,智慧海派归属于母公司的净利润在2015~2018年度均超过合并净利润总额,并购智慧海派让航天通信的经营业绩得以"翻身"。

表1　　　　　　　　　　航天通信收入相关科目联动情况　　　　　　　　金额单位:亿元

项目	2019年	2018年	2017年	2016年	2015年
营业收入增长率	-67.50%	22.66%	-3.30%	75.00%	-14.53%
毛利率	11.25%	14.03%	15.98%	15.81%	13.06%
合并净利润	-13.70	3.79	2.49	2.46	0.83
智慧海派归属于母公司的净利润	N/A	4.03	3.56	3.29	2.40
智慧海派对赌口径的净利润	N/A	3.51	3.11	2.91	2.24
应收款项增长率	-83.54%	35.04%	73.27%	220.86%	-12.33%
应收款项/营业收入	38.04%	75.10%	68.21%	38.07%	20.76%
应计项目合计	3.93	48.96	36.09	15.1	-2.35
应计项目增长率	-91.97%	35.66%	139.01%	N/A	N/A
经营活动现金流净额	6.47	0.4	-6.85	-16.09	1.23

但是,在业绩"翻身"的2016~2018年,航天通信的应收款项及预付账款却存在着异常特征。首先,2016~2018年度应收账款占收入的比例从38.07%持续增长至75.10%,2018年应收账款余额达到93.92亿元、占总资产的比例为56.01%。该异常预示着大量的销售收入只是"纸面富贵",并未收到现金回款,2016~2018年度累计-22.54亿元的经营性现金流量净额也佐证了这一点。其次,即使合计所有应计项目(应收款项+预付账款-应付款项-预收款项),应计项目的增长同样远高于营业收入

和净利润的增长。特别是其中的预付账款，2016年达到21.70亿元，占总资产的15.79%，过高的预付款往往与资金体外循环有关。

可见，即便难以取得智慧海派子公司财报数据，但通过合并报表分析，仍可识别出收入与应收款项、预付账款的联动异常特征，表明新增业绩的持续性存疑。此外，虚增收入必定引发资产端的潜亏，某个会计年度大额计提坏账准备，通常意味着以前年度收入不实，这也是值得关注的舞弊信号。此时，如能获取相关的业务数据及子公司财务数据，则可进一步通过分析新增收入构成、来源、上下游客户是否为隐性关联方等程序来排查是否存在财务舞弊。

（二）行业业务维度：智慧海派高业绩增长与市场特点、行业趋势相背离

如上所述，针对航天通信收入真实性核查重点应转向子公司智慧海派的高增长业绩是否具备商业合理性。智慧海派是一家智能终端产品ODM厂商，即主要承接智能手机的设计与制造业务，其2016年披露的主要客户有乐视、联想、中兴、OPPO等，2018年披露的主要客户为小米等。根据年报披露及公开市场资料，此期间内这一业务领域是充分竞争的市场，国内市场从增长较快转向日趋饱和且向大品牌集中。在智能手机ODM出货量的排名中，智慧海派2016年为第4名、2017年第5名、2018年却不在前5名之列，稳定排名前二是闻泰科技（600745）和华勤通讯，且与之后几位的差距较大。智慧海派2018年手机销量2781万台，闻泰科技2016年手机销量就已经达到5300万台。表2为智慧海派和闻泰科技的收入与毛利率数据，虽然其列示的项目并不完全一样，但是粗略对比可见：智慧海派的毛利率远高于ODM行业领头羊闻泰科技，智慧海派2016~2018年收入增长率46.53%，也高于闻泰科技的31.98%，这与出货量行业排名趋势并不匹配。

表2　　　　　　　　　智慧海派和闻泰科技的收入与毛利率情况　　　　　　　金额单位：亿元

项目		2018年报	2017年报	2016年报
智慧海派的移动终端及安防产品业务	收入	84.78	65.30	57.86
	成本	73.35	56.25	49.53
	毛利率	13.48%	13.86%	14.40%
闻泰科技的手机及配件业务	收入	166.19	160.20	125.92
	成本	153.62	147.98	118.21
	毛利率	7.56%	7.63%	6.12%
航天通信的国内全收入		58.49	70.96	99.06
航天通信的国外全收入		66.57	30.99	6.37

可见，智慧海派的业务增长、盈利能力均与市场特性、行业趋势相背离，需要进

一步核查其收入真实性,乃至客户是否存在异常,才能确认是否存在虚增收入的行为。另外,此期间航天通信的国内收入下降幅度较大,而国外收入从 6.37 亿元增长到 66.57 亿元,智慧海派被并购后,大幅增加了海外销售业务,这亦给收入核查带来了挑战。

(三)内部控制维度:智慧海派与重要交易对象存在隐性关联关系

研究表明,交易造假类财务舞弊的背后往往伴随着上下游交易对象的合谋与通同舞弊(黄世忠等,2020)。核查收入舞弊的另一有效方法是结合工商、司法及新闻舆情等多维数据,分析收入、应收款项、预付账款等科目对应的上下游供应商和客户是否存在异常特征,判断企业是否同供应商和客户合谋,通过虚构业务流、实物流来虚增业绩,或者配合企业完成资金流闭环来掩盖财务舞弊。

2016 年度的非标审计意见和问询函均指向航天通信供应商和客户的隐性关联问题,后续媒体质疑及工商、司法数据核实也提供了隐性关联关系的三个证据链。其一,智慧海派预付账款的前五大供应商中,深圳市宏达创新科技有限公司(以下简称宏达创新)的法定代表人与智慧海派曾经发生的股权交易对象为同一人,其初始股东均为智慧海派高管;深圳市圣宝龙科技有限公司与深圳市蓝博兴通讯有限公司之间有相同监事,后者与宏达创新拥有相同的股东;深圳盈聚沣科技有限公司与宏达创新拥有相同的股东。媒体通过询问物业管理人员、查看房屋租赁合同,发现这些公司都曾注册在同一地址,由同一批人注册。其二,智慧海派 2016 年的最大客户江西红派科技有限公司(2014 年成立、2015 年成为智慧海派新签约的客户,以下简称红派科技),在签约次年贡献的销售收入就占智慧海派销售总收入的 16%。从公开诉讼的信息可以看出,该公司主要的研发基地自 2015 年 11 月起不再运营。通过类似上述的多重链接及判断,红派科技也与智慧海派存在隐性关联关系。其三,智慧海派前五大应收账款客户变动频繁,2016 年与 2017 年完全不同,且其中部分客户也存在成立时间短、构成隐性关联关系的问题。

综上所述,借助于工商、司法及新闻舆情等多维数据的深度挖掘,初步可识别智慧海派与重要交易对象存在隐性关联关系,该异常特征指向的是交易造假类收入舞弊。注册会计师可进一步获取智慧海派与前述隐性关联方的资金流,核查是否存在串通舞弊的证据。

(四)公司治理维度:智慧海派业绩承诺精准达标

业绩达标是衡量和研究盈余管理的经典话题,例如,为达到股票发行资格而"恰好"达到 10% 的 ROE(Chen 和 Yuan,2004)。在本案例中,达标的目的从满足 IPO、再融资、保壳、分析师预测等,变为满足业绩承诺指标。2015年航天通信并购智慧海派时,后者承诺2015~2018年净利润不低于2亿元、2.5亿元、3亿元和3.2亿元。高业绩承诺也支持了高额的并购溢价,2016年并入智慧海派后,航天通信商誉余额高达8.06亿元,高商誉往往产生于并购时对标的公司未来盈利的良好预期及业绩承诺的"补偿保障"。然而"理想很丰满,现实却骨感",企业经营存在很多不确定性,行业周期、市场变化及技术创新等因素均会影响盈利预测。如不能实现业绩承诺,则被并购方需要承担业绩缺口的巨额补偿,并购方则需要承受商誉减值所引发的业绩"爆雷"。因此,业绩承诺机制反过来也可能成为上市公司及被并购方实施舞弊的动机之一。此时需要重点关注是否存在业绩承诺期内业绩精准达标、业绩承诺期满后业绩大幅下滑的特征,因为这往往预示着人为业绩操纵。

从报表重述前数据可知,智慧海派业绩承诺期2015~2018年净利润约分别为2.24亿元、2.91亿元、3.11亿元和3.51亿元,业绩承诺完成率分别为111.22%、116.54%、103.74%和109.61%,各年度均"精准达标"。然而,精准达标的业绩并不能说明智慧海派经营业绩的持续向好。2019年4月16日披露2018年年报后不到两个月,航天通信专门聘请上海东洲资产评估有限公司进行评估并出具《以财务报告为目的涉及的智慧海派科技有限公司股东全部权益价值资产评估报告》。该报告的特别事项说明中就智慧海派多起涉诉事项进行风险警示,提及智慧海派与东莞市知音电子有限公司、美格智能技术股份有限公司、鞍山俊达显示器有限公司、万盈(香港)科技有限公司、上海邦七科技发展有限责任公司及杭州禾声科技有限公司六家公司存在买卖合同纠纷未决诉讼事宜。其中涉案金额虽仅为数千万元,但"春江水暖鸭先知":2019年7月23日,智慧海派及其下属子公司出现部分银行债务逾期的情形;8月公告巨额诉讼;10月航天通信被立案调查,此时离业绩对赌期满不到一年时间。在财务舞弊被揭发后,经差错更正,智慧海派在此期间各年实际亏损为4.5亿元至22亿元不等。

类似的业绩承诺精准达标在多起财务舞弊事件中都存在。例如,亚太药业(002370)并购上海新高峰、长园集团(600525)并购长园和鹰,后者的处罚结果还直指长园集团舞弊的动机是为了使并购标的子公司完成业绩承诺。而辅仁药业(600781)和延安必康(002411)则通过并购借壳上市,之后通过造假使业绩承诺精准达标。可见,高并购商誉与业绩承诺精准达标是一个简单、快速、有效判断财务舞弊动机的预警信号。对于被并购方而言,完成业绩承诺可以避免巨额补偿、获取更高的并购溢价,对于并购方而言,也能够带来市值管理所需要的高成长业绩。如出现业绩承诺精准达标,且承诺期满后被并购方业绩下滑或频繁诉讼等异常迹象,则预示着公司的舞弊动机已经转化为实际的舞弊行为。

(五)公司治理维度:公司过往行为、审计意见、问询函异常

在并购智慧海派之前,航天通信经营业绩持续下滑。分析航天通信过往行为,也可发现其多次对外投资、尝试资产重组,但结果并不成功。这些行为都表明航天通信有着较大的保壳压力,也难以找到合适的发展路径,这或许是其最后走上财务舞弊的根本原因。同时,虽然航天通信具有国企背景,但连续多年被监管部门和媒体质疑财务造假,声誉较差,可能预示着其公司治理和内部控制存在缺陷。此外,航天通信舞弊的主体是跨行业、新并购的子公司,需要关注母公司是否有足够的专业能力和有效的管理措施来防止子公司的管理层逾越内部控制,从而损害财务报告的真实性。

事实上,并购智慧海派不久,注册会计师就出具了与最终发现的财务舞弊行为高度相关的非标审计意见。交易所问询函也连续多年直指智慧海派可能存在隐性关联方和业绩真实性问题。所以这些理应引起投资者的关注和警觉。

综上所述,识别航天通信财务舞弊的核心是如何通过合并报表数据来定位子公司智慧海派的异常财务特征,如何在子公司公告信息极其有限的情况下识别其异常非财务特征等。从五维度框架的分析结果来看,航天通信及其子公司智慧海派呈现出的异常信号为:被并购方收入及毛利率远超过同行业龙头企业,盈利能力合理性存疑;收入与应收账款、预付账款联动异常,销售真实性存疑;重要客户与供应商涉嫌存在隐性关联关系;并购业绩承诺期内精准达标,但承诺期满后就发生异常诉讼、业绩下滑等异常情况;注册会计师及监管部门频频发出风险预警等信号。从这些异常财务特征可勾勒出迎合并购业绩承诺"标准"、虚构交易对象配合虚构业务、资金体外化掩盖舞弊等多维度的"模糊画像"。

三、启示与建议

航天通信财务舞弊的典型特征是:属于典型的交易造假类收入舞弊;通过应计项目和隐性关联方配合造假;涉及并购与业绩承诺等新型舞弊动机;业绩承诺期内精准达标、期满后业绩快速"变脸"。虽然业绩精准达标是有效识别财务舞弊的一个突破口,但是舞弊主体从上市公司本身转移到子公司,受制于子公司信息披露的局限性,识别舞弊的难度也大幅增加。

2020年8月30日,深交所发布《深圳证券交易所上市公司风险分类管理办法》,以分类评级标准为基础,多角度、全链条监测上市公司风险及规范运作情况。该《办法》明确,涉及高商誉或并购业绩承诺执行异常等特征的上市公司应作为非正常类进

行重点监管,这也是对注册会计师及报表使用者的"善意提醒"。结合本文分析结果,我们认为并购业绩承诺类舞弊识别可重点从两个方向展开,一是子公司舞弊特征的识别,二是并购与业绩承诺行为的分析,具体启示与建议如下。

(一)重视对被并购方相关数据的深度挖掘与分析

识别并购业绩承诺舞弊的难度之一就是如何通过合并报表口径的财务数据来定位子公司的异常财务特征。在现行上市公司信息披露制度安排中,针对子公司的分部数据披露寥寥无几,但仍应尝试通过年报及临时公告挖掘关键数据,进行有针对性的分析。其中包括但不限于如下程序:

1. 利用年报及附注中关于营业收入、营业成本中分行业、分产品的数据,计算对应毛利及毛利率指标。同时,借助于天健财判、WIND 等数据库选取与被并购方同行业的上市公司的指标数据进行横向比对,以核实其业绩增长是否符合行业特点及商业实质。

2. 通过交易所问询函及回复、业绩承诺完成情况专项审核报告等临时公告挖掘业绩承诺净利润、业绩承诺期间重要子公司实际完成净利润、重要客户及供应商等关键数据,核实是否存在业绩承诺精准达标的异常迹象。

3. 结合工商、司法、新闻舆情等公开大数据,进一步核实上市公司及其控股股东、被并购方等利益相关者与被并购方的重要客户、供应商之间是否存在隐性关联关系,以判断被并购方收入及业绩的真实性。

此外,注册会计师或尽职调查人员具有到现场核验企业内外部信息的优势和条件,更应从内部控制视角,进一步测试与财务报告相关的内部控制在设计与执行层面的有效性。必要时应走访上下游企业、比对关键表单的签字笔迹、访谈厂区保安等基层员工等特殊程序,延伸核查至外部交易环节,以收集可能指向舞弊的重要证据。

(二)重点核查并购业绩承诺精准达标可能潜藏的财务舞弊

据天健财判财务智能预警系统的统计分析,2019 年沪深两市累计共有 1040 起已完成的并购重组事件处于业绩承诺期。截至 2021 年 9 月 30 日,共有 827 家披露了 2019~2020 年的实际净利润,其中 347 起业绩承诺精准达标(即业绩完成率为 90%~110% 之间)、占比 41.96%,2017 年和 2018 年这一数据分别为 52.38% 和 48.36%。在国内外经营环境瞬息万变的情况下,业绩承诺精准达标占比如此之高,确实不合乎商业逻辑,是否会继续引爆财务舞弊丑闻,值得投资者持续关注。

我们发现,2019 年有 164 起并购业绩精准达标且为业绩承诺期最后一年,这 164 起并购事件涉及的上市公司在业绩承诺期满后的次年,即 2020 年度有 63 家出现业绩大幅下降，占比高达38.41%。业绩承诺期满后业绩迅速"变脸"或大额计提商誉等减值准备，往往意味着作出承诺的被并购方有可能存在虚构业绩恶意造假的行为，至少存在提前确认收入、延迟确认成本费用等"寅吃卯粮"等盈余管理行为。这类上市公司理应成为监管部门的重点监管对象，注册会计师有必要实施追加审计程序，倒查并核实业绩承诺期间精准达标的重要子公司的业绩真实性。

(三) 优化并购交易行为的政策建议

从已有研究来看，业绩承诺作为并购交易的一种配套安排，具有一定正面作用，例如，潘爱玲等（2017）发现其对并购后企业业绩增长具有激励作用。然而，现实中业绩承诺并不是"灵丹妙药"，一部分业绩承诺已渐渐异化成为高估值、高商誉、高承诺等"三高"现象，对上市公司及子公司业绩的持续性构成一定的风险。并购业绩承诺期满后出现大比例业绩爆雷的问题不容小觑，其中既有如本案例被并购方在并购发生后为迎合业绩承诺实施财务舞弊的可能，亦不排除被并购方在并购前进行业绩操纵提高估值的可能，如康尼机电（603111）。

近年来，监管层努力淡化并购交易中的业绩承诺导向，现行的《上市公司重大资产重组管理办法》（2020版）已不再强制要求所有的重大资产重组交易进行业绩承诺，只要上市公司购买资产的对象不涉及控股股东、实际控制人或者其控制的关联人等三类关键人群且重组未导致控制权发生改变的，上市公司和交易对方可以根据市场化原则，自主协商是否采取业绩补偿和每股收益填补措施及相关具体安排。研究表明，国外资本市场在解决并购交易信息不对称问题上，有业绩承诺（Performance Commitments）和获利能力付款（Earn-out Payments）两种模式。后者是一种或有对价，将并购对价拆分为基础对价和或有对价两部分，如果并购后标的公司实际绩效指标达到事先约定的水平，再额外支付相应的款项。本文认为，现阶段我国上市公司经营和治理还不够规范、财务舞弊问题仍较突出，引入国外实践中的获利能力付款模式或许是解决方法之一，有助于缓解并购估值中的信息不对称问题、降低逆向选择和道德风险。

（原载于《财务与会计》2021年第23期，略有修订）

参考文献

黄世忠，叶钦华，徐珊，叶凡. 2020. 2010~2019年中国上市公司财务舞弊分析[J]. 财会月刊，14：153~160.

潘爱玲，邱金龙，杨洋 . 2017. 业绩补偿承诺对标的企业的激励效应研究［J］. 会计研究，5：46～53.

叶钦华，叶凡，黄世忠 . 2022. 财务舞弊识别框架构建——基于会计信息系统论及大数据视角［J］. 会计研究，3：3～16.

Chen, K. C. W., H. Q. Yuan. 2004. Earnings Management and Capital Resource Allocation：Evidence from China's Accounting – Based Regulation of Rights Issues［J］. The Accounting Review, 79 (3)：645～665.

并购舞弊的识别与应对

——基于康尼机电并购龙昕科技的案例分析

叶凡　叶钦华　黄世忠

【摘要】 近年来，涉及并购重组领域的财务舞弊事件愈发增多。本文发现，并购后与业绩承诺相关的财务舞弊问题（叶钦华等，2021）源自并购时被并购方为实现高收益而推高并购溢价的强烈动机。而推高溢价的另一种重要手段是被并购方通过舞弊提高并购时点乃至并购前的业绩。在康尼机电并购龙昕科技的案例中，龙昕科技并购前后都存在财务舞弊，特别是并购前操纵业绩的行为最终被定为合同诈骗罪。本文将以此为例，以"五维度"财务舞弊识别框架，讨论如何从合并报表、并购前个别报表、并购过程非财务信息中识别异常特征，并总结讨论并购舞弊中的相关问题，提出建议。

【关键词】 财务舞弊　并购　商誉　业绩承诺　精准达标

《证监会通报2020年以来上市公司财务造假案件办理情况》指出，2020年以来涉及并购重组领域的财务舞弊案件占比达到40%，这一领域的造假动机多样、问题突出。一个典型的现象是在并购后为完成业绩承诺而进行舞弊（叶钦华等，2021）。但若往前追溯，一方面，业绩承诺难以完成的根源在于并购时"标准"设立过高，设立高业绩承诺则是为推高并购溢价，而高溢价的好处是被并购方获取高转让收益。另一方面，实务中高溢价除了以高业绩承诺为支撑外，被并购方在并购前三年的高业绩及高成长性也是评估作价的重要基础，这就加大了虚增并购前业绩的舞弊动机。此外，高溢价形成的高商誉也将引发后续减值风险，上市公司为了避免计提减值准备有时也会对被并购企业施加业绩压力，从而滋生舞弊动机。

本文将以康尼机电（603111）高溢价并购广东龙昕科技有限公司（以下简称龙昕科技）为例，分析并购过程中的财务舞弊问题。在这一案例中，被并购方龙昕科技在并购前后都存在舞弊行为（涉及虚增收入、违规为关联方担保、大股东违规占用资金等），既为获得高溢价，也为实现业绩承诺。东窗事发后，龙昕科技董事长因合同诈骗罪被判处无期徒刑。康尼机电在这一事件中沦为被欺诈的对象，其股东也因此遭受重大损失，证监会和交易所也以核查、管控不力为由，处罚了康尼机电相关责任人。本文将基于"五维度"财务舞弊识别框架（叶钦华等，2022），分析如何从合并报表和并购前被并购方个别报表中剥离出相关信息，寻找异常财务特征，如何利用并购过程特有特征辅助判断，寻找异常非财务特征，以了解事前识别并购舞弊的可能信号，提出防范对策。

一、从高价并购到"断臂求生"

康尼机电2014年8月1日在上海证券交易所上市，股权较分散、无实际控制人，第一大股东为南京工程学院资产经营有限责任公司，持股比例8.57%。康尼机电的主营业务属于轨道交通装备制造业，主要包括轨道交通产品和新能源汽车零部件产品两类业务。分部收入则按车门系统、连接器、内部装饰、配件四类具体产品分类列示，其中车门系统产品带来的收入在不同年度都占轨道交通装备制造业收入的85%以上，且毛利率在40%左右；城轨车辆车门系统是其核心产品，约占主营业务收入的50%，且国内市场占有率持续多年超过50%。新能源汽车零部件产品则是2015年才依托其原有连接器技术孵化而出，并获得多个汽车厂商的供应商资格。

上市后，康尼机电为了实现更高的成长性、更大的规模（例如，其当时产品和市场较为单一、客户集中度较高、业绩增长率不高），除了在原主业基础上开拓新能源汽车零部件业务外，也寻求通过跨行业并购拓展第二主业。第一次并购是2015年并购黄石邦柯科技股份有限公司，但以失败告终。这起并购之前，康尼机电的股价曾于2015年5月达到最高的15.52元，但2016年2月跌至最低的6.96元。第二次并购则是本文关注的2016年以发行股份和支付现金的方式并购龙昕科技，康尼机电期望通过这次并购实现"轨道交通+消费电子"双主业经营，增强抵御经济波动和持续增长的能力。2016年12月27日，康尼机电开始停牌。2017年，康尼机电公告发行股份及支付现金向廖良茂等人收购龙昕科技100%股权的重大资产重组草案、修订稿和二次修订稿，这些均收到证监会问询函。2017年6月，康尼机电收到证监会行政许可项目审查反馈意见，并于9月回复了意见、再次公告重大资产重组草案（期间多次更新）。

2017年10月13日，康尼机电的重大资产重组审核通过、股票复牌，康尼机电以34亿元的对价并购龙昕科技100%股权，并购日龙昕科技经审计的合并报表净资产为8.15亿元、评估增值率为317.66%。并购当年，双方度过了"蜜月期"，龙昕科技实现了2017年度业绩承诺。康尼机电2017年年报开始将龙昕科技纳入合并报表范围，增加了消费电子表面处理业务，主要聚焦于消费电子领域，如智能手机及配件的表面处理。2017年年报分部收入显示，该业务的毛利率达34.22%。可是"好景极短"，2018年6月康尼机电主动公告爆出龙昕科技原董事长股份冻结、违规担保之"雷"，而后爆出财务舞弊丑闻。2018年度，龙昕科技已几乎无法正常经营，其业务毛利率骤降至9.11%。2019年10月，康尼机电"断臂求生"，将34亿元并购的龙昕科技以4亿元出售剥离，不到三年时间蒙受了30亿元的巨额并购损失。

对此，证监会江苏证监局于2018年7月23日责令康尼机电整改，证监会于8月22日对其立案调查。2020年5月12日，康尼机电收到证监会处罚事先告知书，2021年7月28日收到处罚决定书，指出龙昕科技在重组过程中虚增收入、虚增利润，相应地存在虚假应收账款、回款、结转成本、采购等问题，因此对龙昕科技罚款60万元、董事长廖良茂罚款30万元且10年市场禁入、财务负责人罚款20万元且5年市场禁入。因未能采取有效手段核查这一大额跨行业并购的数据真实性、合理性（未认定参与造假），康尼机电则被罚款30万元、正副董事长罚款5万元。2021年9月17日，上海证券交易所也以并购前跨行业并购决策不够勤勉尽职，并购后全资子公司管控不力等理由，对康尼机电直接参与重组推进及决策相关责任人进行了通报批评。这一财务舞弊事件还升级为刑事案件：2018年8月27日，公安部门就廖良茂涉嫌合同诈骗罪立案侦查，2020年11月12日，南京中院刑事判决廖良茂犯合同诈骗罪，判处无期徒刑、剥夺政治权利终身、没收个人全部财产、将约19亿元的犯罪所得归还康尼机电。

康尼机电的审计机构一直是苏亚金诚会计师事务所，自2018年年报开始出具带强调事项段（为龙昕科技相关问题）的无保留意见审计报告。

二、并购前后财务舞弊识别之"析"

康尼机电并购龙昕科技财务舞弊事件最终以认定龙昕科技财务舞弊、董事长合同诈骗落幕。龙昕科技财务舞弊期间为2015年到2018年6月，横跨了并购前后。本文首先从并购后的财务舞弊识别问题展开讨论。2017年年报中康尼机电首次将龙昕科技纳入合并范围，2017年12月1日为合并购买日，当年合并资产负债表包含龙昕科技期末数，合并利润表、合并现金流量表及合并所有者权益变动表仅包括龙昕科技2017年12月发生数。如何抽丝剥茧，排除合并报表、多业经营的复杂影响，分析此时康尼机电合并报表的财务异常是及时识别舞弊的关键。其次，进一步往前追溯、获取信息，分析并购前和并购过程中龙昕科技的财务与业务是否存在异常。最后讨论如何利用并购过程中的其他信息如监管问询函，以及并购特有的异常特征如业绩承诺精准达标、高商誉等，以便更早地发现舞弊迹象。

（一）财务税务维度：收入与多资产科目联动异常

1. 合并报表多资产科目异常

表1列示了康尼机电2016～2018年变化较大的资产科目以及收入、毛利率情况。首先，康尼机电2017年多个资产科目增幅较大。其一是应收款项异常增长，增长率达到74.53%，余额达到约22.06亿元，其中应收账款占82.05%，而且坏账准备计提远低于同行业上市公司惯例，即1年以内、1～2年、2～3年、3年以上的实际坏账计提比例仅分别为1.70%、5.22%、20.60%和45.32%，远低于康尼机电同行业公司（根据天健财判财务智能预警系统数据）的3.33%、10.08%、26.00%和67.71%的平均水平。康尼机电年报中将应收款项异常变动归因于合并龙昕科技，这就需要关注新并表的龙昕科技应收款项余额合理性及可回收性，进一步分析其销售信用周期，特别是长账龄的应收款项，因为这往往与支撑虚增的收入相关。其二是康尼机电资产与负债科目均联动异常增长，存货增长约2.78亿元、固定资产与在建工程增长约1.86亿元、其他非流动资产增长1.26亿元，三个科目累计增加约5.90亿元、增长率高达73.57%，应付款项的增长率也达到85.43%。康尼机电把这些科目的异常变动归于龙昕科技。

表1　　　　　　康尼机电资产与收入相关科目联动情况　　　　　　单位：亿元

项目		2018年	2017年	2016年
应收款项	余额	20.22	22.06	12.64
	增长率	-8.34%	74.53%	37.69%
坏账准备		0.28	0.40	0.15
坏账准备实际计提比例		2.10%	2.17%	1.59%
存货	余额	7.92	6.64	3.86
	增长率	19.28%	72.02%	-4.69%
应付款项	余额	17.44	14.89	8.03
	增长率	17.13%	85.43%	2.03%
固定资产与在建工程	余额	6.02	6.02	4.16
	增长率	0.00%	44.71%	19.54%

续表

项目		2018年	2017年	2016年
营业收入	发生额	34.15	24.18	20.10
	增长率	41.23%	20.30%	21.38%
毛利率		29.46%	35.86%	37.91%
轨道交通装备制造业	收入	20.91	17.61	14.72
	增长率	18.78%	19.60%	16.94%
	毛利率	37.11%	38.78%	40.62%
消费电子表面处理业务	收入	5.73	1.38	NA
	毛利率	9.11%	34.22%	NA

一般而言，资产科目是否异常往往需要结合收入和毛利率进行联动分析。但是康尼机电的合并利润表仅包括龙昕科技12月的发生额，导致其营业收入增长率和毛利率均下降，难以在同一个水平线上联动分析收入与资产科目。因此，本文拟重点结合并购前龙昕科技个别报表数据，分析其业绩增长的真实性。

2. 龙昕科技业绩与资产联动增长的商业合理性

表2列示了龙昕科技并购前后部分科目情况，数据来自龙昕科技披露的并购前报表，包括2015~2016年年报和2017年半年报，以及康尼机电公告中有关龙昕科技的部分。首先，龙昕科技2017年上半年营业收入、净利润尚不及2016年的一半，2017年下半年净利润约1.58（2.41-0.83）亿元，远高于上半年，全年业绩刚好完成业绩承诺。虽然无法获得龙昕科技2017年全年营业收入数据，但是可以推论，毛利率水平各期保持在30%左右的情况下，龙昕科技下半年应有远高于前期的营业收入增长率，才能够达成净利润的高增长。其次，龙昕科技应收账款在2017年上半年增长率为7.05%，下半年相比上半年大幅提高到26.33%。所以，仅就2017年下半年而言，龙昕科技收入、净利润大幅增长的同时伴随着应收账款等资产科目的异常增长，从而在上半年业绩不理想的情况下，最终完成了2017年的业绩承诺目标。前者涉及虚增收入的典型舞弊手法，后者则构成较强的舞弊动机。

表2　　　　龙昕科技并购前后部分科目情况　　　　单位：亿元

项目	2017年	2017年半年报	2016年	2015年
龙昕科技营业收入	NA	4.47	10.18	6.55
龙昕科技毛利率	34.22%	27.96%	31.34%	34.35%
龙昕科技净利润	2.41	0.83	1.80	1.39
龙昕科技应收账款	5.95	4.71	4.40	4.66

续表

项目	2017年	2017年半年报	2016年	2015年
龙昕科技应收账款增长率	26.33%	7.05%	-5.58%	NA
康尼机电存货	6.64	4.87	3.86	4.05
龙昕科技存货		0.53	0.87	0.38
存货加总增长率	22.96%	14.16%	6.77%	NA
康尼机电应付款项	14.89	8.85	8.03	7.87
龙昕科技应付款项		2.69	2.48	2.65
应付款项加总增长率	29.03%	9.80%	-0.10%	NA

注：龙昕科技2017年毛利率来自分部报告，为合并了的一个月收入的毛利率，净利润来自业绩承诺公告中完成的实际净利润，应收账款来自2018年报中特别披露的龙昕科技应收账款情况的期初数。

此外，若简单相加康尼机电和龙昕科技的存货和应付账款并计算增长率，可以发现两者在2017年下半年的增长率远高于上半年，也远高于2015年和2016年。若两者异常增长主要"归功于"龙昕科技（龙昕科技2017年全年数据并未披露），那么可能涉及通过操纵采购和存货以配比虚增收入的情况。

表3列示了处罚书中披露的龙昕科技财务舞弊虚增金额，可以发现2017年上半年虚增收入和利润分别约0.96亿元和0.23亿元，但到全年时虚增额骤增至约4.50亿元和1.74亿元；虚假新增的应收账款也是下半年高于上半年。同时，龙昕科技三年虚增采购约8.29亿元（并未都以应付账款的形式达成），虚增回款约8.32亿元，两者均是经由其董事长控制的东莞龙冠真空科技有限公司、东莞市德誉隆真空科技有限公司之手，构成了一部分资金流闭环。这些情况与上述异常相对应。

表3　　　　　　龙昕科技财务舞弊虚增科目金额情况　　　　　　单位：亿元

项目	2017年	2017年半年报	2016年	2015年
虚增收入	4.50	0.96	3.06	1.44
占营业收入比例	40.59%	21.51%	30.09%	22.02%
虚增利润	1.74	0.23	1.19	0.56
虚增应收账款余额	2.15	1.19	0.78	1.32
虚增采购	3.05	0.83	3.37	1.87
虚增应付账款余额	0.42	1.03	0.02	1.16
虚构回款	4.67	NA	3.45	0.20

（二）公司治理维度：龙昕科技业绩承诺精准达标

康尼机电并购龙昕科技时采用了近年来并购中常用的业绩承诺工具。龙昕科技2015年和2016年的净利润分别约为1.39亿元和1.80亿元，增长率达到29.58%，

2017~2019年承诺的净利润分别达到2.38亿元、3.08亿元和3.8766亿元，即要求以接近30%的速度连续增长三年。2017年年报显示，龙昕科技净利润约为2.41亿元，业绩承诺完成率为101.42%，恰好精准达标。此后两年由于财务舞弊被揭露，均为亏损。根据处罚书披露，扣除虚增利润后，龙昕科技2015~2017年净利润仅约为0.84亿元、0.62亿元和0.68亿元，远不及并购时披露和承诺的净利润。可见，在这个案例中，业绩承诺精准达标并不表示预测的准确性，也不是对并购方的保护机制，而是变成操纵利润的动机（叶钦华等，2021）。

（三）公司治理维度：高商誉、高溢价并购带来的舞弊动机

本文认为，若要进一步追溯高业绩承诺的源头，需要考虑并购溢价和并购商誉的合理性。并购中出现的高溢价、高商誉，往往需要两个方面的支撑，一是并购前的高增长和高业绩基础，二是并购后的高业绩承诺。可想而知，高溢价意味着被并购方股东能够实现高转让对价而获利，其自然期望在并购前能够有较好的业绩表现，为此可能实施粉饰或更严重的财务舞弊行为，这与公司IPO造假的动机类似。所以，若并购双方并未合谋，并购方需要谨慎核查被并购方的业绩真实性，才能避免出现并购失败、利益受损。若并购双方合谋，则投资者需要关注并购方是否也有通过高溢价并购操纵业绩的动机。

（四）内部控制维度：被并购方涉及隐性关联交易的"舞弊怀疑"

本案例中，康尼机电最终耗资34亿元并购净资产约为8.97亿元的龙昕科技，形成约22.71亿元的商誉，占其2017年总资产的31.08%。除了高业绩承诺之外，龙昕科技并购前的高成长性也是推高估值的主因，所以核查其业绩真实性至关重要。龙昕科技并购前也出现一些值得深究的问题，例如：2015~2017年前五大客户带来超过70%的收入，东莞市润兴进出口有限公司三年间都在前五大客户之列，龙昕科技一股东持有该公司90%股份，涉嫌存在隐性关联方问题；龙昕科技曾于2014~2015年筹划IPO，但最后终止。而证监会对整个并购过程中重大资产重组草案的历次修订都提出了问询，其中不仅关注并购本身的程序问题，也指出了龙昕科技的上述问题。

实务中，隐性关联方的交易往往与财务舞弊相关。尽管监管问询已直指"要害"，但最终并购方、券商投行团队、注册会计师都表示经核查、函证、访谈等并未发现异常，未能有效识别龙昕科技董事长的合同诈骗行为和龙昕科技异常背后的舞弊行为，这值得深思。作为外部投资者，就更难判断龙昕科技异常财务指标是否指向舞弊，但至少可以对监管频繁问询及其问询内容有所警惕。

(五) 内部控制维度：对重要子公司管控存在重大缺陷

"引爆"龙昕科技财务舞弊问题的是康尼机电公告龙昕科技董事长违规对外担保、质押以及大额资金占用等行为。虽然康尼机电在发现这些问题后立刻采取了应对措施，但这些问题的出现说明康尼机电在并购后对其子公司的管控不严，对其内部控制的缺陷疏于了解。虽然康尼机电认为这些问题源自内部控制的固有局限，但交易所的纪律处分中提及康尼机电应对子公司采取有效手段进行管控。所以，针对新纳入合并主体的重要子公司，并购方和注册会计师应加强对子公司内部控制与权限的管控，特别是关注子公司高管是否有隐藏的担保或股权质押等利用上市公司信用背书等行为。

综上所述，康尼机电并购龙昕科技的财务舞弊案例其特殊之处在于：第一，就目前处罚结果而言，主要的舞弊主体是子公司龙昕科技，康尼机电也成为了"受害方"。第二，龙昕科技不仅为完成并购后业绩承诺进行舞弊，在并购前也通过舞弊虚增业绩，这与高业绩承诺一起推高了估值，形成高溢价、高商誉。此时高商誉、高业绩承诺、业绩承诺精准达标等并购过程特有的异常特征值得特别关注。外部投资者可以从被并购方并购前个别报表及并购后合并报表中寻找与龙昕科技相关的异常，如本案例中出现的资产科目与收入联动异常、2017年上下半年业绩增长异常等。而上市公司本身在并购过程中也应加强对被并购方的业务核查，例如，对其前五大客户的隐性关联关系进行核实等，以免遭遇并购失败。

三、启示与建议

并购重组作为上市公司增强产业协同、拓展主业领域的重要工具，一直在资本市场保持较高的市场活跃度。近年来，并购重组事件中出现合同诈骗情况的不止本案例一例，宁波东力（002164）并购年富供应链，天山生物（300313）并购大象广告也出现类似情况，其中财务舞弊主体主要是被并购方。因此，如何在并购前识别被并购方的舞弊特征或手法非常重要，但也充满挑战。这不仅涉及如何剥离出被并购方信息，分析是否存在舞弊行为，也涉及如何有效核查被并购方在合并前的业绩真实性。结合本案例分析，本文提出三点启示与建议。

（一）重视对高商誉及并购过程的核查及商誉后续减值测试

高溢价并购带来巨额商誉。据WIND数据统计，2017~2020年度上市公司商誉原值分别为1.34万亿元、1.53万亿元、1.60万亿元和3.89万亿元，呈连续增长趋势，特别是2020年度增长2.29万亿元。同时，2017~2020年度上市公司商誉减值余额分别为723亿元、2289亿元、3523亿元和4285亿元，商誉减值计提比例从5.38%增长至11%左右。根据现有会计准则的规定,商誉无需分期摊销,仅需要按年度进行减值测试,这也在一定程度上助长了高商誉。一旦被并购方业绩不如预期或者涉及舞弊,则将引发业绩"爆雷"的灾难。

高商誉的源头在于被并购方的高估值,而高估值需要有高业绩及高成长性作为收益法评估的作价基础,并辅以业绩承诺的"机制保障"。注册会计师针对商誉占资产总额比例较高的上市公司,需要保持高度的执业谨慎,将高商誉作为重点审计领域进行风险应对。本案例中,监管部门针对并购重组过程给予多次问询及反馈意见,针对并购作价合理性、高商誉等事宜均有问及。但受制于未能现场核查与舞弊识别相关的证据,如龙昕科技虚增收入和虚假采购中的相关单据,包括虚假销售合同、订单、发货单、对账单、入库单等,乃至私刻的部分客户和供应商的公章、财务专用章等,均难以通过远程问询核实。因此,建议监管部门将高商誉的重大并购重组项目视同IPO项目予以抽查。前者的舞弊动机强度可能并不亚于后者。当然,券商、注册会计师等中介机构具备现场核实测试的机会,而在本案例中却不能帮助并购方发现舞弊问题,值得反思。

(二)持续跟踪"三高"并购实施后的财务舞弊预警信号

不少上市公司跨行业"联姻"、高价并购,形成"高估值、高商誉、高业绩承诺"的特点,最终却因为并购标的存在财务造假、违规担保等行为给上市公司造成严重损失,不得不诉诸刑事诉讼寻求赔偿。研究表明,业绩承诺期满后业绩迅速"变脸"或大额计提商誉等减值准备,往往意味着做出承诺的被并购方有可能存在虚构业绩恶意造假的行为,包括提前确认收入、延迟确认成本费用等"寅吃卯粮"等盈余管理行为(叶钦华等,2021)。因此,上市公司需要持续跟踪被并购方的业绩完成情况,在并入后加强管控,注册会计师在后续年度亦应将商誉减值作为关键审计事项,一旦发现业绩对赌精准达标或对赌期满业绩爆雷迹象,应"回头看"之前审计年度是否存在财务舞弊。这种"回头看"是注册会计师发现财务舞弊的好机会,不应轻易错失。

(三)关于被并购方合同诈骗问题

本案例中龙昕科技董事长被认定为合同诈骗罪。目前,康尼机电作为合同诈骗的受害者,已对龙昕科技原股东提起诉讼,以维护公司和股东权益。另外,康尼机电也受到行政处罚,其中依据的是2005年《证券法》的规定:"发行人、上市公司或者其他信息披露义务人未按照规定披露信息,或者所披露的信息有虚假记载、误导性陈述或者重大遗漏的,由证券监督管理机构责令改正,处以三十万元以上六十万元以下的罚款。"新闻报道显示,一些中小投资者据此对康尼机电提起了诉讼,但是目前康尼机电尚未披露诉讼进展情况。本案件与一般财务舞弊案件不同之处在于，当上市公司也是受害者时，中小股东如何以合适方式维护其合法权益值得关注和研究。另外，对参与并购审计的注册会计师而言，出现被并购方合同诈骗时，若其能明确无过失，则也可能成为受害者，如何结合法务会计等手段保护自己，也值得进一步探讨。

（原载于《财务与会计》2022年第2期，略有修订）

参考文献

叶钦华，叶凡，黄世忠.2021.业绩承诺舞弊的识别与应对——基于航天通信的案例分析［J］.财务与会计，23：35~40.

叶钦华，叶凡，黄世忠.2022.财务舞弊识别框架构建——基于会计信息系统论及大数据视角［J］.会计研究，3：3~16.

第三部分
审计失败防范研究

　　独立审计是防范财务舞弊的重要"防火墙"。财务舞弊的发生虽然并不必然导致审计失败，但不论是否能够自证清白，由于存在着巨大的审计期望差距，会计师事务所及其注册会计师仍可能被作为"替罪羊"而被卷入代价高昂的法律诉讼或遭受严厉的行政处罚，由此遭受经济和声誉损失。审计发展史表明，臭名昭著的审计失败（如安达信对安然和世界通信的审计失败）不仅可能导致会计师事务所倒闭关门，而且极大地伤害了注册会计师行业的声誉，甚至引发行业信任危机。近年来，我国资本市场也发生了多起引人注目的审计失败案件，导致曾经是国内本土规模最大的瑞华会计师事务所、规模较大且历史悠久的广东正中珠江会计师事务所土崩瓦解，代价极为惨重，教训极其深刻。

　　但审计发展史也表明，资本市场发生的重大财务舞弊和审计失败必然影响会计审计的发展进程，安然和世界通信舞弊案和安达信审计失败案，直接催生了《萨班斯—奥克斯利法案》和美国公众公司会计监督委员会（PCAOB），客观上促使会计师事务所及其注册会计师提高审计质量。我国近年来发生的康美药业和康得新的财务舞弊案及其相关审计失败，也倒逼注册会计师行业进行深层次的改革。《国务院办公厅关于进一步规范财务审计秩序 促进注册会计师行业健康发展的意见》（国办发〔2021〕30号）明确提出"提高应对财务舞弊的执业能力"的要求。目前，监管强度、诉讼风险已明显加大，行业整顿、审计执业准则、信息披露体系正在经历重大变革，但愿注册会计师行业通过改革整顿能够凤凰涅槃，浴火重生。

　　审计期望差距短期内无望得以消弭，在投资者、监管部门和社会公众希望注册会计师对上市公司财务报表提供绝对保证的环境下，注册会计师行业与其以审计只能提供合理保证而不能提供绝对保证为由继续抗争，不如利用数字化技术赋能，强化能力建设，提升职业道德和执业质量。当然，沿用一百多年备受诟病的审计委托制度也应进行与时俱进的改革，有助于提高注册会计师独立性的强制轮换制度也值得探索。唯有多管齐下，系统改革，形成合力，营造良好的执业环境，审计失败才可降低至可持续的水平。

在此背景下，本部分通过五篇论文深入分析目前注册会计师行业存在的突出问题，提出改善审计执业环境防范审计失败的政策建议。第一篇论文从伦理学的视角挖掘审计失败的根本原因，指出伦理观念错位，利己主义和功利主义超越道义主义和美德主义是导致审计失败的根本原因。第二篇论文探讨审计委托制度的弊端、国外的改革设想，并对我国改革审计委托制度的路径选择提出政策建议。第三篇论文针对注册会计师被不合理问责、会计责任与审计责任混淆的问题，分析了审计期望差距的成因，并讨论如何弥合认知差距、执行差距和演进差距。第四篇论文分析在瑞幸咖啡财务舞弊事件中，安永会计师事务所如何避免审计失败和值得借鉴的经验。第五篇论文以实证研究的方法分析在我国 2010 年至 2013 年的四个财务舞弊事件中，审计失败是否切实影响了注册会计师声誉。

综上所述，期望本部分对注册会计师行业制度安排的剖析，对我国资本市场上注册会计师行为的分析，能够在两个方面对读者有所助益：（1）有助于注册会计师更好地了解行业存在的制度安排和执业质量问题，主动求变，顺应变革趋势，提升审计质量特别是发现财务舞弊的能力，从供给端逐步缩小审计期望差距；（2）有助于其他资本市场参与者更好地了解注册会计师能够发挥哪些作用、应承担哪些责任、实际工作中又受到哪些约束，以便更理性地看待注册会计师行业，从需求端逐步缩小审计期望差距。同时从供给端和需求端发力，辅以监管部门改革审计委托制度和强制轮换制度以及适时修改《会计法》和《注册会计师法》追究配合造假各方的刑事和民事责任，可望改善注册会计师行业的执业环境，促使注册会计师行业提振信心，努力迈向以提高审计质量和防范审计失败为目标的高质量发展之路。

回归本源　守住底线

——审计失败的伦理学解释

黄世忠

【摘要】 以康得新和康美药业为代表的财务造假案，引发了对注册会计师行业的诸多争论，审计失败频发重创了注册会计师行业形象。本文首先从职业属性出发，探讨注册会计师有别于其他职业的特殊使命和社会责任，然后从伦理学的角度解释审计失败的道德原因。本文的分析表明，其他条件保持相同，审计失败与伦理观念密切相关。本文指出，伦理观念错位，利己主义和功利主义超越道义主义和美德主义，导致一些注册会计师社会责任意识薄弱，将商业利益凌驾于公众利益之上，是审计失败的重要内因。只有秉承道义主义和美德主义的伦理观，回归社会责任和公众利益高于一切的职业本源，坚守诚信为本、操守为重的道德底线，将专业主义和职业道德内化于心，外化于行，注册会计师行业才能降低审计失败风险，修补行业破损形象，重拾公众信任。

【关键词】 注册会计师　职业属性　社会责任　公众利益　伦理道德　审计失败

一、问题的提出

以康得新、康美药业、绿大地、雅百特、万福生科、金亚科技为代表的上市公司财务造假案，绝对不是孤立的事件，也不是单纯的会计审计问题，而是资本市场的系统性诚信危机。这次系统性诚信危机的爆发，既有制度安排不合理的原因，也有诚信氛围缺失的诱因。要从根本上抑制上市公司财务造假屡禁不止、审计失败频发发生的势头，既要改革制度安排，又要营造诚信氛围，形成"不敢假、不能假、不想假"的长效机制。

被社会寄予厚望的注册会计师，作为资本市场的"守门人"，在维护社会主义市场经济秩序中做出重大贡献。但最近一段时期以来，上市公司财务造假频发，审计失败迭出，注册会计师的行业形象遭受重创，社会公众对注册会计师的信任度跌入低谷。笔者认为，对注册会计师职业属性存在认识偏差，忽视身上肩负的特殊使命，无视作为鉴证者应当履行的社会责任，导致一些会计师事务所从受人信任的客观公正的鉴证机构沦落为迎合客户的唯利是图的商业组织，是注册会计师行业形象受损、社会地位降低的根本原因。注册会计师未能秉承正确的伦理观，没有恪守高于社会平均水平的道德标准，对利己主义和功利主义的考虑，超越了对道义主义和美德主义的坚守，在处理利益冲突和抵御利益诱惑时，不能始终坚守正直诚实、客观公正、超然独立和专业胜任的职业道德，是执业质量不高、审计失败频发的内在因素。

恢复行业形象，重拾公众信任，呼唤注册会计师行业回归履行社会责任、维护公众利益的职业本源。改善执业质量，防范审计失败，要求注册会计师坚守诚信为本、操守为重的职业底线。

二、注册会计师职业属性的再认识

很多审计失败源于注册会计师未能正确认识其不同于医生和律师的职业属性。因此，有必要重新认识注册会计师行业的责任和使命。

（一）社会责任与行业使命

注册会计师行业既有类似于其他行业的共同职业属性，如专门的知识体系、正规的教育程序、严格的执业资格、恰当的行为规范、公认的职业地位等，也有不同于其他行业的特殊职业属性，如无条件接受社会责任和致力于维护公众利益、公众利益高于客户利益等。正是这两个特殊的职业属性，使注册会计师行业明显有别于医生和律师等职业，后者只对客户负责，只维护客户利益，无需顾及公众利益。社会责任和公众利益这两个专属于注册会计师行业的职业属性，源于注册会计师所扮演的鉴证角色，源自注册会计师行业所肩负的特殊使命。

众所周知，股份有限公司这种创新性企业组织形式的诞生，导致经营权与所有权分离，管理层与投资者之间存在严重的信息不对称。为了缓解信息不对称问题，降低交易成本，强化对管理层受托责任的评价，提高投资者和债权人的决策效率，聘请独立的第三方对上市公司管理层提供的财务信息的真实性和公允性进行鉴证，逐渐成为与现代企业制度相适应的配套性强制要求。社会公众通过立法或其他途径，将对上市公司财务报告进行独立鉴证的垄断权（Monopoly Rights）或特许权（Franchise Rights）赋予注册会计师行业，作为交换，注册会计师行业通过职业道德守则的形式，要求其成员履行维护公众利益的社会责任，不得利用鉴证的专业性和信息不对称损害公众利益。可见，独立的鉴证者是注册会计师显著的身份标记，注册会计师的责任超越其对客户的责任，延伸至对其社会的责任，既要对其客户负责，更要对社会负责，既要维护客户的利益，更要把公众利益置于客户利益和自身利益之上。从这个意义上说，注册会计师获取的执业资格证书，实质上是与社会公众签署的一份具有约束力的契约，表明其无条件接受了对社会的责任，有义务以维护公众利益为己任。

通过其成员提供专业鉴证，确保上市公司等商业组织提供有助于优化资源配置的高质量会计信息，促使市场经济有序运转，是注册会计师行业肩负的特殊使命。注册会计师行业存在的价值，维系于其对这一特殊使命的履行情况。注册会计师行业本身并不直接创造价值，为社会提供高质量的独立鉴证服务，对上市公司等商业组织的财务报告是否公允和真实发表专业意见，缓解信息不对称，降低交易成本，提高决策效率，增进受托责任，协调利益分配，进而促进资源优化配置，确保经济有序运行，才是这个行业的价值所在。如果无视自己的社会责任，罔顾公众利益，注册会计师行业将失去公众信任，这个行业将一文不值，没有立足之地。

诚如美国注册会计师协会（AICPA）职业行为规范所指出的："接受其对公众的责任，是这个职业的显著标志。会计职业的公众包括客户、信贷提供者、政府、雇主、投资者、企业和金融界以及其他依赖于注册会计师的客观性和正直诚实以促使商业活动有序开展的其他人士。这种依赖赋予注册会计师一种公众利益责任。公众利益可定义为会计职业所服务的人士和机构等群体的集体福利。""任何会员都应当以有助于维护公众利益、笃守公众信任和致力于专业主义的方式接受社会责任。""所有接受美国注册会计师协会会员的人士，都有义务笃守公众对他们的信任。为了笃守公众的信任，任何会员应当持续展示其致力于对专业卓越的追求。""在履行社会责任过程中，成员可能遭受不同群体相互冲突的压力。解决这些冲突时，成员应当正直诚实地行事，并以这样的戒律为指引：成员履行了对社会的责任，就是对其客户和雇主利益的最好维护（AICPA，2014）。"

注册会计师行业对社会公众的责任，得到了美国法律判决的支持。在美国政府诉安永的案件裁决中，时任最高法院首席大法官的沃伦·贝格（Warren Burger）写到："对整体描述一个公司财务状况的公开报告进行鉴证，独立审计师承担了超越其与客户雇佣关系的公众责任。履行这种特殊职能的独立公众会计师对公司的债权人和股东以及投资大众负有最终的忠诚义务。这种'守门人'的职能需要会计师在任何时候都要与其客户完全保持独立，要求其完成忠诚于公众的信任（Mintz and Morris，2017）。"

中国注册会计师协会（CICPA）的职业道德守则同样对注册会计师提出了履行社会责任的要求，《中国注册会计师职业道德守则第1号——职业道德基本原则》第二条指出："注册会计师应当遵守本守则，履行相应的社会责任，维护公众利益（中国注册会计师协会，2011）。"遗憾的是，CICPA对注册会计师社会责任的解释和说明，远不如AICPA那样详细。

从职业行为规范和职业道德守则可以看出，除了与医生和律师等专业人士一样具备专业胜任能力和维护客户正当利益外，注册会计师作为鉴证者，还必须承担医生和律师不必承担的社会责任。"客户至上"可以是医生和律师的信条，但绝对不适用于注册会计师，"公众利益至上"才是注册会计师理应遵循的信条。但凡职业道德导致的审计失败，都可以发现注册会计师没有摆正自身利益、客户利益与公众利益之间的关系，往往将自身利益和客户利益置于公众利益之上。笔者认为，没有真正领悟注册会计师的特殊职业属性，片面追求自身利益、屈从于客户的不当利益诉求，忘了维护公众利益的初心，是一些会计师事务所屡屡发生审计失败的深层次原因。作为专业的职业组织，中国注册会计师协会有必要进一步教育其会员牢记对社会的责任，以维护公众利益为己任，通过提供高质量的独立鉴证服务，履行维护社会主义市场经济秩序的崇高使命。

（二）社会责任与合理保证

提高审计质量，防范审计失败，需要注册会计师更多地从社会责任的角度来解读和领悟独立审计的目标设定，否则，就会以执行了审计准则规定的程序为由为自己的审计失败百般开脱。中国注册会计师审计准则第1101号第三章指出："审计的目的是提高财务报表预期使用者对财务报表的信任程度。""注册会计师应当按照审计准则的规定，对财务报表整体是否不存在由于舞弊或错误而导致的重大错报获取合理保证，以作为发表审计意见的基础。"最近上市公司财务造假引发的争议焦点在于注册会计师有没有责任发现财务舞弊，社会公众和监管部门与注册会计师行业之间对此产生了截然不同的看法，形成了所谓的审计期望差距（Audit Expectation Gap）。

就财务舞弊引发的审计失败而言，关键是如何看待"合理保证"。"合理保证"翻译自Reasonable Assurance，国内外审计准则对此的解释是，"合理保证"不是一种绝对保证（Absolute Assurance），只是一种高水平保证（High Level Assurance），为此，注册会计师必须获取充分、适当的审计证据。社会公众和监管部门一般将"合理保证"视为一种绝对保证,而注册会计师行业则坚称"合理保证"只能是一种高水平保证。孰是孰非,难有定论。笔者认为,由于审计的固有局限,加上财务舞弊往往采取伪造凭证、隐瞒真相和上下串通、内外勾结等手段,要求注册会计师为财务报表免于舞弊而导致的重大错报提供绝对保证期望过高,不切实际。另外,注册会计师如果对财务报表是否不存在由于舞弊而导致的重大错报提供合理保证时,未能获取充分、适当的审计证据,甚至忽略了本应关注的财务舞弊预警信号,则表明其没有履行好"守门人"的社会责任,辜负了社会公众的信任。最近一段时期,上市公司财务造假愈演愈烈,审计失败屡屡发生,很多技术含量不高的财务舞弊逃过"守门人"的视线,得以蒙混过关。对此,注册会计师必须扪心自问,他们在履行社会责任和维护公众利益时是否勤勉尽责,是否问心无愧。发生审计失败时,既要从外部找原因,更要从内部自我反省,否则,注册会计师行业危矣!

三、注册会计师伦理道德的再解析

如何看待维护公众利益的社会责任,如何处理事务所、客户和社会公众之间的利益关系和利益冲突,在很大程度上取决于注册会计师所秉持的伦理观。笔者认为,伦理观错位将导致审计失败。一些注册会计师的伦理观至今还停留在利己主义和功利主义阶段,还没有提升至作为鉴证者理应秉持的道义主义和美德主义阶段,未能摆正自身利益与公众利益之间的关系。此时,道德勇气臣服于客户压力,自身利益凌驾于公众利益就可能成为常态,审计失败就不再是偶发事件。唯有秉承正确的伦理观,加强职业道德教育[①],注册会计师才可能与智者为伍,与善者同行。与智者为伍,重视专业能力,精益求精,止于至善,注册会计师才能成为名副其实、受人敬仰、造福社会的专业人士。与善者同行,恪守职业道德,正直诚实,客观公正,注册会计师才能成为取信于民、受人信赖、维护公众利益的鉴证者。

那么,什么才是注册会计师应当秉承的正确伦理观呢?

(一)伦理与道德的联系与区别

在回答上述问题之前,有必要先厘清伦理(Ethics)与道德(Morals)之间的关

---

① 根据笔者的观察,我国会计界的职业道德教育有两个问题必须引起重视,一是注册会计师的职业后续教育存在重审计准则培训轻职业道德培训的突出现象,二是会计本科教育没有把职业道德作为必修课。值得赞赏的是,全国会计硕士专业学位教育指导委员会最近要求有 MPAcc 授予权的学校,必须将职业道德作为必修课。Mintz 教授在"美德与会计教育"一文中指出,会计人员应同时具备技术和道德的专门知识(Technical and Moral Expertise),才能有效履行维护公众利益的社会责任(Mintz, 1995)。Mintz 教授的观点值得我国会计教育界学习借鉴。

系。虽然我们习惯于将伦理与道德并列，甚至将伦理与道德相互替用，但它们在内涵和外延方面既有联系又有区别。伦理学又称道德哲学，研究的是善与恶、是与非、义与利、正与邪等道德问题，侧重于调节人与人之间、个体与群体之间的关系，包括如何处理个人与群体之间的利益冲突。道德是伦理的研究对象，伦理观决定了道德观念和道德行为，这是二者的联系。区别在于，伦理是外源性的规则，具有他律的性质，用于规范群体的行为，如注册会计师行为规范，而道德是内在性的是非观，具有自律的特性，用于约束个人的行为，如注册会计师的个人品德。

（二）四种不同伦理观的基本要义

伦理与道德博大精深。限于篇幅和学识，以下着重探讨四种不同伦理观对道德行为的影响，进而说明作为鉴证者的注册会计师应当秉承何种伦理观，遵守何种道德规范，才能防范审计失败，切实维护公众的利益。

1. 利己主义（Egoism）。利己主义的伦理观，对是非与善恶的判断，以对自身利益的影响为出发点。利己主义者认为，每个人做出的决策选择，应当以追求自身利益最大化为目标，因此，利己主义又称自利主义。必须说明的是，在伦理学中，自利（Self－interest）不同于自私（Selfishness），自利不一定不道德，因为利己不损人的自利行为是合乎道德规范的，而自私是损人利己的行为，是不道德的。利己主义与经济学中的"理性经济人"有异曲同工之处，可以追溯到亚当·斯密（Adam Smith）1776年发表的《国富论》。斯密认为，自由经济制度建立在允许个体追求自身利益的基础上，每个个体关心和追求自身利益，最终会形成对整体最好的结果。但斯密并不主张追求自身利益是不受约束的，1759年在《道德情操论》中，他就指出追求自身利益的商业行为应当由道德加以约束。从这个意义上说，斯密倡导的是开明的利己主义（Enlighten Egoism），即追求自身利益的同时也应顾及他人的利益。

2. 功利主义（Utilitarianism）。功利主义的伦理观，通过权衡个体行为给群体带来的利弊得失，对是非与善恶进行评判。如果个体行为给群体带来的利益大于对群体的损害，则该行为具有正效用，就是合乎道德的善举。功利主义在道义上比利己主义更为可取，因为它把个体对自身利益的追求置于群体的综合效用之下来考虑。功利主义可视为经济学上成本效益分析的伦理基础。功利主义18世纪由英国的法理学家和哲学家杰里米·边沁（Jeremy Bentham）在《道德与立法原理导论》中提出，后经约翰·斯图尔特·米勒（John Stuart Mill）加以完善。边沁认为，效用原理（Principle of Utility）是判断一项行为是非的根本标准，如果一项行为具有增大攸关方幸福的倾向，则它就是正确的，如果具有减损攸关方幸福的倾向，则它就是错误的。米勒也认为，

"从比例上看倾向于增进幸福的行为就是正确的,倾向于减损幸福的行为就是错误的(Duska et al., 2011)。"可以看出,功利主义的伦理观以结果的好坏评判行为的是非,而不对行为本身的是非进行评判。

3. 道义主义(Deontologism)。道义(Deontology)源自希腊语 Deon,具有义务或责任的涵义,与英文的 Duty 和 Obligation 相对应。德国哲学家依曼努尔·康德(Immanuel Kant)是道义主义的鼻祖,其 1785 年发表的《道德形而上学基础》奠定了道义主义的伦理观。按照康德的观点,行为的道德价值不在于结果的好坏,而在于该行为本身的动机是否具有正当性,凡是有正当动机的,就有义务去践行。这里所说的正当动机,指的是善的意志(Good Will),善的意志不因它的结果而善,它本身就是善,甚至可成为至善(Highest Good)。在此基础上,康德提出了三大道德主张(Proposition):一项行为只有出于善尽义务才具有道德价值;一项善尽义务的行为有其自身的道德价值,不在于它意欲获取的目的,而在于该行为所遵循的良好信条(Maxim);义务是出于对法则的尊重而产生的行为必要性(Kant, 2002)。必须说明的是,康德的道义主义具有浓厚的义务论或责任论色彩,这种义务或责任与康德的天赋权利论一脉相承,相辅相成。康德的天赋权利论指出,人人生而平等,权利与生俱来。另一方面,权利与义务又是相互关联的。"我的权利确立了你的义务,我的义务对应的是他人的权利,义务是我对他人的责任,他人对我的行为具有要求权(Mintz and Morris, 2017)。"可见,道义主义十分看重行为对义务和权利关系的影响。

4. 美德主义(Virtue Ethics)。古希腊哲学家亚里士多德(Aristotle)在公元前 330 年所著的《尼各马可伦理学》[①] 是西方最早的伦理学专著,该书阐述了美德的涵义,奠定了美德主义的伦理基础。与道义主义一样,美德主义追求的也是善或至善。美德主义早于道义主义,是道义主义的思想基础。美德伦理学遵循这样一种研究范式:什么是善——什么是美德——有哪些美德——如何成就美德。与苏格拉底(Socrates)和柏拉图(Plato)一样,亚里士多德也认为善或至善是伦理学的主要研究对象,《尼各马可伦理学》第一卷研究的就是善的问题,在"过度与不及"这两恶之间追求的幸福,就是至善。第二卷主要探讨美德(Virtue)的内涵,指出依照高尚的道德标准尽其所能行事就是美德,并将美德分为通过教化可以获取的智慧美德(Intellectual Virtue)和通过习惯可以养成的性格美德(Virtue of Character)。至于具体的美德,第三至第九卷提出了包括勇气、诚实、公正等 12 项美德,并指出拥有这些美德是追求至善

---

① 这是亚里士多德"真善美"三部巨作之一,《物理学》研究的是"真",《尼各马可伦理学》研究的是"善",《诗学》研究的是"美"。亚里士多德 2000 多年前写的"真善美"三部巨作,奠定了今天的学科分类和人类认识的基本范畴。

的条件（Aristotle，2004）。

（三）决策困境中的伦理分析

只要存在利益冲突，就可能面临左右为难的决策困境，最终选择的决策方案，与决策者秉持的伦理观密切相关。假设 ABC 会计师事务所（以下简称事务所）的两位注册会计师（其中张三为主审合伙人，李四为高级经理）带领团队对 XYZ 公司的财务报表进行审计。审计发现，XYZ 公司虚构了一项销售业务，高估了 5000 万元的营业收入和 1200 万元的税后利润，虽然高估的营业收入只占其审计调整前的 5%，但若对高估的税后利润进行审计调整，XYZ 公司将三年连续亏损，被迫退市，由此引起银行和供应商的连锁反应，XYZ 可能破产倒闭，3000 多名员工将失业，当地政府将损失约 4000 万元的税收和 35000 万元的 GDP。为此，当地政府和 XYZ 公司给张三、李四和事务所施加了巨大压力，希望他们从大局出发，体谅公司发展中遇到的暂时困难，给其一次喘息的机会，XYZ 公司并承诺帮公司渡过这个难关后，将会认真考虑事务所过去几年提出的提高审计收费和增加咨询业务的要求。XYZ 公司每年支付给事务所 150 万元的审计费，其中张三和李四可分别获得 15 万元和 10 万元的业绩报酬。

上述简化的例子至少包括四种潜在的利益冲突：（1）张三、李四与事务所之间的利益冲突；（2）事务所与 XYZ 公司之间的利益冲突；（3）事务所与社会公众之间的利益冲突；（4）现有股东和潜在投资者之间的利益冲突。面对利益冲突带来的困境，假设存在下列四种情景，从中可以看出决策背后蕴含的不同伦理观导致了迥异的审计结果。

情景1：张三、李四说服了事务所同意不对 XYZ 公司进行审计调整。这种决策表明张三、李四秉持利己主义的伦理观，其结果是以审计失败换取了个人的私利。这种利己损人的行为，显然是不道德的，导致事务所遭受审计失败，辜负了社会公众的信任。

情景2：迫于当地政府和 XYZ 公司的压力，事务所的风险管理委员会研究后，认为审计调整带来的社会成本太大，不符合成本效益原则，并以此为由同意不做审计调整。这种决策折射出风险管理委员秉持的功利主义伦理观，同样导致了审计失败。风险管理委员会以权衡成本效益的方式做出的决策，貌似合理，其实不然，因为成本效益分析严重错位，狭隘地将 XYZ 公司的利益作为社会效益，把客户的商业利益凌驾于公众的利益之上，实质上是对社会公众的背信行为。

情景3：尽管张三、李四和事务所的风险管理委员会都认为 XYZ 公司不做审计调整的理由有一定的正当性，但负责质量控制的合伙人据理力争，严正指出事务所负有维护公众利益的社会责任，有义务向投资者和监管部门如实反映XYZ公司的真实情况，至于XYZ公司是否会因此破产，员工是否因此失业，政府税收是否因此减少，那不是事务所的职责所在，与应否做审计调整无关，最终说服张三、李四和事务所要求XYZ调整虚增的收入和利润。结果，XYZ公司退市，员工失业，政府税收减少。毫无疑问，这位负责质量控制的合伙人秉承的是道义主义伦理观，使事务所避免了审计失败。XYZ公司虽然因此退市并发生了巨大的社会成本，但事务所信守了向社会公众如实反映XYZ公司经营业绩的道义责任，使现有和潜在投资者没有被虚假的财务报告误导，从伦理学的角度看是合乎道德标准的。

情景4：惧怕XYZ公司和当地政府的巨大压力，事务所说服了主审注册会计师张三和负责质量控制委员会的合伙人不做审计调整，但李四坚决反对。事务所高层不断做李四的工作，要他有大局观念，更多从XYZ公司的实际困难、员工就业、地方经济和事务所发展等角度看待审计调整问题，甚至暗示如果不服从事务所的决定对其将来的升迁不利。尽管如此，李四不为所动，明确指出，默许XYZ公司财务造假如果不算犯罪，至少也是缺德的，有违职业道德守则，并向事务所高层下了最后通牒，如果不做审计调整，他将向监管部门举报，哪怕因此被开除也在所不惜。鉴于李四的坚持，事务所高层不得不要求XYZ公司调整虚增的营业收入和税后利润。XYZ公司不久退市并破产，3000多名员工失业。迫于压力，李四只好辞职。在这个决策情景中，李四刚正不阿，孤军抗争，不屈不挠，不计得失，体现了注册会计师应有的高尚美德和道德勇气，美德主义伦理观使事务所避免了一次审计失败。

上述的情景分析表明，秉持利己主义和功利主义的伦理观，审计失败在所难免，而秉持道义主义和美德主义的伦理观，则可以避免审计失败。尽管这些情景分析有些简单化，但足以说明，其他条件保持相同，审计失败与否在很大程度上取决于注册会计师所秉持的伦理观及其所孕育的职业操守。笔者认为，最近审计失败频发，行业声望跌至低点，这固然有制度安排和审计固有局限的原因，但谁敢保证审计失败的背后就一定没有失德行为？

（四）注册会计师伦理观的不二选择

显而易见，唯有道义主义和美德主义才是注册会计师行业理应选择的伦理观。道义主义伦理观有助于注册会计师树立社会责任意识，增强他们维护公众利益的责任心和使命感，使他们铭记对上市公司财务报告进行客观公正鉴证的道义责任。美德主义伦理观有利于注册会计师培养作为鉴证者必须具备的优良品性，如正直诚实、客观公正、超然独立、专业胜任等，增强他们在处理利益冲突时有抵御压力的道德勇气，有尊重事实的正义力量，有不偏不倚的公平立场，有精益求精的专业品德。

事实上，国内外的注册会计师职业道德守则，就是奠定在道义主义和美德主义伦理观的基础之上的。AICAP 和 CICPA 在职业道德基本准则中提出的履行社会责任和维护公众利益的要求，体现的就是道义主义的伦理观。这种伦理观认为，会计师事务所有履行社会信托责任的义务，这种义务超越客户的委托关系。公众的利益优先于客户利益，屈服于客户的不当压力，迁就于客户的无理诉求，就是一种背信弃义的失德行为，理应为注册会计师行业所唾弃。同样地，职业道德基本准则要求注册会计师做到正直诚信、客观独立、超然独立和专业胜任，也与美德主义伦理观所倡导的优良德性相吻合。亚里士多德在《尼各马可伦理学》中提出了向善从善所应具备的 12 个美德，分别是勇气（Courage）、节制（Temperance）、慷慨（Generosity）、好施（Magnificence）、厚德（Greatness of Soul）、信守（Honour）、温和（Even Temper）、友善（Friendliness）、诚实（Truthfulness）、机智（Wit）、公正（Justice）、忠诚（Friendship）[①]。笔者认为，注册会计师职业道德守则的 Integrity（正直）、Objectivity（客观）、Independence（独立）和 competence（胜任）分别与亚里士多德提出的 Courage（勇气）、Truthfulness（诚实）、Justice（公正）和 Wit（机智）相对应。

值得一提的是，在注册会计师职业道德守则中，Integrity 往往被翻译成为"正直""诚实"或"诚信"，从美德伦理的意义上说，这样的译法不太确切，甚至可以说词不达意。笔者查阅了韦氏词典，Integrity 意味着一个人在一定程度上不会对其信任、责任或保证造假因而值得信赖且具不会被收买（Integrity implies trustworthiness and incorruptibility to a degree that one is incapable of being false to a trust, responsibility, or pledge）。从美德主义的伦理观看，Integrity 一词与亚里士多德倡导的 Courage 具有相同的涵义，即具有不谋私利、不屈外力、抵御邪恶、坚持善行善举的道德勇气。笔者认为，在注册会计师职业道德守则的意境里，Integrity 应当翻译成"刚正不阿"，以突出注册会计师的包拯式人物形象：富含刚毅、正直、不屈的德道品性，铁面无私，不畏压力，不徇私情，秉公鉴证。

综上所述，秉承道义主义和美德主义的伦理观，保持高于社会平均水平的道德水准，是注册会计师防范审计失败，履行社会责任，维护公众利益的道德基础和道德力量。注册会计师对此应该不会有太大的异议，可惜的是，注册会计师所处的执业环境并不像柏拉图的《理想国》那么完美。在利益诱惑和竞争压力无所不在的浮躁环境

---

① 这 12 个美德的中文翻译，是笔者根据剑桥大学出版的英文版《尼各马可伦理学》第三卷第 6~9 章、第 10~12 章、第四卷第 1~8 章、第五卷、第八卷和第九卷上下文的意思意译的，直译不仅词不达意，甚至可能曲解。

下，面临义利和善恶的抉择时，真正能够做到知行合一，舍利逐义，抑恶扬善，誓死捍卫真理的苏格拉底式的注册会计师能有几个？真正能够牢记鉴证者的初心，以维护公众利益和市场经济秩序为己任的会计师事务所又有几个？有多少注册会计师愿意牺牲自己的经济利益去成就高尚品德？如果没有坚持实事求是的道德勇气，注册会计师行业还有立足之地吗？这个行业还值得社会信任吗？在财务造假愈演愈烈，审计失败屡屡发生的背景下，唯有正视这些道德之问，回归责任本源，坚守道德底线，注册会计师行业才能凤凰涅槃，浴火重生，重塑行业形象，重拾公众信任。

（原载于《新会计》2019年第10期，略有修订）

参考文献

中国注册会计师协会. 2011. 中国注册会计师职业道德守则第 1 号——职业道德基本原则［M］. 北京：经济科学出版社 5～6.

AICAP. 2014. AICPA Code of Professional Conduct：5～6.

Aristotle. 2004. Nicomachean Ethics. Translated and edited by Roger Crisp［M］. Cambridge University Press：23～41.

Duska, Ronald, Brend Shay Dusak, Julie Gagatz. 2011. Accounting Ethics (2nd Edition)［M］. Wiley-Blackwell：69～96.

Kand, Immanuel. 2002. Groundwork for the Metaphysics of Morals (Edited and translated by Allen W. Wood)［M］. Yale University：15～16.

Mintz, Steven M. 1995. Virtue Ethics and Accounting Education［J］. Issues in Accounting Education, Fall：247.

Mintz, Steven M, Roselyn E. Morris. 2017. Ethical Obligations and Decision Making in Accounting (4th Edition)［M］. McGraw-Hill Education：28～29+203.

审计委托制度的弊端与改革

黄世忠

> **【摘要】** 由上市公司直接聘请会计师事务所的现行审计委托制度,存在严重的利益冲突,有损注册会计师的独立性,不利于注册会计师秉持客观公正的立场和保持职业怀疑的态度,广为诟病,亟待改革。在剖析现行审计委托制度弊端的基础上,本文介绍了第三方付费、财务报表险、强制轮换和联合审计等旨在提高注册会计师独立性的改革设想,分析其利弊得失,最后就审计委托制度渐进式改革的路径选择提出政策建议。
>
> **【关键词】** 审计委托　独立性　职业怀疑　第三方付费　财务报表险　强制轮换　联合审计

审计发展史表明,注册会计师行业的发展并非总是一帆风顺,而是曲折前行。审计失败与注册会计师行业的发展相伴而生,形影相随。辩证地看,审计失败不见得都是坏事。审计失败在重挫士气、降低行业声誉的同时,往往催生制度安排的变革,推动注册会计师事业砥砺前行。对安然和世界通信的审计失败,导致安达信轰然垮塌,使注册会计师行业的声望跌入历史低谷,但纠错机制却将这两起臭名昭著的审计失败,转化为提升执业质量的重大契机,萨班斯—奥克斯利法案(SOX)的颁布和美国公众公司会计监督委员会(PCAOB)的成立,为美国注册会计师行业的规范发展奠定了新的制度基础。对康美药业和康得新的重大审计失败,严重损害了我国注册会计师的行业形象,但如果在加强行业清理整顿的同时,努力改善执业环境,改革和重构注册会计师的制度安排,这个行业就有可能获得新生,步入更加规范发展的新时代。

注册会计师制度安排的改革和重构涉及诸多领域,审计委托制度改革是关键。本文基于上市公司审计委托的制度背景,首先探讨现行审计委托制度存在的弊端,分析其对独立性和职业怀疑产生的危害；其次，介绍国内外审计委托制度的改革设想并进行利弊分析，指出强制轮换和第三方付费的改革设想越来越受到监管部门的重视；最后，对审计委托制度改革的路径选择提出政策建议，主张将业绩临界、高股权质押比例、对赌协议金额巨大、治理机制不健全的上市公司以及审计失败频发的会计师事务所作为审计委托制度改革的试点对象。

一、现行审计委托制度弊端凸显

对上市公司财务报表的公允性发表客观公正的鉴证意见，是注册会计师行业对社会公众[①]做出的庄严承诺，对上市公司财务报表整体不存在因为舞弊或差错而产生重大错报获取合理保证，是注册会计师必须达到的审计目标。承诺能否兑现，目标能否实现，前提条件是注册会计师必须与其所审计的上市公司保持实质上的独立性和形式上的独立性。"实质上的独立性是一种内心状态，使得注册会计师在提出结论时不受损害职业判断的因素影响，诚信行事，遵守客观和公正原则，保持职业怀疑态度。""形式上的独立性是一种外在表现，使得一个理性且掌握充分信息的第三方，在权衡所有相关事项和情况后，认为会计师事务所或审计项目组成员没有损害诚信原则、客观和公正原则或职业怀疑态度（中国注册会计师协会，2011）。"

注册会计师行业不直接创造价值，为社会公众提供独立的鉴证服务，对上市公司财务报表的公允性反映发表专业意见，缓解信息不对称，降低交易成本，提高决策效率，增进受托责任，协调利益分配，促进资源优化配置，维护市场经济秩序有效运行，才是这个行业的价值所在（黄世忠，2019）。美国最高法院首席大法官沃伦·贝格（Warren Burger）指出："履行这种特殊职能的独立公众会计师对公司的债权人和股东以及投资大众负有最终的忠诚义务。这种'守门人'的职能需要注册会计师在任何时候都要与其客户保持完全独立，要求其对公众信任保持完全忠诚（Duska et al., 2011）。"沃伦法官强调的"完全独立"（Complete Independence）与国内外职业道德守则所要求的实质上独立性和形式上独立性相一致，"完全忠诚"（Complete Fidelity）意味着注册会计师必须以"公众利益至上"为依归，不得为了自己的利益而迎合甚至屈从于审计客户的不合理要求。可见，独立性是注册会计师审计的灵魂，是注册会计师保持客观公正的前提，是注册会计师保持职业怀疑的基础。离开独立性，注册会计师审计的制度基础将荡然无存，注册会计师行业的价值将大打折扣。

---

① 美国注册会计师协会（AICPA）职业行为规范对社会公众的界定，范围比较宽泛，包括客户、信贷提供者、政府、雇主、投资者、企业和金融界以及其他依赖于注册会计师的客观性和正直诚实以促进商业活动有序开展的其他人士。

关于美国上市公司法定审计的起源,有两种代表性观点。最流行的代表性观点将注册会计师为上市公司提供法定审计归功于时任纽约注册会计师公会会长亚瑟·卡特上校(Colonel Arthur Carter),认为他在1933年《证券法》立法听证会上据理力争,阐明注册会计师具有独立性的比较优势,最终说服国会要求对上市公司进行法定审计并将法定审计权赋予注册会计师行业,而不是政府部门(PCAOB,2011)。另一种观点则将上市公司的法定审计归功于《证券法》主要起草者詹姆斯·兰迪斯(James Landis),指出他在借鉴《1929英国公司法》的基础上,将上市公司财务报表必须接受注册会计师法定审计的条款写入证券法(Doron,2015)。不论是哪一种观点,法律法规将上市公司的法定审计权赋予注册会计师行业,看重的就是注册会计师所具有的独立性。从这个意义上说,任何审计委托制度的设计、改革和完善,都应牢记独立性这个核心问题。

因独立性问题导致注册会计师不能保持应有的职业怀疑,是审计缺陷和审计失败的重要诱因。PCAOB在2017年至2019年的例行检查中发现,美国"四大"的审计缺陷(Audit Deficiencies)居高不下[①],如表1所示。

表1　　　　　　　PCAOB对美国"四大"审计质量的检查情况

项目	Deloitte	PwC	EY	KPMG
检查项目数	55	53	55	51
存在缺陷项目数	11	11	15	22
缺陷比例	20%	21%	27%	43%

资料来源:PCAOB Inspection Reports。

审计缺陷主要表现在三个方面:一是对内部控制审计存在缺陷,二是实质性测试存在缺陷,三是职业怀疑存在缺陷[②]。这三方面的缺陷,尤其是第三方面的缺陷,与现行审计委托制度难以确保注册会计师独立性密切相关。

现行审计委托制度的最大弊端是审计者由被审计者直接委托,且审计者的收费由被审计者决定。虽然从法律规定上看,上市公司的股东大会是决定会计师事务所选聘和报酬的权力机构,但在股权高度分散或股权相对集中的情况下,会计师事务所的实际委托权和收费额往往由听命于实际控制人的管理层所决定。这种审计制度安排存在

---

① 检查结果虽然不乐观,但比2013年有大幅改进。2013年检查结果显示,美国"四大"平均审计缺陷率高达39%,其中德勤28%,普华32%,毕马威46%,安永50%。
② 澳大利亚、加拿大、荷兰和英国的监管部门对会计师事务所的检查同样发现没有保持应有的职业怀疑态度,是导致审计缺陷的最重要原因。

三个显而易见的弊端：一是由上市公司直接委托会计师事务所，不能在两者之间建立有效的"防火墙"或"隔离带"，使注册会计师难以保持形式上和实质上的独立性；二是由上市公司直接向会计师事务所付费，容易助长会计师事务所"拿人钱财替人消灾"的心态，使注册会计师缺乏挑战客户的底气；三是长期的委托关系使注册会计师与上市公司之间滋生"熟人关系效应"，不利于其保持应有的职业怀疑态度，使其乐于接受上市公司管理层的主张或解释，而不是进行独立验证。

独立性准则委员会（ISB①）提出的独立性五大威胁，即自身利益威胁、自我审查威胁、认同客户威胁、关系密切威胁、客户恫吓威胁，印证了上述观点。这五大威胁与现行审计委托制度安排导致会计师事务所过度依附于上市公司不无关系。此外，PCAOB指出不利于注册会计师保持应有职业怀疑态度的五种情形，从另一个角度说明了现有委托制度存在的弊端，这五种情形分别是：（1）保持长期审计委托的动机和压力；（2）避免与管理层发生重大冲突的动机与压力；（3）获取客户高满意度的欲望；（4）降低审计成本的欲望；（5）向客户交叉营销其他服务的欲望（Mintz and Morris，2017）。在这五种情形中，除第四种情形外，其他四种情形都与现行审计委托制度有损于独立性有关。

国内外的审计失败案例，也折射出现行审计委托制度损害独立性的弊端。安达信对安然公司的审计失败，并非技术原因所致，而是担心失去每年5200万美元的收费（其中2700万美元为咨询费收入）从而对安然公司利用特殊目的实体（SPE）虚构利润视为不见（黄世忠等，2003）。康美药业2001年上市以来一直聘请同一家审计机构，2016年至2018年向正中珠江支付的审计费用分别为430万元、495万元和500万元。长期的委托关系和丰厚的审计收费，有可能对注册会计师的独立性和职业怀疑产生负面影响，使其缺乏挑战被审计客户管理层的底气。

如前所述，法律法规将上市公司的法定审计权赋予注册会计师，很大程度上是因为注册会计师具有内部审计和政府审计不可比拟的独立性优势，独立性直接关系到对注册会计师能否秉承客观公正的立场和保持职业怀疑的态度。尽管独立性与审计质量密切相关，但现行审计委托制度不仅未能增进独立性，反而削弱了独立性，成为制约审计质量的桎梏。

---

① Independence Standards Board（ISB）于1997年在时任SEC主席Arthur Levitt的倡导下由SEC与AICPA合作成立，ISB被赋予制定与公众公司审计相关的独立性准则的权力，以便维护公众利益，提升投资者对证券市场的信心。由于大型会计师事务所不断向AICPA施加压力，对独立性的坚守，让位于向客户提供更加有利可图的咨询业务，ISB于2001年被迫解散。

二、审计委托改革设想利弊分析

国内外改革审计委托审计制度的尝试由来已久,从未停止,提出的改革设想层出不穷,见仁见智。以下着重介绍有助于提高注册会计师独立性的改革设想,并对其利弊进行分析。

(一) 第三方付费的改革设想及其利弊分析

以第三方付费(Third–Party Payor)取代客户付费(Client Payor)的改革设想,在美国最早可追溯到1933年《证券法》的起草和听证阶段,时任众议院资本市场委员会主席的理查德·贝克(Richard Baker)主张由股票交易所直接聘用审计师并由其支付审计费(Brownstein,2002)。笔者在2004年也提出,由证券监管部门或证券交易所统一向上市公司收取审计费用,再由它们直接聘请会计师事务所对上市公司进行审计,对于提高注册会计师的独立性将起到立竿见影的作用,可从根本上抑制收入操纵等财务舞弊行为(黄世忠,2004)。值得注意的是,第三方付费这种看起来遥不可及的审计委托改革设想,近年来得到监管部门和注册会计师界的关注。欧盟和PCAOB在2010年和2011年发布相关政策文件,均认为第三方付费是解决现行审计委托制度滋生独立性问题的一种潜在方案。2018年,致同(Grant Thornton)英国提出了"大型上市公司以及其他公共利益主体的审计师选聘由公共机构如新成立的委员会或全国审计署负责执行(Marriage,2018)。"致同英国指出,这种做法有助于打破"四大"对英国上市公司审计的垄断[①]。2019年2月,迈克尔·多隆恩(Michael Doron)教授发表了"PCAOB作为第三方付费者:解决对公众公司审计师独立性担忧的建议"一文,认为PCAOB成立以来,积累了丰富的监管经验,改革审计委托制度的时机已经成熟,由其聘任审计师并支付审计费水到渠成(Doron,2013)。

第三方付费的审计委托模式,最大的好处是可以一劳永逸地解决长期困扰监管部门和注册会计师界的独立性问题,使会计师事务所从经济上摆脱依附被审计者的尴尬局面,真正做到形式上和实质上的独立,可为注册会计师保持客观公正的立场和应有职业怀疑的态度,提高审计质量夯实制度基础。在第三方付费的审计模式下,证券交易所、监管部门或其他政府部门对会计师事务所的聘用,主要考虑执业质量记录和品牌信誉等因素,有助于注册会计师更加专注于审计质量和品牌信誉的提升,更好地履行维护公众利益的社会责任。第三方付费的另一个好处是不必对会计师事务所进行强制轮换,不存在审计经验减损和学习曲线陡峭的问题。此外,由证券交易所、监管部

---

① 英国金融时报100指数公司中,99家由"四大"审计。

门或其他政府部门委托并付费,既可避免上市公司的审计过度集中在少数大型会计师事务所,又可使审计质量免受会计师事务所之间恶性价格竞争的影响。

第三方付费的审计委托模式,第一个缺点也是最大的缺点是剥夺了上市公司股东聘请会计师事务所的选择权,需要对公司法或证券法等法律法规进行配套修订。第二个缺点是将上市公司选聘会计师事务所的权力赋予证券交易所、监管部门或其他政府部门,容易导致权力过于集中,可能引发严重的寻租现象,滋生新的腐败问题。第三个缺点是审计收费的确定未经市场化讨价还价,可能导致上市公司的审计费用大幅上升。第四个缺点是万一发生财务造假和审计失败,作为委托方和付费方的证券交易所、监管部门或其他政府部门,可能会被卷入法律诉讼,有损其形象,降低其权威。

第三方付费的审计委托改革设想,表明上看比较激进,难以操作,但韩国的做法在一定程度上证明了这种改革设想并非遥不可及。1991年,韩国引入了《法定审计师指定条例》,对于遭受财务困境、存在违反公认会计准则前科、公司治理不健全、具有其他风险因素的公司,金融监管局有权依据该条例指定审计师,并由其直接支付审计费用。尽管金融监管局指定的审计师收取的审计费较高,但由于独立性大幅提高,审计质量得以确保(Lee et al.,2013)。

(二)财务报表险的改革设想及其利弊分析

财务报表险(Financial Statement Insurance,FSI)的改革设想,是安然事件后由美国纽约大学斯特恩商学院的约书亚·罗仁恩(Joshua Ronen)教授率先提出的。他认为,立法、监管、诉讼等非市场手段都不能有效解决会计师事务所独立性缺失或不足所带来的利益冲突问题,唯有斩断会计师事务所与上市公司(管理层)之间的委托代理关系和利益纽带,方可彻底解决利益冲突问题。为此,他建议通过市场化的方式,在会计师事务所与上市公司之间引入保险公司这个第三方,建立一种新型的委托代理关系,由上司公司向保险公司购买财务报表险,再由保险公司委托会计师事务所对上市公司进行审计,并直接支付审计费用(Ronen,2002)。

财务报表险的改革设想,建立在代理理论的分析框架上。传统的委托代理关系由于存在利益冲突而失效,上市公司的管理层作为被审计者,往往不是高质量审计的受益者,却由其行使审计委托人的权力,容易导致其利用委托人的地位购买意见(Opinion Shopping),迫使本应扮演投资者代理人并维护其利益的注册会计师合谋,迎合或屈从于管理层的利益诉求,难以确保投资者等最终委托人获得高质量的审计。通过财务报表险这一市场化机制建立的新型委托代理关系,可以最大限度实现利益耦合,有助于注册会计师提供高质量的审计。首先,作为代理人的会计师事务所与作为委托人的保险公司，都有对高质量审计的真实需求，都是高质量审计的受益者，会计师事务所的审计质量越高，越有可能得到保险公司的聘请，保险公司发生理赔的概率也越低。其次，作为投资者代理人的保险公司，其利益与作为最终委托人的投资者利益完全耦合，保险公司委托的会计师事务所的审计质量越高，投资者的利益越能够得到有效保护。

财务报表险的审计委托改革设想，第一个优点也是最大的优点是在会计师事务所与上市公司之间建立了一道"防火墙"或"隔离带"，实现了投资者、保险公司和会计师事务所之间的利益耦合，有助于确保会计师事务所及其注册会计师实现沃伦法官所期望的"完全独立"和"完全忠诚"，从制度安排层面消除独立性和利益冲突可能带来的审计失败风险。第二个优点是，这种审计委托制度改革完全市场化，投资者自愿将审计委托权让渡给保险公司，不存在侵权问题，不需要修改法律法规。第三个优点是，如果投资者因上市公司失实的财务报告蒙受损失，可以通过财务报表险获得赔偿，投资者的利益保护市场化，不需要通过冗长且代价高昂的法律诉讼得到救济。财务报表险这种审计委托模式，最大的缺点是保险费率和审计收费的确定比较复杂，保险公司和会计师事务所有可能合谋从而抬高保险费率和审计收费，加重上市公司的财务负担。但这个缺点不应被无限放大，只要保险市场充分竞争，从长远看合谋的风险和费率的上升完全可以得到抑制。另一个缺点是保险费率的确定以上市公司的会计信息质量和公司治理的健全程度为基础，操作起来比较烦琐，需要开发复杂的定价模型。

（三）强制轮换的改革设想及其利弊分析

强制轮换（Mandatory Rotation）包括注册会计师的强制轮换和会计师事务所的强制轮换，前者在国内外已经顺利实施多年，不在本文的探讨范围之内。以下着重探讨会计师事务所强制轮换这个极具争议的问题。

在美国，对强制轮换的探索始于20世纪70年代后期，上市公司和投资基金的财务丑闻和审计失败，促使国会成立专门的调查委员会，即梅特卡夫（Metcalf）委员会。该委员会的调查结果显示，向上市公司提供非审计服务，与上市公司保持长期的委托关系，有损会计师事务所的独立性，建议在达到一定年限，或SEC发现会计师事务所未能维护公众利益时进行强制轮换。AICPA为此成立了"审计师责任委员会"，即柯恩委员会（Cohen Commission）。1978年柯恩委员会发布的调查报告认为，强制轮换固然有助于注册会计师抵制上市公司管理层的压力并以全新视角重新审视上市公司，但强制轮换可能导致会计师事务所之间过度竞争，有损审计质量。此外，研究表明第一年或第二年的审计最容易发生审计失败。因此，柯恩委员会建议不对强制轮换作一刀切的规定，而是由上市公司审计委员会决定是否需要轮换，强制轮换的好处可以通过轮换主审合伙人和复核合伙人的方式实现。1994年，SEC应国会的要求对强制轮换开展专题研究，得出的结论与科恩委员会大同小异。安然和世界通信财务舞弊案发生后，美国国会在2002年通过SOX之前就强制轮换举行了一系列听证会，赞成和反对强制轮换的观点针锋相对，火药味十足，强制轮换最终未能写入SOX，但国会责成当时的美国审计总署（GAO）跟踪研究。2003年，GAO对会计师事务所、上市公司首席财务官和审计委员会主席进行调查，结果显示79%的大型会计师事务所和《财富》1000强的大多数公司均认为强制轮换将导致更大的审计失败风险，审计成本将上升20%以上。为此，GAO建议国会在条件成熟之前不宜实施强制轮换制度。2011年8月，PCAOB发布了《关于审计师独立性与审计师事务所轮换的概念文告》，就强制轮换广泛征求意见，同样遭到大多数会计师事务所和上市公司的反对，不得不在2014年放弃准备付诸实施的强制轮换改革动议。

在欧洲，强制轮换与2007年至2009年全球性金融危机期间注册会计师令人失望的表现有关。在此期间，很多金融机构表内和表外发生巨额损失，陷入财务困境，但注册会计师仍然给这些金融机构签发了干净意见的审计报告，引发了社会公众和监管部门对审计质量的担忧。为此，欧盟在2010年3月发布了题为《审计政策：来自危机的教训》的绿皮书，就审计师的地位、会计师事务所的治理和独立性、审计监管体系和审计市场结构征求各界意见。为了提高会计师事务所及其注册会计师的独立性，绿皮书建议将强制轮换和第三方委托等审计委托制度改革提上议事日程。2014年，欧盟发布了537号法令，对公共利益主体（Public - Interest Entities，包括上市公司和金融机构）的法定审计提出诸多要求，成员国有义务在2016年6月开始实施。法令的第17条对会计师事务所的聘任期限做出限制，会计师事务所接受公共利益主体的聘请进行法定审计，期限不得超过10年。10年期满后，如果会计师事务所通过公开招标程序中标，再次对该公共利益主体进行法定审计，累计总期限不得超过20年（EU，2014）。该法令的颁布实施，在欧盟正式启动了强制轮换。

过去几十年围绕强制轮换展开的研究和辩论，使得强制轮换的利弊得失变得越来越清晰。支持强制轮换改革的观点认为，强制轮换利大于弊，值得尝试，主要优点包括：（1）可大幅提高会计师事务所及其注册会计师的独立性；（2）有助于注册会计师抵御上市公司管理层的不当压力和无理要求；（3）可避免会计师事务所与上市公司形成长期的利益共同体；（4）可克服长期委托所产生的路径依赖问题，促使新会计师事务所的注册会计师以全新的视角和职业怀疑的态度，重新审视上市公司的财务报表和内部控制。反对强制轮换改革的观点则认为，强制轮换得不偿失，弊大于利，主要缺点包括：（1）增大审计失败风险，学术研究表明，审计期限越短，审计风险越高，第一年和第二年发生审计失败的风险高于其他年度的审计,时任德勤 CEO 的詹姆斯·柯普兰德(James Copeland)声称强制轮换无疑开出了审计失败的药方;(2)强制轮换与审计经验的积累背道而驰,不利于注册会计师利用其积累的经验提高审计质量;(3)强制轮换导致学习曲线处于陡峭状态,将大幅增加审计成本;(4)强制轮换不一定能够提高注册会计师抵御上市公司管理层的不当压力。

对强制轮换利弊得失的看法见仁见智,莫衷一是。笔者注意到,反对强制轮换改革的以大型会计师事务所和大型上市公司居多。既得利益者反对改革并不奇怪。奇怪的是,监管部门数十年来一直屈服于既得利益者的阻扰,导致强制轮换裹足不前,无疾而终。笔者认为,强制轮换并非洪水猛兽,风险和成本并不像反对者声称的那么高,我国大型央企和金融机构的审计强制轮换已实施多年,并没有产生重大的震荡或其他负面效应。退一步说,只要强制轮换能够显著提高独立性和审计质量,即使多付出一些代价,这种审计委托改革也值得尝试。

(四)联合审计的改革设想及其利弊分析

与前面三种审计委托改革设想相比,联合审计(Joint Audit)的审计委托改革比较小众,目前只在法国实行。为了提升中小会计师事务所的执业能力,避免大型会计师事务所垄断上司公司的审计市场,法国监管部门要求上市公司必须同时委托两家不同规模的会计师事务所,由他们联合进行审计,共同签署审计报告。欧盟 2013 年的绿皮书认为,法国这种独特的审计委托方式值得借鉴和推广。大所搭小所的联合审计,有利于激发审计市场的活力,打破"四大"在欧盟大多数成员国审计了超过 90% 上市公司的垄断格局,既可为第二层次的会计师事务所进入高端审计市场创造机会,又可降低"四大"规模越来越大以致于监管部门不敢让其倒闭的道德风险。

笔者认为,联合审计的做法体现了监管部门扶弱抑强的公平正义理念,有利于降低审计市场的集中度,避免资本市场和金融体系由于过度依赖少数大型会计师事务所可能引发的系统性风险。尽管我国上市公司的审计集中度并不突出,"四大"所占份额不像欧美那么高,但大市值的上市公司,特别是上市银行,几乎由"四大"所垄断。一些大型上市公司和上市银行,甚至在审计招标文件中写入"非四大莫属"的歧视性条款。法国的联合审计不乏借鉴意义,如果不给国内所提供机会,它们在大型商业银行审计方面永远不会进步。反之,如果借鉴法国的做法,要求大型商业银行在委托"四大"的同时,必须同时委托一家国内所进行联合审计,就可培植国内所审计大型商业银行的能力和经验,从长远看,这种做法有助于降低大型商业银行过度依赖"四大"审计的系统性风险。另外,联合审计的缺点也很明显。一是会计师事务所之间的协调成本很高,二是审计责任的界定和分摊比较复杂,三是共同签署审计报告容易产生额外的连带诉讼风险。

三、审计委托制度改革路径选择

惯性思维根深蒂固,要对已经实施数十年之久的现行审计委托制度进行颠覆性改革,必定受到既得利益者的激烈反对和层层阻扰,渐进式的改革是比较现实的选项。针对我国审计委托制度改革的路径选择,笔者提出以下五个方面的建议。

(一) 协调利益冲突,赋予审计委员会审计委托权

为了提高注册会计师的独立性,可借鉴美国 SOX 和欧盟 537 号法令[①]的做法,通过立法或修法的方式,将审计委托权赋予审计委员会。审计委员会负责对会计师事务所的信誉(如受处罚情况)、执业质量和独立性等因素进行评估,提出审计委托方案,经董事会批准后,提交股东大会表决,表决时,大股东必须回避。由审计委员会负责审计委托,尽管不能完全解决会计师事务所及其注册会计师的独立性问题,但由于审计委员会存在对高质量审计的需求,与会计师事务所发生利益冲突的可能性较低。相对于由上市公司实际控制人或管理层负责审计委托的现行制度安排,由审计委员会负责委托会计师事务所,可在一定程度上缓解独立性缺失或不足的问题。

(二) 精选改革范围,试点第三方付费的审计委托

第三方付费的审计模式,可以从根本上解决注册会计师的独立性问题,值得探索,分步实施。虽然全面实施第三方付费审计委托的条件尚不成熟,但可先在一定范围内试点,积累经验,择机推广。可优先选择业绩临界(如面临被 ST、暂停交易、退市或处于再融资条件边缘)、高股权质押比例、对赌协议金额巨大、治理机制不健全、有财务造假前科的上市公司,作为试点范围,由证券交易所按照一定标准(如过去三年平均审计费用)向上市公司收取审计监管费,并由证券交易所根据执业质量记录、信誉、实力等标准,直接委托会计师事务所并支付审计费用。上述类型的上市公司,财务造假的动机比较强烈,发生审计失败的风险较大,试点第三方付费的审计委托模式,有利于提高注册会计师的独立性,使投资者利益得到更好的保护。

(三) 关注执业记录,试行会计师事务所强制轮换

长期接受上市公司的审计委托,容易导致关系过于密切,既不利于注册会计师保

---

① 该法令第 16 条赋予公共利益主体的审计委员会主导审计师选聘程序的权力,向管理层和监事会推荐至少两家审计机构并表明其倾向性意见。该法令赋予审计委员会的权力,力度虽然不如 SOX 赋予审计委员会的委托权,但足以对会计师事务所的选聘产生重大影响。

持客观公正立场和职业怀疑态度，也不利于注册会计师对上市公司的会计问题提出挑战。实行强制轮换，可以在一定程度上缓解这些问题。监管部门可以借鉴央企强制轮换的做法，根据会计师事务所及其注册会计师的执业质量记录，优先选择执业质量不高、审计失败频发、频繁受到行政处罚的会计师事务所进行强制轮换。在积累一定经验后，再推广会计师事务所的强制轮换制度。考虑到学习曲线和经验积累的因素，强制轮换的期限可先定为10年，以后视具体情况再作调整。

（四）倡导公平正义，选择上市银行试点联合审计

"四大"在我国上市银行的审计市场占据绝对垄断地位，在46家境内外上市的银行中，37家是"四大"审计的，占比高达80%，如表2所示。审计的资产总额占比更是高达99%！如果说工、农、中、建等大型银行聘请"四大"审计还可以理解，但绝大多数的股份制银行、城商行和农商行也都聘请"四大"审计，就令人费解了。上市银行的审计市场过度集中，不仅有违公平正义原则，而且存在潜在的系统性风险。在这种情况下，有必要学习借鉴法国的联合审计模式，在上市银行特别是规模比较大的商业银行试点联合审计，为国内所提升对银行的审计能力创造条件。

表2　　　　　　　2018年为境内外上市银行提供审计服务的会计师事务所

银行名称	上市地点	审计机构	银行名称	上市地点	审计机构	银行名称	上市地点	审计机构
工商银行	上海 香港	毕马威	北京银行	上海	安永	重庆银行	香港	罗兵咸永道
建设银行	上海 香港	普华	上海银行	上海	毕马威	青岛银行	深圳 香港	毕马威
中国银行	上海 香港	安永	江苏银行	上海	毕马威	甘肃银行	香港	信永中和
农业银行	上海 香港	普华	南京银行	上海	安永	江西银行	香港	毕马威
交通银行	深圳 香港	普华	盛京银行	香港	毕马威	九江银行	香港	德勤
邮储银行	香港	罗兵咸永道	宁波银行	深圳	安永	长沙银行	上海	天健
招商银行	上海 香港	德勤	徽商银行	香港	安永	重庆农商行	香港	罗兵咸永道
兴业银行	上海	德勤	杭州银行	上海	安永	广州农商行	香港	罗兵咸永道
浦发银行	上海	普华	锦州银行	香港	安永	九台农商行	香港	信永中和
民生银行	上海 香港	毕马威	天津银行	香港	德勤	苏州农商行	上海	德勤
中信银行	上海 香港	普华	哈尔滨银行	香港	安永	无锡农商行	上海	立信
光大银行	上海	安永	中原银行	香港	毕马威	江阴农商行	深圳	信永中和
平安银行	上海	普华	贵阳银行	上海	安永	常熟农商行	上海	立信
华夏银行	上海	德勤	郑州银行	深圳 香港	毕马威	张家港农商行	深圳	公正天业
浙商银行	香港	罗兵咸永道	成都银行	上海	安永			
泸州银行	香港	罗兵咸永道	紫金银行	上海	苏亚金诚			

（五）开展前期研究，探索推进市场化财务报表险

与第三方付费、强制轮换和联合审计等行政色彩浓厚的审计委托改革不同，财务报表险具有以市场化手段解决委托代理问题的鲜明特点，值得认真研究和积极探索。保险公司根据会计信息质量的评估，确定向上市公司收取财务报表保险费，再由其聘请会计师事务所对上市公司进行审计，审计费用从其收取的保险费中支付。这种改革涉及的各个环节完全市场化，无需行政力量介入。上市公司的治理机制越健全，会计工作越规范，会计信息质量越高，保险公司发生理赔的概率越低，保费率越低，反之越高。同样地，聘请的会计师事务所审计质量越高，保险公司因上市公司会计信息披露失实被投资者索赔的概率越低。此外，投资者因上市公司财务造假遭受损失，可以通过财务报表险这种市场化的方式得到赔偿，而不必诉诸耗时费力的法律诉讼。目前，财务报表险还处于理论探讨阶段，要落地实施，需要监管部门、保险公司、上市公司和会计师事务所通力合作，缜密研究，提出切实可行的操作方案。

（原载于《新会计》2019 年第 12 期，略有修订）

参考文献

中国注册会计师协会. 2011. 中国注册会计师职业道德守则第 4 号——审计和审阅业务对独立性的要求［M］. 北京：经济科学出版社，27 ~ 28.

黄世忠. 2019. 回归本源 守住底线：审计失败的伦理学解释［J］. 新会计，10：6 ~ 11.

黄世忠，李树华，叶丰滢，张胜芳. 2003. 会计数字游戏：美国十大财务舞弊案例剖析［M］. 北京：中国财政经济出版社，67 ~ 68.

黄世忠. 2004. 收入操纵的九大陷阱及其防范对策（上、中、下）［J］. 中国注册会计师，1 ~ 3.

Brownstein, Ronald. Post – Enron, Congress Must Reassure Investors［J］. LA Times, February 11, 2002, at A13.

Doron, Michael E. 2015. The Colonel Carter Myth and the Securities Act：Using Accounting History to Establish Institutional Legitimacy［J］. Accounting History, 20（1）：5 ~ 19.

Doron, Michael E. The PCAOB as Third – party Payer［J］. The CPA Journal. February, 2019. www.cpajournal.com.

Duska, Ronald, Brenda Shay Duska, Julie Ragatz. 2011. Accounting Ethics (2nd Edition) [M]. Wiley – Blackwell: 122.

EU. Audit Policy: Lessons from Crisis (Green Paper). October 13, 2010. www.eu.org.

EU. 2014. Regulation (EU) No 537/2014 of the European Parliament and of the Council on Specific Requirements Regarding Statutory Audit of Public – interest Entities and Repealing Commission Decision/2005/909/EC. Official Journal of the European Union: 97.

Lee, D., S. M. Kim, K. W. Oh, S. W. Yoo. 2013. New Auditors' Decisions for Released Firms from the Mandatory Auditor Designation Rule: Evidence from South Korean [J]. Australian Accounting Review, 23 (4): 341~356.

Marrige, Madison. Grant Thornton Calls for Independent Public Body to Appoint Auditors. Financial Times. September 11, 2018. https://on.ft.com/2sknjro.

Mintz, Steven M., Roselyn E. Morris. 2017. Ethical Obligations and Decision Making in Accounting (4th Edition) [M]. McGraw Hill Education: 307.

PCAOB. Report on 2017 Inspection of Deloitte & Touche LLP., Report on 2016 Inspection of Ernst & Young LLP., Report on 2016 Inspection of KPMG LLP., Report on 2016 Inspection of Pricewaterhouse Coopers LLP., www.pcaob.org.

PCAOB. Concept Release on Auditor Independence and Audit Firm Rotation. August 16, 2011. www.pcaob.org.

Ronen, Joshua. 2002. Post – Enron Reform: Financial Statement Insurance, and GAAP Re – visited [J]. Stanford Journal of Law, Business and Finance: 39~48.

审计期望差距的成因与弥合

黄世忠

> **【摘要】** 本文在简要介绍审计期望差距涵义的基础上,基于 ACCA 的三维度分析框架,剖析审计期望差距的成因,分析了因审计需求方对审计供给方存在误解而形成的认知差距、因审计供给存在质量缺陷而形成的执行差距、因审计供给滞后审计需求而形成的演进差距。本文最后部分指出,审计期望差距的弥合需要财务报告生态系统的各攸关方相互理解、相向而行,并结合 IAASB 的观点和笔者的思考,提出了弥合认知差距、执行差距和演进差距的相关建议。
>
> **【关键词】** 期望差距 认知差距 执行差距 演进差距 财务舞弊 审计质量

审计期望差距由来已久,造成误解,滋生困扰,损害注册会计师行业形象。每当上市公司出现重大财务舞弊或突然破产倒闭,为其财务报表提供审计服务的注册会计师往往被当作替罪羊,甚至成为连带责任承担者[①]。这种对注册会计师不合理的问责现象,国内外均不同程度存在,彰显了对会计责任与审计责任的混淆,折射出审计期望差距根深蒂固的影响。审计期望差距的弥合任重道远,亟待加深对其成因的了解,逐步改变审计供需失衡的局面。

一、审计期望差距的涵义

1974 年,时任安永会计师事务所的总法律顾问 Liggo 在《当代商务杂志》上发表了"期望差距:会计师的滑铁卢"一文,首次提出期望差距(Expectation Gap)的概

---

① 如在备受关注的五洋债案件中,会计师事务所被判罚承担连带赔偿责任,明显有违"过罚相当"原则。

念。在该文中，Liggo 将审计期望差距定义为独立会计师设想的预期表现水平与财务报表使用者设想的预期表现水平之间的差异（Liggo，1974）。按照 Liggo 的定义，只要注册会计师与使用者之间存在对财务报表审计的不同预期，就会产生审计期望差距。Porter 认为，Liggio 对审计期望差距的定义过于狭隘，忽略了注册会计师可能因主观或客观原因而未能实现其预期执业标准的事实，为此，她将审计期望差距定义为社会对审计师的期望与社会对审计师执业表现的认知之间的差异（Porter，1993）。她认为，审计期望差距可进一步细分为合理差距（Reasonable Gap）和执行差距（Performance Gap），前者代表社会对审计师的期望与审计师可合理预期应实现的执业水准之间的差异，后者包括准则缺陷差距（Deficient Standards Gap）和执行缺陷差距（Deficient Performance Gap）。同样地，Jennings 等也从广义的角度将审计期望差距定义为公众期望审计职业提供的审计服务质量与该职业实际提供的审计服务质量之间的差异（Jennings et al.，1993）。英国特许会计师公会（ACCA）和国际审计与鉴证准则理事会（IAASB）也尝试从更广义的角度对审计期望差距进行定义。例如，ACCA 将审计期望差距定义为社会公众认为审计师所做的工作与社会公众期望审计师做的工作之间的差异（ACCA，2019），IAASB 将审计期望差距定义为使用者对审计师和财务报表审计所期望的与审计现实之间的差异（IAASB，2021）。

以上述定义为基础，本文将审计期望差距定义为在财务报告生态系统中以财务信息使用者和监管者为代表的攸关方对财务报表审计的期望值与注册会计师对财务报表的承诺值之间的差异。这里的期望值，是指财务信息的使用者和监管者期望注册会计师对财务报表是否存在舞弊和错误提供绝对保证（Absolute Assurance），承诺值是注册会计师认为财务报表审计只能对财务报表整体不因舞弊或错误而存在重大错报提供合理保证（Reasonable Assurance），而无法提供绝对保证。与现有定义[①]相比，本文对审计期望差距的定义具有三个特点：一是明确审计期望差距的主体，指出审计期望差距不仅存在于财务信息的使用者与审计者之间，也存在于财务信息的监管者与审计者之间；二是明确了审计期望差距的客体，即财务报告生态系统中的不同攸关方对发现舞弊和错误的不同看法，财务信息的使用者和监管者认为注册会计师负有发现舞弊和错误的责任，而财务信息的审计者则认为财务报表的审计不是为了发现舞弊和错误，而是对财务报表整体上是否免受舞弊或错误的影响而产生重大错报提供合理保证并对财务报表的整体公允性发表意见；三是明确承认注册会计师因自身或客观原因未能实现

---

① 2022 年 7 月 29 日，中国证监会原首席会计师、中国注册会计师协会原秘书长陈毓圭博士在中国证券报—中证网发表了"从理论模型看高质量审计实现路径"一文，提出"期望差距＝绝对保证－合理保证"的观点，该文对期望差距的定义简明扼要，切中要害。

审计准则规定的执业标准也会导致审计期望差距，因为本文定义中的承诺值代表注册会计师向社会公众承诺其执业标准不会低于审计准则规定的标准。

二、审计期望差距的成因

审计期望差距虽然是个老生常谈的话题，提及者甚众，但对其形成机理进行系统研究的并不多见。2019 年，ACCA 在对其来自澳大利亚、加拿大、捷克、希腊、马来西亚、荷兰、新西兰、阿联酋和英国的 11000 名会员进行调查的基础上，发布了《在审计中弥合期望差距》的报告，提出了审计期望差距的三维度分析框架，如图 1 所示。

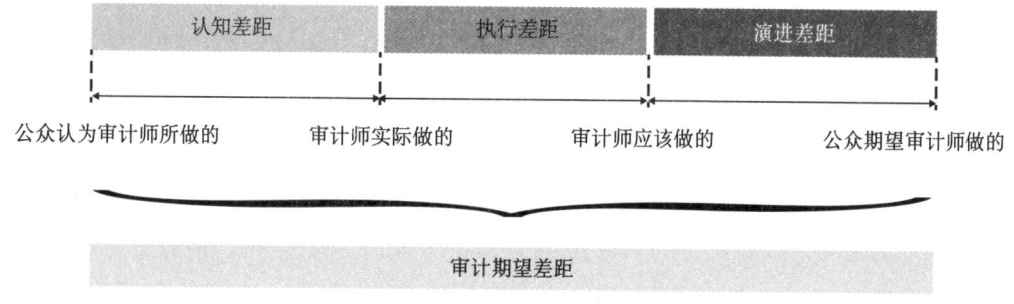

图 1　审计期望差距

资料来源：ACCA。

从图 1 可以看出，ACCA 认为审计期望差距由认知差距（Knowledge Gap）、执行差距（Performance Gap）和演进差距（Evolution Gap）所组成。ACCA 的三维度分析框架不仅深刻揭示了审计期望差距的三大成因，而且为弥合审计期望差距指明路径。

ACCA 的三维度分析框架，也可用经济学的供需理论予以诠释。审计期望差距本质上是审计需求与审计供给的不均衡现象。当审计供给方（会计师事务所及其注册会计师）的服务达不到审计需求方（包括经过审计的财务信息使用者和监管者在内的攸关方，即社会公众）的期望时，就会存在审计期望差距。具体地说，审计需求方对审计供给方存在认知偏差时就会形成认知差距，审计供给存在质量缺陷时就会形成执行差距，审计供给滞后审计需求时就会形成演进差距。

（一）认知差距——审计需求方认知偏差造成的期望差距

顾名思义，认知差距源自社会公众对注册会计师在财务报表审计方面存在的认知差异。当社会公众认为注册会计师对财务报表审计所做的工作与注册会计师对财务报表审计实际做的工作存在差异时，就会产生认知差距。认知差距在绝大多数情况下是由于社会公众对注册会计师在财务报表审计中所扮演的角色和审计准则的要求存在误解造成的。包括但不限于：（1）社会公众往往认为注册会计师应该对经其审计的财务报表的真实性负责，注册会计师签发无保留意见的审计报告相当于向社会公众承诺财务报表不存在任何舞弊或错误，而审计准则仅仅规定注册会计师有责任对经其审计的财务报表整体上是否不存在由于舞弊或错误导致的重大错报提供合理保证。（2）财务报表审计存在固有限制（Inherent Limitations）和专业特点，社会公众对此可能不了解或不认同。譬如，注册会计师的审计是抽样的，而社会公众可能希望注册会计师的审计应该覆盖到所有交易和事项。（3）注册会计师获取审计证据的手段和方式受到诸多限制，既缺乏审计外调权，也高度依赖于第三方的诚信度。在银行存款、应收应付款以及购货和销售真实性的函证过程中，如果第三方与被审计单位串通舞弊而提供虚假回函，注册会计师将被虚假的审计证据误导，并可能导致审计失败。换言之，审计准则要求注册会计师发表的审计意见要以充分、适当的审计证据为支撑，但在现实中注册会计师获取的审计证据更多是说服性的（Persuasive），而不是结论性的（Conclusive）[①]。对此，社会公众不一定了解，也不一定接受。（4）注册会计师的审计是以重要性原则为基础的，仅就财务报表在重大方面的公允性发表意见，而社会公众可能不了解或不认可基于重要性原则的审计方法，因而期望注册会计师发现所有的错报。（5）社会公众通常认为财务信息十分精确，殊不知貌似精确的财务信息在生成过程中需要企业管理层进行大量的估计和判断，在审计过程中也需要注册会计师的再估计和再判断。对精确财务信息的期望，与其说是需求，不如说是苛求。

可见，认知差距的主要责任在于社会公众，但准则的缺陷以及注册会计师界与社会公众缺乏有效沟通，也在一定程度上加剧了认知差距。如审计报告不能清晰表述注册会计师与财务舞弊和持续经营相关的责任，在重要性原则和重大不确定性方面，会计准则和审计准则的规定也不尽一致。

（二）执行差距——审计供给质量缺陷造成的期望差距

为确保高质量，审计准则规定了财务报表审计必须履行的测试程序和应当获取的审计证据，但注册会计师实际执行的标准可能低于审计准则规定的标准，获取的审计证据可能不如审计准则规定的那么充分和适当，从而产生执行差距。造成执行差距的主要原因可概括为五个方面：职业道德、履职能力、执业水平、内控依赖和执业准则。在职业道德方面，现行审计委托制度有可能导致独立性缺失，会计师事务所基于竞争压力，担心坚持高标准、严要求会丢失客户，导致其注册会计师迁就被审计单位管理

[①] 详见国际审计准则第200号第5段。

层不合符会计准则的会计处理。此外，最近闹得沸沸扬扬的"放飞机"[①] 事件，固然与一线审计人员时间紧、压力大有关，但也在一定程度上暴露了审计人员敬业精神缺失、职业道德意识不强的问题。在履职能力方面，执行差距主要表现为会计师事务所承接的审计业务与其胜任能力不相匹配，如对客户所在行业的竞争格局、技术特点、商业模式缺乏了解，承接的审计业务量与审计人力资源不相称，配备的注册会计师和其他审计人员执业经验不足、执业水平不高或知识结构不合理等。在执业水平方面，执行差距主要表现为注册会计师设计的审计方案不契合被审计单位的业务特点，关键审计事项选择不当，项目复核等质量控制程序执行不到位等。在内控依赖方面，执行差距主要表现为注册会计师过度信赖被审计单位的内部控制，被审计单位规模巨大时这种现象尤其明显。大型国企和大型金融机构，其业务量巨大、分支机构遍布海内外。针对这类客户的审计，注册会计师往往采取基于控制性测试的审计策略，但若控制性测试不当，未能发现客户内控的重大缺陷，审计质量将因过度信赖或错误信赖而受到重大影响。在执业准则方面，审计准则和质量管理准则日益增多、日趋复杂，如果准则制定机构未能提供足够的执业指南、辅助材料和专业培训，理解上的偏差将导致注册会计师的实际执业质量低于审计准则规定的标准。

必须指出的是，学术界有一种观点并不认可执行差距，他们认为审计期望差距不应该包括执行差距，因为执行差距主要是由注册会计师未能严格遵循和执行审计准则的要求所造成的，与社会公众的期望毫不相关。为此，IAASB 主张在分析和应对执行差距时，应主要聚焦于审计准则要求不明确导致注册会计师未能严格遵循的领域。笔者认为，结合中国实际，审计准则要求不明确导致审计质量低于准则要求的现象并不常见，上述五个方面的原因才是造成审计质量低于准则要求的关键，因此将执行差距纳入审计期望差距更加实事求是。

（三）演进差距——审计供给滞后审计需求造成的期望差距

当审计供给滞后于审计需求，审计准则的规定未能满足社会公众与时俱进的正当期望时，演进差距便油然而生。审计准则变革迟缓，社会公众预期提高，演进差距将日趋扩大。一方面，相对于日新月异的数字化技术进步和商业模式创新，审计准则变革明显滞后，会计师事务所利用大数据、人工智能等数字化技术赋能审计工作进展缓慢，注册会计师在发现舞弊方面乏善可陈。另一方面，社会公众对注册会计师发现舞弊寄予厚望。ACCA 在 2019 年对其 1.1 万名会员的问卷调查发现，一半以上的反馈者

[①] "放飞机"是审计行业的行话，指在审计工作底稿上标注已执行特定控制性测试程序和实质性测试程序但实际上并没有执行或在执行过程中偷工减料的行为。

认为注册会计师有责任发现舞弊，35%的反馈者期望注册会计师"总是能够发现并报告所有舞弊"，而不仅仅是可能导致重大错报的舞弊。社会公众对发现舞弊日益高涨的期望值与注册会计师拒不承认舞弊发现责任的坚定性形成了强烈的反差，上市公司舞弊手法的新花样与注册会计师应对舞弊的旧套路显得格格不入，由此形成了巨大的演进差距。就财务舞弊而言，演进差距不仅没有缩小，反而扩大，令人忧心，值得深思。

笔者认为，进入新经济时代，面对社会公众对发现财务舞弊的殷切期望，注册会计师界继续坚称财务报表审计不是为了发现财务舞弊也发现不了财务舞弊，不一定是明智之举。借助数字化技术赋能，配置法务会计资源，着力提高财务舞弊发现能力，逐步缩小演进差距，或许是注册会计师界更为现实可行的选项。

三、审计期望差距的弥合

审计期望差距根深蒂固，其弥合不可能一蹴而就，但不等于注册会计师界可以等闲视之。审计期望差距由多方造成，仅凭注册会计师界的努力无法弥合，迫切需要财务报告生态系统中的各攸关方换位思考，相互理解，相向而行。

（一）认知差距的弥合

归根结底，认知差距是由信息不对称和沟通不顺畅造成的。因此，在一些学术文献中有时也将认知差距称为沟通差距（Communication Gap）或解读差距（Interpretative Gap）。增进社会公众与注册会计师界的沟通，消除其对财务报表审计的误解，是弥合认知差距的根本出路。学术界与实务界有必要以通俗易懂的方式，向社会公众特别是财务信息的使用者、监管者和仲裁者（法官和律师）澄清他们对财务报表审计存在的诸多误解，当务之急是千方百计消除他们在以下八个方面存在的误解。

（1）对审计意见的误解。注册会计师对财务报表发表的审计意见分为四种类型：无保留意见、保留意见、否定意见和无法表示意见。不同类型的审计意见背后潜藏着十分高深的专业性，社会公众对此不一定理解，往往望文生义。无保留意见最容易被社会公众所误解，很多人通常从字面上将无保留意见理解为注册会计师对被审计单位财务报表的真实性和准确性提供毫无保留的背书。事实上，根据审计准则的规定，无保留意见无非代表注册会计师认为被审计单位的财务报表在所有重大方面按照适用的财务报告编制基础编制并能够公允反映其财务状况、经营成果和现金流量。这里的两个措辞十分关键，一是"所有重大方面"，二是"公允反映"。"所有重大方面"蕴含着注册会计师对重要性（Materiality）原则的运用。《中国注册会计师审计准则第1221

号——重要性》第三条指出，重要性取决于在具体环境下对错报金额和性质的判断，如果一项错报单独或连同其他错报可能影响财务报表使用者依据财务报表作出的经济决策，则该项错报是重大的。换言之，如果被审计单位的财务报表存在的错报不会影响使用者的经济决策，则注册会计师仍可对财务报表发表无保留意见。相对而言，"公允反映"（Present Fairly）是一个比较含糊、缺乏权威定义的概念，这种局面直至1991年美国注册会计师协会（AICPA）发布了第69号审计准则说明书《在独立审计师报告中根据公认会计原则公允反映的涵义》才得以改变。该说明书对被审计单位的财务报表是否公允反映规定了五个标准：①选择和应用的会计原则是公认的；②选择和应用的会计原则在彼时彼地是恰当的；③财务报表及其相关附注富有关于可能影响其使用、理解和解释的事项的信息；④财务报表表达的信息已按合理方式加以分类和综合，既非过分详细，也非过分概括；⑤财务报表通过在可以接受的合理限度内表达财务状况、经营成果和现金流量，来反映其意欲反映的交易和业务（夏鹏，1997）。可见，审计准则对无保留意见的规定实际上是有保留的，是以"重要性"和"公允反映"为前置条件的，这显然与社会公众按字面理解的意思大相径庭。

（2）对合理保证的误解。每当资本市场出现财务造假事件时，社会公众往往将矛头直指注册会计师，因为他们认为注册会计师有义务发现所有的舞弊，包括非重大的舞弊。在社会公众眼里，既然注册会计师对财务报表发表了无保留审计意见，就意味着他们对财务报表不存在舞弊提供绝对保证。这种思维定式与审计准则的规定相去甚远。《中国注册会计师审计准则第1141号——财务报表审计中与舞弊相关的责任》第五条指出被审计单位治理层和管理层对防止或发现舞弊负有主要责任，第六条指出在按照审计准则的规定执行审计工作时，注册会计师有责任对财务报表整体是否不存在由于舞弊或错误导致的重大错报获取合理保证。《中国注册会计师审计准则第1101号——注册会计师的总体目标和审计工作的基本要求》第二十条指出，合理保证是一种高水平保证，当注册会计师获取充分、适当的证据将审计风险降至可接受的低水平时，就获取了合理保证。该条规定还明确指出，由于审计存在固有限制，注册会计师据以得出结论和形成审计意见的大多数审计证据是说服性而非结论性的，因此，审计只能提供合理保证，不能提供绝对保证。可以说，在所有认知差距中，社会公众与注册会计师对发现舞弊责任的看法分歧是最具代表性的，对审计行业形象的负面影响也是最大的。消除社会公众对此的误解以弥合认知差距应作为优先事项提上行业主管部门的工作日程。

（3）对报表责任的误解。社会公众将财务报表的会计责任与审计责任混为一谈，这在国内外司空见惯，由此造成了另一经典的认知差距，其结果是迫使注册会计师承担了不该承担的责任。报表责任可分为会计责任与审计责任。按照法律法规的规定，被审计单位的管理层和治理层必须对其财务报表承担会计责任，注册会计师仅对被审计单位的财务报表承担审计责任。具体地说，被审计单位的管理层负责按照企业会计准则的规定编制财务报表，使其实现公允反映，并设计、执行和维护必要的内部控制，以使财务报表不存在由于舞弊或错误导致的重大错报。治理层负责监督被审计单位的财务报告过程。注册会计师的责任是按照审计准则的要求对被审计单位的财务报表进行审计，对财务报表整体不存在由于舞弊或错误导致的重大错报获取合理保证，并出具包含恰当审计意见的审计报告。

虽然法律法规明确界定了会计责任与审计责任，但二者的区分和认定颇具专业性和复杂性。社会公众对此存在误解尚情有可原，但如果谙熟法律法规、秉承依法办事原则的监管部门和司法部门也将二者混淆在一起就匪夷所思了。遗憾的是，这种现象时有发生。弥合对报表责任误解形成的认知差异，必须首先从监管部门和司法部门做起。

（4）对财务报表的误解。社会公众对财务报表的最深刻印象一是晦涩难懂，二是精确严谨。晦涩难懂的印象无疑是正确的，精确严谨的印象却有失偏颇。建立在权责发生制基础上的财务会计，与客观事实渐行渐远，貌似精确的会计数字，背后充斥着主观的估计和判断（黄世忠，2019）。估计判断与权责发生制会计相伴而生，收入确认、资产减值、公允价值、成本归集、费用分摊、折旧计提等无不掺杂着估计判断因素。被审计单位的管理层编制财务报表时需要估计判断，注册会计师审计财务报表时也需要再估计和再判断。此外，重要性水平的确定、审计证据的获取、审计风险的评估等也高度依赖于估计和判断。因此，社会公众要求经注册会计师审计的财务报表做到精确无误，无异于缘木求鱼。值得指出的是，会计和审计的估计判断，通常是在信息十分有限的不确定性情况下做出的，存在误差或差错在所难免，最忌讳的是后见之明（Hindsight），即利用事后获取的进一步信息去评判以前的估计判断。对很多会计师事务所和注册会计师的处罚案例，均可以看出后见之明的影子，这种有违公平原则的做法就是认知差距消极影响的典型例证。

（5）对审计范围的误解。注册会计师发现不了的舞弊问题，为何监管部门一旦介入就查得清清楚楚？这是社会公众经常产生的疑问。监管部门之所以能够发现舞弊，并不是其审计水平高于注册会计师，而是他们拥有了注册会计师所没有的外调权，拥有几乎不受限制的审计范围延伸权。注册会计师缺乏外调权，虽然只是财务报表审计的众多固有限制之一，但这个固有限制却是致命的。研究表明，我国上市公司2010～2019年财务舞弊主要集中在对利润表的粉饰和操纵上，收入舞弊已成为财务舞弊的

"重灾区",占比高达68.14%(黄世忠等,2020)。就交易造假类的收入舞弊而言,上市公司往往与其客户、关联方(包括隐性关联方)和金融机构里应外合,串通舞弊。由于缺乏外调权,注册会计师无法将审计范围延伸至这些协助造假的第三方,因而难以发现收入舞弊。抑制内外勾结的收入舞弊最有效的方法是将审计范围延伸至第三方,但法律法规只将外调权赋予监管部门,注册会计师只能通过询证和函证判断销售交易的真实性,一旦第三方蓄意配合上市公司造假,询证和函证的效果可想而知。

(6)对审计抽样的误解。审计抽样是现代审计的显著特征之一,审计抽样是指注册会计师对具有审计相关性的总体中低于百分之百的项目实施审计程序。对于规模较大的被审计单位,采取全覆盖的审计方法不切实际,审计抽样是唯一可行的方法。审计抽样不可避免存在抽样风险,即注册会计师根据抽查样本得出的结论,可能不同于对整个总体实施审计程序所得出的结论,从而遗漏一些错报。尽管审计抽样是国内外通行的审计惯例,社会公众对此不一定了解和接受,或者不能容忍抽样风险导致的错报,由此形成了另一种认知差距。

(7)对审计证据的误解。社会公众对审计证据的性质普遍存在误解,往往高估审计证据的证明效力,对注册会计师寄予过高的期望,从而形成认知差距。从证明效力的角度看,审计证据分为说服性证据和结论性证据。说服性证据是指注册会计师获取的审计证据与审计对象的客观事实存在一定差异,而结论性证据是指注册会计师获取的审计证据与审计对象的客观事实相吻合。中国注册会计师审计准则第1101号和第1141号均明确指出,注册会计师支持其审计意见的大多数审计证据是说服性而非结论性的。审计证据说服性多于结论性,与审计程序的性质、时间和范围密不可分。就审计程序的性质而言,注册会计师主要采用观察、询问、抽查、函证、分析性复核、重新计算等方法,通过风险评估程序、控制测试程序和实质性测试程序只能对财务报表是否不存在因舞弊或错误导致的重大错报提供间接的证据,难免与客观事实存在差异。这种差异如果在可接受的误差范围之内,就不会对审计意见的恰当性产生影响,如果超出误差范围,就会形成错误的审计意见。就审计程序的时间而言,大部分的审计程序是在资产负债表日后实施的,注册会计师需要根据事后执行的程序,推断被审计单位各类交易和事项、账户余额和相关列报的认定在报告期内和资产负债表日是否正确。审计程序的滞后性,决定着由此获取的审计证据只能是说服性而非结论性的。就审计程序的范围而言,抽样审计加上不能将审计范围延伸到被审计单位之外的局限,决定着注册会计师为了判断被审计单位各类交易和事项、账户余额和列报的认定是否真实、完整和准确所获取的证据存在着与客观事实不相符的风险,这种说服性的证据,其证明力显然逊色于结论性证据。

（8）对审计失败的误解。客观限制、能力不足、道德缺失都可能造成审计失败。因客观限制（如不能将审计范围延伸到第三方、时间和成本限制等）和能力不足（如对会计准则和审计准则理解不到位、执业经验不足、职业怀疑不够等）引发的审计失败，本质上属于注册会计师的过错行为，只有因道德缺失（如明知财务报表存在因舞弊或错误导致的重大错报而听之任之，或参与被审计单位的舞弊行为）造成的审计失败才属于注册会计师的串通行为。区分过错行为与串通行为至关重要，否则就可能造成冤假错案。新《证券法》实施前，对会计师事务所及其注册会计师的经济处罚大幅高于对财务舞弊负有主体责任的上市公司[1]，以及近年来少数有违"过罚相当"原则的司法判决，折射出的是对审计失败性质的误解，形成了另一种亟待弥合的认知差距。如果不对审计失败的过错行为和串通行为加以区分，动辄判处会计师事务所为上市公司财务舞弊给投资者造成的损失承担连带赔偿责任，无异于对风险投资提供变相的刚性兑付，最终迫使会计师事务所将风险溢价转嫁给投资者，不利于资本市场的健康发展。

（二）执行差距的弥合

如前所述，执行差距是审计供给质量缺陷造成的，这主要是注册会计师的责任。执行差距的弥合，关键是提高审计质量，需要注册会计师行业自我反省，正视不足、寻找差距，补齐短板。只有注册会计师自觉杜绝低于审计准则规定标准的执业行为，执行差距才有望得到弥合。

（1）牢记行业初心使命，勇于承担社会责任。对被审计单位的财务报表是否公允反映发表审计意见，缓解信息不对称，降低交易成本，促进资源优化配置，维护市场经济秩序，是注册会计师行业的初心使命。注册会计师承担了超越其与被审计单位业务关系的公众责任，对投资者和债权人等会计信息使用者负有忠诚义务，必须始终秉承公众利益至上的原则，在任何情况下都不得将自身的利益和被审计单位的利益凌驾于公众利益之上。忘却初心使命，罔顾公众利益，注册会计师必将失去提高审计质量的精神动力。

（2）加强职业道德教育，培养敬畏敬业精神。坚守诚信为本、操守为重的道德底线，将专业主义和职业道德内化于心，外化于行，注册会计师才能降低审计失败风险（黄世忠，2019）。反之，职业道德观念淡薄，对职业操守和审计准则缺乏敬畏之心，对审计工作缺乏敬业精神，提高审计质量只能是一种奢望。"放飞机"现象在行业内

---

[1] 在2016年至2019年6月中国证监会的16起行政处罚决定中，对会计师事务所及其注册会计师的罚没收入达6390万元，远高于对16家涉案上市公司960万元的顶格处罚。

比较普遍，说明从业人员特别是一线审计人员职业道德观念不强、敬畏敬业精神缺失。"放飞机"无视职业道德，危害执业质量，有损行业形象，亟待整顿，予以制止。

（3）守住社会审计之魂，恪守超然独立立场。独立性是注册会计师的立命之本，离开独立性，社会公众对注册会计师行业的信任将荡然无存。很多审计质量低下和审计失败的案例背后均潜藏着独立性问题。独立性原则要求注册会计师与被审计单位保持形式独立和实质独立，会计师事务所有责任为注册会计师及其他从业人员提供严格的独立性守则，要求他们秉持客观公正、超然独立的立场发表审计意见，决不能为了自身的经济利益而偏袒、迁就被审计单位。

（4）树立本领恐慌意识，重视专业能力建设。作为专业人士，注册会计师理应知道得比别人早、知道得比别人多、知道得比别人深，拥有真才实学和高超的专业本领。然而，进入知识经济时代，数字化技术不断迭代，商业模式创新日新月异，企业经营业务日趋复杂，会计审计准则频繁变化，对知识更新和学习能力提出了严峻的挑战。注册会计师应当树立本领恐慌意识，会计师事务所必须重视专业能力建设，合理搭配专业人士的知识结构，延揽不同学科背景（如数字经济、税务、咨询、金融、管理、法律等）的专业人士加盟，注重后续职业教育和知识更新，夯实提高审计质量的人才基础。

（5）借助数字化技术进步，提高舞弊发现能力。借助大数据、人工智能等数字化技术的赋能，构建财务舞弊识别框架，从行业业务、财务税务、公司治理、内部控制和数字特征等维度，通过财务数据与业务数据交叉印证，识别被审计单位的财务异常迹象，不仅可以极大改善审计工作效率，而且可以大幅提高注册会计师发现舞弊的能力，有效防范审计失败。此外，有条件的会计师事务所应当尽可能建立细颗粒度的行业和业务数据库，为采用风险导向审计模式奠定扎实的数据基础。

（6）健全质量管理体系，强化项目质量复核。高质量审计要求会计师事务所建立、实施和运行一整套涵盖报表审计、报表审阅、其他鉴证和相关服务的质量管理体系，强化项目质量复核，委派合乎资质要求的项目质量复核人员，厘清其复核职责。《会计师事务所质量管理准则第5101号——业务管理质量》和《会计师事务所质量管理准则第5102号——项目质量复核》为会计师事务所及其注册会计师提供了根本遵循。只有严格执行这两个准则，注册会计师行业才能确保审计高质量，才有望弥合执行差距。

必须指出的是，提高审计质量仅仅依靠注册会计师自身的努力是不够的，还应当改革制度安排，强化行业监管。只有从行业内部和外部双管齐下，双向发力，才能真正实现高质量审计[①]。

（1）改革制度安排，净化执业环境。一是改革被广为诟病的审计委托制度，从制度源头上解决与审计质量息息相关的独立性不高问题。现行由被审计单位直接聘请会计师事务所的审计委托制度有损注册会计师的独立性，亟待改革。可供选择的审计委托制度改革包括：赋予审计委员会审计委托权；试点第三方付费的审计委托模式；探索向保险公司投保财务报表险并由保险公司聘请会计师事务所的审计委托制度。二是实行会计师事务所强制轮换，进一步提高注册会计师的独立性。长期接受被审计单位的审计委托，容易导致注册会计师与被审计单位的管理层关系过于密切，既不利于注册会计师保持超然独立的立场，不敢挑战被审计单位的会计问题，也不利于注册会计师保持应有的职业怀疑，不能形成对舞弊和错误的职业敏感性。三是修改法律法规，抑制第三方配合造假。注册会计师的审计具有法定审计的性质，对于维护市场经济秩序意义重大。关联方、客户、供应商和金融机构等第三方配合造假，是干扰注册会计师履行法定职责的犯罪行为，但迄今为止只有极少数配合造假的第三方受到法律惩处。可考虑通过修法或释法，将配合造假的第三方界定为破坏市场经济秩序罪。四是赋予审计外调权，抑制内外勾结的财务舞弊。证监会及其派出机构披露的行政处罚或采取的行政监管措施表明，上市公司的财务造假呈现越来越多的里应外合、内外勾结的特点，与关联方、客户、供应商、金融机构虚构交易和业务的财务造假时有发生。修改法律法规，赋予注册会计师必要的审计外调权，才能从根本上发现和遏制这种交易型财务造假。五是倡导"过罚相当"原则，公正处理审计失败的民事赔偿问题，避免因"过罚失当"造成会计师事务所人才流失或难以延揽高素质人才而导致审计供给不足。

（2）强化行业监管，倒逼质量提升。过去二十年来，美国资本市场未再发生类似安然和世界通信等恶性舞弊案和安达信等重大审计失败，这在很大程度上归功于萨班斯—奥克斯利法案（SOX）的通过和美国公众公司会计监督委员会（PCAOB）的成立。美国的经验表明，强有力的行业监管有助于倒逼会计师事务所及其注册会计师提升审计质量，弥合执行差距。结合我国注册会计师行业和资本市场的实际，加强行业监管可采取一系列组合措施。一是借鉴PCAOB的做法，加大对从事证券业务的会计师事务所的巡查力度和频率，并且将巡查发现的审计缺陷公开披露，督促会计师事务

---

① 国际会计师联合会认为，只有审计与鉴证生态系统的各参与方齐心协力，实施正确的程序（Right Process）、招募正确的人士（Right People）、运用正确的治理（Right Governance）、强化正确的监管（Right Regulation）、采用正确的评价（Right Measurement），才可能实现高质量审计（IFAC，2019）。IFAC提出的"5R"分析框架，主张采用系统思维的方式解决审计质量问题，颇具启发意义，值得重视和借鉴。

所及其注册会计师限期整改。公开披露受检查会计师事务所存在的审计缺陷，也有助于其他会计师事务所引以为戒，防范于未然。二是对于严重违反职业道德而导致的重大审计失败，对负有直接责任的注册会计师实施终生行业禁入，并移交司法机关按新《证券法》追究其刑事责任。三是借助现代数字化技术，建立行业监管预警系统，扭转上市公司财务舞弊东窗事发后行业监管才事后介入的被动局面，提高行业监管的及时性、针对性、效率性和震慑力。四是根据例行监管和专项检查发现的突出审计问题和会计问题①，向注册会计师发出提示函，并适时修改相关审计准则，督促注册会计师改进审计程序。五是开展"放飞机"专项检查和整顿活动，促使注册会计师严格按照审计准则要求执业，提供合乎质量标准的审计服务。

（三）演进差距的弥合

演进差距本质上是注册会计师满足不了社会公众日益增长的反舞弊期望造成的审计供给不足问题。一方面，社会公众普遍认为注册会计师对财务报表的审计如果不能发现舞弊，审计价值将大打折扣。另一方面，注册会计师过去十年在发现财务舞弊方面表现不彰，如表1所示。

表1　2010~2019年注册会计师为发生舞弊的上市公司发表的审计意见类型

审计意见类型	舞弊发生前一年度		舞弊发生当年	
	家数	占比	家数	占比
标准无保留审计意见	93	82.30%	96	84.96%
带强调事项段的无保留审计意见	10	8.85%	8	7.08%
无保留审计意见	4	3.54%	5	4.42%
无法表示审计意见	0	0	3	2.65%
未知	6	5.31%	1	0.88%
合计	113	100.00%	113	100.00%

资料来源：黄世忠等（2020）"2010~2019年中国上市公司财务舞弊分析"。

注册会计师反舞弊能力不强，原因有很多，如社会诚信度不高、制度安排不合理，

---

① 张文荣和张景瑜（2021）对2001~2020年6月会计事务所和注册会计师被处罚案例以及证监会披露的证券业务会计师事务所执业情况的研究发现，处罚涉及审计证据准则的次数最多，高达290次，占总次数的32.08%，涉及函证准则的次数次之，为133次，占总次数的14.71%，这两项占比合计46.79%。处罚涉及的财务报表项目中，营业收入、存货及跌价准备和货币资金是财务假告的重灾区，占比分别为26.39%、13.19%和11.92%，合计超过51%。其次是应收账款、商誉及其减值准备、关联方、预付账款，占比分别为9.49%、7.99%、7.29%和3.82%。这七项合计占比80%以上。笔者分析了2017年至2019年PCAOB对美国"四大"的例行检查公告，发现审计缺陷主要集中在三个方面：内控测试不充分，高估被审计单位内控有效性；实质性测试过度依赖于存有缺陷的内控；未能保持应有的职业怀疑。

执业环境恶劣等，但也与注册会计师行业长期坚持财务报表审计不是为了发现舞弊也发现不了舞弊的立场有关。既然无力改变社会公众日益高涨的反舞弊期望，注册会计师行业唯有增强反舞弊能力，才能逐步弥合日益扩大的演进差距。具体而言，可考虑从以下三个方面入手。

（1）修改审计准则规定，加大舞弊发现责任。对社会公众的反舞弊期望做出让步和妥协，修改审计准则关于财务报表审计目标的表述，明确要求注册会计师承担发现重大财务舞弊的责任，因为重大财务舞弊必定导致重大错报。可考虑将《中国注册会计师审计准则第1141号——财务报表审计中与舞弊相关的责任》中"注册会计师有责任对财务报表整体是否不存在由于舞弊或错误导致的重大错报获取合理保证"修改为：注册会计师有责任对财务报表整体是否不存在导致重大错报的重大舞弊获取合理保证。这样的修改将注册会计师发现舞弊的责任由隐含的表述改为直接的明示，有利有弊。有利的方面是可大幅增强注册会计师的反舞弊意识，促使其设计和实施反舞弊审计程序，以满足社会公众对反舞弊的殷切期望。存在的弊端是加大了注册会计师的反舞弊责任，增大了其诉讼和赔偿风险。这种弥合演进差距的做法比较激进，难以在所有财务报表审计中实施，可考虑先在上市公司的财务报表审计中试行。当然，加大注册会计师发现舞弊的责任需要一系列的配套改革，既包括上述提到的赋予注册会计师外调权、改变审计委托制度、坚持"过罚相当"的民事赔偿原则，也需要大幅提高审计收费，作为注册会计师的风险溢价和风险补偿。

（2）借助数字化技术赋能，提高舞弊发现能力。人工智能、区块链、云计算、大数据、物联网等信息技术进步汹涌澎湃，势不可挡，迫使很多传统行业转型升级。注册会计师这个古老的传统行业，同样需要转型升级。总体上看，注册会计师行业在利用数字化技术赋能方面已经严重落后，亟待奋起直追。只有在数字化技术方面加大人力和物力投入，借助数字化技术赋能，开发舞弊识别系统并将其嵌入审计程序中，大幅提高舞弊发现能力，才能弥合演进差距，注册会计师行业才能勇立进步潮头，永葆生机活力。

（3）强化法务会计培训，配备法务会计团队。法务会计（Forensic Accounting）是指综合运用会计学、审计学、犯罪学、心理学、证据学、侦察学等知识和技术，旨在获取能够被司法部门、监管部门和相关当事人采信的涉及财务舞弊等会计证据资料的特殊学科。为了满足社会公众日益增长的反舞弊需求，弥合演进差距，注册会计师行业应当整合各方资源，强化法务会计培训。有条件的大型会计师事务所应当尽快配备法务会计团队，指派其及时介入舞弊风险较高的审计项目特别是上市公司的审计项目，帮助注册会计师拓宽反舞弊思路、执行反舞弊程序、甄别会计证据真伪、提高舞弊发现几率。

（原载于《中国注册会计师》2021年第5期，略有修订）

参考文献

夏鹏.1997."根据公认会计原则公允表达"的真实含义［J］.财会通讯，7：63~64.

黄世忠.2019.会计的十大悖论与改进［J］.财务与会计，20：4~11.

黄世忠，叶钦华，徐珊，叶凡.2020.2010~2019年中国上市公司财务舞弊分析［J］.财会月刊，14：153~164.

黄世忠.2019.回归本源 守住底线——审计失败的伦理学解释［J］.新会计，10：6~11.

张文荣，张景瑜.2021.审计何以失败——对2001年度至2020年度处罚会计师事务所及注册会计师的分析［J］.中国注册会计师，2：119~123.

Liggo, C. D. 1973. The Expectation Gap: The Accountant's Waterloo［J］. Journal of Contemporary Business, 3: 27~44.

Jennings, M., D. Kneer, P. Reckers. 1993. The Significance of Audit Decision and Pre-case Jurist's Attitude on Perceptions of Audit Firm Culpability and Liability［J］. Contemporary Accounting Research, 2: 489~507.

ACCA. Closing the Expectation Gap in Audit［R/OL］. 2019. www.accaglobal.com.

IAASB. 2020. Fraud and Going Concern in an Audit of Financial Statements. Discussion Paper. www.iaasb.org.

Porter, B. A. 1993. An Empirical Study of the Audit Expectation-Performance Gap［J］. Accounting and Business Research, 24: 49~78.

安永在瑞幸咖啡财务舞弊案中是揭弊者还是过失者？

黄世忠

【摘要】瑞幸咖啡遭到浑水等做空机构指控财务造假，引起社会各界高度关注。2020年4月2日，瑞幸咖啡自曝在2019年第二季度至第四季度虚构22亿元收入后，其股票市值一落千丈，从最高峰时的109亿美元跌落至目前的9亿美元左右。对瑞幸咖啡财务造假的媒体报道铺天盖地，安永作为其审计机构也处于聚光灯下。上市公司的财务造假丑闻曝光后，其审计师被卷入争论之中纯属正常，见怪不怪。争论中经常存在一种先入为主观点：只要上市公司发生财务造假，其审计师一定逃脱不了干系。这种观点显失公允，对厘清审计责任于事无补。为此，本文对安永在这起引人注目的财务造假案中扮演何种角色，应否承担审计责任进行分析。

【关键词】财务造假　审计失败　审计责任　审计失败　合理保证

震惊中外的瑞幸咖啡财务舞弊案，从浑水报告的严厉指控到瑞幸咖啡的坚决否认，再到瑞幸咖啡自曝舞弊丑闻，过程跌宕起伏，自媒体报道铺天盖地，有提及神州系铁三角过往和现在的资本游戏的，有揭秘扑朔迷离造假细节的，也有揣测瑞幸咖啡可能结局的，还有拷问参与瑞幸咖啡发行、审计、评估的中介机构的。但凡上市公司发生重大财务舞弊，审计师都不可避免地会被卷入舆论之中。为瑞幸咖啡发行新股（IPO）和2019年年报提供审计服务的安永也不例外。核心的问题是，安永在瑞幸咖啡财务舞弊案中扮演什么角色？是值得赞赏的揭弊者，还是疏忽大意的过失者？

本文根据笔者收集和掌握的有限信息，首先分析安永在揭露瑞幸咖啡财务舞弊案中所发挥的作用,其次从审计准则的角度辨析其审计责任。

一、安永在揭露财务舞弊中功不可没

根据媒体的报道,浑水(Muddy Water)是揭露瑞幸咖啡财务舞弊案的英雄。这个评价毫无疑问是客观公允的,浑水利用非常规的调查方法揭露瑞幸咖啡财务舞弊的做法,弥补了常规审计程序的不足,值得注册会计师学习借鉴。在揭露瑞幸咖啡财务舞弊案过程中,浑水发挥的重要作用毋庸置疑,对此媒体已经作了广泛的报道,但由于信息不对称,媒体忽略了安永这个幕后英雄。浑水是一家独立的做空机构,其揭弊行为可以广而告之,不受法律法规约束。与此不同,安永作为一家从事独立审计鉴证的会计师事务所,既要对公众负责,也要替客户保密。按照审计准则和职业道德的规定,除了配合监管部门调查可以提供审计工作底稿或解释性资料外,安永不得向公众披露其在发现瑞幸财务舞弊方面所扮演的角色和所开展的工作。基于这个原因,安永除了发布为数不多的声明外,一直保持不予置评的态度,使其在揭露瑞幸财务舞弊过程中所扮演的关键角色不为人所知。

笔者认为,在揭露瑞幸咖啡财务舞弊案中,浑水起着催化剂的作用,而安永则发挥着一锤定音的决定性作用。2020年1月31日,浑水在推特上公布了其收到的一份匿名做空报告,指控瑞幸咖啡虚增了2019年第三、第四季度的收入和费用等数据。对此,瑞幸咖啡的管理层予以坚决否认。但4月2日瑞幸咖啡发布公告,承认2019年第二季度至第四季度虚构了22亿元的营业收入,约占其对外披露收入的一半。为何短短的两个月内瑞幸咖啡的管理层从坚决否认到承认舞弊?答案是什么?安永在这其中发挥了什么样的作用?与浑水通过外调掌握的间接性、推测性证据不同,安永作为瑞幸咖啡的审计机构,可以接触到瑞幸咖啡的内部资料,其在审计过程中能够获取瑞幸咖啡财务舞弊最直接的无可辩驳证据,最终使得瑞幸咖啡管理层除了承认造假外别无选择。

根据安永发布的声明和相关媒体报道,压垮瑞幸咖啡的最后一根稻草恰恰是安永的审计发现。事实上,春节前安永已开始对瑞幸咖啡2019年度财务报表进行现场审计,并注意到瑞幸咖啡从2019年第二季度起增加了大量的B端大客户。瑞幸咖啡业务模式的突然改变,由2C变成2B不合乎逻辑,引起了安永审计团队的充分关注和高度怀疑。安永指派一个由十几人组成的反舞弊法务会计(Forensic Accounting)团队介入,让瑞幸咖啡通过B端大客户购买巨额咖啡代金券的造假行为无所遁形。在掌握了新增B端大客户与瑞幸咖啡存在关联关系等关键证据后,安永立即向瑞幸咖啡的审计委员会进行了汇报。根据审计准则的相关规定,如果董事会被安永告知瑞幸咖啡存在重大财务舞弊行为却不立即启动舞弊调查程序并向美国证监会（SEC）报告，安永将依照相关规定将发现的财务舞弊直接向 SEC 报告，相信是安永的这一举动将瑞幸咖啡逼到了墙角，其董事会和管理层只好在 4 月 2 日自曝家丑。

瑞幸咖啡的造假手法既不新鲜，也不高明，被安永发现不足为奇。已经曝光的相关报道表明，瑞幸咖啡的管理层首先根据再融资和市值管理的业绩需要确定营业收入目标，据此制定咖啡代金券销售数量，并安排关联公司汇入购买代金券的账款，同时通过信息系统分摊所发放的咖啡代金券，模拟咖啡消费行为，虚构销售交易。与此同时，为了保持营业收入和营业成本之间的勾稽关系以免露出破绽，瑞幸咖啡还伪造了原材料采购交易，具体做法是根据模拟的消费行为和虚构的销售交易，以单杯成本为基础测算需要虚构的原材料金额，虚构对应原材料采购金额及成本结转，并向具有关联关系的供应商支付原材料购货款。与虚构销售和购货交易相关的账款均出自瑞幸咖啡不断循环的资金往来。根据《华尔街日报》记者对瑞幸咖啡造假细节的报道，2019 年 5 月起瑞幸咖啡新增的 B 端大客户和新增供应商多达十几家。例如，青岛志炫商务咨询有限公司扮演 B 端大客户的角色，该公司不仅与瑞幸咖啡的多名董事和高管存在关联关系，更加诡异的是其电话与神州租车的一家分支机构相同，并以神州优车的一个电子邮箱地址注册。瑞幸咖啡通过与这些具有关联关系的 B 端大客户的虚假销售，在 2019 年虚增了至少 15 亿元的收入。

上市公司利用关联方虚构销售和采购造假屡见不鲜，没有任何创新可言。咖啡属于个人消费品，瑞幸咖啡的客户以个人客户为主，由单位客户如银行和航空公司购买少量咖啡代金券尚属正常，但由诸如青岛志炫这样的小公司大批量购买就显得怪异了。笔者查阅了《天眼查》，发现青岛志炫成立于 2015 年 1 月，注册地址为青岛市市北区瑞昌路 226 号 508 室，注册资本仅为 500 万元。这样一家规模不大的公司动辄在一笔订单中就购买 96 万元（按每杯 24 元推算，可买 40000 杯）的咖啡代金券，2019 年 5 月至 11 月以这种大手笔订单方式购买了 100 多次，这种有悖常理的购买行为必然会引起安永审计团队的高度怀疑。

以上分析表明，在对瑞幸咖啡 2019 年度的审计中，安永守住了职业道德底线，体现了高超的专业水平，迫使瑞幸咖啡自曝舞弊丑闻，值得点赞，应予肯定。特别是，瑞幸咖啡 2019 年发生的财务舞弊，到了 2020 年初就被安永发现，实属难能可贵。笔者和几位同事最近分析了 2010～2019 年因财务舞弊被中国证监会惩处的 113 家 A 股上市公司样本，注意到财务舞弊从发生到被发现（绝大部分不是被注册会计师发现的）通常需要 3 年以上的时间，占比高达 72.56%（黄世忠等，2020），与 COSO《舞弊性财务报告：1998～2007》的发现基本一致，而安永只用了几个月的时间就发现了瑞幸咖啡的财务舞弊，说明安永在执业过程中保持了应有的职业怀疑态度，对可能存在的财务舞弊非常敏锐。如果没有安永时刻保持的职业谨慎性，没有安永发现问题后穷追不舍的职业精神，是很难在如此系统性的财务舞弊发生仅仅几个月之后就将其揭示出来、大白于天下的。当然，反舞弊法务会计团队的及时介入也是安永在短时间发现舞弊的关键点。"四大"近年来均配备了精通法务会计的反舞弊团队，这种做法值得其他会计师事务所学习借鉴。笔者认为，加强对注册会计师的法务会计培训，配备经验丰富的反舞弊团队，利用大数据等数字化技术构建财务舞弊识别模型，提升注册会计师发现财务舞弊的能力，有助于从根本上弥合审计期望鸿沟。

二、安永的审计责任问题辨析

安永及时发现并迫使瑞幸咖啡披露2019年的财务舞弊事实，功不可没，值得充分肯定，但安永在瑞幸咖啡财务舞弊案中能否全身而退，根据目前公开披露的资料还难以评估。要厘清安永应否承担相应的审计责任，需要更加充分的权威资料。按照美国上市公司的监管规定，上市公司一旦发现财务舞弊，其董事会必须组成由独立董事组成的调查委员会，聘请专业机构进行正式调查并向SEC提交调查报告。SEC根据调查报告决定是否起诉涉案的上市公司，如果决定起诉，必须向上市所在地法院呈送起诉书，法院在开庭审理后应出具包括抗辩双方证据和证词在内的判决书。调查报告、起诉书和判决书均必须向社会公开。由于这些权威资料尚未公开，目前难以判断安永在瑞幸财务舞弊案中是否因存在过失而承担审计责任。

但可以确定的是，安永无须对瑞幸咖啡2019年度财务报表的审计承担任何责任，因为安永在审计过程中及时发现了瑞幸咖啡的财务舞弊行为，且至今尚未出具审计报告，故其无需对瑞幸咖啡2019年披露的财务信息负任何法律责任。存在较大不确定性的是瑞幸咖啡用于IPO申请的自瑞幸咖啡成立（2017年6月）至2018年12月31日期间的财务报表是否存在由于财务舞弊而导致重大错报。如果瑞幸咖啡在此期间存在财务舞弊行为且导致其财务报表存在重大错报，而安永却没有发现从而出具了无保留意见的审计报告，则安永就应当承担相应的审计责任。这是因为注册会计师应当按照审计准则的规定，对财务报表整体是否不存在由于舞弊或错误而导致的重大错报获取合理保证，以作为发表审计意见的基础。这里所说的合理保证（Reasonable Assurance）虽然不是绝对保证（Absolute Assurance），但却是一种高水平保证（High Level Assurance），即注册会计师必须获取充分适当的证据证明上市公司不存在因舞弊或错误导致其财务报表存在重大错报，才能发表标准无保留审计意见，否则就应承担审计责任。但必须说明的是，这种审计责任本质上是一种过失责任，除非有证据证明注册会计师蓄意迁就上市公司的重大错报。目前没有任何证据表明安永对瑞幸咖啡的审计存在这种情况。

根据媒体通过公开渠道或瑞幸咖啡内部消息的报道，迄今尚无明确的证据表明瑞幸咖啡在 IPO 申报会计期间存在财务舞弊行为，瑞幸咖啡的公告仅承认 2019 年发生了财务舞弊行为，并没有说明 IPO 申报会计期间是否存在财务舞弊行为。《华尔街日报》的记者经过两个多月的调查指出瑞幸咖啡的财务舞弊始于 2019 年 4 月，未提及 IPO 申报会计期间存在财务舞弊行为。另外，监管部门的调查结果迄今尚未对外公布，瑞幸咖啡在 IPO 申报会计期间是否存在财务舞弊行为尚无定论。如果最终的调查结果未发现瑞幸咖啡在 IPO 申报会计期间存在财务舞弊行为，则安永便可全身而退。反之，安永就应承担相应的审计责任。

上市公司财务舞弊的主要动机是为了获取不当的经济利益，包括但不限于：抬高发行价格以募集更多资金；提升股票价格并通过减持或质押套现；虚构业绩以便再融资。笔者查阅了瑞幸咖啡上市以来的股权结构变动，发现股份减持、股权质押和再融资均发生在 2019 年和 2020 年，这似乎印证了瑞幸咖啡自曝的财务舞弊发生于 2019 年的说法。

瑞幸是否有抬高 IPO 发行价格的动机，可从两方面进行分析。一方面，在美国上市没有盈利要求，2018 年瑞幸咖啡营业收入只有 8.41 亿元但却亏损 16.19 亿元，通过虚构收入以减少亏损意义不大，但由于资本市场对处于亏损状态的新经济公司主要采用市销率（Price Revenue Ratio）法而不是市盈率（Price Earnings Ratio）法进行定价，虚构收入显然有利于达到抬高发行价从而多募集资金的目的。从这个意义上说，瑞幸咖啡至少在理论上具有在 IPO 申报会计期间虚构营业收入的动机。另一方面，瑞幸咖啡想必也认识到 IPO 申报会计期间注册会计师和监管部门对财务报表真实性的审查十分严格，财务舞弊的机会较少且被发现的概率较高，因此其较强的舞弊动机可能被较少的舞弊机会和较高的被发现概率对冲。当然这只是依照舞弊三角论进行的演绎分析，瑞幸咖啡是否在 IPO 申报会计期间实施财务舞弊，不久将随着其董事会和相关监管部门调查报告的公布而真相大白，对此我们拭目以待。这些调查报告公布后，才是评判安永审计责任的恰当时机，在此之前妄加揣测徒劳无益。

（原载于云顶财说公众号 2020 年 6 月 13 日，略有修订。撰写此文时，监管部门还处于调查取证阶段，对安永应否承担审计责任尚未形成结论。论文发表后，监管部门发布了调查结果，安永全身而退）

参考文献

华尔街日报. 瑞幸的秘密：大批虚假买家和一个虚拟员工. 阿尔法工场研究院微信公众号，2020年6月.

黄世忠，叶钦华，徐珊，叶凡. 2020. 2010~2019年中国上市公司财务舞弊分析[J]. 财会月刊，14：153~160.

中国注册会计师协会. 2019. 中国注册会计师审计准则第1141号——财务报表审计中与舞弊相关的责任.

审计师规模与审计质量

——声誉视角

叶凡 方卉 于东 刘峰

> **【摘要】** 本文基于2010年至2013年的四个公司舞弊事件，考察了声誉受损后的审计师变更情况，结果发现：市场并没有用"及时离开"来惩罚声誉受损的审计师，使其失去准租，审计师的执业资格直接决定了其能否继续获取准租。我们的讨论是对 DeAngelo（1981b）审计师规模与审计质量的补充与修正，将有助于更好地理解审计师规模与审计质量之间的传导机制，丰富规模与质量的理论体系。
>
> **【关键词】** 声誉 准租 审计师变更 审计师规模 审计质量

一、问题的提出

从20世纪80年代起，我国的注册会计师业务开始恢复，之后迅速壮大。在这一大背景下，政府先后多次发文①，推动会计师事务所"做大、做强"或"做强、做大"。由此国内所出现了合并浪潮，伴随合并而来的是规模的扩大。

无论是做大做强，还是做强做大，背后的逻辑都是：事务所规模与审计质量正相关。奠定这一逻辑关系的经典文献是 DeAngelo（1981b）：审计师规模越大，可能损失的"准租"越多，审计质量越高。这里要求市场关注审计师声誉，审计师指事务所。经验研究总体上仍支持这一推论。

---

① 2000年、2006年、2007年、2009年、2011年、2012年均出台与事务所做大做强相关的政策。

本文选取 2010~2013 年资本市场上集中发生的四个公司舞弊，且审计师受罚、声誉受损的事件，通过分析声誉受损后客户变更审计师的情况，讨论声誉机制在我国审计市场是否存在并发挥约束审计师的作用。我们的分析表明：市场并未惩罚声誉受损的审计师，使其失去准租；在我国市场，审计师声誉受损并不必然具有 DeAngelo（1981b）所强调的经济后果。

此外，美国市场的审计报告仅披露事务所信息，而我国则披露了两名（或三名）共同签字的审计师。所以，我们不只从事务所层面，也从审计师个人和团队的层面，进一步分析声誉机制。初步证据表明，即便在审计师个人与团队层面，DeAngelo（1981b）的声誉与准租传导机制，也不必然成立。

本文的讨论丰富了规模与审计质量的相关文献，为更好地认识声誉机制并进一步厘清声誉的作用机制提供了帮助。同时，本文也讨论了审计师个人、团队与客户团队化的问题，有助于打开事务所的内部结构（Defond and Zhang, 2014）。最后，本文的研究有助于监管层在制定政策时充分关注我国的制度情境，尝试有效的提高审计质量的政策。

以下内容安排：一是讨论 DeAngelo（1981b）的逻辑推导和前提条件，分析声誉传导机制；二是细致讨论四个审计师声誉受损事件；三是通过分析声誉受损后，客户是否变更事务所、何时变更，讨论声誉受损与准租之间的关系；四是进一步将声誉的讨论延伸到审计师个人和团队层面，并涉及准租归属；五是讨论与结论。

二、规模与质量：对 DeAngelo（1981b）的再认识

20 世纪六七十年代，美国资本市场上的一系列公司失败事件，引发了社会公众对会计和审计问题的高度关注。其中，后来影响极大的 COSO 委员会及 COSO 报告，就是当年为了调查上市公司审计失败和财务舞弊事件而成立和发布的。当时美国国会参、众两院也都成立了专门的委员会，调查会计职业界的问题，特别是针对小规模事务所的投诉，调查大规模事务所是否会形成垄断或"欺行霸市"的行为。在这一背景下，DeAngelo 在"Journal of Accounting and Economics（JAE）"上连续发表两篇文章。其中，DeAngelo（1981b）的标题就是"Auditor Size and Audit Quality"，从"准租"的角度讨论审计师规模与审计质量。

审计工作的特征之一是：审计师每承接一个新的客户，第一年都要投入比较多的

人力，以后年度的审计成本会逐步降低，每个客户都会带来相应的"利润"（即准租）①；同时，每个客户在选择了一个审计师后，如果更换审计师，也会发生额外的成本。这样，在审计师和客户之间就形成"双边垄断"的关系。审计师规模越大，客户数量越多，准租也就越高。

对社会公众而言，审计过程是一个"黑匣子"，社会公众无法直接观察到审计质量的高低。能够看到的就是事务所名称或"商号"以及规模。当社会公众对审计师的声誉高度关注，并依据声誉来定价审计服务时，审计师规模就成为审计质量的最佳观察指标。因为审计师规模越大，面对单个客户的独立性越高，同时，对单个客户妥协、出具低质量审计报告、声誉受损之后，可能丧失的准租也就越高。准租充当了保证独立性的"抵押品"。由此，DeAngelo（1981b）令人信服地在规模与质量之间建立起联系。

在 DeAngelo（1981b）之后，相关经验研究总体上支持了其推论。还有学者尝试用不同的理论来丰富这一命题，如："深口袋"或诉讼风险理论认为，规模越大，被诉讼的可能性也就越高，相应地，审计师就越谨慎；行业专长理论则是从规模经济等角度出发。

纯粹从逻辑角度出发，DeAngelo（1981b）关于规模与质量关系的推论，需满足三个前提：第一，准租的存在性。正如 DeAngelo（1981a）强调的，审计工作的特性决定了审计成本逐年降低，准租因此而存在。但是，准租存在必须以审计团队基本稳定且持续对某个特定客户进行审计为前提。如果审计团队不稳定或团队成员更换频繁，学习曲线效应无法发挥，审计成本不会逐年降低，准租效应也不存在。第二，准租与声誉相关联。市场关注审计师声誉，声誉影响甚至决定审计师的市场份额。一旦审计师声誉受损，该审计师就会被市场所舍弃，或者说，客户都会解聘该审计师，从而使其丧失准租。反过来，如果审计师声誉受损，客户不离开，准租不减少，准租就无法发挥抵押品的担保作用。第三，事务所规模与准租的决策有关。这里的审计师是以事务所为单位的②。无论规模大小，事务所内部都是同质的；事务所拥有客户资源，准租属于事务所整体。只有这样，规模大的事务所，其客户多、准租总额高，单个客户的准租所占比重才会降低，审计师独立性才会更高。

本文主要讨论第二个前提，即审计师声誉高低直接影响乃至决定准租的大小。审

---

① 准租主要来自保持客户后减少的初始成本和后续交易成本，反过来，相当于审计师能够获得的增量的"盈利""利润"。
② 后续研究拆解了事务所，讨论分所、审计师个人，例如：Francis and Yu（2009）；王兵和辛清泉（2010）；Chen et al.（2010）；刘笑霞和李明辉（2012）等。

计师声誉的形成与积累，是一个漫长且难以直接观察的过程。现有文献通常都是以规模来代替声誉，这之间存在着比较严重的内生性问题。但是，审计师声誉受损，例如，被市场发现存在审计失败甚至舞弊，却可以直接观察。比如，银广夏和安然事件后，其审计师中天勤和安达信的声誉受损，就是明确、可以观察到的事件。基于 DeAngelo（1981b）的准租理论，如果审计师（中天勤和安达信）声誉受损，它的客户应该会尽快选择解聘该审计师，审计师原先所拥有的超额准租就不复存在[①]。

反之，准租就无法发挥抵押品作用。规模大、准租高，审计师的独立性并不必然提升。DeAngelo（1981b）所确立的规模与质量的关系，在逻辑上是有缺失环节的。换言之，如果声誉受损与准租丧失之间的逻辑关系或传导机制不成立，那么，规模大、准租高，并不意味着审计师独立性更强、审计质量更高。进一步地，规模、准租与声誉之间的传导机制不成立，也就意味着做大做强或做强做大的政策基础值得商榷。

三、案例描述

2011～2013 年，我国资本市场上先后出现多起上市公司舞弊事件。本文选择了四起事件，主要的考虑是：媒体关注度高；事件涉及审计师；审计师声誉受损事实可以认定；审计师最终受到证监会的处罚。其中涉及两家没有失去审计资格的事务所和两家丧失审计资格的事务所[②]。这些上市公司和事务所分别是：天能科技与大信会计师事务所（以下简称大信所）、新大地与大华会计师事务所（以下简称大华所）、万福生科与中磊会计师事务所（以下简称中磊所）、绿大地与深圳鹏城会计师事务所（以下简称鹏城所）。

对于这四起事件，媒体普遍表述为"欺诈""舞弊"，并质疑财务方面的问题，也有报道（参见下文）直接针对它们的审计师。显然，审计师声誉已经受损。证监会的调查结果也表明，涉事审计师确实未提供高质量审计。最终，涉事审计师均受到处罚：针对审计师个人的罚款均不高于 10 万元，所有 8 名审计师均被处以市场禁入，将不能再担任上市公司的签字审计师；针对事务所的罚款则是没收该项业务收入，并处以一倍或两倍于该业务收入的罚款，其中，中磊所和鹏城所的证券资格被撤销，退出审计市场。

[①] 中天勤客户的换所选择，很难说是高质量的。参见刘峰等（2002）。
[②] 2010 年 1 月至 2015 年 1 月，证监会、交易所共对事务所和审计师进行了 16 起处罚，其中 5 起涉及事务所资格撤销和审计师市场禁入，分别是发生在 2013 年的本文的四起事件和发生在 2014 年的天丰节能与利安达会计师事务所事件。我们统一选择处罚决定都是在 2013 年做出的这四起事件（事务所资格撤销与不撤销，也对半），这样，2013 年年报审计师变更的讨论，可以排除其他因素的影响。

在每一起事件中，我们截取了三个关键时间点：（1）市场质疑日（T1），各大媒体开始报道该公司可能存在的问题和漏洞，市场已经普遍认定涉事公司和审计师存在舞弊行为。由此可能引发投资者的负向反应，涉事公司也会出面澄清。从这个时间点起，相关审计师的独立性开始受到市场的质疑[①]。（2）立案稽查日（T2），监管机构正式对该公司立案稽查。监管部门和法律程序的介入，进一步加强了市场层面对舞弊事实的认定。市场也开始进一步预期事件的严重程度和可能的处罚结果。到这一阶段，审计师声誉受损，已经得到证实。（3）处罚决定日（T3），监管机构正式公布处罚决定。监管机构的调查明确了违法违规细节，并作出对公司和审计师的最终处罚。通常，对审计师的处罚，只是印证了之前的市场猜测。

这四起事件中，天能科技（大信所）、新大地（大华所）、万福生科（中磊所）都是在 2012 年被市场质疑或公开报道的，证监会的正式处罚是在 2013 年。绿大地（鹏城所）早在 2010 年就因信息披露违规，被证监会立案调查，2013 年昆明市法院和证监会先后给出最终的处罚决定。因此，我们以事件前一年的年报披露日为事件起始日（T0），其中大信所、大华所和中磊所的起始点为 2011 年年报披露日，鹏城所的起始点为 2009 年年报披露日；以事件结束年度，即 2013 年年报的披露日为事件结束日（T4）（参见表1）。

表 1　　　　　　　　　　四起舞弊事件的简要情况与关键时间点

时间点	天能科技与大信所	新大地与大华所	万福生科与中磊所	绿大地与鹏城所
市场质疑日（T1）	2012 年 4 月 23 日 媒体质疑天能科技财务造假、欺诈上市，天能科技撤回上市申请	2012 年 7 月 13 日 媒体质疑新大地涉嫌造假上市，新大地及其保荐机构南京证券申请终止发行上市	2012 年 9 月 1 日 市场质疑万福生科涉嫌违法违规	2010 年 3 月 17 日 因涉嫌信息披露违规，绿大地接受证监会的立案调查
立案稽查日（T2）	2012 年 9 月 21 日 天能科技和大信所接受证监会的立案稽查	2012 年 8 月 28 日 新大地接受证监会的立案稽查	2012 年 9 月 19 日 万福生科停牌，并接受证监会的立案稽查	2011 年 3 月 17 日 云南省公安厅逮捕涉嫌控股股东、董事长何学葵。同时，昆明市法院立案稽查

[①] 质疑日的确定有一定的主观性。我们选择相对保守的时间点。例如，2012 年 3 月 20 日媒体报道天能科技造假，参见《天能科技：预披露新政第一股 阳光下的造假黑幕》。4 月 23 日天能科技撤回上市申请。我们选择 4 月 23 日作为质疑日，此时市场相对更确定天能科技存在问题，相当于允许市场有一个反应时间。反过来，计算客户反应速度时，也会更快。

续表

时间点	天能科技与大信所	新大地与大华所	万福生科与中磊所	绿大地与鹏城所
处罚决定日（T3）	2013年9月25日证监会公布处罚决定	2013年10月15日证监会公布处罚决定	2013年9月24日证监会公布处罚决定	2013年5月13日证监会公布处罚决定
处罚内容	①对大信所责令改正，没收从事该业务的收入60万元，并处以120万元罚款；②给予签字注册会计师胡小黑、吴国民警告，分别处以10万元和5万元罚款，证券市场终身禁入	①没收大华所从事该业务的收入90万元，并处以90万元罚款；②给予签字注册会计师王海滨和刘春奎警告，分别处以10万元、5万元罚款，7年内证券市场禁入	①责令中磊所改正违法行为，没收业务收入98万元，并处以196万元罚款；②给予签字注册会计师王越、黄国华警告，分别处以10万元罚款，证券市场终身禁入；③2013年10月8日，证监会宣布撤销中磊所的证券资格	①没收鹏城所业务收入60万元，并处以60万元罚款；②给予签字注册会计师姚国勇、廖福澍警告，分别处以10万元罚款，证券市场终身禁入；③2013年5月15日，证监会宣布撤销鹏城所的证券资格

四、声誉受损与审计师变更

审计师声誉的高低，是一个难以准确量化的属性。声誉的建立，需要一个比较漫长的过程，且很难直接测度。但是，声誉受损相对容易观察。比如，上述四家公司先后被市场曝出的问题，都直接与会计、审计相关。审计师几乎在同一时间受到了质疑。可以看到的媒体言论如：大信所的两名审计师对天能科技漏洞百出、造假技术并不高明的财务报表发表了无保留意见；对于万福生科肆意的财务造假行为中磊所难逃责任。证监会事后的处罚也认定，涉事审计师并未勤勉尽责，存在独立性和质量控制问题。

理论上，声誉受损的一个直接后果是客户变更审计师，即用准租丧失来惩罚声誉受损的审计师。反过来，如果客户不变更审计师，审计师的准租不会因为声誉受损而减少或丧失，声誉与准租之间的传导机制就不必然成立。果真如此，则"规模大——准租多——单个客户的准租比重低——审计师独立性更强——审计质量更高"的逻辑传导关系，就需重新审视。

下面，我们将考察声誉受损后，这四家事务所的客户是否选择解聘审计师？如果选择解聘，何时选择解聘？根据事件发生的时间，对于大信所、大华所和中磊所，我们以2011年年报审计确定其客户数量，从而观察2012年和2013年年报审计的变更情

---

① 参见：《天能科技IPO折戟 问题注会候选发审委委员》《万福生科涉嫌欺诈上市 四年半虚增收入9.28亿元》。

况。对于鹏城所，则以2009年年报审计客户为准，考察其之后三年的客户变更。我们尽可能纳入所有的客户样本，包括各个事务所审计的上市公司、新三板公司，并删去缺失事务所或审计师信息的样本。数据来自CSMAR数据库和公司公告等。

表2列示了整个事件期间变更审计师的客户数，从表中可以看到：被撤销证券资格的中磊所和鹏城所的所有客户都被迫解聘了审计师；而未被撤销证券资格的大信所和大华所，只有21%（52家）的客户选择更换审计师。证据初步表明，虽然事务所声誉受损，但只要执业资格没有被撤销，绝大部分客户仍然选择继续聘用。客户没有用解聘来惩罚声誉受损的审计师。

表2　　　　　　　　　　　审计师变更情况

事务所	客户总数	变更审计师的客户数	事务所资格
大信所	105	37	未撤销
大华所	139	15	
合计（占比）	244（100%）	52（21%）	
中磊所	54	54	撤销
鹏城所	107	107	
合计（占比）	161（100%）	161（100%）	

进一步地，如果市场关注着审计师的声誉，那么，只要有证据表明审计师的声誉已经受损，其客户——尤其是上市公司——应该会选择尽早解聘，以免自己的声誉受到影响。我们根据上文截取的关键时间点，将事件期间分为四段：（T0～T1）（T1～T2）（T2～T3）（T3～T4）。然后，将所有客户变更审计师的时间划分到各个时间段上，如表3所示。

在（T0～T1）阶段，媒体上并未出现上市公司舞弊的报道。早于市场质疑之前的审计师变更，可以视为正常更换。这个阶段仅有5家客户更换事务所，披露的更换原因也是上市公司业务需求、重组等，与舞弊事件并无关联。如安源实业（600397），并购重组后，江苏煤业集团成为其全资子公司，该集团的业务规模占重组后营业收入

表3　　　　　　　　各时间段变更事务所的客户数和天数

	事务所	T0～T1	T1～T2	T2～T3	T3～T4	合计（各所客户总数）
变更事务所的客户数	大信所	0	7	26	4	37（105）
	大华所	3	1	10	1	15（139）
	中磊所	2	0	39	13	54（54）
	鹏城所	0	7	100	0	107（107）

续表

	事务所	T0~T1	T1~T2	T2~T3	T3~T4	合计（各所客户总数）
各时间段天数	大信所	21	151	369	190	731
	大华所	101	46	413	173	733
	中磊所	148	18	370	198	734
	鹏城所	−13①	365	788	327	1467

注："变更事务所的客户数"指在该时间段内，共有多少家客户更换了事务所；"各时间段天数"中，（T0~T1）（T1~T2）（T2~T3）（T3~T4）分别为两个时间点之间的平均天数。T0为事件起始日，T1为市场质疑日，T2为立案稽查日，T3为处罚决定日，T4为事件结束日。

的93.26%，故改聘集团的审计机构。

在（T1~T2）阶段，市场已经普遍认定上市公司存在舞弊，审计师声誉受损已经成为一种事实。理论上，如果市场对审计师的声誉高度关注，上市公司应该选择在这个时间段尽早更换审计师，以向市场传递一个积极信号。在新大地（大华所）和万福生科（中磊所）事件中，从市场质疑（T1）到证监会立案稽查（T2）分别只过了46天和18天，只有1家客户更换事务所②，这尚可解释为大多数客户来不及完成更换审计师的决策。天能科技（大信所）和绿大地（鹏城所）被市场质疑的时间段则分别长达151天和365天，也仅仅各有7家客户更换了事务所③。

（T2~T3）阶段的时间间隔都超过一年，此时证监会已经立案稽查，确定上市公司和事务所存在的问题，等待最终的处罚内容。大多数变更事务所的行为发生在这个阶段，特别是被撤销资格的中磊所和鹏城所的客户。大信所和大华所则仅有36家客户选择更换事务所。

上市公司更换事务所的速度，一定程度上是审计师声誉受损的市场敏感度的体现。如果上市公司比较关注审计师声誉，他们应该在其审计师被证监会立案调查后，尽快选聘新的审计师。我们用天数表示换所速度，如表4所示。即使是换所速度相对

---

① 这里出现负值的原因是，大信所和鹏城所的事件中，T1时间点在年报披露期间内，所以部分客户的年报披露日在T1时间点之后。但两起事件的（T1~T2）时间段较长，达151天、365天，可以观察到客户是否在声誉受损后做出反应，分析不受影响。
鹏城所的事件期间较长，另一种处理方法是用2011年年报确定客户数。我们对比了鹏城所2009年和2011年年报审计的客户，对我们的结论影响不大。

② 换所客户为莫高股份（600543），并未披露详细的换所原因。但是，其2011年审计机构为大华所，2012年换为中磊所，2013年换为大信所，很难说其换所是因为原审计师声誉受损。

③ 大信所的7家客户中，有4家换所后的签字审计师仍为原审计师或原团队审计师（团队内容参见下文），并非真正意义上的更换。鹏城所整个事件期较长，早期换所的7家客户与其他客户的换所时间间隔较长，相对难以确认舞弊事件是其换所原因。

较快的大信所和大华所的客户，距离 T1、T2 的时间也已经超过 3 个月[①]。

表 4　　　　　　　客户变更事务所的速度（T1~T2，T2~T3）——天数

事务所	距 T1 平均天数	距 T2 平均天数
大信所	116	102
大华所	6	114
中磊所	NA	212
鹏城所	142	543

注："距 T1 平均天数"指（T1~T2）时间段变更审计师的客户，其公告日期距 T1 有多少天；"距 T2 平均天数"指（T2~T3）时间段变更审计师的客户，其公告日期距 T2 有多少天。

最后的（T3~T4）阶段，仍有 18 家客户更换事务所。此时离事件发生已经比较久远，如果仍与舞弊事件有关，表明影响客户行为的并不是声誉，而是处罚决定。如中磊所，有 13 家客户是在事务所被撤销资格之后才公告更换审计师的。

除了审计师声誉受损时已有客户流向的分析，我们还查找了资格没有被撤销的大信所和大华所，在声誉受损之后是否有新增客户。排除新上市的公司，2012 年和 2013 年共有 63 家上市公司的审计机构换为这两家事务所。其中 34 家来自被撤销资格的中磊所和鹏城所，即没有改聘声誉尚完好的事务所。可见，上市公司并不关注审计师声誉。

我国资本市场上，事务所还存在频繁更名的现象。这种更名，很多时候是由于政策引导的合并、重组而来。这也表明满足政策制定部门的门槛要求、取得稀缺的执业资格，是事务所的目标，注册会计师行业也缺少品牌和声誉意识。

综上所述，市场并没有因为审计师声誉受损而选择更换，审计师声誉受损对准租的影响有限，审计师的执业资格直接决定了其能否继续获取准租。准租不会因为声誉受损而失去，就不必然具有质量担保作用。相应地，规模与质量之间的关系就需要进一步研究。

五、审计师声誉：事务所、团队还是个人？

美国市场上仅披露事务所名称。因此，基于美国市场的研究，自然集中到事务所层面，或者是分所层面（如 Francis and Yu，2009），这包括了对审计师声誉的研究。特别是利用安达信事件，讨论声誉风险的影响（Chaney and Philipich，2002；Krishnamurthy et al.，2006）。而我国市场上有一个非常特别的情境，即审计报告中披露了

[①] 除了大华所（T1~T2）时间段唯一一家换所的客户——莫高股份（600543），距 T1 共 6 天。

签字审计师的名字。我们甚至可以了解他们的个人信息，如从业年限、同时审计多少家公司等。

进而言之，审计天然具有团队性质。绝大部分具有一定规模的上市公司的审计工作都需要团队协作才能完成。DeAngelo（1981b）所讨论的准租，就是基于同一客户的审计师团队相对稳定、审计成本逐年下降这一前提的。由于我国的审计报告上要求有两名审计师签字（少数还存在三名审计师签字的现象），两名审计师相互合作、利益绑定，这就让我们可以观察到审计师团队的存在。例如，天能科技的审计师为胡小黑、吴国民，胡小黑同时与陈勇波为瑞泰科技（002066）签字，吴国民与赵斌为久其软件（002279）签字，赵斌与陈勇波为银信科技（300231）签字……以此类推，胡小黑、吴国民、赵斌、陈勇波等多人形成一个团队，包括审计师17名，当年的客户23家[①]。这样，我们的讨论就涉及上述前提一和前提三，将结合审计师个人和团队，讨论声誉受损的后果。上文的审计师主要指代事务所，以下将区分事务所、审计师个人和审计师团队。

表5　　　　　　　　　　　　　　　审计师变更的四种类型

		是否换所	
		不换	换
是否换师	不换	情形Ⅰ	情形Ⅲ
	换	情形Ⅱ	情形Ⅳ

我们将审计师变更按照事务所和审计师个人特征分类，共四种情形，如表5所示。情形Ⅰ下，没有发生变更；情形Ⅱ的变更，主要是签字审计师的更换，但事务所不变，这种情形在美国市场上观察不到；情形Ⅲ和情形Ⅳ就是目前研究中所说的审计师变更，因为事务所变化了。进一步区分签字审计师和团队后，事务所更换又可以细分为四种类型。（1）换所不换师，即客户更换事务所后，审计师（至少有一名）并没有更换。例如，中珠控股（600568）2011年的审计师是大信所的刘经进和李顺利，2012年更换为立信会计师事务所，但审计师是李顺利和刘抗琴。（2）换所不换团队，即更换事务所后，审计师也都更换，但新审计师（至少有一名）与原审计师属于同一团队。例如，凤帆股份（600482）2011年的审计师是大信所的胡小黑和郭健，同年，胡小黑也与陈勇波为瑞泰科技（002066）签字，属于同一团队，2012年凤帆股份虽更换事务所为立信所，但由陈勇波和梁谦海接手。（3）换所不换同事，即更换事务所后，审计

[①] 关于审计师团队的讨论，参见叶凡（2016）、叶凡等（2016）。

师、团队都更换,但新审计师(至少有一名)也来自原来的事务所。例如,华电能源(600726)2011 年的审计师是大信所的韩志娟和祁涛,2012 年更换为立信所的赵斌和石爱红,赵斌 2011 年也在大信所签字,但按照我们的团队区分方法,没有发现赵斌与韩志娟、祁涛属于同一个团队的证据。(4)换所也换师,即更换事务所后,接手的是新所的审计师。例如,中纺投资(600061)2011 年的审计师是韩志娟和邓艳明,2012 年更换为天职国际会计师事务所的王清峰和崔西福,这两人之前一直在天职国际所签字。第一、二种类型,客户与原来的审计师或团队绑定在一起;第三种类型,客户与原事务所、审计师的关系也未完全割裂;只有第四种类型,才是目前大部分文献所提到的审计师变更。

表 6 列示了这四种类型的事务所更换情况。在大信所和大华所,不到一半(42%)的事务所更换是真正意义上的审计师变更;在中磊所和鹏城所,更是只有 30%。大约一半的情况(换所不换师、换所不换团队)属于客户与审计师个人、团队共进退①。也就是说,声誉受损后,大多数客户未及时更换事务所,其中还有一半的客户事实上仍维持原来的审计团队。如果审计师个人或团队决定审计质量,那么,这些客户在变更事务所后,审计质量没有变化。

表 6　　　　　　　　　　　事务所更换类型的细分

事务所	换所不换师	换所不换团队	换所不换同事	换所也换师	合计
大信所	13	10	5	9	37
大华所	2	0	0	13	15
合计(占比)	15(29%)	10(19%)	5(10%)	22(42%)	52(100%)
中磊所	26	5	5	18	54
鹏城所	61	6	9	31	107
合计(占比)	87(54%)	11(7%)	14(9%)	49(30%)	161(100%)

注:此处样本为更换了事务所的客户。

如果说表 3 的数据只是表明,客户对事务所的声誉不敏感。那么,表 6 的数据进一步表明,市场对声誉的不敏感,不仅是事务所层面的,也是直接面对客户的签字审计师及团队层面的,客户并没有与声誉受损的事务所、所内的审计师切割。换言之,至少从上述案例中的客户行为来看,他们选择审计师时,更关注的可能是其执业资格,而不是声誉、审计质量。

---

① 共进退并非一个偶然现象,涉及客户资源审计师个人化的文献如:刘峰等(2002);谭燕(2006);Chen et al.(2009);王少飞等(2010);叶凡(2016);叶凡等(2016)。本文进一步区分了共进退的类型,引入团队的概念,着重在声誉问题。

我们还分析了 8 名涉事签字审计师的客户变更情况，他们都被处以市场禁入，声誉严重受损。得到的结果与上述总体类似。限于篇幅，不再赘述。

我们的研究也涉及准租归属问题。上述案例表明，在我国审计市场上，客户会跟随审计师个人和/或团队离开，客户的准租不属于事务所，而属于签字审计师及其所在团队。基于事务所层面的声誉、规模与质量的讨论，就显得依据不足。

六、讨论与结论

审计师声誉受损的最直接标志就是上市公司舞弊事件。上述四家上市公司舞弊事件的案例分析表明：在我国资本市场上，审计师声誉受损与市场份额或准租水平的降低尚未确立直接的关联。由此，事务所规模与审计质量正相关的推论在传导机制上也就存在缺失环节。

我们也注意到需要进一步讨论的问题。如个人、团队如何"竞争"客户。客户如何做出不同的审计师选择。美国与中国的审计市场存在差异，不同背景下声誉机制是否有效。来自成熟市场的国际"四大"的声誉是否更特别。

本文的研究结论是基于四个案例而来的，尚待更大样本的检验；案例主要发生的期间为 2011～2013 年，而我国的审计制度也在不断变化之中，它的普适性也有待进一步的检验。

（原载于《会计研究》2017 年第 3 期，略有修订）

参考文献

李明辉.2012. 独立审计质量的影响因素——一个文献综述. 当代会计评论，5（2）：122～146.

刘峰，张立民，雷科罗.2002. 我国审计市场制度安排与审计质量需求——中天勤客户流向的案例分析. 会计研究，12：22～27+50.

刘峰，赵景文，涂国前，黄宇明.2010. 审计师聘约权安排重要吗？——审计师声誉角度的检验. 会计研究，12：49～56.

刘笑霞，李明辉.2012. 会计师事务所人力资本特征与审计质量——来自中国资本市场的经验证据. 审计研究，2：82～89.

毛丽娟，朱轶琳.2015. 审计质量、财务重述与审计机构变更——来自中国主板上市公司的经验证据. 当代会计评论，8（2）：61～82.

谭燕.2006.资源控制权、控制权收益与会计师事务所合并.会计研究,6:41~47+96.

王兵,辛清泉.2010.分所审计是否影响审计质量和审计收费?审计研究,2:70~76.

王少飞,唐松,李增泉,姜蕾.2010.盈余管理、事务所客户资源控制权的归属与审计质量——来自中国证券市场的经验证据.审计研究,1:55~64.

吴溪.2006.会计师事务所合并与质量控制:基于中天勤合并案例的经验分析.会计研究,10:79~85+96.

叶凡.2016.审计师团队与审计质量.厦门大学博士学位论文.

叶凡,于东,刘峰.2016.利益集团规模与审计质量——基于中国市场的研究.工作论文.

Barton, R. 2005. Who Cares about Auditor Reputation? Contemporary Accounting Research, 22 (3): 549~586.

Chaney, P. K., K. L. Philipich. 2002. Shredded Reputation: The Cost of Audit Failure. Journal of Accounting Research, 40 (4): 1221~1245.

Chen, C. J. P., X. Su, X. Wu. 2009. Forced Audit Firm Change, Continued Partner – Client Relationship, and Financial Reporting Quality. Auditing: A Journal of Practice & Theory, 28 (2): 227~246.

Chen, S., S. Y. J. Sun, D. Wu. 2010. Client Importance, Institutional Improvements, and Audit Quality in China: An Office and Individual Auditor Level Analysis. The Accounting Review, 85 (1): 127~158.

DeAngelo, L. E. 1981a. Auditor Independence, "Low Balling", and Disclosure Regulation. Journal of Accounting and Economics, 3 (2): 113~127.

DeAngelo, L. E. 1981b. Auditor Size and Audit Quality. Journal of Accounting and Economics, 3 (3): 183~199.

DeFond, M., J. Zhang. 2014. A Review of Archival Auditing Research. Journal of Accounting and Economics, 58 (2-3): 275~326.

Francis, J. R., M. D. Yu. 2009. Big 4 Office Size and Audit Quality. The Accounting Review, 84 (5): 1521~1552.

Krishnamurthy, S., J. Zhou, N. Zhou. 2006. Auditor Reputation, Auditor Independence, and the Stock – Market Impact of Andersen's Indictment on Its Client Firms. Contemporary Accounting Research, 23 (2): 465~490.

Simunic, D. A., X. Wu. 2009. China-Related Research in Auditing: A Review and Directions for Future Research. China Journal of Accounting Research, 2 (2): 1~25.

Zhao, Z., B. Zhang. 2008. The Association between Audit Business Scale Advantage and Audit Quality of Asset Write-Downs. China Journal of Accounting Research, 1 (1): 51~81.